高等学校出版学专业系列教材

武汉大学规划教材建设项目资助出版

出版法教程

Textbook on the Publishing Law

黄先蓉　编著

WUHAN UNIVERSITY PRESS
武汉大学出版社

图书在版编目(CIP)数据

出版法教程/黄先蓉编著.—武汉:武汉大学出版社,2023.9
高等学校出版学专业系列教材
ISBN 978-7-307-23769-8

Ⅰ.出…　Ⅱ.黄…　Ⅲ.出版法—中国—高等学校—教材　Ⅳ.D922.8

中国国家版本馆 CIP 数据核字(2023)第 096290 号

责任编辑:黄河清　　　责任校对:李孟潇　　　版式设计:韩闻锦

出版发行:**武汉大学出版社**　(430072　武昌　珞珈山)
(电子邮箱:cbs22@whu.edu.cn 网址:www.wdp.com.cn)
印刷:武汉中远印务有限公司
开本:787×1092　1/16　印张:15.5　字数:374 千字　插页:2
版次:2023 年 9 月第 1 版　　2023 年 9 月第 1 次印刷
ISBN 978-7-307-23769-8　　定价:58.00 元

黄先蓉，武汉大学信息管理学院教授、博士生导师。武汉大学出版发行研究所所长、《出版科学》副主编。兼任中国编辑学会编辑出版教育专业委员会主任，湖北省编辑学会副会长，湖北省出版工作者协会常务理事，湖北省出版物发行业协会常务理事。入选教育部"新世纪优秀人才计划"、全国新闻出版行业领军人才等高层次人才培养计划。主持国家社科基金项目、教育部人文社会科学重点研究基地重大项目及其他项目10余项；出版著作10余部；发表论文180余篇；获中国出版政府奖、中华优秀出版物奖、国家科学技术奖二等奖、湖北省科学技术进步奖二等奖、湖北省社会科学优秀成果奖、湖北省高等学校教学成果奖、湖北省优秀期刊工作者等多项奖励。

前　言

我们正处于一个变革的时代。我国的法律法规体系正逐步趋于完善，有关出版的法律法规也在不断完善中。从我国《出版管理条例》的公布、废止并重新公布、一次一次修订，可以看到我国出版法制不断完善的过程。《出版管理条例》自 1997 年 1 月 2 日国务院公布后，2001 年 12 月 25 日废止同时重新公布、2011 年 3 月 19 日第一次修订、2013 年 7 月 18 日第二次修订、2014 年 7 月 29 日第三次修订、2016 年 2 月 6 日第四次修订、2020 年 11 月 29 日第五次修订；同样，《音像制品管理条例》《印刷业管理条例》《出版物市场管理规定》也是一次次修订，以更适应市场经济环境，更好地促进中国特色出版事业和出版产业的发展与繁荣。

本书从出版企业是市场经济活动的主体这一前提出发，从介绍我国的法律制度入手，分析了出版法、出版政策与出版职业道德的概念、特征，以及相互之间的联系与区别，然后围绕出版企业、出版企业行为，选取与出版业密切相关的法律制度，结合出版行业实践，对党和国家对出版事业的管理、有关合同与出版合同的法律规定、有关著作权的法律规定、有关不正当竞争行为的法律规定、有关广告与出版广告的法律规定以及有关出版企业纠纷的解决办法的法律规定进行分析介绍。希望通过对这些法律知识的介绍，使出版学专业的学生以及出版行业的从业人员对自己所处的法律环境有全面的了解，知道法律赋予的权利义务，以便及时行使自己的权利、履行自己的义务。

本书是对本人编著的 2008 年 8 月湖南大学出版社出版的《出版法教程》的修订。2008 年湖南大学出版社出版的《出版法教程》是 2005 年普通高等教育"十一五"国家级规划教材的成果。当年湖南大学出版社出版的普通高等教育"十一五"国家级规划教材有关编辑出版学专业的一共有 4 本：《编辑出版学概论》《图书学》《中国出版史》和《出版法教程》。《出版法教程》2008 年出版后一直未做修订，其间，我国《著作权法》《出版管理条例》《反不正当竞争法》已经过多次修订，特别是《中华人民共和国民法典》已由中华人民共和国第十三届全国人民代表大会第三次会议于 2020 年 5 月 28 日通过，并已于 2021 年 1 月 1 日起施行。与之相应的，《中华人民共和国民法通则》《中华人民共和国合同法》《中华人民共和国民法通则》同时废止。这样，2008 年版的《出版法教程》中与这几部法律法规相关的内容必须进行修订。于是利用 2022 年期末及寒假时间与我指导的 3 名研究生一起完成了这本教材，其中，吸收了 2013 年 5 月武汉大学出版社出版的《出版法律基础》里的部分内容。

在本书的编写过程中，由本人拟订编写大纲，博士研究生贺敏、陈文锦和硕士研究生陈馨怡对本书相关章节的内容以湖南大学出版社出版的《出版法教程》和武汉大学出版社出版的《出版法律基础》为蓝本进行整理与更新。具体按章节顺序，陈文锦负责第一章、

第二章内容的整理与更新，陈馨怡负责第五章、第七章、第八章内容的整理与更新，贺敏负责第三章、第四章、第六章内容的整理与更新，本人负责全书的统稿。在此既感谢参与湖南大学出版社出版的《出版法教程》和武汉大学出版社出版的《出版法律基础》的同学们（不再——列名）的辛勤劳动，也感谢贺敏、陈文锦、陈馨怡的辛勤劳动。

　　本书的编写参考和引用了很多著作及论文的观点，很多案例引自北大法律信息网（http：//www. chinalawinfo. com/）、中国法律资源网（http：//www. lawbase. com. cn/）、中国法院网（http：//www. chinacourt. org/），在此，谨向这些著作及论文的作者及相关网站表示衷心的感谢。

　　由于本人学识有限，书中如有错讹，恳请大家批评指正。

黄先蓉

2023 年 2 月 14 日完稿于楚天丽园

目　　录

第一章　我国的法律制度

我国经济的发展经历了计划经济、有计划的商品经济、商品经济和市场经济几个阶段。在计划经济体制下，计划是调控经济的主要手段。国家设立多少家企业，企业生产什么、生产多少，全由国家计划安排；市场供应什么，消费者买什么，也全由国家下发的票证，如粮票、布票、肉票、油票等来保证。如我国书业界，设立多少家出版社，出版社出版什么书、出版多少种书；印刷厂印多少册；书店购进什么品种的书、购进多少册，都由计划统一安排。那时，全国图书市场属于卖方市场。1992年后，我国开始由计划经济向市场经济过渡。在市场经济体制下，市场上需要什么、需要多少，全由市场决定，即由需求来决定，这时的市场是买方市场。这就需要规则来抑制市场这只"看不见的手"的消极作用。实行市场经济的国家，都由国家出台相关的法律法规，用法律这只"看得见的手"来对市场进行调控。

法律是市场经济的守护神。我国正处于建立健全法制的过程中，依法治国是建设社会主义法治国家的基本方略。因此，任何公民、法人都应了解我国的法律制度，知道宪法赋予的权利与义务，以便履行自己的义务，也利用法律武器维护自己的权利。对于出版界人士而言，学习专门的出版法之前，更应该对我国的整个法律框架及司法体系有全面的了解。

第一节　法 的 概 述

在市场经济条件下，各种经济关系和经济活动都是通过一系列法律来规范的。各种经济组织处在庞大而复杂的法律环境之中，其生命周期的每一个阶段，如从成立、运行到消灭都有其相应的法律规范。因此，要在市场竞争中立于不败之地，其从业者必须了解并熟悉自身的法律环境。

由于出版业是出版、印刷、发行出版物的行业，不是研究法学或从事法律方面工作的行业，其职责是遵守法律规定，在法定范围内从事经营管理活动。这样，其从业者有的可能参加了普法教育而对法的基本知识有所了解；有的即使参加了普法教育或根本没有参加普法活动也没有法的概念，即所谓"法盲"。因此，要熟悉自身的法律环境，首先必须掌握法的基本知识，即对于什么是法、法的本质和特征是什么、法的形式和分类有哪些、统治当今世界的"法律王国"有哪些谱系、法制定以后如何实施等都要有所了解。

本书第一个问题就是介绍有关法的基本原理方面的知识。作者希望通过这方面知识的介绍，使出版业从业者了解法的基本知识、熟悉法的基本原理，为后面学习有关出版业的法律规定，并能熟练运用法律武器来保护自身的合法权益打下坚实的基础。

一、法的基本概念及特征

法作为国家制定或认可并由国家强制力保证其实施的行为规范，是国家意志的体现，是确认和保护有利于国家稳定和发展的社会关系和社会秩序的工具。它具有国家意志性和普遍的约束力。法作为一种社会规范，具有概括性、规范性和可预测性的特点，并对人们的权利和义务作出明确规定。

（一）法的基本概念

在日常生活中，人们一般根据习惯使用"法""法律""法规"等词。这三个词在广义上可以通用，但从严格意义上讲，各有自己特定的含义。

在我国，"法律"一词作为法学专用词，通常有广义、狭义之分。广义上，"法律"一词与法同义，泛指法律、法令、条例、规则、决议、决定、命令等。它是由国家制定或认可并由国家强制力保证其实施的行为规范的总称，即整体或抽象意义上的法律。如"公民在法律面前人人平等"这一原则里的"法律"一词就是广义上的法律。狭义上，"法律"一词专指由国家最高权力机关即全国人民代表大会及其常委会制定、颁布的规范性文件，即特定或具体意义上的法律，其法律效力和地位仅次于宪法。如"全国人民代表大会常务委员会有权撤消同宪法、法律、行政法规相抵触的地方性法规"这句话里的"法律"一词就是狭义上的法律。

"法规"一词，在广义上可作为"法律规范"的简称，但具体而言，"法规"包括行政法规、地方性法规、自治法规和规章。行政法规是指国家最高行政机关（国务院）依据宪法和法律制定的规范性文件的总称，它包括由国务院制定和发布的以及由国务院各主管部门制定，经国务院批准发布的规范性文件，其地位和效力低于宪法和法律。地方性法规是指最高国家权力机关即全国人民代表大会及其常务委员会，通过法律授权或特别权的形式赋予的地方国家权力机关，根据本行政区域的具体情况和实际需要，依法制定的在本行政区域内具有法律效力的规范性文件。它包括：省、自治区、直辖市的人民代表大会及其常务委员会，在不同宪法、法律、行政法规相抵触的前提下制定的规范性文件；省、自治区人民政府所在地的市或经国务院批准的较大城市的人民代表大会及其常务委员会，在不同宪法、法律、行政法规相抵触的前提下制定和颁布的规范性文件。规章是指国务院各主管部门和省、自治区、直辖市人民政府以及省、自治区人民政府所在地的市或经国务院批准的较大城市的人民政府依据宪法、法律和行政法规制定的规范性文件的总称。

（二）法的特征

法律只是社会规范之一种，它与其他社会规范，如政治规范、道德规范、宗教规范、礼仪规范、社会习惯等相比较，具有如下特征。

1. 法是由国家制定或认可的社会规范，具有国家意志性

这里，制定和认可是国家创制法律的两种方式。国家制定的法律一般是指成文法，它由有权制定法律的国家机关按照一定的程序制定。如我国全国人民代表大会及其常务委员会制定的各项法律。国家认可的法律通常是不成文法或习惯法，是国家根据需要赋予社会上已经存在的某些习惯法律效力。

法的国家意志性，是指法被奉为统治阶级的意志，即统治阶级通过国家政权把自己的意志转化为国家意志，取得普遍遵守的形式。这样，经过国家制定或认可，以"国家意志"的形式出现，便具有了国家意志的属性。这是法与同样表现统治阶级意志的其他形式的主要区别。这里表现统治阶级意志的其他形式，诸如统治阶级的道德规范、宗教规范、政党团体的章程等，都不具有国家意志的属性。

2. 法是由国家强制力保证实施的，具有普遍的约束力

法是由国家强制力保证实施的，因为统治阶级要强迫被统治阶级就范，镇压他们的反抗和破坏，要使统治阶级内部不同集团和个人服从阶级的整体利益，限制他们的恣意妄为，就必须以国家强制力作后盾。否则，统治阶级的意志就根本无法实现，法所确认的人们的权利和义务也没有任何保障。

同时，法又是一种国家意志，具有普遍的约束力，即法律在国家权力管辖范围内对全体社会成员具有普遍约束力。但并不是说每一个法律条文在全国范围内有效，而是说在其效力范围内普遍有效。比如，军法对军人普遍有效、地方性法规在本地区范围内普遍有效等。

3. 法作为一种社会规范，具有概括性、规范性和可预测性的特点

法作为一种社会规范，它为人们的行为规定了一个标准、模式和方向，具有概括性、规范性和可预测性的特点。

概括性是指它的对象是抽象的、一般的人，而不是具体的、特定的人；它的效力，不是一次适用，而是反复多次适用。规范性是指它规定了人们可以这样做、应该这样做或不应该这样做，从而为人们的行为提供了一个模式、标准和方向。可预测性是指由于法的存在，人们有可能预见到国家对自己或他人的行为抱什么态度。

4. 法规定人们的权利和义务

法律以规定人们的权利和义务作为自己的主要内容。这就是说，统治阶级以用法律规范规定人们权利和义务的方式，来确认、保护和发展对本阶级有利的社会关系和社会秩序，实现自己的意志。法律权利是指法律所赋予的权利主体一定作为或不作为的许可；法律义务是指法律所规定的人们必须履行的某种责任。

法律上的权利义务由国家确认和保障。这就意味着任何人的权利，如果受到侵犯，可以请求国家予以保护；任何人如果违反法律规定，或不履行其义务，国家要追究法律责任。而其他社会规范，虽然有时也有权利义务的规定，但其后果与国家无关。

二、法的分类与形式

历史上存在过的和现实中存在着的法，都是具体的，而不是抽象的。在不同的社会形态和不同的国家里，它们有着不同的内容和繁多的形式，对它们的内容和形式进行科学的分类、研究，对于揭示法的本质，认识其发展变化的规律，有着重要的意义。

(一) 法的分类

法的分类，相当复杂。人们按照不同的标准，从不同的角度都曾对它进行过分类。迄今为止，基本上有两种分类法：一种是按照法的经济基础和阶级本质所进行的分类；另一种是按照法的各种表面特征所作的形式分类。

1. 法的本质分类

法的本质分类，也就是法的历史类型，是指将人类历史上存在过的以及现实中存在着的法律，按照其经济基础和阶级本质而进行的基本分类。这样，凡建立在同一经济基础之上，反映同一阶级的意志并由同一性质的国家所创立的法律，便属于同一历史类型。

人类历史上除原始社会没有法以外，依次出现了四种不同的社会形态，并有四种与之相适应的不同类型的法，即奴隶制法、封建制法、资本主义法和社会主义法。其中，奴隶制法建立在奴隶主占有制经济基础之上，体现奴隶主阶级的意志；封建制法建立在封建制经济基础之上，体现封建地主阶级的意志；资本主义法建立在资本主义经济基础之上，体现资产阶级意志。由于这三种类型的法都是建立在以生产资料私有制为核心的经济基础之上，都是少数剥削阶级意志的体现，都是实现剥削阶级统治的工具，因此，可以统称为剥削阶级类型的法。与此相对立的是社会主义类型的法。社会主义法，是建立在生产资料公有制的基础之上，体现工人阶级领导的全体人民的意志，是实现无产阶级专政的工具。它的根本任务是彻底消灭剥削，实现社会主义和共产主义。所以，它是人类历史上最高的也是最后类型的法。

2. 法的形式分类

法的形式分类，是相对于法的本质分类而言的，是根据法的形式上的外部特征而进行的基本分类。从不同的角度，大致可将法分为以下几种类型：

（1）根本法和普通法。按照法的地位、效力、内容和制定程序的不同，可以将法分为根本法和普通法。

根本法，即宪法，是一个国家的总章程，它主要规定国家的政治制度、经济制度、公民的基本权利和义务以及国家机构等根本问题。它经过特别的程序制定，具有最高的法律地位和法律效力，是普通法立法的基础。

普通法，是根据宪法制定的，调整社会生活中某一方面关系的法律。其法律地位和法律效力都低于宪法，并不得与宪法相抵触。除宪法以外的所有法，如民法、刑法、诉讼法等，都是普通法。

（2）成文法和不成文法。按照法律的创制方式和表现形式的不同，可以将法分为成文法和不成文法。

成文法是由有权制定法律规范的国家机关依照法定程序、以条文形式制定的规范性文件。因它由国家制定，所以又称为制定法。

不成文法是指未经国家制定，但由国家认可的不具有条文形式的法律。因其不由国家制定，所以又称为非制定法。习惯法和判例法一般都属于不成文法。

（3）国内法和国际法。按照法律的主体和适用范围的不同，可以将法分为国内法和国际法。

国内法是由特定国家制定和认可的、调整国内各种社会关系且在本国主权范围内发生法律效力的法律。其主体是该国的公民和法人。

国际法是由国际社会公认的调整国家之间关系的法律，它由国际条约和国际社会公认的惯例构成。其主体是国家。

（4）实体法和程序法。按照法所规定的内容不同，可以将法分为实体法和程序法。

实体法是具体规定人们的权利义务的法律，如民法、刑法等。程序法是为实现实体法所规定的人们的权利义务关系而制定的诉讼程序或手续的法律，也称为诉讼法，如民事诉讼法、刑事诉讼法等。

实体法与程序法关系密切，两者相辅相成。即没有实体法，程序法就无法施用；而没有程序法，实体法规定的人们的权利就无法实现。

（5）一般法和特别法。按照法的效力范围的不同，可以将法分为一般法和特别法。

从空间效力来看，适用于全国的法律是一般法，如民法、刑法；适用于特定地区的法律为特别法，如经济特区法、香港特别行政区基本法。从时间效力来看，适用于平常时期的法为一般法，适用于非常时期的法为特别法，如战时管制法。从对人的效力来看，适用于全体公民的法为一般法，如民法、刑法；适用于特定公民的法为特别法，如未成年人保护法。从对事的效力来看，适用于一般民事事项的法为一般法，如民法；适用于民事特别事项的法为特别法，如交通法等。

（二）法的形式

法的形式，是指根据法的效力来源的不同而形成的法的各种表现形式。因为是根据法的效力来源的不同而形成，因此，法的形式也称为法的渊源，即"法源"。法的形式不同，意味着法的效力不同。

法的形式多种多样。现代法的形式，根据立法机关和制定程序的不同，法的效力和适用范围的差别，主要可分为以下几种：

（1）宪法。国家的根本大法，具有最高的法律地位和法律效力。

（2）法律。作为法的形式之一，它是指狭义的法律，是由国家立法机关依照法定程序制定和颁布的规范性文件。

（3）行政法规。这是指国家最高行政机关为执行宪法和法律而制定的具有普遍约束力的行为规则。我国宪法规定，行政法规是指最高国家行政机关——国务院所制定的规范性文件。

（4）地方性法规。这是指地方国家机关依照法定职权制定和发布的、实行于本辖区内的规范性文件。我国宪法规定，我国地方性法规是指省、直辖市级国家权力机关及其常设机关制定和发布的规范性文件。

（5）自治法规或规章。这是指自治机关或自治团体依照法定自治权制定颁布的规范性文件。我国宪法规定，我国少数民族聚居的地方实行民族区域自治，民族自治地方的人民代表大会有权依照当地民族的政治、经济和文化特点，制定自治条例和单行条例。

（6）国际条约。国际条约是指两个或两个以上国家就政治、经济、贸易、文化、军事、法律等方面规定其相互间权利和义务的各种协议，它对缔约双方或多方有约束力。

三、法的谱系

法的谱系，也称为法系，一般是指根据法的历史传统来对法律加以分类，凡属于同一传统的法律就构成一个法系。这样，统治着当今世界的法律王国大致可分作两大谱系：民法谱系和普通法谱系。

（一）民法谱系

民法谱系，也称为大陆法系或罗马法系。它以古代罗马法，特别是以19世纪初的

《拿破仑法典》作为传统而产生和发展起来。这种法律首先产生于欧洲大陆，主要是拉丁和日耳曼族各国，内容是民法，以成文法为主。现在，大多数欧洲国家、中美洲和南美洲国家以及其他社会主义国家，包括中国的法律制度属民法谱系。

（二）普通法谱系

普通法谱系，也称为海洋法系或英美法系。它以英国中世纪法律为基础并模仿这种法律体系建立和发展起来。这种法律形成于英国，扩展至英国的殖民地，以普通法为代表，而普通法则以判例法为主。现在，英国、美国、加拿大、爱尔兰、澳大利亚、新西兰、印度、新加坡、马来西亚等都属这一法系。

（三）两大法系的比较

民法谱系和普通法谱系，就其本质而言，属于同一类型的法，其内容和形式基本上也是一致的，但由于是在不同历史条件下形成的，也就存在不少差异：

（1）法律方法论上的差异。民法谱系的国家，法院在处理具体案件时，首先要考虑成文法所规定的一般法律准则，然后按照这些准则来处理各个案件。而普通法谱系的国家，首先要探讨的是以前类似案件的判决，并从中抽出适用于要处理案件的一般原则。

（2）判例在这两种法系中具有不同的作用和地位。属民法谱系的国家，从法律上说，判例一般不被认为是法的一种渊源，下级法院不受上级法院判决的约束。而在普通法系国家，判例是法律的一个重要渊源，即判例法；上级法院，尤其是最高法院的判决对下级法院具有约束力，维持前例是普通法系国家法律的一个重要原则。

（3）法律形式上的不同。民法谱系国家，根据法国《民法典》的传统，采用法典形式。而普通法谱系的国家则不倾向于这种形式。

（4）诉讼程序上的差异。在诉讼程序上，民法谱系国家一般采用教会法程序，在诉讼中法官占主要地位，证据可以在当事人不在场时提出。而普通法系采用对抗制，即在民事诉讼中，由双方律师，在刑事案件中由公诉人和被告律师担当主要角色，法官充任一个消极的、中立的裁定者角色；证据在当事人在场时提出，当事人可以同对方证人对质等。

总之，现在这两大法系都在不断地发生变化。一方面，它们之间的差别已逐渐缩小，客观形势也迫切要求这两大法系间的融合；但另一方面，由于传统的不同，两大法系间的某些差别将长期存在。

第二节　法 的 制 定

法的制定，也称为法的创制或立法，是指国家机关（包括有立法权的国家权力机关和其他有关国家机关）依照法定权限和程序制定、修改和废止法律规范的活动。

立法是国家的一种最基本、最重要的活动。为了规范立法活动，健全国家立法制度，建立和完善中国特色社会主义法律体系，保障和发展社会主义民主，推进依法治国，根据宪法，2000 年 3 月 15 日第九届全国人民代表大会第三次会议通过了《中华人民共和国立法法》（以下简称《立法法》），对立法权限、全国人民代表大会立法程序、全国人民代表大会常务委员会立法程序、法律解释及行政法规、地方性法规、自治条例和单行条例、规章和法的适用与备案等作了详细规定。该法于 2000 年 7 月 1 日开始实施，并于 2015 年修正。

国家立法制度的内容，一般包括以下三个主要方面：第一，国家立法体制。它指的是国家各种立法机构的设置、立法权限的划分和相互关系，以及由它们所产生的法律规范之间在效力上的关系。第二，立法程序。它一般指拥有立法权的国家机关在制定、修改和废止法律的过程中所应遵循的活动方式和步骤（或叫程序）。第三，立法技术。它是指表达各种法律规定的方法和技巧方面的规则，包括法律规范的结构形式、法律的文体、法律的系统化方法等。

一、立法体制

我国实行中央集中统一领导下的多级立法体制，在保证全国法制统一的前提下，发挥中央和地方两方面立法活动的积极性。最高国家权力机关及其常设机关，即全国人民代表大会和全国人民代表大会常务委员会行使国家立法权。全国人民代表大会制订和修改刑事、民事、国家机构的和其他的基本法律。全国人民代表大会常务委员会制订和修改除应当由全国人民代表大会制订的法律以外的其他法律；在全国人民代表大会闭会期间，对全国人民代表大会制订的法律进行部分补充和修改，但是不得同该法律的基本原则相抵触。

最高国家行政机关负责根据宪法和法律制定行政法规；最高行政机关所属各部、各委员会根据法律和最高行政机关的行政法规，发布本部门的有关命令、指示和规章；地方各级国家机关和民族自治区域国家机关，有权制定适用于本地区的地方性法规和民族自治法规。一般情况下，《立法法》第八条规定的事项尚未制定法律的，全国人民代表大会及其常务委员会有权作出决定，授权国务院可以根据实际需要，对其中的部分事项先制定行政法规，但是有关犯罪和刑罚、对公民政治权利的剥夺和限制人身自由的强制措施和处罚、司法制度等事项除外。

二、立法程序

立法程序具体体现为创制法律所必须经过的若干阶段。我国最高权力机关的立法程序可以分为四个阶段。

（一）法律案的提出

法律案的提出，是指有提案权的机关和人员向立法机关提出关于制订、修改或废止法律的建议或草案。

根据我国宪法和有关组织法的规定，在我国享有立法提案权的有：全国人民代表大会主席团、全国人民代表大会常务委员会、国务院、中央军事委员会、最高人民法院、最高人民检察院、全国人民代表大会各专门委员会，可以向全国人民代表大会提出法律案，由主席团决定列入会议议程；一个代表团或者三十名以上的代表联名，可以向全国人民代表大会提出法律案，由主席团决定是否列入会议议程，或者先交有关的专门委员会审议、提出是否列入会议议程的意见，再决定是否列入会议议程。

提出法律案，应当同时提出法律草案文本及其说明，并提供必要的参阅资料。修改法律的，还应当提交修改前后的对照文本。法律草案的说明应当包括制订或者修改法律的必要性、可行性和主要内容，以及起草过程中对重大分歧意见的协调处理情况。

（二）法律案的审议

法律案的审议，是指立法机关决定是否将法律案列入议事日程，以及对法律草案进行讨论和修改的专门活动。

列入全国人民代表大会会议议程的法律案，可以由各代表团进行审议，各代表团审议法律案时，提案人应当派人听取意见，回答询问；可以由有关的专门委员会进行审议，向主席团提出审议意见，并印发会议；可以由法律委员会根据各代表团和有关的专门委员会的审议意见，对法律案进行统一审议，向主席团提出审议结果报告和法律草案修改稿，对重要的不同意见应当在审议结果报告中予以说明，经主席团会议审议通过后，印发会议。必要时，主席团常务主席可以召开各代表团团长会议，就法律案中的重大问题听取各代表团的审议意见，进行讨论，并将讨论的情况和意见向主席团报告。

列入全国人民代表大会会议议程的法律案，在交付表决前，提案人要求撤回的，应当说明理由，经主席团同意，并向大会报告，对该法律案的审议即行终止。

法律案在审议中有重大问题需要进一步研究的，经主席团提出，由大会全体会议决定，可以授权常务委员会根据代表的意见进一步审议，作出决定，并将决定情况向全国人民代表大会下次会议报告；也可以授权常务委员会根据代表的意见进一步审议，提出修改方案，提请全国人民代表大会下次会议审议决定。

列入常务委员会会议议程的法律案，一般应当经三次常务委员会会议审议后再交付表决。常务委员会审议法律案时，根据需要，可以召开联组会议或者全体会议，对法律草案中的主要问题进行讨论。列入常务委员会会议议程的法律案，各方面意见比较一致的，可以经两次常务委员会会议审议后交付表决；调整事项较为单一或者部分修改的法律案，各方面的意见比较一致的，也可以经一次常务委员会会议审议即交付表决。

（三）法律案的通过

法律草案修改稿经各代表团审议，由法律委员会根据各代表团的审议意见进行修改，提出法律草案表决稿，由主席团提请大会全体会议表决。如立法机关代表的法定人数表示同意，法律草案即被通过而成为具有法律效力的规范性文件。

实行议会制的国家，其法律草案大多需要经两院通过。我国宪法的修改需要全国人民代表大会全体代表 2/3 以上多数通过；法律则由全国人民代表大会或其常务委员会过半数通过即可。

（四）法律的公布

被通过的法律由立法机关以一定的形式予以公布，使全国公民和国家机关了解法律，并遵照执行。我国宪法规定，全国人民代表大会及其常务委员会通过的法律由国家主席签署主席令予以公布。

公布之后的法律，其生效时间在我国有两种情况：一是自公布之日起生效；二是法律规定开始生效的具体日期。

（五）法的效力

宪法具有最高的法律效力，一切法律、行政法规、地方性法规、自治条例和单行条例、规章都不得同宪法相抵触。法律的效力高于行政法规、地方性法规、规章。行政法规的效力高于地方性法规、规章。地方性法规的效力高于本级和下级地方政府规章。省、自治区的人民政府制定的规章的效力高于本行政区域内的较大的市的人民政府制定的规章。

三、立法技术

立法技术一般包括法律规范的种类和结构方式、法律条文和规范性文件的表述与组合的方式和技巧、法律规范的系统化。

（一）法律规范的种类和结构方式

法学理论上一般把法律规范分为强制性规范与任意性规范、授权性规范与义务性规范、委托性规范与准用性规范等。

强制性规范规定人们必须为或不为一定行为，它包括命令性与禁止性规范两种；任意性规范规定允许人们在法律规定的范围内为或不为一定行为。授权性规范规定人们有权为或不为一定行为；义务性规范规定人们应该或必须为或不为一定行为。委托性规范不直接确定行为规则的内容，而委托某个专门机关加以确定；准用性规范规定某个或某些法律规范的全部或部分行为规则的内容，适用其他法律规范。

法律规范由一定的结构方式构成。从逻辑上分析，任何一个法律规范都包含一定的构成要素。这些要素包括由假定、处理所组成的行为模式及违反行为模式所导致的法律后果。

（二）法律条文和规范性文件的表述与组合

法律规范的外部表现形式为法律条文和由许多条文组合而成的规范性法律文件。

法律根据内容需要，可以分编、章、节、条、款、项、目。编、章、节、条的序号用中文数字依次表述，款不编序号，项的序号用中文数字加括号依次表述，目的序号用阿拉伯数字依次表述。

通常，两个条文以上可组合为节，两节以上可合为章，两章以上可合为编（篇）。有些法律设有序言，一般概述法律制定的背景、经过、目的、任务、社会意义和法律的基本精神等，不分条文。序言以下为法律的本文。本文按条文排列。规范性文件的本文一般分为总则、分则和附则三个部分。总则规定立法宗旨、适用范围、基本原则和基本法律制度等；分则的内容为有关各方面的具体规定；附则一般规定有关本法的实施事宜，如法律生效日期、实施细则的制定、原有法律的废止等。规范性文件必须有名称，其名称应标明该文件所属法律形式的种类，如法律、条例、规定、命令等。法律标题的题注应当载明制定机关、通过日期，也应记载签署机关和公布日期。

（三）法律规范的系统化

法律规范的系统化有两种方法，即法律规范性文件的汇编与法典的编纂。

法律规范性文件的汇编，简称法规汇编，是指将现行各相关的法律规范性文件，按其颁布的时间顺序、内容性质或其他标准，进行系统整理，汇编成册。法规汇编只是对现行法律规范性文件进行外部整理和编排，不是新的立法活动。法典编纂，是指对某一法律部门的全部现行法律规范进行重新审定，废止不适用的，修改不适当和互相抵触的，补充制订原来所没有的，并使各种法律规范系统组合，成为互相统一、协调一致的统一法律，这种法律即为法典。法典编纂涉及原有法律规范、法律条文和整个法律文件内容的变动和形式上的重新组合，是一种新的立法活动。随着法典的颁布，相应的原有单行法即被废除。

第三节　民法与刑法

民法与刑法在法律体系中属于实体部门法，是与行政法并列的基本法。

"民法"一词源自罗马市民法（juscivile），主要是关于商品经济关系的法律。在市场经济条件下，民法的平等、自愿、公平及诚实信用等原则，是市场经济活动的最基本的法律规则；而民法的各项基本制度，如民事主体、法律行为、代理、所有权、债和合同等是规范市场经济的基本法律形式。民法的重要功能不仅体现在对市场经济的调整和促进作用上，而且还表现在对于公民、法人的合法权益的充分保障方面。民法对民事权利的充分保障，正是实现法治社会的基础。

刑法是国家的基本法律之一，是规定犯罪、刑事责任与刑罚的法律。具体而言，刑法是以国家名义规定什么行为是犯罪和应负的刑事责任，并给犯罪人以何种刑法处罚的法律。

一、民法

民法是调整平等主体的自然人、法人和非法人组织之间的人身关系和财产关系的法律规范的总称。

（一）民法的基本原则

民法的基本原则，是指效力贯穿整个民事法律制度的根本规则，是民事立法、民事司法和民事活动的基本准则。民法基本原则体现了民法的基本价值，集中反映了民事立法的目的和方针，对各项民法制度和民法规范起统帅和指导作用。一般认为，我国民法的基本原则有平等原则、自愿原则、公平原则、诚实信用原则、公序良俗原则、绿色原则。

（二）民事法律关系及其主体、客体

民事法律关系是由民法规范调整的、以权利义务为内容的社会关系，它包括人身关系和财产关系。社会关系经由民法调整后，转化为法律关系。所以，民事法律关系的形成，是民法使社会关系秩序化的实现过程。

民事法律关系的主体，简称民事主体，是指民事法律关系中享受权利、承担义务的人。根据《民法典》，自然人、法人和非法人组织可以作为民事法律关系的主体。国家是特殊的民事主体。

自然人从出生时起到死亡时止，具有民事权利能力，依法享有民事权利，承担民事义

务。自然人的民事行为能力，是指自然人能够以自己的行为参与民事法律关系，取得民事权利和承担民事义务的能力。

法人是具有民事权利能力和民事行为能力，依法独立享有民事权利和承担民事义务的组织。依据法人的目的不同，法人分为营利法人、非营利法人和特别法人。与自然人相比，法人的权利能力和行为能力具有自己的特点，即法人的权利能力和行为能力同时产生、同时消灭。一般来说，始于法人的成立，终于法人的终止。

非法人组织是不具有法人资格，但是能够依法以自己的名义从事民事活动的组织。非法人组织的民事权利能力和民事行为能力从成立时产生，到终止时消灭。

民事法律关系的客体，即民事主体得以结成相互关系的利益对象。客体是民事权利和民事义务之所依，是主体交往的基石和利益所在。

民事法律关系的客体，依利益的表现形式，可分为物、行为、人格利益、智力成果四类。

(三) 民事法律行为和代理

民事法律行为是民事主体通过意思表示设立、变更、终止民事法律关系的行为。民事法律行为的生效可以附条件和期限。附条件的民事法律行为，自条件成就时生效。附期限的民事法律行为，自期限届至时生效。

代理是一种重要的民事法律行为。代理人在代理权限内，以被代理人名义实施的民事法律行为，对被代理人发生效力。

代理关系具有如下法律特征：代理人在代理权限内实施代理行为。代理行为是代理人以被代理人的名义实施的行为。代理人代理实施的是具有法律意义的行为。代理行为的法律后果直接由被代理人承担。

(四) 民事权利

民事权利，是指民事主体为实现某种利益而为某种行为或不为某种行为的可能性，包括物权、知识产权、债权、继承权等。

物权是权利人依法对特定的物享有直接支配和排他的权利，包括所有权、用益物权和担保物权。其中，物包括不动产和动产。

知识产权是权利人依法就下列客体享有的专有的权利：(1) 作品；(2) 发明、实用新型、外观设计；(3) 商标；(4) 地理标志；(5) 商业秘密；(6) 集成电路布图设计；(7) 植物新品种；(8) 法律规定的其他客体。

债是按照合同的约定或者依照法律的规定，在当事人间产生的特定的权利和义务关系。债权是因合同、侵权行为、无因管理、不当得利以及法律的其他规定，权利人请求特定义务人为或者不为一定行为的权利。

继承权是继承人依法享有的继承被继承人遗产的权利。继承权是继承法律关系的核心内容，是继承人合法承受被继承人遗产的依据。继承权按权利的来源分为法定继承权、遗嘱继承权和遗赠继承权。

(五) 民事义务

民事义务是指民事法律规范规定或当事人依法约定，义务人为一定的行为或不为一定的行为，以满足权利人利益的法律拘束。民事义务是当事人为实现他方的权利而受行为限制的界限。

以民事义务发生的根据为标准，民事义务可分为法定义务与约定义务；以民事义务人行为的方式为标准，可分为积极义务与消极义务；在合同法中，以义务基础的不同，分为基本义务与附随义务。

（六）民事责任

民事责任是民事法律责任的简称，指的是民事主体不履行或不完全履行自己的民事义务时应当依法承担的民事法律后果。民事责任可分为违约责任、侵权责任及不履行义务的民事责任三种，其中违约责任与侵权责任是民事责任最基本的分类。

违约责任又称违反合同的民事责任，指合同当事人因违反合同义务所承担的民事责任。

侵权责任，全称为侵权的民事责任，指行为人不法侵害他人的人身权、财产权时依法所应承担的民事责任。其又可分为一般侵权的民事责任和特殊侵权的民事责任。一般侵权的民事责任，是相对于特殊侵权的民事责任而言，它是指行为人因过错而实施的、适用过错责任原则和侵权责任的一般构成要件的侵权行为的民事责任。在现实生活中，大多数侵权损害赔偿均为一般侵权的民事责任。

不履行义务的民事责任，是指因当事人不履行法律规定的义务而承担的民事责任。

民事责任的归责原则分为三种：过错归责原则、无过错归责原则、公平原则。

二、刑法

刑法有广义和狭义之分。广义的刑法，是指以国家名义颁布的规定犯罪与刑罚的一切法律规范的总称，包括刑法典、单行刑法以及非刑事法律中的刑事责任条款。狭义的刑法，是指系统规定犯罪、刑事责任和刑罚的刑法典，在我国也就是指《中华人民共和国刑法》（以下简称《刑法》）。

（一）刑法的基本原则

刑法的基本原则是刑法的灵魂与核心，是刑法的内在精神的集中体现。现行刑法对刑法的基本原则作了明文规定：罪刑法定原则、适用刑法人人平等原则、罪责刑相适应原则。

罪刑法定原则的基本含义是：法律明文规定为犯罪行为的，依照法律定罪处刑；法律没有明文规定为犯罪行为的，不得定罪处刑。也就是通常所说的"法无明文规定不为罪，法无明文规定不受处罚"。适用刑法人人平等原则的基本含义是：对任何人犯罪，在适用法律上一律平等。不允许任何人有超越法律的特权。罪责刑相适应原则的基本含义是：刑罚的轻重，应当与犯罪分子所犯罪行和承担的刑事责任相适应。

（二）刑法的效力范围

刑法的效力范围，即刑法的适用范围，是指刑法在什么地方、对什么人和在什么时间内具有效力。刑法的适用范围，分为刑法的空间效力与刑法的时间效力。

（三）犯罪的概念和特征

在刑法上，犯罪概念有形式概念与实质概念之分。我国从形式与实质的统一上对犯罪的概念作了科学的界定。我国《刑法》第13条规定："一切危害国家主权、领土完整和安全、分裂国家、颠覆人民民主专政的政权和推翻社会主义制度，破坏社会秩序和经济秩序，侵犯国有财产或者劳动群众集体所有的财产，侵犯公民私人所有的财产，侵犯公民的人身权利、民主权利和其他权利，以及其他危害社会的行为，依照法律应受刑罚处罚的，都是犯罪，但是情节显著轻微危害不大的，不认为是犯罪。"

犯罪具有三个基本特征：（1）犯罪是严重危害社会的行为，即具有一定的社会危害性；（2）犯罪是违反刑法的行为，即具有刑事违法性；（3）犯罪是应当受到刑罚处罚的行为，即具有应受刑罚处罚性。

（四）犯罪构成和犯罪构成要件

犯罪构成是指我国《刑法》所规定的，构成某种犯罪的各种要件的总和，它包括主体、客体、主观方面、客观方面。

主体是指达到法定责任年龄，具有责任能力，实施了危害社会行为的人。主观方面是指行为人主观上有无过错，是故意或是过失。

客体是指我国刑法所保护的，而被犯罪行为所侵犯的社会关系。客观方面是指行为人所实施的一定的危害社会的行为。

（五）排除犯罪性的行为、故意犯罪的停止形态、共同犯罪和罪数形态

排除犯罪性的行为，刑法理论上指外表上似乎符合某种犯罪的构成要件，但在实质上不仅不具有社会危害性，而且是对国家和人民有益的行为，主要有正当防卫和紧急避险。

故意犯罪的停止形态，是指故意犯罪在犯罪过程的不同阶段由于各种原因而停止下来所呈现的不同状态。其中，未完成形态包括犯罪预备、犯罪中止、犯罪未遂；完成形态即犯罪既遂。

共同犯罪是二人以上共同故意犯罪。

罪数形态包括一行为法定为一罪或处断为一罪的情况，以及数行为法定为一罪或处断为一罪的情况。

（六）刑罚概述

刑罚，是刑法规定的，由国家审判机关依法对犯罪分子所适用的限制或剥夺其某种权益的、最严厉的强制性法律制裁方法。

刑罚种类，简称刑种，是指刑法规定的各种刑罚的方法。我国《刑法》共规定了8种具体的刑种，其中包括5种主刑，即管制、拘役、有期徒刑、无期徒刑、死刑；3种附加刑，即罚金、剥夺政治权利、没收财产。对于犯罪的外国人，还可以独立适用或者附加适用驱逐出境。

刑罚裁量，即量刑，是指人民法院对犯罪分子依法裁量决定刑罚的一种审判活动，包括累犯、自首和立功、数罪并罚、缓刑等。

刑罚执行，是指法定的司法机关将人民法院已经发生法律效力的判决，根据判决所确定的刑罚而将其付诸实施的刑事司法活动。

刑罚消灭，是指由于法定或事实的原因，致使国家对犯罪人的刑罚权归于消灭。

第四节　侵权与赔偿

侵权行为是不法侵害他人非合同权利或受法律保护的利益，因而行为人须就所生损害负担责任的行为。

传统民法学认为侵权行为是债的发生原因。侵权行为与契约、无因管理、不当得利基于相同的法律效果，即一方当事人可以请求他方当事人为特定给付，构成内在统一的债的关系体系。

一、侵权行为

侵权行为，指行为人侵害他人财产和其他合法利益，依法应承担民事责任的行为。不法侵害他人民事权利的行为范围比较广，并不都属于侵权行为，其中还包括犯罪行为、行政违法行为等。而只有依其侵害程度、构成要件及法律规定等应追究民事责任的行为，才是侵权行为。

（一）侵权行为的一般特征

侵权行为的一般特征主要有以下几点：侵权行为是侵害他人合法权益的违法行为；侵权行为的对象是绝对权；侵权行为是行为人有意识的行为。

侵权行为与违约行为的区别表现在：（1）侵权行为违反的是法定义务，违约行为违反的是约定义务；（2）侵权行为侵犯的是绝对权，违约行为侵犯的是相对权；（3）侵权行为的法律责任包括财产责任和非财产责任，违约行为的责任仅限于财产责任。

侵权行为与犯罪行为的区别是：（1）侵犯的客体不同，侵权行为是对主体民事权利的侵害，而犯罪行为是对社会秩序和公共利益的侵害，由此导致二者在性质上的根本差别；（2）法律后果不同，侵权行为的法律后果是对受害人的补偿，而犯罪行为的法律后果是对行为人的惩罚。

（二）侵权民事责任

按不同的划分标准，侵权民事责任可分为一般侵权的民事责任与特殊侵权的民事责任，或单独侵权责任与共同侵权责任。

一般侵权的民事责任，是相对于特殊侵权的民事责任而言，它是指行为人因过错而实施的侵权行为的民事责任。适用过错责任原则和侵权责任的一般构成要件。在现实生活中，大多数侵权损害赔偿均为一般侵权的民事责任。

由一个行为人单独实施的侵权行为，为单独侵权行为，当事人因此承担的，即为单独侵权责任。反之，由两人或数人共同实施的侵权行为，由此产生的民事责任，为共同侵权责任。

二、赔偿

（一）侵权责任的归责原则

侵权行为民事责任的归责原则，是确定行为人民事责任的标准和规则。我国民事责任的归责原则体系是由过错责任原则、无过错责任原则、公平责任原则所构成的。

（1）过错责任原则，是以行为人的过错为承担民事责任要件的归责原则。在某些情况下，当行为人的过错无法判明，或法律有特别规定时，可以实行过错推定。过错推定是适用过错责任原则的一种方法，它是根据损害事实的发生推定行为人主观上有过错，只有行为人证明自己确无过错时，才能免除责任。

（2）无过错责任原则，又称无过失责任原则，指的是在法律规定的情况下，不以过错的存在判断行为人应否承担民事责任的归责原则。

（3）公平责任原则，是指受害人和行为人对损害的发生都没有过错的，依照法律的规定由双方分担损失。

（二）侵权损害的赔偿规则

侵权赔偿主要适用的规则有：

（1）赔偿全部损失（实际损失）规则，指违约方对于受害人因侵权行为所遭受的全部损失（实际损失）应当承担全部赔偿责任，即不仅要赔偿现有财产的损失，还应赔偿可得利益的损失。

（2）合理预见规则，即侵权行为只对其应当预见且能够预见的损害负赔偿责任。是指侵权赔偿的范围以侵权行为人在实施侵权行为时预见或者应当预见到的损失为限。

（3）过失相抵规则，受害人对损害的发生也有过失的，加害人对受害人造成的损害部分不用赔偿。

（三）侵权损害的赔偿

侵权行为可能造成财产损害、人身损害、精神损害，侵权损害的赔偿也相应地分为三大类：

（1）财产损害的理赔。在财产损害的情况下，可适用返还财产、恢复原状、修理、重做、更换、赔偿损失等民事责任。

（2）人身损害的理赔。人身损害可分为死亡型和身体伤害型。依照《中华人民共和国民法典》的规定，侵害他人造成人身损害的，应当赔偿医疗费、护理费、交通费、营养费、住院伙食补助费等为治疗和康复支出的合理费用，以及因误工减少的收入。造成残疾的，还应当赔偿辅助器具费和残疾赔偿金；造成死亡的，还应当赔偿丧葬费和死亡赔偿金。

（3）精神损害的理赔。精神损害，又称非财产损害，基本特征在于没有价格可以计算。精神损害赔偿是以金钱的方式赔偿精神损失，功能有二：一为填补损害；二为抚慰受害人，称之为抚慰金更为合适。

第二章 出版法、出版政策与出版职业道德

我国目前调控出版行业的手段除了法律手段、行政手段、经济手段等这些他律手段以外，还有出版职业道德这一自律的手段，以及思想教育等手段。对于在出版行业从业的人士来说，我们应该知道什么是出版法、出版法具有什么特征、出版法的价值目标及制定原则。同时，由于出版行业是一个政策性极强的行业，因此，我们更应熟悉了解什么是出版政策，出版政策与出版法规之间有什么关系，出版法规与出版职业道德之间又有什么关系，出版法、出版政策及出版职业道德在出版行业各起什么作用等，以便在政策法规允许的范围内进行出版活动，并加强自律，使出版活动有序进行。

第一节 出版法的基本概念及特征

出版法、出版法律、出版法规等是出版工作中经常用到的几个概念。什么是出版法、什么是出版法律、什么是出版法规、它们之间有什么关系，是我们首先必须厘清的问题。

一、出版法、出版法规的概念

出版法，有广义和狭义两种含义。广义上，出版法是指由国家制定并由国家强制力保证其实施的、体现国家意志、用于调整人们在出版活动中所产生的各种社会关系的行为规范体系的总称，包括宪法的有关规定、有关法律、行政法规与规章等各种法律规范性文件。狭义上，出版法则特指由全国人民代表大会或全国人民代表大会常务委员会制定的专门用于调整与规范出版活动中的各种关系的规范性文件。近十几年来，我国出版界一直在呼吁出台"出版法"，就是指狭义上的出版法。

出版法规，也有广义的和狭义的两种含义。广义的出版法规，是出版法律规范的简称。就其规范意义而言，与广义的出版法是同一个概念，主要包括宪法的有关规定、有关法律、有关行政法规与规章等各种法律规范性文件。狭义的出版法规，是有关出版活动的法律规范性文件中的一种具体形式，包括由国务院制定与颁布的行政法规和由省、自治区、直辖市以及省、自治区人民政府所在地的市、其他国务院批准的较大的市的人民代表大会及其常务委员会制定和颁发的地方性法规两种，其效力低于法律。我们所讲的"出版法规"一词，是指广义的出版法规，即所有出版法律规范的简称。

二、出版法律、出版法规的基本特征

通常情况下，人们的行为规范有两类：社会规范和技术规范。社会规范调整人与人之间的关系，技术规范调整人与自然的关系。法律规范只是社会规范之一种，它规定了社会

中人们的一般行为规则，所以规范性是法律规范具有的一个基本特征。但阶级社会里，社会规范有很多，除了法律规范外，还有政治规范、道德规范、宗教规范、礼仪规范、社会习惯等。法律规范是一种特殊的社会规范，它具有道德规范、宗教规范、礼仪规范、社会习惯等其他社会规范所不具有的以下三个基本特征：

（1）法律规范是由国家制定或认可的社会规范，它具有普遍约束力，具有国家意志性；其他社会规范并非经国家制定或认可，不具有国家意志性。

（2）法律规范又是由国家强制力保证实施的社会规范，具有国家强制性；其他社会规范虽然也具有一定的强制性，但并非以法庭、监狱、警察乃至国家军队等国家强制力保证其实施，所以不具有国家强制性。

（3）法律规范既规定人们的权利，也规定人们的义务，且人人必须遵守。它通过赋予社会关系参加者以一定的权利和义务来实现对社会关系的调整，以建立和维护有利于国家的社会关系和社会秩序。因此，法律规定的权利和义务具有普遍适用性。

在国家制定或认可的法律规范中，由于其调整对象、适用范围不同，法律规范有很多，如新闻法规、出版法规、金融法规、会计法规、合同法规、交通法规等，出版法规与其他法规相比，主要有如下特征：第一，出版法规是由国家制定或认可的有关出版活动的行为规范。第二，出版法规是由国家明确规定的有关出版事业及其从业人员的权利与义务的规范，即国家明确规定出版事业及其从业人员可以做什么、不可以做什么，使出版行业的企事业单位及其从业人员知道国家允许做什么、要求做什么、禁止做什么等。

第二节　出版法的价值目标及制定原则

随着我国社会主义市场经济体系的逐步建立，法制建设日趋完善。"依法治国"已成为治理国家的基本方略。出版立法，是发展我国出版业的根本保证。由于法的价值目标对法的制定、实施具有重要的指导意义，任何法在创制、实施时都要确定相应的价值目标。在新的形势下，在社会转型期，探讨出版法的价值目标以及出版法的制定原则，对于出版法的制定和实施具有重要意义。

一、出版法的价值目标

根据法理学原理，法律作为国家立法机关通过的调整行为关系的规范性文件，都有其追求的理想目标，以达到满足人和社会需要的目的，这就是法的价值目标。离开了一定的价值目标，法律就会成为空洞的外壳。具体来讲，法的价值目标包括自由、平等、秩序、安全、效益等。出版法是整个出版法律体系的基准，出版法的价值目标是出版法在调整社会关系时所要追求的具体理想目标。它应是在法的价值目标基础上形成的，并包含这些基本的价值目标。但出版法价值目标应上升到一种特殊理想的高度，即出版法的价值目标只能为出版法所特有，是区别于其他部门法的重要方面。具体而言，出版法的价值目标应包含以下三个方面。

（一）保障出版自由与维护出版秩序的统一

自由和秩序作为人类基本的价值需求，是一对与生俱来的矛盾。前者满足的是社会个体的价值需求，后者满足的是社会整体的价值需求。法律的任务就在于使二者达到和谐的程度。出版法是社会法，应始终将公私法融为一体，因此，保障出版自由与维护出版秩序的统一必将成为其追求的价值目标。

出版自由，即公民依法享有的通过出版物表达思想见解的自由，是言论自由的重要表现形式。保障社会主义的出版自由具有多方面的价值。（1）寻求和发现真理的途径。"百花齐放、百家争鸣"有助于更好地发现真理。一种意见、一种学术观点，即使当下不被大多数人理解和接受，也有可能随着时间的推移而逐步被人们理解和接受。如达尔文的进化论、哥白尼的日心说等。（2）保障获取信息的权利。获取充分的客观信息，是广大人民有效参与社会政治、经济、文化生活的前提。如果不能获取足够的信息，或者只能获取片面的甚至歪曲的信息，人们就难以作出正确的判断和选择。（3）实现有效监督的手段。监督制度是我国民主制度的重要组成部分，是反腐倡廉的一种有效机制。电视媒体在这方面的工作引人注目，如"焦点访谈"等，出版媒体同样应该发挥相应的作用。（4）畅所欲言有利于社会的安定。只有让广大人民群众充分表达自己的意见和看法，才能及时疏导不满情绪，保持社会的稳定。（5）自我完善和发展的途径。保障出版自由也是社会主义关于人的全面发展的必然要求。一个健全的人必须有思想，而思想只有通过表达出来与他人交流，才能逐步成熟和发展。

马克思说过："出版法就是出版自由在立法上的认可。"① 因此，出版法设立的目的之一就是确认和保障出版自由。出版法应是我国宪法中关于公民有言论、出版自由的具体化规定。我国《宪法》第 35 条规定公民有言论、出版的自由；第 47 条规定公民有进行科研、文艺创作和其他文化活动的自由。出版法应担负起确认并保障出版自由的重任，为使宪法的原则转化为社会的客观现实提供具体的法律规范，使出版自由在出版法的保障下获得应有的社会意义。因此，出版法的制定要以保障出版自由为出发点和归宿。

自由是法的目的，自由需要得到法的保障。但同时法又必须严格规定自由的界限，否则自由就不是现实的。孟德斯鸠曾说过："在一个国家里，也就是说，在一个有法律的社会里，自由仅仅是一个人能够做他应该做的事情，而不被强迫去做他不应该做的事情。"② 自由是做法律所许可的一切事情的权利，如果一个公民能够做法律禁止的事情，他就不再自由了，因为其他人也同样会有这个权利。因此法律所追求的自由是一种正当的自由，要保证个人自由与他人自由的和谐共存。为了达到这个目的，人们往往以创设法律的方式建立一定的社会秩序来保障自由的实现。法具有国家强制性，能确保社会秩序免遭任何非法的破坏和干扰。出版秩序是在出版活动中存在的"某种程度的关系的稳定性、进程的连续性、行为的规则性以及财产和心理的安全性"③。正常的出版秩序是出版业存在和发展的必要前提。但在实际生活中，滥用出版自由的现象普遍存在，如有在出版物内容方面侵犯隐私、败坏风纪、泄露机密、蛊惑群众的；有假冒社名、书号盗版盗印的；有拿刊号出书，或用书号出刊，甚至买卖书号的，严重扰乱和破坏了正常的出版秩序。因此，出版法应限制滥用出版自由，维护正常的出版秩序。

---

① 马克思恩格斯全集（第一卷）[M]. 北京：人民出版社，2001：71.
② 孟德斯鸠. 论法的精神（上册）[M]. 北京：商务印书馆，1961：154.
③ 张文显. 法理学 [M]. 北京：高等教育出版社、北京大学出版社，1999：227.

美国著名的法学家埃德加·博登海默认为："法律是保障人们的自由的，但在某种情况下为了公众利益而分配各种自由或限制各种自由，对法律来说也是必要的。"① 因此，我国《宪法》第51条规定："公民在行使自由和权利的时候，不得损害国家的、社会的、集体的利益和其他公民的合法的自由和权利。"西方国家的宪法中差不多也对出版的基本原则作出了明确的规定，以从根本上保证出版自由和限制滥用出版自由。《美国〈宪法〉第一修正案》规定：国会不得制定法律限制言论、出版自由，但这并不是说言论、出版自由就是绝对的。美国联邦法院的许多判例证明出版并非绝对自由。美国最高法院1925年判例说：无论一个人怎样选择，他绝对没有不负责任的言论或出版的绝对权利。美国在其他各种法律中也有限制滥用出版自由的，如《反猥亵法》《间谍法》《国家保密法》等。所有西方国家都在法律中规定，任何出版物不得泄露国家机密，不能损害国家利益。瑞典的《出版自由法》第5条规定："需要保密的正式文件，不得印刷出版。"还将诽谤和侮辱作为滥用出版自由的行为，是要依法受到惩罚的非法行为。芬兰《出版自由法》第26条规定："任何人未经允许，不得印刷出版最高行政当局的备忘录和文件。"

由此可以看出，在任何一个国家，出版自由都不是绝对的，都是有限度的。滥用出版自由会干扰破坏正常的出版秩序，要受到法律的制约。出版法在保障出版自由时，要限制滥用出版自由，维护正常的出版秩序。出版自由是出发点和归宿，出版秩序是为出版自由而设的，二者不能截然分开。因此，保障出版自由和维护出版秩序的统一就成为出版法所追求的价值目标。

（二）促进文化发展与保证文化安全的统一

出版业是一种文化产业，承担着传承发展先进文化的重任。当今时代，文化越来越成为民族凝聚力和创造力的重要源泉、越来越成为综合国力竞争的重要因素，丰富精神文化生活越来越成为我国人民的热切愿望。文化作为人类精神财富的凝结，具有鲜明的多元性和民族性特点，因此有人说文化是一个民族的身份证。它是一个民族不同于别的民族的特质，是维系一个国家的精神纽带。民族文化只有拥有独特的风格，才能在世界文化之林中站稳脚跟。中华民族文化是世界上最有特点的文化，是中华民族在发展进程中所具有的精神价值体系和社会生活方式，也是中华民族赖以生存和发展的灵魂和根。"文化兴则国家旺，文化衰则国运竭"，文化与国运是紧密相连的。在信息网络时代，不同文化的传播更加迅速，民族文化面临更多外来文化的冲击。为了使我们的民族文化能在世界文化之林中站稳脚跟，就要促进民族文化的发展，优秀的民族文化是国家精神的体现，要在法律上明确予以保护，以法律制度确保民族文化的地位。所以，出版法要以促进民族文化的繁荣为目的，把发展民族文化作为价值目标。

同时，要发展民族文化，并不是把自己与世界隔绝开来，因为一种文化只有与时代相适应，跟上时代前进的步伐，既不断更新和发展，又不失却自身传统的特色，才是一种有生命力、根深叶茂的文化。因此，民族文化需要在与世界文化的交流中，吸收各种营养，得到锤炼和发展。但是，现在有些国家在"文化全球化"的幌子下，推行文化霸权和文化

---

① 埃德加·博登海默. 法理学——法律哲学与方法［M］. 上海：上海人民出版社，1992：261.

殖民，许多国家意识到本国文化所面临的威胁。曾任加拿大文化遗产部长的希拉·科普斯女士认为"文化是一个确定21世纪将何去何从的问题，我们不应该为保护文化而感到羞愧。因为存在着这样一种危险，即我们会在全球化的单一文化中丧失自我"①。

这里，保护文化有两层含义，即促进文化发展和保证文化安全。安全是一切法律的首要价值，不同的法律部门会追求不同意义的安全，出版法所追求的安全价值应着重考虑文化安全问题。文化安全的核心是意识形态和价值观的安全。历史经验证明，如果失去了共同的、稳定的基本价值观念，那么整个社会将会分裂为在基本价值需要上相互冲突的利益集团。在这种情况下，社会的稳定只能化为泡影，国家的安全将会受到严重威胁。"文化帝国主义"就是要通过传播发达国家的文化价值观念和生活方式来消除他国的民族凝聚力，达到"文化殖民"的目的。

世界上许多国家已认识到文化安全的重要性，纷纷起来保护本民族文化。在1993年12月结束的围绕新的世界贸易协定的谈判中，法国带头提出了"文化例外""反对美国文化帝国主义""维护欧洲和法兰西文化特征"等口号。这里虽然主要是指影视作品，但也包括图书、音像等出版物。法国的这些口号赢得了法国及欧洲知识分子的广泛支持，结果美国不得不作出让步。② 鉴于英美文化的渗透对本国社会生活的影响，特别是在出版业方面的渗透和支配对其民族利益构成的威胁，加拿大政府于1985年制定了《加拿大投资法》，这一法案规定：在加拿大的国外独资出版公司必须在两年的时间内，将至少50%的股份出让给加拿大本国出版商，同时还规定禁止国外企业兼并加拿大出版公司，并限制外国企业对加拿大图书业进行投资。1992年加拿大政府又制定了一项新的出版政策，规定外国投资者在加拿大出版业的投资只限于合资形式，并处于政府的严格审批和控制之下，其目的在于防止外国文化尤其是美国文化入侵，以保护加拿大出版业的民族特色。③

中国加入世界贸易组织后，文化安全也遇到了新的威胁。当前，西方敌对势力频繁使用各种媒体对我国进行思想文化渗透，出版作为一种特殊的文化产业，在保护文化安全方面肩负着重大的责任。我们要利用WTO的例外规则，借鉴他国的做法，对西方文化思想借出版载体的强势入侵实行防范，抵制不良文化的侵蚀。如对外国文化资本、文化产品和文化服务进入出版领域实行一定限制，在出版物进口等环节作出明确的法律规定，以维护我国最根本的文化利益。

保证文化安全是手段，促进我国民族文化的发展是目的，在促进文化的发展中要保证文化的安全，在文化安全的前提下，促进文化的发展。所以，出版法应将促进民族文化发展与保证文化安全的统一作为它追求的价值目标。

（三）促进经济效益和社会效益的统一

作为法的价值，效益是评价法律制度的标准之一，任何法都必须追求和促进效益。"法的效益价值包括经济效益价值和社会效益价值，在二者并不矛盾的时候，任何一方面

①　周源. 发达国家出版管理制度［M］. 北京：时事出版社，2001：205.
②　魏玉山，杨贵山. 西方六国出版管理研究［M］. 北京：中国书籍出版社，1995：22.
③　魏玉山，杨贵山. 西方六国出版管理研究［M］. 北京：中国书籍出版社，1995：87.

的增加都是效益价值的成果，都应被肯定，但在二者矛盾的时候，就必须注意：完全忽视经济效益的法，即使有一定的社会效益，其效益价值是值得怀疑的，但任何否定社会效益的法，即使很有经济效益，也不能在整体上说是有效益的。价值理论所要求的是经济效益和社会效益的同步发展或分别发展，而不是二者的相互矛盾、抵消、否定。"①

　　出版业是一个特殊的行业，出版的价值与功能具有两重性。它既是一项文化事业，又是一项文化产业，既有意识形态属性的一面，又有一般物质形态属性的一面。其价值体系一是通过影响社会大众的精神素质来提高社会的文明程度，二是通过其生产成果在流通中获得经济效益，由此带来社会财富的积累，促进经济的发展。出版的基本目标是为经济建设和社会发展提供精神动力和智力支持，做到以科学的理论武装人，以正确的舆论引导人，以优秀的作品鼓舞人，以高尚的情操塑造人，这也是出版产业社会效益的本质含义。因此，在开展出版活动时，要把社会效益放在首位，要考虑出版活动一定要对社会有益。同时，出版作为一项专门的社会经济活动，与其他社会经济活动一样，也必须讲求经济效益，因为经济效益的实现是实现社会效益的重要条件。正如邹韬奋先生所说的："因为我们所共同努力的是文化事业，所以必须顾到事业性，因为我们是自食其力，是靠自己的收入来支持事业，所以同时必须顾到商业性，这两方面应该是相辅相成的。"②

　　我国出版产业以公有制为主体的产业特征，决定了在大多数情况下，出版的两个效益是统一的。但是在经济效益和社会效益之间，前者强调企业个体目标，后者强调的是社会整体目标。由于在现阶段，企业目标和社会目标并不完全统一，有时也会出现二者矛盾对立的情况。如一些出版单位片面追求经济效益，忘掉国家赋予的神圣使命，大肆出卖书号、刊号、版号，导致内容有严重问题的出版物以合法的途径危害社会，一些国有印刷单位违规承印非法出版物，一些国有书店参与出售非法出版物，因而根本无法实现社会效益。两个效益之间的矛盾，不利于出版事业的繁荣与发展。

　　出版业是一种特殊的文化产业，出版法在追求和促进效益时，应把社会效益放在首位，社会效益是出版法效益观的基本起点。但是，单纯追求社会效益只能成为一句空话，并非出版法的特有价值，做好经济效益，才能更好地实现社会效益。因此，出版法要促进经济效益和社会效益的有机结合，实现两个效益的最大化、最优化。一方面，出版法应保障和鼓励优秀的、社会价值高的出版物的出版，在法律上明确规定出版物不得含有的内容，规定出版社年检制、出版物质量抽检制等，确保社会效益的实现；另一方面，出版法要规定从事非法出版活动者的法律责任，保护合法经营者的利益，保证健康的正式出版物经济效益的实现，从而实现其社会效益。总之，出版法的设立应促进社会效益与经济效益的统一，两者的统一应成为出版法追求的价值目标。

　　法的价值目标在于引导法律的理想目标的合理实现，探讨出版法的价值目标，可以使出版法在其价值目标的指导下，科学合理地制定出版法的基本原则，调整范围与对象，出版法律关系以及出版活动主体的资格、权利、义务和法律地位等，使出版法更好地为出版活动保驾护航，促进出版事业的繁荣发展。

---

①　卓泽渊．法的价值论［M］．北京：法律出版社，1999：208.

②　赵晓恩．出版企业管理概论［M］．上海：东方出版社，1991：45.

二、出版法的制定原则

出版法的制定同其他法规的制定一样，都离不开一定的基本准则或原则作指导。出版法制定的基本原则是指在出版法的制定工作中应当遵循的指导思想和方针，它是一个国家立法原则在出版活动领域的具体体现，反映了出版法制定工作的一般规律。它在出版法的制定过程中起着主导作用，其准确性和客观性可以决定各项具体出版法的有效性和科学性。

在出版法的制定和实施中，为了保证有效开发和合理利用出版资源，促进出版事业的发展，我们必须坚持效益原则、吸收借鉴原则、政策与法规分工协调原则、立足现实与长远发展相结合的原则，以便形成高质量、高效率的出版法规体系，促进出版事业的发展。

(一) 效益原则

这是出版法制定的目的性原则，也是对出版法规进行评价的评价原则。作为目的性原则，效益原则是指法规的制定者在制定法规时应当考虑所制定的法规的效益，在相应的法规内容中均应从有利于实现该法规的效益出发。针对出版业的实际，在制定出版法规时也应考虑其效益，如果仅仅为了出版法规的制定而制定，而不考虑它的效益，那么这种制定法规的工作便是无益的，这种制定工作再多，也不能标志出版法规体系的完备。效益原则也表明，出版法规的制定应当充分考虑如何通过政策法律手段发挥出版资源或出版技术本身的效益。

(二) 吸收借鉴原则

包括出版法规在内的一切法规的制定工作，都离不开正确理论的指导，离不开对中外古今有益经验的吸收借鉴。这一原则意味着在出版法规的制定过程中，既应吸收出版法规制定方面的直接经验，也应吸收其他法规实践方面的经验；既应吸收现代的经验，也应吸收过去的经验；既要吸收本国的经验，也要吸收外国的经验。特别是从 2001 年我国成为WTO 正式成员国之后，我们更应借鉴外国有益的经验。虽然不同国家的出版法规受本国国情的限制，具有适应本国国情的个性，但在反映出版活动本身的特有规律方面是具有共性的。因此，在出版法规的制定中可以相互借鉴。但由于各国国情，特别是在文化传统、意识形态等方面存在较大的差异，也不能全盘照搬。

就现在的实际情况来看，无论是实行以预防制为主的国家还是实行以追惩制为主的国家，都重视出版法规的制定工作，重视对出版行业进行依法管理。比如法国除在《宪法》和所附的《人权宣言》中对出版活动作了规定外，还专门制定了《出版自由法》；在其他有关法律中，也有出版部门应当遵守的规定。美国虽然没有专门的出版法，但涉及出版活动的法律很多，如《美国〈宪法〉第一修正案》《反猥亵法》《诽谤法》《国家保密法》等。同时，这些国家还通过制定出版政策来加强对出版行业的保护。

有鉴于此，我们在制定出版法规时，一方面，可以借鉴国外完善本国出版法规体系的做法，健全我国的出版法制；另一方面，可以制定相应的出版政策，防止外国文化入侵，保护本国出版业的发展。

（三）政策与法规分工协调原则

出版政策与法规是国家对出版活动进行宏观管理的重要手段，出版政策与法规各有不同的类型。比如，出版政策可划分为出版物编辑出版政策、出版物发行政策、出版物印刷政策、出版物定价政策等；也可划分为国际出版政策、国家出版政策、地方出版政策等；还可以划分为出版产业政策、出版物市场管理政策、出版信息化政策等。出版法律则包括著作权法、出版法等。这些出版政策与法规的功能也各不一样。由于出版管理的对象、环境、方式不是一成不变的，需要出版法规体系的整体功能给予保证。因此在出版管理活动中，不可能由一部包罗万象的出版法规来解决所有问题，我们一方面应充分注意政策与法规的分工与协调；另一方面应注意出版法规与现行社会有关法律的协调一致。

1. 出版政策与法规的分工与协调

不同类型的出版政策与法规在调节对象、内容、方式等方面具有不同特点。我们在制定具体的出版政策与法规时，应该注意调整范围和重点问题的分工，同时在制定程序、批准方式上符合法律规定。一般情况下，在全国范围内普遍有效、适用于全国出版行业的法规应由我国立法机关——全国人大、国务院及国务院各部委——来制定并颁布，而仅适用于地方、在某一省市区出版行业有效的法规则由地方人大或地方政府制定。比如，全国人大制定并颁布的《中华人民共和国著作权法》《中华人民共和国著作权法实施条例》，国务院出台的《出版管理条例》等，一般在全国范围内有效；而地方人大或地方政府制定的则仅在该地方有效，比如，湖北省人民政府制定并颁布的《湖北省出版物市场管理办法》只在湖北省范围内有效。

同时，出版政策与法规的不同类型本身在调节功能上也有其局限性和针对性，不可能面面俱到。如出版业各项标准的调节对象是出版管理活动中可重复的现象和事物，因而具有明确的规范性和确定性，但对出版管理的方向、形式、手段缺乏直接调节功能。因此，该以政策形式调整的就及时出台政策，该制定标准的就制定标准，如果需要长久、稳定的法律去调节则应由立法机关以法律的形式固定下来。但是出版法规的类型分化和功能分工必须保持总体的协调一致性，也就是各种出版法规之间不能互相矛盾冲突，应有分有总，即在出版管理总体目标约束下，既有总体出版法规，又有具体出版法规，形成目标一致、分工协调的科学完善的出版政策与出版法规体系。

2. 出版法规与现行社会有关法律协调一致

在强调"依法治国"的时代，我们的法制正在逐步健全、完善，从法律地位的高低、法律效力的不同和调整范围的大小来看，宪法具有最高的法律效力、立法机关制定的法律次之，国务院制定的法规、国务院各部委制定的条例、规章、命令等再次之。因此，在制定出版法规时，应注意不同类型的出版法规与现行社会有关法律法规的协调一致。如果出现冲突，则应及时修改、调整。

（四）立足现实与长远发展相结合原则

立足现实是指出版法规的制定和实施要立足于一个国家的国情，要与国家社会发展总体目标保持一致，与国家政治、经济、文化、教育、科技等各方面状况相适应；长远发展则是从辩证的角度来看问题，一方面出版法规具有发展性，随着出版管理实践的变化，出版法规需要不断进行修订，另一方面出版法规应具有一定的预见性，应能适应出版业长期发展的需要。这就要求出版法规应尽可能避免"危机管理"，保持一定的稳定性而不至于朝令夕改。

我们在制定出版法规时，应坚持立足现实与长远发展相结合的原则，制定出管理功能不断强化的出版法规体系，更好地促进出版事业的发展。这里应该注意的是：第一，在确定出版管理的总体目标和具体目标时，必须以社会发展总体目标为基础，明确为人民服务、为社会主义服务的基本思想；第二，实现出版管理各项目标的具体步骤、策略和手段应立足于本国国情，在现有出版管理水平基础上制定出积极、稳妥的国家出版法规体系；第三，出版法规的内容与其他社会法规相协调，与国家管理体制和法制建设保持一致，使其成为社会法规体系的有机组成部分；第四，以发展的眼光来看待出版法规，一方面对于出版业发展中出现的新的问题及时予以解决，另一方面对在管理实践中发现的遗漏疏忽的地方和错误欠妥的地方及时进行相应的修订；第五，出版法规的制定者应具有全面的观点、战略的眼光和明智的判断，应从适应出版业长期发展的需要出发，制定有预见性的出版法规，使出版法规在保证其针对性、有效性的基础上具有长期发展的适应能力。

第三节　出版政策与出版法规

在国家调整出版活动的规范性文件中，除了出版法规以外，还有出版政策。在我国出版事业的发展过程中，出版政策发挥了非常重要的作用。因此，我们有必要在阐释出版法规的同时阐述出版政策这一概念以及出版政策与出版法规的联系与区别。

一、出版政策的概念

政策是国家或政党为实现一定历史时期的路线而制定的行动准则，出版政策是国家根据需要制定的有关发展和管理出版事业的方针、原则、措施和行动准则，它是调整出版活动并借以指导、推动整个出版事业发展的行动指南，是国家对出版活动进行宏观管理的重要手段。出版政策具有指引方向和调动各方面积极性的作用。通常情况下，出版政策经过行政途径下达，对一定范围的人或机构具有一定的调节能力，其基本功能是一种指导和协调作用。当然，政府在贯彻执行这些出版政策的过程中，要注意不断地总结经验，把实施出版政策后形成的比较稳定的社会关系，及时通过国家的立法程序制定为出版法规。出版法规与出版政策，既有统一性，又有区别之处，两者之间具有辩证统一的关系。

二、出版政策与出版法规的联系

(一) 出版政策与出版法规有很多共同点

出版政策与出版法规的基本内容相同，都是社会主义经济基础的反映，体现工人阶级以及其他劳动人民的意志和利益；政治方向相同，都是以坚持党的四项基本原则为前提；服务对象相同，都是为广大人民群众服务、为社会主义服务；社会作用相同，都是为巩固人民民主专政、发展社会主义经济和促进社会主义精神文明建设。

（二）出版政策是出版法规的依据和指导

出版政策对一切出版物的编辑出版印刷发行活动进行指导，出版立法作为出版活动的重要组成部分，当然也离不开出版政策的指导。同时，出版政策又是出版法规制定的依据。在出版立法过程中，无论是立法动议的提出，还是法律草案的起草，都应当考虑国家和执政党出版政策的总体精神。与此同时，许多行之有效且有长远价值的出版政策逐渐被固定下来成为出版法规。因此，可以说出版法规的制定必须以党的出版政策为依据，出版法规在适用过程中，也必须以党制定的出版政策为指导，才能更好地实施。

（三）出版法规是出版政策得以实现的重要工具

出版法规由国家强制力保证实施，能够建立良好的出版关系和出版秩序，保证出版政策的贯彻执行。

出版政策是出版法所要体现的一般原则、精神和内容，出版法是国家出版政策和执政党出版政策的定型化、条文化，因此，一方面出版政策对出版法规具有指导作用，但另一方面出版法规对出版政策的贯彻落实也有很大的作用。出版法规是实现国家出版政策和执政党出版政策的最为重要的手段。如前所述，出版法具有强制性，而出版政策则不具备这一属性，因此，如果没有出版法的体现和贯彻，仅仅依靠出版政策本身的力量和资源，往往达不到它所要达到的经济、政治目的。当然，实现出版政策的形式很多，出版法只是实现出版政策的形式之一，它只有同贯彻出版政策的其他形式相互配合，才能发挥更大的作用。

三、出版政策与出版法规的区别

出版政策与出版法规在制定的机关和程序、表现形式、调整的范围和方式、稳定性程度以及本质属性和功能等方面存在区别。

（一）两者制定的机关和程序不同

出版法规是由国家制定或认可的，具有国家意志的属性。出版法规由国家专门的立法机关即全国人民代表大会及其常务委员会或者拥有立法权能的机关如国务院及其各部委等依照法律程序而创制，其立法权限和创制程序均有严格而复杂的规定。而出版政策一般由执政党的代表大会或者领导机关制定，在它没有用法律形式体现之前，不具有国家意志的属性。我国的出版政策是按专业分工、按出版环节制定的，既有国务院、国家新闻出版署、其他各部委制定的国家关于出版物的编辑出版、印刷、发行等方面的政策，也有地方机关如各省、市、自治区制定的地方出版政策。

（二）两者的表现形式不同

在我国，出版方面的法律、法规通常采用制定法的形式。已经出台的有关出版的法律法规主要有民法、刑法、一些单行法律（如《著作权法》《反不正当竞争法》等）和一些单行法规（如《计算机软件保护条例》《出版管理条例》《印刷业管理条例》《音像制品管理条例》等）。而出版政策则经常以国家机关制定和颁布的决定、决议、命令、规则、规定、意见以及通知、领导人讲话、会议纪要、号召等形式出现。如《关于加强出版工作的决定》（1983年6月）、《关于推行图书多种购销形式的试行方案》（1987年）、《关于当前出版社改革的若干意见》（1988年5月）、《新闻出版署关于检查、整顿书刊市场的紧急通知》（1989年）、《关于图书发行浮动折扣的试行办法》（1991年）、《关于在出版行业开展岗位培训实施持证上岗制度的规定》（1995年）、《关于培育和规范图书市场的意见》（1996年）、《关于进一步加强对有关出版物管理的通知》（1998年）、《关于委托省级新闻出版行政部门代行部分报刊审批权限的通知》（2003年）等。

（三）两者调整的范围、方式不同

从范围上看，出版政策所调整的社会关系要比出版法广泛得多，它大到关于出版体制改革、关于培育和规范图书市场，小到关于加强出版物管理、关于图书浮动折扣、关于全面清理买卖书号、对书刊二级批发单位实行总量控制、调整少数民族省区的图书发行折扣，甚至小到规定某类书的编辑出版管理、规定如何举办书展以及展销会等，涉及书报刊编辑出版发行印刷的方方面面。而出版法所调整的，则往往是那些在出版活动中对国家、社会有较大影响的社会关系领域，如出版管理关系、出版活动中的违法犯罪行为及其惩罚、计算机软件的保护等。从方式上看，出版法一般调整较为稳定的社会关系，所以它偏重对既有的社会关系的确认、保护或控制。而出版政策是应对的手段，它不仅要处理既有的问题，而且要对正在形成或将要出现的问题作出反应，因此它偏重采取灵活多样的措施，以适应社会形势不断发展变化的需要。

（四）两者的稳定性程度不同

出版政策作为出版活动的指导原则，往往是宏观的方针性号召，在政策执行中允许有灵活性，而且随着出版环境的变化要不断地修正、补充和完善，由于动态性较大，因此时效较短。而出版法规一般是在出版政策长期实施以后取得一定经验的基础上确立下来的比较具体的行为规范，时效较长，而且它的制定、修改或废止都要经过严格复杂的法定程序，具有相当的稳定性。

（五）两者的本质属性和功能不同

出版政策代表的是政治组织的利益和意志，不具备强制力的属性；而出版法规代表的是国家的利益和意志，具有强制力的属性。出版政策只有通过特定程序，被国家机关制定或认可为出版法律法规，才能获得国家强制力的保证，成为人人必须遵守的规范。从功能上讲，出版政策的基本功能是"导向"，即运用行政手段，原则性地规定或号召、鼓励、支持出版活动以达成出版政策的目标；而出版法律法规的基本功能是"制约"，运用法律手段，规定人们应该做什么、能够做什么、不能做什么，限制和约束人们的出版行为以保护出版事业的健康发展。

四、正确处理出版政策与出版法规的关系

在实践中，出版政策与出版法规的实际地位和效力可能会存在某种冲突和矛盾，有时出版政策的作用大于出版法，有时出版法的地位高于出版政策，其间表现出相当大的差异和多样性。我们应该正确认识和处理两者间的关系。

随着"依法治国，建设社会主义法治国家"的国策的确立，法律法规这种社会调控手段的作用正日益受到重视。同样我们也必须重视出版法对出版活动的调控作用。我国目前的出版政策多是国家对出版活动的指导性、原则性的方针政策，偏重要提倡、鼓励和支持的各个方面，对要限制、反对和禁止的各个方面缺乏具体的规定，导致出版政策在系统内部也只有软约束力和弱控制力，难以发挥出政策效率。因此，加强和补充政策手段，加快我国出版政策法律化的步伐，对于出版政策的正确贯彻执行具有重要的作用。但是重视出版法并不意味着忽视出版政策的作用，因为出版法不可能完全取代出版政策。我国目前对出版活动的调控，只是在著作权领域建立起了比较完整的法律保护体系，而调控其他出版活动领域的社会关系仍然主要依靠出版政策。

出版政策作为保证国家出版事业健康发展、出版部门协同工作的重要调节机制，对出版资源的有效管理和出版产业的发展都起着战略性的指导、协调作用。因此，在认识和处理出版政策与出版法规的关系问题时，既不要把二者简单等同，也不要把二者完全割裂、对立起来。当二者在实践中发生矛盾和冲突时，我们既要维护出版法的稳定性和权威性，又要根据新的出版政策的精神适时地对出版法律法规作出修订，以使二者的内容和原则协调一致。

第四节　出版法规与出版职业道德

法律法规是出版活动的重要规范，政策是推动整个出版事业发展的行动指南，但政策、法规并不是出版活动的全部规范。在出版活动中，还有其他的一些行为规范，如纪律、道德规范等。出版活动的顺利发展就是法律规范、政策规范和道德规范交叉运用的结果。

在我国，出版活动必须坚持中国共产党的领导，坚持为人民服务、为社会主义服务的方向。由于出版物的内容总是带有意识形态性质，而法律只能规范行为，不可能规范思想，只能禁止那些危害国家安全和社会公共秩序、侵害公民合法权益等具有社会危害性的言论的公开出版。中国共产党对出版事业的领导，是出版领域判别社会主义意识形态和资本主义意识形态，确立社会主义意识形态的主导地位的根本保证。所以出版活动中的各种社会关系，有的要用法律规范来调整，还有大量的则需要用党的政策和指示、出版行业的规章纪律和职业道德等规范来调整。而纪律规范和道德规范都离不开党的政策的指导。因此，出版活动既需要相对稳定的法律规范，也需要灵活及时的政策规范，还需要潜移默化的道德规范。

一、出版职业道德概述

根据《伦理学大辞典》的解释，道德是"以善恶评价为形式，依靠社会舆论、传统习俗和内心信念用以调节人际关系的心理意识、原则规范、行为活动的总和，是社会意识形态之一"①。道德既有风尚、风气、习俗的含义，也有规则、规范等含义；既有社会规

---

①　朱贻庭.伦理学大辞典［M］.上海：上海辞书出版社，2002：15.

范的外在要求，又含有德性品质、内心修养等内在的个体要求；道德既是行为准则，同时也是评价人们言行的标准。因此，可以说道德是依靠社会舆论、传统习惯、教育和人的信念的力量去调整个人与个人、个人与社会之间关系的一种特殊的行为规范。

职业道德在社会道德体系中占有重要地位。《公民道德建设实施纲要》规定了职业道德的基本内容："职业道德是所有从业人员在职业生活中应该遵循的行为准则，涵盖了从业人员与服务对象、职业与职工、职业与职业之间的关系。随着现代社会分工发展和专业化程度的增强，市场竞争日趋激烈，整个社会对从业人员职业观念、职业态度、职业技能、职业纪律和职业作风的要求越来越高。"也就是说，职业道德就是从业个体在职业活动中应当遵循的道德规范和必须具备的道德品质，它不仅是从业人员在职业活动中的行为标准和要求，而且也是本行业对社会所承担的道德责任和义务。在职业活动中，如何处理职业活动与社会需求的关系，如何处理职业内部和不同职业的关系，以及职业活动者如何对社会尽职尽责，自觉履行自己的义务，便构成了职业道德所要解决的问题。

出版职业道德是出版企业和出版从业者在出版活动中应当遵循的道德规范和必须具备的责任义务。出版职业道德作为一种社会意识形态，决定于出版经济基础，来源于出版实践并反映出版实践，用于调整个体之间的利益关系。出版职业道德一方面规范和调整出版企业和出版从业者的行为，另一方面也是对出版行为作出道德评价的标准。出版业要实现健康、有序发展，必须重视出版职业道德建设。

国际出版界十分重视出版道德建设，重视出版自律，强调以出版职业道德来规范出版活动。世界上很多国家制定了出版方面的道德标准规范。比如，美国对出版从业人员职业道德规范的要求就非常严格。美国化学学会在所属刊物编辑大会酝酿讨论的基础上，反复征求意见，几经修改，于1985年12月制定了刊物有关人员的道德标准规范。规范具体规定了编辑、作者和审稿人及科学家应该遵守的准则。这个道德标准规范分为四个部分：一是科技刊物编辑人员的道德规范；二是作者的道德规范；三是审稿人的道德规范；四是科学家向非科技刊物投稿时应遵守的道德规范。[①]

其他国家也有类似的职业道德规定。比如，德国杂志自律组织1957年制定的《德国杂志组织道德纲领》（*Code of German Magazine Organization*）指出："1. 杂志不得发表可能危害青年正常教育，及可能有碍健康气氛的建立的文字与图片，例如：（1）诽谤或轻视外国种族及人民者；（2）诽谤或轻视某种宗教信仰者；（3）赞美或宣扬战争行为者；（4）承认暴力为解决争端之正常途径者；（5）赞美邪恶或犯罪行为者，赞美犯罪生活方式以及描述这种行为乃为人类社会的正常现象，可予以接受者；（6）诽谤婚姻及家庭生活者，及认为纳妾及通奸是正常行为而可以接受者；（7）对人体各部分作不庄重描述者。2. 对执行死刑、残酷行为、意外事件及惨烈战争等可能对青少年发生不良反应的叙述，应避免作过分详细的介绍。3. 在运用1、2两项的标准规定时，必须考虑下列事项：（1）作某种宣布，或将一项不良的叙述置于另一对照人物的背景或表征旁边时，不庄重的程度将更加严重；（2）不良的报道方式，不能借口目的正当为辩护；（3）上述标准适用于广告或公告。……"[②]

---

①　张志强．现代出版学［M］．苏州：苏州大学出版社，2003：234-236.

②　魏玉山，杨贵山．西方六国出版管理研究［M］．北京：中国书籍出版社，1995：64.

日本也非常重视出版伦理建设。1957年10月27日，日本杂志协会、日本书籍出版协会制定的《出版伦理纲领》规定："1. 出版物必须有助于学术的进步、文艺的繁荣、教育的普及、人心的高扬。我们要尽最大的努力，从多方面追求人类的理想，谋求广泛的文化交流，增进普遍的社会福祉。2. 出版物必须以理性和高尚的情操，为正确地形成民众的生活、丰富民众的生活，发挥出清新的创意指导作用。我们努力保持出版物的品位，不出版迎合低俗的趣味、妨害文化水准提高的出版物。3. 为了文化和社会的健康发展，必须彻底确保言论出版自由。我们和著作者一起维护出版人的自由和权利，在尽可能排除对于自由和权利的压制和干涉的同时，又要杜绝滥用言论出版自由、伤害他人、为了个人利益而牺牲公共利益的行为。……"1963年10月16日，社团法人日本杂志协会制定的《杂志编辑伦理纲领》规定："……必须尊重社会的秩序、道德，以有助于社会的健康和家庭的建设。……"1962年6月14日，社团法人日本出版经销协会制定的《出版物经销伦理纲领》规定："……出版物的经销者……必须以诚为本，完成自己的任务……尊重公益的伦理。……"1963年10月18日，日本书店商业组合联合会制定的《出版贩卖（销售）伦理纲领》也规定："我们书店人，鉴于所销售的商品还负有社会公益的使命，在积极普及优秀出版物的同时，要拒绝销售舆论不满意的不良出版物。……"①

二、中国出版工作者职业道德准则

为了提高出版从业人员的职业道德修养，加强行业自律，贯彻党的路线、方针、政策和国家的法律、法规，推动出版事业的繁荣、进步和出版产业的健康发展，加强出版工作全行业的社会主义精神文明建设，中国出版工作者协会在征求多方面意见的基础上，1995年1月23日通过了《中国出版工作者职业道德准则》，并于同年3月28日公布施行。1997年1月28日，新闻出版署、中国出版工作者协会联合公布了重新修订的《中国出版工作者职业道德准则》。2004年2月24日，中国出版工作者协会再次对《中国出版工作者职业道德准则》进行了修订并颁布施行。新的《中国出版工作者职业道德准则》指出：为进一步加强出版行业的职业道德建设，引导广大出版工作者在遵守公民基本道德规范的基础上，追求更高的思想道德目标，坚持以马列主义、毛泽东思想、邓小平理论和"三个代表"重要思想为指导，更好地贯彻党的路线、方针、政策和国家的法律、法规，推动出版事业的繁荣进步和出版产业的健康发展，特制定中国出版工作者职业道德准则。出版工作者职业道德准则包括以下内容：

（1）为人民服务，为社会主义服务。

以促进先进生产力和先进文化的发展为己任，坚持正确的政治方向，坚持以民为本，为人民服务、为社会主义服务、为全党全国工作大局服务。解放思想、实事求是、与时俱进、开拓创新，为全面建成小康社会和培育有理想、有道德、有文化、有纪律的社会主义新人作出贡献。

（2）增强使命感和责任感，力求坚持两个效益的最佳结合。

始终把社会效益放在首位，力求实现社会效益和经济效益的最佳结合，反对唯利是图、见利忘义。大力弘扬中华优秀传统文化，自觉维护民族团结，牢固树立为中华民族伟

① 魏玉山，杨贵山. 西方六国出版管理研究［M］. 北京：中国书籍出版社，1995：78-84.

大复兴奋斗的历史使命感和社会责任感。

（3）树立精品意识，提高出版质量。

唱响主旋律、提倡多样化，贴近实际、贴近生活、贴近群众。多出好作品，不出平庸作品，杜绝坏作品。认真把好出版物的质量关，提高内容、编校、印装质量。

（4）遵纪守法，廉洁自律。

遵守党的宣传纪律和国家的法律法规，遵守出版管理的各项规章制度。自觉抵制和纠正行业不正之风，不买卖书号、刊号和版号。坚持以质取稿，不利用工作之便谋取个人名利。不参与非法出版、印刷、发行及其他违法经营活动。

（5）爱岗敬业，忠于职守。

热爱本职工作，甘于岗位奉献。重视学习，善于学习，终身学习。努力掌握新知识、新技术和新技能。反对粗制滥造、玩忽职守的行为。

（6）团结协作，诚实守信。

发扬集体主义精神，尊重人、理解人、关心人，互相帮助，互相爱护。讲信用，重信誉，平等竞争，用诚实劳动获得合法利益。尊重作者，保护著作权人的合法权益。

（7）艰苦奋斗，勤俭创业。

谦虚谨慎，不骄不躁，密切联系群众。勤俭节约，讲求实效，反对形式主义和铺张浪费。

（8）遵守外事纪律，维护国家利益。

发扬爱国主义精神，在对外交往中维护国家尊严和中国出版工作者的良好形象。

三、出版法规与出版职业道德的关系

法律与道德都是规范人们行为和调整社会关系的准则，但两者既有联系又有区别。法律是由国家制定的、由国家强制力保证实施的行为规范，是一种他律。而道德是评价人们行为的善恶、美丑、荣辱、正义与非正义的标准，是在一定社会的经济、政治、文化条件下长期形成的，它的实施主要靠社会舆论的督促和人们的自律。法律以约束为主，道德以教化为先。法律对一切人都持同一个标准，而道德对不同的人有不同的要求。法律明确规定了合法与非法的界限。因此，在加强出版职业道德建设的同时，必须继续完善出版业的法律、法规，使出版从业人员严格遵守法律法规的规定，通过自律与他律的结合，做好出版工作。

（一）内容上互相吸收

大多数法律规范是从道德规范中提炼出来的，而法律规范一经确立又补充和发展了道德规范。如出版工作者在坚持以人为本，为人民服务、为社会主义服务、为全党全国工作大局服务，是社会主义出版职业道德的核心，同时我国宪法又把为人民服务、为社会主义服务规定为出版事业的基本方向。

（二）职能上互相补充

第一，法律在总体上只能涉及人的外部行为，而不能调整人们的思想活动，而道德则可以作用于思想意识领域。比如，法律可以禁止淫秽、色情内容的出版，但对一些低级趣

味的内容就需要通过提高人们的道德素质来自觉抵制。第二，法律只能调整人们的部分行为，违法和犯罪行为都有一定的构成要素，对一些不利于社会公共利益和他人利益，但并没有构成违法犯罪的行为，就要靠道德来劝阻和谴责。第三，法律的作用主要在于禁止那些具有社会危害性的行为，若有发生就给予制裁。道德除了禁止还有发扬。如坚持正面宣传，弘扬爱国主义、集体主义、社会主义的主旋律，主要是通过发扬社会主义出版职业道德来感召激励众多出版工作者为之奋斗。当然也有其局限性，因为它没有强制作用，没有实际的制裁力，对待具有一定危害性的行为就必须诉诸法律。比如，对于一般的抄袭行为主要是进行道德上的谴责和教化，对构成侵犯著作权的剽窃抄袭行为就要应著作权人的请求追究其侵权责任。至于对盗印他人著作并出售牟利的行为，就要给以行政处罚。构成犯罪的，还要依法追究刑事责任。

（三）实践上相互促进

道德需要法律提出一个起码的评价标准和一个基本的保障机制。法律需要道德促使整个社会对于法律规定的行为规范达成普遍的共识和信仰。没有这种共识和信仰，法律条文就会成为一纸空文。有法可依，有法必依，执法必严，违法必究，及时有效地制裁违法犯罪行为，有利于弘扬正气，树立新风；而加强道德教育，提高道德水准，又为自觉地守法执法打下了牢固的思想基础。很难设想一个全心全意为人民服务的有高度道德修养的出版工作者会发生违法犯罪行为。

随着出版行业竞争的不断加剧，出版界难免泥沙俱下，诸如抄袭剽窃、恶意炒作、夸张误导、恶意竞争、弄虚作假、粗制滥造、低级克隆、盲目跟风、盗版猖獗、买卖书号等方面的道德问题正在成为危害我国出版业的巨大隐患。种种现象显示，出版业弥漫着一种急功近利、物欲横流的不良风气，出版道德面临着重大考验。

在出版业企业化转变的过程中，职业道德规范起到越来越重要的作用。一个没有道德操守的行业，注定不可能长久繁荣。缺少职业道德和行业公认的准则，将使整个行业处于无序竞争的状态，从而导致行业失控。出版工作者应遵守市场竞争的游戏规则，加强道德自律，恪守职业道德规定，公平竞争，诚信经营，共同促进出版业的繁荣和发展。

第三章 党和国家对出版事业的管理

为了发展和繁荣中国特色社会主义出版产业和出版事业、保障公民依法行使出版自由的权利、促进社会主义精神文明和物质文明建设，党和国家高度重视对出版事业的管理，涵盖出版主体的设立与管理、出版活动管理、出版活动的保障与奖励、违法出版行为的法律责任等方面。

第一节 出版管理概述

我国对出版活动实行的是出版主管部门管理为主，其他各部门在职权范围内各司其职的多层级、多部门共同管理的模式。《出版管理条例》（2020）第 6 条规定："国务院出版行政主管部门负责全国的出版活动的监督管理工作。国务院其他有关部门按照国务院规定的职责分工，负责有关的出版活动的监督管理工作。县级以上地方各级人民政府负责出版管理的部门（以下简称出版行政主管部门）负责本行政区域内出版活动的监督管理工作。县级以上地方各级人民政府其他有关部门在各自的职责范围内，负责有关的出版活动的监督管理工作。"作为出版活动的管理机构，新闻出版主管部门经过了数次变革，如图 3-1 所示。1949 年中华人民共和国成立后成立了中华人民共和国出版总署；1954 年 10 月出版总署建制撤销，改为在文化部内部成立出版事业管理局；1975 年恢复国家出版事业管理局；1982 年又再次归并到文化部；1985 年成立国家版权局、国家出版局；1987 年年初在此基础上成立新闻出版署（国家版权局）。新闻出版署成立之后，各省、自治区、直辖市和一些较大的城市也相继成立了新闻出版局，实行分级管理制度。2001 年新闻出版署更名为新闻出版总署（国家版权局），升格为正部级。2013 年 3 月《国务院机构改革和职能转变方案》公布，将国家新闻出版总署和国家广播电影电视总局的职责整合，组建国家新闻出版广电总局，由其来统筹规划新闻出版广播电影电视事业产业发展，监督管理新闻出版广播影视机构和业务以及出版物、广播影视节目的内容和质量，负责著作权管理等。国家新闻出版广电总局加挂国家版权局牌子，在著作权管理上以版权局名义行使职权。2018 年 3 月，根据第十三届全国人民代表大会第一次会议批准的国务院机构改革方案，设立中华人民共和国国家广播电视总局，不再保留国家新闻出版广电总局。为加强党对新闻舆论工作的集中统一领导，加强对出版活动的管理，发展和繁荣中国特色社会主义出版事业，将国家新闻出版广电总局的新闻出版管理职责划入中央宣传部。中央宣传部统一管理新闻出版工作。中央宣传部对外加挂国家新闻出版署（国家版权局）牌子。

党和国家对出版的管理内容主要包括以下几个方面：

第一，对在出版、印刷、发行等环节从事编辑出版印刷发行工作的单位，即出版单

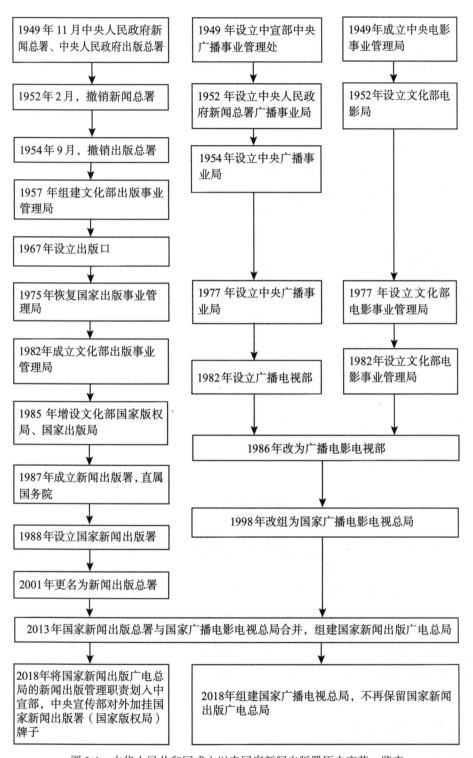

图 3-1 中华人民共和国成立以来国家新闻出版署历史变革一览表

位、印刷单位、发行单位的设立、变更、注销登记等进行管理。我国对这些单位进入市场实行准入制度，既规定进入市场应符合法定条件，同时也规定这些单位是否能进入市场由行政主管部门审批。这些单位的设立条件就是法律法规规定出版、印刷、发行单位在进入各环节时所必须具备的基本条件，是出版发行印刷单位设立的实质要件，只有符合实质要件的出版发行印刷单位才能提出申请获得法人资格。而出版行政主管部门在审批设立出版单位、发行单位和印刷单位时，除要求具备法定条件外，还应当符合国家关于出版单位总量、结构、布局的规划。

第二，对出版物的出版、印刷或者复制、进口、发行四项出版活动进行管理。出版物出版管理方面，我国通过出版单位年度核验、年度出版计划备案、出版物内容管理、出版物质量管理、出版物样本送交等制度，实现对出版物出版活动的多方面管理；出版物印刷或者复制管理方面，可以分为对书刊委托印刷的管理和对音像制品和电子出版物复制的管理两种情况；出版物发行管理方面，包括对出版物批发的管理和对出版物零售的管理两种情况；出版物进口管理方面，党和国家对出版物进口单位设立、进口出版物的内容以及出版物进口经营单位在境内举办境外出版物展览等均有严格限制。

第三，国家除了依据法律法规的规定保障各种合法出版活动外，还通过扶持政策为出版活动提供保障，对优秀的出版物、单位和个人予以褒奖。一方面，我国通过税收优惠政策延续并进一步加大对出版活动的支持，扶持教科书的出版发行、少数民族语言文字出版与盲文出版、在农村和特殊地区发行出版物，并且组织和扶持重大出版工程、设立专项资金。另一方面，国家对优秀出版物、优秀单位和优秀个人予以褒奖，或是给予优秀出版物支持、鼓励，或是对优秀者进行奖励。

第四，我国明确规定擅自从事出版物经营活动者、违反关于出版物禁载内容规定的违法者、非法出版中小学教科书者、买卖书号刊号者、违规委托印刷（或复制）行为、实施其他违法行为者以及出版行政工作人员违法行为的法律责任，对违法行为进行惩戒。

第二节　出版主体的设立与管理

出版主体包括在出版、印刷、发行等环节从事编辑出版印刷发行工作的单位，具体来说包括出版单位、发行单位和印刷单位。我国对这些单位进入市场实行准入制度，既规定进入市场应符合法定条件，同时也规定这些单位是否能进入市场由行政主管部门审批。这些单位的设立条件就是法律法规规定出版、印刷、发行单位在进入各环节时所必须具备的基本条件，是出版发行印刷单位设立的实质要件，只有符合实质要件的出版发行印刷单位才能提出申请获得法人资格。而出版行政主管部门在审批设立出版单位、发行单位和印刷单位时，除要求具备法定条件外，还应当符合国家关于出版单位总量、结构、布局的规划。

一、出版主体的设立

出版主体，无论是从事书刊出版的出版社（文化工业）、从事书刊印刷的印刷厂（工业企业），还是从事书刊销售的新华书店（文化商业），在出版业转企改制后，大多数是企业单位法人，少数是事业单位法人。因此，根据我国《企业法》和《公司法》的规定，这些组织进入市场应具备法定的条件、符合法定的程序。我国《出版管理条例》《音像制品管理条例》《印刷业管理条例》以及《互联网出版管理规定》《电子出版物出版管理规定》等明确规定了设立出版单位、印刷企业、发行单位应具备的条件和程序。

（一）出版单位的设立

出版单位的设立是指国家为了建立和维护出版秩序，依法确认出版单位主体资格、规范出版单位的组织和行为，使其合法进行出版活动的管理制度。主要包括出版单位的设立方式、设立条件和设立程序等。

1. 出版单位的设立方式

作为出版环节的准入机制，由于国情的差异，出版单位的设立在世界各国都有不同的表现形式。总的来说，目前国际上出版单位的设立主要有四种方式：登记制、自由制、保证金制和审批制。

（1）登记制。

所谓登记制是指出版单位的创办者（一国的公民或法人）在具备法定的设立条件后，向有关机关登记注册，即可在法律许可的范围内从事出版发行活动。登记制是相对于审查制、审批制而言的，出现于 18 世纪以后，它要求出版单位成立时向政府机关或政府指定的机构呈报登记，以便管理，而不要求每出版一本书都向政府机关申报审查。目前西方大部分国家如英国、法国、美国等的出版单位的设立采用登记制。

英国政府对开办新出版社的管理主要是采取登记制。政府在伦敦设有出版登记所（Companies House），隶属于财政部，负责全国出版公司的登记工作。在英国，若要成立一家出版公司，必须到该所登记注册，注册时必须提供相应的出版计划、出版规模、经营方式、注册资金等，而且所有出版社都必须定期如实向该所上报经营情况和出版情况，否则将被重罚。[①]

法国于 1870 年在法兰西第三共和国成立后，逐步结束了出版特许制，实行出版登记制。根据法国 1881 年 7 月 29 日公布的《新闻出版自由法》，法国出版和印刷完全自由。任何人和机构都可以申请创办出版社。在法国设立出版企业和其他企业一样，没有专门的政府机构和法律进行管理，而只需要按照普通法要求的程序办理即可。在法国创办出版单位，只要了解相关情况并向有关部门递交一份创办出版社的申请书，就可开张，无须行政审批。1985 年以前，根据法国商业法规，在法国创办出版社需要在从事商业活动 15 天内向最高商事法庭的书记员进行工商户注册和企业注册。1985 年以后，申请创办出版社的行政手续进一步简化。法国企业中心允许出版企业向相关的某一机构如税务所、商业登记处、社会保险机构和国家失业金发放局等通过某一方式递交一份申请书，再将有关出版单位的资料送交企业创办处备份即可。[②]

美国对创办出版单位的企业的要求和其他企业一样，只要到经济管理部门登记，遵守税务及工商管理方面的有关规定即可，不需要获得国家的许可，也无须向政府部门申报。而且美国对出版社建立的管理比较松散，在各地都可以登记成立出版社、出版公司。所

---

①　余敏. 国外出版业宏观管理体系研究［M］. 北京：中国书籍出版社，2004：69-70.

②　余敏. 国外出版业宏观管理体系研究［M］. 北京：中国书籍出版社，2004：94-95.

以，对于美国有多少出版社，政府没有一个完整的统计数字。①

日本对出版社的设立也实行登记制。日本的出版单位登记制度起源于 1875 年，距今已有 100 多年的历史。在 1875 年以前，日本和中国情况类似，一直采取图书出版许可证制度。登记制的诞生，使进入出版业的门槛大大降低，注册出版企业只需要符合法律上的最低资产等相关要求，并在成立后向税务部门纳税即可，而无须再向政府有关部门申报。这样低的门槛使日本出版社的数量大大增加。根据 2004 年的统计，日本有出版社 4600 余家，平均不到 5 万人就拥有一家出版社。②

（2）自由制。

自由制是指出版单位的设立完全是自由的，政府不作任何规定，也不需要向有关部门登记。此类做法的代表是联邦德国。根据联邦德国《基本法》，联邦德国各州均有权根据自己的实际情况，制定自己的文化政策。以联邦德国北莱茵—威斯特伐利亚州《新闻法》为例，该法第 2 条规定：包括创立出版企业和开设其他新闻机构等，均可不经任何形式的登记或认可。③ 现在，德国出版社的成立采用登记制，符合条件的机构到财政局领取税号进行注册即可。④

（3）保证金制。

保证金制是指交纳一定的保证金才能进行出版活动，这是一种经济限制的手段。我国香港 1987 年之前的《刊物管制综合条例》规定，只要缴纳 1 万元保证金，再有两人担保，即可开业。

现在我国香港特别行政区的香港法例第 268 章《本地报刊注册条例》规定，所有本地报刊均须向经总督委任的报刊注册主任（即政务司）注册。⑤ 注册费用为 785 元。其后每年续牌时，须缴交续期费用 785 元。《书刊注册条例》规定所有书籍必须注册，注册工作由康乐及文化事务署的书籍注册组负责。⑥

（4）审批制。

审批制是指一国的公民或法人设立出版单位，首先必须向该国的主管部门提出设立申请，经主管部门按法律规定的程序审批后，设立出版单位的发起人才能向登记机关申请设立登记，之后方可在法律许可的范围内从事出版发行活动。

我国出版单位的设立即采用这种审批制的方式，其准入条件比较严格。我国的政治、经济和文化制度，以及目前的管理体制，决定了出版单位设立由国家特定的主管部门依据核准设立原则，通过对出版单位的审批、登记管理活动来进行。中华人民共和国成立后，出版总署在《通报》（1953 年 1 月 27 日）中指出：今后报纸、杂志、出版社的创业和停业必须报请出版总署批准或由出版总署转请政务院文化教育委员会批准。其中报刊社和出

---

① 余敏. 国外出版业宏观管理体系研究 ［M］. 北京：中国书籍出版社，2004：41.

② 余敏. 国外出版业宏观管理体系研究 ［M］. 北京：中国书籍出版社，2004：165-166.

③ 孙旭培，朱晓明，廖晓英. 各国新闻出版法选辑 ［M］. 北京：人民日报出版社，1981：157.

④ 余敏. 国外出版业宏观管理体系研究 ［M］. 北京：中国书籍出版社，2004：109.

⑤ 香港的报纸发牌及发行制度 ［EB/OL］.［2023-02-01］. http：//www. legco. gov. hk/yr97-98/chinese/sec/library/9495rp11c. pdf.

⑥ 香港特别行政区政府影视与娱乐事务管理处. 政府资讯中心 ［EB/OL］.［2023-02-01］. http：// sc. info. gov. hk/gb/www. tela. gov. hk/chinese/faqcontent. htm#a9.

版社的设立，必须报请出版总署转报文委批准后方可营业发行。这说明中华人民共和国成立之初在出版的准入上就采用了审批制。

我国 1997 年颁布、2020 年修订的《出版管理条例》第 12 条规定："设立出版单位，由其主办单位向所在地省、自治区、直辖市人民政府出版行政部门提出申请；省、自治区、直辖市人民政府出版行政部门审核同意后，报国务院出版行政部门审批。"

我国目前对出版单位实行审批制主要有以下原因：①图书报刊历来是党和国家至关重要的喉舌和舆论宣传工具，在设立出版单位这样一个重要关口，必须实行比较严格的准入控制。②中华人民共和国成立以后长期实行计划经济体制，这对出版管理制度产生了深刻且直接的影响。③当前实行出版单位审批制还有其现实基础和根据，还是一种能够实现管理目标的有效办法。①

比较这四种方式的严格程度，大致是：审批制>保证金制>登记制>自由制。与审批制相比，其他三种准入方式都较为宽松。因此，我们可以看到西方国家出版社较多，但规模较大的不多。一些出版社往往只出版过 1 本书或根本没有书出版，规模也极小，甚至只是一家"夫妻店"而已。例如美国拥有出版社约 4.5 万家，但较活跃的仅有 3500～4000 家，而每年出书 100 种以上的只有 150 家左右。日本共有图书出版社 4600 多家，其中员工 10人以下的占出版社总数的 50% 左右。所以在比较中国与其他国家出版社时，不能仅仅从数量上进行比较，还应该考虑规模、年出版品种以及销售码洋等。

2. 出版单位的设立条件

出版单位的设立条件就是法律法规规定出版单位在进入出版环节时所必须具备的基本条件，是出版单位设立的实质要件，只有符合实质要件的出版单位才能申请获得法人资格。作为企业法人，出版单位的设立要符合《中华人民共和国民法典》（以下简称为《民法典》）和《中华人民共和国全民所有制工业企业法》的规定。具体而言，我国《出版管理条例》规定，设立出版单位，应当具备下列条件：

（1）有出版单位的名称、章程。

出版单位的名称是一出版单位区别于另一出版单位以及其他任何主体的标志。正是由于名称对于出版单位具有代表意义，法律才要求设立出版单位必须有自己的名称。我国《民法典》第 58 条规定，法人应当有自己的名称。《中华人民共和国市场主体登记管理条例》第 8 条也作了类似的规定，市场主体的一般登记事项包括名称。出版单位当然也不例外，也应当有自己的名称。名称是出版单位商业信誉的维系和表彰。由于名称的识别作用，出版单位的诚实经营和良好业绩可以通过名称得以标示和传播。久而久之，出版单位的名称便成为品牌，具有了一定的经济价值。所以从法律上讲，出版单位的名称既是一种人身权，也是一种财产权。作为人身权的名称，一经登记注册，出版单位对其享有专有权。出版单位不仅可以排除他人使用其名称，还可以排除他人使用容易与其名称相混淆的名称。因此，法律禁止盗用其他出版单位的名称从事出版活动，并为防止出版单位的名称混同或相似规定了相应的法律原则。作为财产权的名称，是一种可以转让的无形财产。法律禁止擅自转让、出租企业名称。出版单位的名称要遵循我国《企业名称登记管理办法》的要求：企业通常只能使用一个名称；企业名称通常应包括字号（或商号）、行业或者经

---

① 于慈珂 . 解读《出版管理条例》［N］. 中国新闻出版报，2003-04-01.

营特点和组织形式；企业名称应当使用汉字；不得使用法律禁止以及与自身实际情况不符的名称；企业名称应经市场监督管理机关核准登记。

章程是规定出版单位组织和行为准则的书面文件，经登记主管机关批准后具有法律效力。章程在出版单位设立及其运作中具有十分重要的作用。出版单位章程，是根据出版单位的业务性质和工作需要而制定的内部总的规章制度，主要包括经济性质、业务范围、经营管理方式、组织原则等，它集中反映和规定了出版单位的基本情况和主要事项，是从事出版活动的准则和纲领，对出版单位业务工作起着指导作用。出版单位的章程应当包括以下内容：出版单位的名称和住所，经营范围，注册资本，主办单位及其主管机关的名称和法定代表人，出版单位的机构及其产生办法、职权、议事规则，出版单位的法定代表人等。企业章程虽然是由企业自身制定的，但当企业向登记主管机关提交之后，就意味着企业向政府提供了一种书面保证，保证按照章程所规定的准则规范从事经营活动。登记主管机关核准企业章程，就意味着代表政府接受了企业的保证，从而使企业的自律性文件上升为政府规范企业的依据。① 因此，企业章程对企业具有法律约束力，企业必须遵循其章程进行活动。企业如有违反企业章程的行为，政府主管部门、登记主管机关有权干预和处罚，直至吊销营业执照。

（2）有符合国家出版行政主管部门认定的主办单位及其主管机关。

主办单位，是指创设、开办出版单位的单位，即通常向出版行政主管部门提出出版单位设立申请的单位。主管机关，是指主办单位的上级机关，包括一切中央和地方的国家机关，如行政机关、立法机关、司法机关、党团组织机关等。仅从主办单位这一条件来看，任何单位都包括在内，并不能排除非国有单位或个人举办出版单位，但要求该主办单位还有上级主管机关，这无疑就排除了非国有单位和个人申请设立出版单位的可能性。

（3）有确定的业务范围。

出版单位的业务范围，是出版单位从事出版业务的范围，是其出版经营活动的界限。出版单位的业务范围，由出版单位的申请者确定，并依法由出版行政主管部门和市场监督管理部门核定。业务范围一经核定，即在出版单位的《出版许可证》和营业执照上载明，出版单位有权而且应当在此特定范围内从事书报刊、音像制品和电子出版物的出版活动。出版单位在其特定的业务范围内从事的出版活动，其权利受法律保护；其超出业务范围从事的出版活动，不受法律保护，有关的出版行政主管部门、市场监督管理部门应当依法予以查处。

（4）有30万元以上的注册资本和固定的工作场所。

出版单位要开展正常的生产经营活动，以自己的名义享有权利，承担义务，就必须有其可以独立支配的财产，包括资金、设备、固定的工作场所等。资金是保证出版活动正常进行的经济基础。注册资本包括固定资产和流动资金。对出版单位而言，除拥有相应的设备和资金以外，出版活动的场所也是必不可少的物质条件。场所是进行出版物编辑、出版、发行活动的地方，是保证出版物出版发行的基本条件。

为了保证出版单位出版发行活动的正常进行，我国《出版管理条例》对从事出版工作的单位应具备的财产最低限额作了规定。《出版管理条例》规定，设立出版单位应具有

① 刘建一．市场主体登记管理［M］．北京：北京工业大学出版社，1998：110．

"30 万元以上的注册资本和固定的工作场所"，这一规定是与其业务范围相适应的，包括注册资金和工作场所，主要用于开展出版物的出版发行活动。

（5）有适应业务范围需要的组织机构和符合国家规定的资格条件的编辑出版专业人员。

出版物的出版是专业性很强的行业。根据出版活动的特征，从事出版活动应当具备适应业务范围需要的组织机构，有取得国家出版专业技术人员职业资格的编辑人员。因此，组织机构和专业人员是出版单位的基本要素，也是决定出版活动的最主要因素。

出版单位的组织机构是对出版物进行编辑、出版、发行等活动实行计划、组织、指挥、协调和控制的内部管理组织，是依法设立出版单位的决策、管理和执行、监督体系。

专业人员包括编辑、技术、发行和管理人员四类。编辑、技术和发行人员是指具有相应的专业知识和技能的编辑、美术设计、制作、校对、发行人员等；管理人员是指行政、后勤人员和财务人员等。

根据出版专业事关公众利益和国家安全、技术性强、对从业人员要求高的特点，2001年 8 月 7 日，国家人事部、新闻出版总署根据国务院《出版管理条例》和《音像制品管理条例》的有关精神及职业资格证书制度的有关规定，制定了《出版专业技术人员职业资格考试暂行规定》，决定从 2002 年起对出版专业技术人员实行职业资格证书制度，并将此纳入全国专业技术人员职业资格制度的统一规划之中。为贯彻落实中央办公厅、国务院办公厅转发的《中央宣传部、国家广电总局、新闻出版总署关于深化新闻出版广播影视业改革的若干意见》文件精神，提高出版从业人员的整体素质，加强出版专业技术队伍建设，根据国务院《出版管理条例》《音像制品管理条例》和人事部、新闻出版总署《出版专业技术人员职业资格考试暂行规定》的有关条款，2002 年 6 月 3 日，新闻出版总署公布了《出版专业技术人员职业资格管理暂行规定》。2004 年《行政许可法》实施之后，出版专业技术人员职业资格审批由规章、规范性文件设定，属于新闻出版总署保留的行政审批项目，但在国务院的保留决定中没有直接列在新闻出版总署名下，而是体现在决定的第 84项，即"列入政府管理范围的专业技术人员执业资格审批"，实施机关是：人事部、国务院各有关主管部门，包括新闻出版总署。因此，新闻出版总署据此可以实施出版专业人员职业资格审批。① 为了规范出版专业职业资格管理，提高出版从业人员的整体素质，加强出版专业技术队伍建设，根据国务院《出版管理条例》《音像制品管理条例》《国务院对确需保留的行政审批项目设定行政许可的决定》和国家对职业资格管理的有关制度，2008年 2 月 21 日，新闻出版总署公布《出版专业技术人员职业资格管理规定》，对在报纸、期刊、图书、音像、电子、网络出版单位从事出版专业技术工作的人员实行职业资格制度，对职业资格实行登记注册管理。

建立和实施出版专业技术人员职业资格制度的范围是在图书、非新闻性期刊、音像、电子、网络出版单位内承担内容加工整理、装帧和版式设计等工作的编辑人员和校对人员，以及在报纸、新闻性期刊出版单位从事校对工作的专业技术人员，不包括在报纸、新闻性期刊出版单位从事采编工作的人员。

---

① 孔繁丽. 新闻出版总署对行政审批制度改革情况进行通报，继续深化行政审批制度改革［EB/OL］.［2023-02-01］. http：//chinabook. gapp. gov. cn/O/Article. aspx？ArtID＝047940&CateID＝P020102.

出版专业技术人员职业资格分为初级、中级和高级。初级、中级职业资格通过全国出版专业技术人员职业资格考试取得，高级职业资格通过考试、按规定评审取得。凡取得初级资格者，可以根据《出版专业人员职务试行条例》有关规定，受聘担任助理编辑（助理技术编辑或二级校对）职务。凡取得中级资格者，可以根据《出版专业人员职务试行条例》有关规定，受聘担任编辑（技术编辑或一级校对）职务。凡在出版单位从事出版专业技术工作的人员，必须在到岗2年内取得出版专业职业资格证书，并按《出版专业技术人员职业资格管理规定》办理登记手续；否则，不得继续从事出版专业技术工作。在出版单位担任责任编辑的人员必须在到岗前取得中级以上出版专业职业资格，并办理注册手续，领取责任编辑证书。在出版单位担任社长（副社长）、总编辑（副总编辑）、主编（副主编）、编辑室主任（编辑室副主任）职务的人员，除应具备国家规定的任职条件外，还必须具有中级以上出版专业职业资格并履行登记、注册手续。

出版专业技术人员职业资格实行全国统一考试制度。通过出版专业资格考试并获得该专业相应级别职业资格证书的专业技术人员，表明其已具备出版专业相应岗位职业资格和担任相应级别出版专业职务的水平和能力，用人单位可根据工作需要，从中择优聘用。《出版专业技术人员职业资格证书》由人力资源和社会保障部统一印制，人力资源和社会保障部、国家新闻出版署共同用印，在全国范围内有效。

出版专业职业资格制度是一个完整的制度体系和系统工程。国家对出版专业技术人员实行资格考试、持证上岗和资格管理，既加强了出版从业人员在从事出版专业技术工作资格准入方面的源头控制，提高了进入出版专业领域工作的"门槛"，又可通过对出版专业技术人员资格、岗位、绩效考核及继续教育等，从制度上实施全方位的管理，达到加强对出版物市场和出版活动管理的目的。

（6）法律、行政法规规定的其他条件。

此项规定是一个兜底条款，旨在为以后的立法规定新的设立审批条件留下一定的空间。

此外，《出版管理条例》还规定了出版单位设立的特殊条件，即国家对出版单位的宏观调控。要求出版行政主管部门审批设立出版单位，除应审查其是否符合上述6项条件外，还应当审查其是否符合国家关于出版单位总量、结构、布局的规划。这里的"总量"，是指各类出版单位在全国的总数量，它往往反映全社会的出版能力。就出版单位的总量作出规划，要根据我国的实际情况，从地域分布、人口状况、市场需求、发展水平、长远规划等多方面进行综合分析。总量过多，容易造成混乱和浪费；总量太少，又不能满足市场的需要。因此，科学合理地确定出版单位的总量，有利于为出版单位的发展创造一个良好的发展空间。"结构"，是指对出版不同种类出版物的出版单位构成的划分。出版物包括印刷出版物、音像制品和电子出版物，而印刷出版物又可分为图书、报纸和期刊，音像制品可分为录音带、录像带、唱片、激光唱盘和激光视盘等。对出版不同种类出版物的出版单位的成分应进行总体规划，使其结构趋于合理，防止盲目发展和重复建设。"布局"，是指出版单位在全国各地的分布和格局。我国是一个地域辽阔、人口众多的统一的多民族国家。由于各地区状况各异，经济、文化发展水平不同，各个地区需要设立何种规模的出版单位，要根据具体情况作出统一部署。这样有利于充分发挥各地区的优势和特长，在有效利用资源的前提下，出版内容丰富、反映我国各民族文化特色的优秀出版物。

3. 出版单位的设立程序

出版单位的设立程序是出版单位设立的形式要件。按照我国《民法典》《市场主体登记管理条例》等的规定，出版单位具备取得法人资格的实质要件的，在取得有关机关批准，并通过登记程序后，才能取得法人资格。《出版管理条例》结合自身行业特点，对出版单位设立的程序作了明确的规定。

（1）提出申请。

申请设立出版单位，应按规定向出版行政主管部门提交申请书、章程及有关证明材料。

《出版管理条例》规定，设立出版单位，首先由其主办单位向所在地省、自治区、直辖市人民政府出版行政主管部门提出申请。申请书上应载明以下事项：①出版单位的名称、地址；②出版单位的主办单位及其主管机关的名称、地址；③出版单位的法定代表人或者主要负责人的姓名、住址、资格证明文件；④出版单位的资金来源及数额。

设立报社、期刊社或者报纸编辑部、期刊编辑部的，申请书还应当载明报纸或者期刊的名称、刊期、开版或者开本、印刷场所。申请书还应当附具出版单位的章程和设立出版单位的主办单位及其主管机关的有关证明材料。

申请从事网络出版服务，应当向所在地省、自治区、直辖市出版行政主管部门提出申请。图书、音像、电子、报纸、期刊出版单位提交的材料包括：①《网络出版服务许可证申请表》；②工作场所使用证明；③网站域名注册证明、相关服务器存放在中华人民共和国境内的承诺。其他单位提交的材料还应当包括：①单位章程及资本来源性质证明；②网络出版服务可行性分析报告，包括资金使用、产品规划、技术条件、设备配备、机构设置、人员配备、市场分析、风险评估、版权保护措施等；③法定代表人和主要负责人的简历、住址、身份证明文件；④编辑出版等相关专业技术人员的国家认可的职业资格证明和主要从业经历及培训证明。

（2）审批和许可。

任何单位和个人从事出版业务，必须经出版行政主管部门审核批准，法律另有规定的除外。

根据《出版管理条例》的相关规定，在提交了申请书之后，省、自治区、直辖市人民政府出版行政主管部门审核同意后，报国家出版行政主管部门审批。设立的出版单位为事业单位的，还应当办理机构编制审批手续。国家出版行政主管部门应当自收到设立出版单位的申请之日起60日内，作出批准或者不批准的决定，并由省、自治区、直辖市人民政府出版行政主管部门书面通知主办单位；不批准的，应当说明理由。

报纸的审批与其他几种出版单位的审批大致相同。中央在京单位创办报纸并设立报纸出版单位由主管部门审核同意后，报国家新闻出版署审批。解放军系统的由解放军总政治部宣传部新闻出版局审核同意后，报国家新闻出版署审批。地方单位创办报纸并设立报纸出版单位，经主管单位同意后，由主办部门向所在地省、自治区、直辖市出版行政管理部门提出申请，出版行政管理部门审核同意后，报新闻出版总署审批。

设立出版单位的主办单位自收到批准决定之日起60日内，向所在地省、自治区、直辖市人民政府出版行政主管部门登记，领取出版许可证。

《出版管理条例》将出版单位审批许可的行政机关明确为国家出版行政主管部门，既排除了出版行政主管部门以外的其他任何部门、单位、个人对出版单位的行政许可权，也排除了省、市、县三级政府的出版行政主管部门对出版单位的行政许可权。这样的规定充分考虑了中央事权与地方事权的划分，有利于克服地方保护主义。

（3）登记并依法领取营业执照。

设立出版单位的主办单位应自收到批准决定之日起 60 日内，向所在地省、自治区、直辖市人民政府出版行政主管部门登记，领取出版许可证。出版单位领取出版许可证后，属于事业单位法人的，持出版许可证向事业单位登记管理机关登记，依法领取事业单位法人证书；属于企业法人的，持出版许可证向市场监督管理部门登记，依法领取营业执照。

出版单位（报社、期刊社、图书出版社、音像出版社和电子出版物出版社等）应当具备法人条件，经核准登记后，取得法人资格，以其全部法人财产独立承担民事责任。视为出版单位的报纸编辑部、期刊编辑部不具有法人资格，其民事责任由其主办单位承担。

网络出版服务经批准后，申请者应持批准文件、《网络出版服务许可证》到所在地省、自治区、直辖市电信主管部门办理相关手续。网络出版服务单位应在其网站首页上标明出版行政主管部门核发的《网络出版服务许可证》编号。

（二）印刷企业的设立

为了加强印刷业管理，国务院于 2001 年 8 月 2 日公布了《印刷业管理条例》。随后，新闻出版总署于 2001 年 11 月 9 日发布了《印刷业经营者资格条件暂行规定》。这些法规、规章历经数次修改，与印刷行业管理的各项制度共同形成了较为系统的法规体系，使出版物印刷企业的设立、变更、经营管理和质量控制都有章可循，对我国印刷业的健康发展起到了积极的促进作用。

1. 印刷企业设立的条件

出版物印刷企业的设立条件，是根据企业法人设立的一般条件，结合出版物印刷行业的特殊性确定的。根据《中华人民共和国公司法》《印刷业管理条例》和《印刷业经营者资格条件暂行规定》等法律法规的要求，设立印刷企业，应当具备下列条件：①有企业的名称、章程；②有确定的业务范围；③有适应业务范围需要的生产经营场所和必要的资金、设备等生产经营条件；④有适应业务范围需要的组织机构和人员；⑤有关法律、行政法规规定的其他条件。审批从事印刷经营活动申请，除依照前款规定外，还应当符合国家有关印刷企业总量、结构和布局的规划。

2. 印刷企业设立的程序

按照《印刷业管理条例》的规定，企业申请从事出版物印刷经营活动，应当持营业执照向所在地省、自治区、直辖市人民政府出版行政部门提出申请，经审核批准的，发给印刷经营许可证。出版行政部门应当自收到依据本条例第十条提出的申请之日起 60 日内作出批准或者不批准的决定。批准申请的，应当发给印刷经营许可证；不批准申请的，应当通知申请人并说明理由。

（三）发行单位的设立

出版物的经营不是任何单位和个人都可以从事的，出版行政主管部门对经营者的资质都会给以审查，只有合乎法律法规规定的标准和规范，获得管理部门的批准，才具备从事特定的出版物经营业务的资格。我国《出版物市场管理规定》第 3 条规定，国家对出版物批发、零售依法实行许可制度，未经许可，任何单位和个人不得从事出版物批发、零售活动。

出版物的发行，是把图书、报刊、音像制品、电子出版物等发送给读者的一系列流通和储运活动的总称。现阶段，我国出版物市场经营主体按照经营业务的不同有以下几个类别：批发、零售、出租、网络发行、书友会和图书俱乐部等。其中，书友会和图书俱乐部是出版物零售业的不同形态，为了分类介绍的需要而单独列出。针对不同的业务形态，相关法律法规对这些市场主体的设立条件即进入门槛，分别作了规定。

1. 出版物批发单位设立的条件与程序

出版物批发是指供货商向其他出版物经营者销售出版物的一种商业活动。批发这一环节对于出版企业有着非常重要的意义：出版物要靠强大的批发市场支撑才能去完成生产计划；出版物零售市场的繁荣也必须依赖于批发市场的发展。在社会化大生产条件下，批发由于具有节省劳动耗费、增强产品辐射力、缩短流通时间等优势，成为出版物发行中最为重要的发行环节之一。

根据《出版物市场管理规定》的要求，单位从事出版物批发业务，应当具备下列条件：①已完成工商注册登记，具有法人资格；②工商登记经营范围含出版物批发业务；③有与出版物批发业务相适应的设备和固定的经营场所（即企业在工商行政主管部门注册登记的住所，经营场所面积合计不少于 50 平方米）；④具备健全的管理制度并具有符合行业标准的信息管理系统。这些规定降低了从事出版物批发的准入门槛，吸引资本进入出版物批发行业，促进出版物市场的发展。

单位申请从事出版物批发业务，根据《出版物市场管理规定》第 8 条规定，须向所在地地市级人民政府出版行政主管部门提交申请材料，经审核后报省、自治区、直辖市人民政府出版行政主管部门审批，申请单位也可直接报所在地省、自治区、直辖市人民政府出版行政主管部门审批。申请材料包括下列书面材料：①营业执照正副本复印件；②申请书，载明单位基本情况及申请事项；③企业章程；④注册资本数额、来源及性质证明；⑤经营场所情况及使用权证明；⑥法定代表人及主要负责人的身份证明；⑦企业信息管理系统情况的证明材料。

省、自治区、直辖市人民政府出版行政主管部门自受理申请之日起 20 个工作日内作出批准或者不予批准的决定。批准的，由省、自治区、直辖市人民政府出版行政主管部门颁发出版物经营许可证，并报国家新闻出版广电总局备案。不予批准的，应当向申请人书面说明理由。

2. 出版物零售单位设立的条件与程序

出版物零售是指经营者直接向消费者销售出版物。出版物零售处在出版物流通过程中的最后一个阶段，也可以说是出版发行活动的最前线，是最终实现出版物价值的最后一个环节，零售网点在所有发行网点中是数量最多的一类，对出版物批销市场和整个出版事业的发展都有着非常重要的意义。

根据《出版物市场管理规定》的要求，单位、个人从事出版物零售业务，应当具备下列条件：①已完成工商注册登记；②工商登记经营范围含出版物零售业务；③有固定的经营场所。

相对而言，零售的准入条件是比较低的。国家一直鼓励发展多业态竞争。根据"坐商入室"的原则，鼓励设立方便群众购买需求、布局合理的连锁经营书店、各类便民店和专业书店。"零售归市"是一条实行了多年的经营规范，其具体内容是指出版行政主管部门在审核批准开设书报刊零售摊点时，应充分考虑市容、交通等各种情况，划定若干书刊集中经营区域和经营地点，做到合理布局，相对集中，方便群众。

单位、个人申请从事出版物零售业务，根据《出版物市场管理规定》第10条规定，须向所在地县级人民政府出版行政主管部门提交申请材料。申请材料包括下列书面材料：①营业执照正副本复印件；②申请书，载明单位或者个人基本情况及申请事项；③经营场所的使用权证明。

县级人民政府出版行政主管部门应当自受理申请之日起20个工作日内作出批准或者不予批准的决定。批准的，由县级人民政府出版行政主管部门颁发出版物经营许可证，并报上一级出版行政主管部门备案；其中门店营业面积在5000平方米以上的应同时报省级人民政府出版行政主管部门备案。不予批准的，应当向申请单位、个人书面说明理由。

此外，出版物批发单位可以从事出版物零售业务。出版物批发、零售单位设立不具备法人资格的发行分支机构，或者出版单位设立发行本版出版物的不具备法人资格的发行分支机构，不需单独办理出版物经营许可证，但应依法办理分支机构工商登记，并于领取营业执照后15日内到原发证机关和分支机构所在地出版行政主管部门备案。

3. 中小学教科书发行单位设立的条件与程序

基于文化与意识形态安全的考虑，我国对中小学教科书发行单位设立的条件与程序进行严格规定。

根据《出版物市场管理规定》的要求，单位从事中小学教科书发行业务，应当具备下列条件：①以出版物发行为主营业务的公司制法人；②有与中小学教科书发行业务相适应的组织机构和发行人员；③有能够保证中小学教科书储存质量要求的、与其经营品种和规模相适应的储运能力，在拟申请从事中小学教科书发行业务的省、自治区、直辖市、计划单列市的仓储场所面积在5000平方米以上，并有与中小学教科书发行相适应的自有物流配送体系；④有与中小学教科书发行业务相适应的发行网络。在拟申请从事中小学教科书发行业务的省、自治区、直辖市、计划单列市的企业所属出版物发行网点覆盖不少于当地70%的县（市、区），且以出版物零售为主营业务，具备相应的中小学教科书储备、调剂、添货、零售及售后服务能力；⑤具备符合行业标准的信息管理系统；⑥具有健全的管理制度及风险防控机制和突发事件处置能力；⑦从事出版物批发业务五年以上。最近三年内未受到出版行政主管部门行政处罚，无其他严重违法违规记录。审批中小学教科书发行资质，除依照前款所列条件外，还应当符合国家关于中小学教科书发行单位的结构、布局宏观调控和规划。

单位申请从事中小学教科书发行业务，根据《出版物市场管理规定》第12条规定，须向国家新闻出版广电总局提交申请材料。申请材料包括下列书面材料：①申请书，载明单位基本情况及申请事项；②企业章程；③出版物经营许可证和企业法人营业执照正副本复印件；④法定代表人及主要负责人的身份证明，有关发行人员的资质证明；⑤最近三年的企业法人年度财务会计报告及证明企业信誉的有关材料；⑥经营场所、发行网点和储运场所的情况及使用权证明；⑦企业信息管理系统情况的证明材料；⑧企业发行中小学教科书过程中能够提供的服务和相关保障措施；⑨企业法定代表人签署的企业依法经营中小学教科书发行业务的承诺书；⑩拟申请从事中小学教科书发行业务的省、自治区、直辖市、计划单列市人民政府出版行政主管部门对企业基本信息、经营状况、储运能力、发行网点等的核实意见；⑪其他需要的证明材料。

国家新闻出版广电总局应当自受理之日起 20 个工作日内作出批准或者不予批准的决定。批准的，由国家新闻出版广电总局作出书面批复并颁发中小学教科书发行资质证。不予批准的，应当向申请单位书面说明理由。

4. 出版物出租单位的设立

出租是指经营者以收取租金的形式向读者提供出版物。

按照《行政许可法》的规定，新闻出版总署 2004 年 6 月取消了出版物出租单位设立审批，改为登记备案制。《出版物市场管理规定》第 13 条规定，单位、个人从事出版物出租业务，应当于取得营业执照后 15 日内持营业执照正副本复印件、经营场所情况、法定代表人或者主要负责人情况等材料到当地县级人民政府出版行政主管部门备案。

5. 外商投资企业从事出版物发行业务的条件与程序

我国允许外商投资企业从事出版物发行业务。根据《出版物市场管理规定》的要求，申请人持外商投资企业批准证书到所在地工商行政主管部门办理营业执照或者在营业执照企业经营范围后加注相关内容，并按照《出版物市场管理规定》有关出版物批发、零售与出租单位设立的相关规定到所在地出版行政主管部门履行审批或备案手续。

设立外商投资出版物发行企业或者外商投资企业从事出版物发行业务，根据《出版物市场管理规定》第 14 条规定，申请人应向地方商务主管部门报送拟设立外商投资出版物发行企业的合同、章程，办理外商投资审批手续。地方商务主管部门在征得出版行政主管部门同意后，按照有关法律、法规的规定，作出批准或者不予批准的决定。予以批准的，颁发外商投资企业批准证书，并在经营范围后加注"凭行业经营许可开展"；不予批准的，书面通知申请人并说明理由。

6. 网络发行企业设立的条件与程序

通过互联网发行出版物，以交易成本低、流通效率高、销售范围广、服务方便等优势受到了社会和消费者的认可与欢迎。为促进出版物网络发行的持续健康发展，保护消费者和经营者的合法权益，规范出版物网络发行行为，《出版物市场管理规定》对单位、个人通过互联网等信息网络从事出版物发行业务进行专门规定。根据《出版物市场管理规定》的要求，单位、个人通过互联网等信息网络从事出版物发行业务的，应当依照《出版物市场管理规定》出版物批发与零售单位设立的相关规定取得出版物经营许可证。

已经取得出版物经营许可证的单位、个人在批准的经营范围内通过互联网等信息网络从事出版物发行业务的，按照《出版物市场管理规定》第 15 条规定，应自开展网络发行业务后 15 日内到原批准的出版行政主管部门备案，备案材料包括下列书面材料：①出版物经营许可证和营业执照正副本复印件；②单位或者个人基本情况；③从事出版物网络发行所依托的信息网络的情况。相关出版行政主管部门应在 10 个工作日内向备案单位、个人出具备案回执。

7. 书友会、读书俱乐部或者其他类似组织的设立条件

书友会、读书俱乐部在发达国家是非常成熟的出版物流通渠道。虽然由来已久，但类

似的组织在我国还处于发展之中，国家对其采取了鼓励和扶持的政策。根据《出版物市场管理规定》第16条规定："书友会、读者俱乐部或者其他类似组织申请从事出版物零售业务，按照本规定第9条、第10条的有关规定到所在地出版行政主管部门履行审批手续。"即只需要达到设立零售企业的申请条件即可。

二、出版主体的变更与注销登记

国家对出版单位、印刷企业和发行单位的变更和注销登记作出不同要求。

(一) 出版单位的变更与注销登记

出版单位经过审批、取得出版许可证、领取营业执照后，可能由于主客观方面的原因而发生组织机构、活动范围、财产、名称、住所、隶属关系等方面的重大改变和更动，或者丧失作为民事主体进行出版活动的资格，这就是出版单位的变更和终止。出版单位的变更与注销登记应按照《出版管理条例》《网络出版服务管理规定》《期刊出版管理规定》等有关规定，办理相应的审批手续。

1. 出版单位的变更

《出版管理条例》及其他相关部门规章所规定的出版单位的变更是指出版单位在存续期内，名称、主办单位或者其主管机关、业务范围的变更，以及在财产、住所、隶属关系等方面的重大改变和更动。

出版单位变更名称、主办单位或者其主管机关、业务范围、资本结构，合并或者分立，设立分支机构，出版新的报纸、期刊，或者报纸、期刊变更名称的，应当依照设立出版单位的规定办理审批手续。出版单位除上述所列变更事项外的其他事项的变更，应当经主办单位及其主管机关审查同意，向所在地省、自治区、直辖市人民政府出版行政主管部门申请变更登记，并报国家出版行政主管部门备案。出版单位属于事业单位法人的，还应当持批准文件到事业单位登记管理机关办理变更登记；属于企业法人的，还应当持批准文件到工商行政管理部门办理变更登记。

网络出版服务单位变更《网络出版服务许可证》许可登记事项、资本结构，合并或者分立，设立分支机构的，应依照申请从事网络出版服务的相关规定办理审批手续，并应持批准文件到所在地省、自治区、直辖市电信主管部门办理相关手续。

《期刊出版管理规定》第17条规定："期刊出版单位变更名称、合并或者分立、改变资本结构，出版新的期刊，依照本规定第10条至第14条的规定办理审批、登记手续。"第18条规定："期刊变更名称、主办单位或主管单位、业务范围、刊期的，依照本规定第10条至第14条的规定办理审批、登记手续。期刊变更登记地，经主管、主办单位同意后，由期刊出版单位到新登记地省、自治区、直辖市新闻出版行政部门办理登记手续。期刊变更刊期，新闻出版总署可以委托省、自治区、直辖市新闻出版行政部门审批。"第19条规定："期刊出版单位变更期刊开本、法定代表人或者主要负责人、在同一登记地内变更地址，经其主办单位审核同意后，由期刊出版单位在15日内向所在地省、自治区、直辖市新闻出版行政部门备案。"

2. 出版单位的注销登记

出版单位的终止又称出版单位的消灭，是指出版单位的法人资格在法律上不再存在，丧失了作为民事主体进行出版活动的资格，其民事权利能力和民事行为能力也随之终止。《出版管理条例》规定出版单位的终止有两种情况。

第一种是出版单位终止出版活动。对于出版单位终止出版活动的，由主办单位提出申请并经主管机关同意后，由主办单位向所在地省、自治区、直辖市人民政府出版行政主管部门办理注销登记，并报国家出版行政主管部门备案。出版单位属于事业单位法人的，还应当持批准文件到事业单位登记管理机关办理注销登记；属于企业法人的，还应当持批准文件到工商行政管理部门办理注销登记。网络出版服务单位终止网络出版服务的，应当自终止网络出版服务之日起 30 日内，向所在地省、自治区、直辖市出版行政主管部门办理注销手续后到省、自治区、直辖市电信主管部门办理相关手续，省、自治区、直辖市出版行政主管部门将相关信息报国家新闻出版广电总局备案。如果不要求出版单位终止时必须进行注销登记，则有可能使这些原本应当失去效力的证照为不法之徒所利用，从而扰乱出版管理秩序。同时，如果不要求办理相应的备案手续，也会使有关出版行政部门因缺乏对出版单位终止信息的掌握，而无法通盘考虑出版物出版的总量、布局和结构问题。

第二种是出版单位在规定期限内未从事出版活动。对于图书出版社、音像出版社和电子出版物出版社自登记之日起满 180 日未从事出版活动的，报社、期刊社自登记之日起满 90 日未出版报纸、期刊的，由原登记的出版行政主管部门注销登记，并报国家出版行政主管部门备案。网络出版服务单位自登记之日起满 180 日未开展网络出版服务的，由原登记的出版行政主管部门注销登记，并报国家新闻出版广电总局备案，同时通报相关省、自治区、直辖市电信主管部门。因不可抗力或者其他正当理由发生的，出版单位或网络出版服务单位可以向原登记的出版行政主管部门申请延期。

出版单位终止出版活动，可能有多种原因，比如依法被撤销、解散、依法宣告破产或者其他原因等。图书出版社、音像出版社和电子出版物出版社自登记之日起满 180 日未从事出版活动，报社、期刊社自登记之日起满 90 日未出版报纸、期刊，网络出版服务单位自登记之日起满 180 日未开展网络出版服务，也可能有多方面的原因，如没有合格的编辑出版专业人员，没有相应的组织机构等。

根据《期刊出版管理规定》，期刊可以休刊，也可以终止期刊出版活动。期刊休刊，期刊出版单位须向所在地省、自治区、直辖市新闻出版行政部门备案并说明休刊理由和期限。期刊休刊时间不得超过一年，超过一年的，由新闻出版总署撤销《期刊出版许可证》，所在地省、自治区、直辖市新闻出版行政部门注销登记。期刊出版单位终止期刊出版活动的，经主管单位同意后，由其主办单位向所在地省、自治区、直辖市新闻出版行政部门办理注销登记，并由省、自治区、直辖市新闻出版行政部门报新闻出版总署备案。期刊注销登记，以同一名称设立的期刊出版单位须与期刊同时注销，并到原登记的工商行政管理部门办理注销登记。注销登记的期刊和期刊出版单位不得再以该名称从事出版、经营活动。

(二) 印刷企业的变更与注销登记

印刷业经营者申请兼营或者变更从事出版物、包装装潢印刷品或者其他印刷品印刷经营活动，或者兼并其他印刷业经营者，或者因合并、分立而设立新的印刷业经营者，应当依照申请设立印刷企业的规定办理手续。印刷业经营者变更名称、法定代表人或者负责人、住所或者经营场所等主要登记事项，或者终止印刷经营活动，应当报原批准设立的出版行政部门备案。

（三）发行单位的变更与注销登记

从事出版物发行业务的单位、个人变更出版物经营许可证登记事项，或者兼并、合并、分立的，应当依照《出版物市场管理规定》到原批准的出版行政主管部门办理审批手续，递交相应材料：①出版物经营许可证和营业执照正副本复印件；②申请书，载明单位或者个人基本情况及申请变更事项；③其他需要的证明材料。出版行政主管部门自受理申请之日起 20 个工作日内作出批准或者不予批准的决定。批准的，由出版行政主管部门换发出版物经营许可证；不予批准的，应当向申请单位、个人书面说明理由。

发行单位的注销登记包括两种情况。第一种是发行单位终止经营活动。从事出版物发行业务的单位、个人终止经营活动的，应当于 15 日内持出版物经营许可证和营业执照向原批准的出版行政主管部门备案，由原批准的出版行政主管部门注销出版物经营许可证。第二种是原发证机关撤销出版物经营许可证。从事出版物发行业务的单位、个人还应当按照出版行政主管部门的规定接受年度核验，并按照《中华人民共和国统计法》《新闻出版统计管理办法》及有关规定如实报送统计资料，不得以任何借口拒报、迟报、虚报、瞒报以及伪造和篡改统计资料。对于不再具备行政许可的法定条件，且限期内未改正的出版物发行单位和个人，由原发证机关撤销出版物经营许可证。

第三节　出版活动管理

《出版管理条例》第 2 条明确规定，出版活动包括出版物的出版、印刷或者复制、发行、进口。由此，党和国家对出版活动的管理也可以分为这四个方面。

一、对出版物出版的管理

我国通过出版单位年度核验、年度出版计划备案、出版物内容管理、出版物质量管理、出版物样本送交等制度，实现对出版物出版活动的多方面管理。

（一）出版单位年度核验

出版单位年度核验制度是对我国出版单位运行情况进行的管理，属于出版管理部门对出版单位宏观管理的一种形式。为了进一步提高出版社素质，加强队伍建设，多出好书，促进社会主义物质文明和精神文明建设，1994 年新闻出版署颁行的《关于实行〈出版社年检登记制度（试行）〉的通知》提出对图书出版社实行年检登记制度。《出版管理条例》第 49 条规定："出版单位和出版物进口经营单位应当按照国务院出版行政主管部门的规定，将从事出版活动和出版物进口活动的情况向出版行政主管部门提出书面报告。"出版行政主管部门根据这一规定，对出版单位实行年度核验制度（在《图书质量保障体系》等文件中也称"年检登记制度"，在《音像制品出版管理规定》等文件中也称"审核登记制度"），以加强对出版活动的日常监督管理。

《图书出版管理规定》《期刊出版管理规定》《音像制品出版管理规定》《电子出版物出版管理规定》《网络出版服务管理规定》等规章，明确了出版单位年度核验的具体要求。期刊出版单位、网络出版服务单位的年度核验每年进行一次，图书出版社、音像制品出版社、电子出版物出版社的年度核验每两年进行一次。出版单位应该按照国家有关规定将年度核验材料按时提交所在地省级新闻出版行政主管部门。

对于图书出版社，省级新闻出版行政主管部门进行审核查验后，须出具审核意见报送国家新闻出版行政主管部门，由国家新闻出版行政主管部门作出予以通过年度核验、暂缓年度核验或者不予通过年度核验的决定。图书出版社的暂缓年度核验期限为 6 个月。

对于期刊出版单位，省级新闻出版行政主管部门进行全面审核后，作出予以通过年度核验、暂缓年度核验或不予通过年度核验的决定。暂缓年度核验的期限由省级新闻出版行政部门确定，报新闻出版总署备案。省级新闻出版行政主管部门完成年度核验工作后，应将年度核验审核情况和有关书面材料报国家新闻出版行政主管部门备案。

对于音像制品出版社和电子出版物出版社，省级新闻出版行政主管部门进行全面审核后，作出予以通过年度核验或暂缓年度核验的决定。音像制品出版社的暂缓年度核验期限为 3 个月；电子出版物出版社的暂缓年度核验期限由省级新闻出版行政主管部门确定，但最长不超过 3 个月。省级新闻出版行政主管部门完成年度核验工作后，应将年度核验审核情况和有关书面材料报国家新闻出版行政主管部门备案。

对于网络出版服务单位，省级新闻出版行政主管部门进行全面审核后，作出予以通过年度核验、暂缓年度核验或不予通过年度核验的决定。暂缓年度核验的期限由省级出版行政主管部门确定，报国家新闻出版广电总局备案，最长不得超过 180 日。省级新闻出版行政主管部门完成年度核验工作后，应将年度核验审核情况报国家新闻出版行政主管部门备案。

凡是通过年度核验的出版单位，予以登记。凡是不予通过年度核验的出版单位，撤销其出版许可证，注销登记。凡是被暂缓年度核验的出版单位，应在暂缓期满时重新办理年度核验手续。如经过整改已经达到年度核验要求，予以登记；如仍未达到年度核验要求，撤销其出版许可证，注销登记。

(二) 年度出版计划备案

年度出版计划是出版社准备在某一年度安排出版的产品计划，有时也称"年度选题计划"。年度出版计划备案制度属于保障图书质量的出版宏观调控机制中预报机制的组成部分之一，是出版行政部门运用事先限制的方式来管理出版单位的出版情况，以保障、促进社会主义出版事业的繁荣和发展。实施这一制度，可以及时了解、掌握出版活动的动向，及时发现问题，有的放矢地采取措施。

出版计划主要是指出版单位年度出版计划即年度选题管理以及出版中、长期计划。选题是出版的基础性工作，它决定着出版物的内容、品位和市场效益，也决定着一家出版社、一个地区甚至整个国家出版的水平、结构和整体发展趋势。因此，对出版选题的管理是把握出版导向的关键，也是出版管理的一项常规性工作。①

1977 年全国图书出版治理工作会议上就提出了要严格执行专题报批制度和重大选题备案制度。1993 年新闻出版署发布的《关于出版计划管理若干问题的通知》对出版计划的

---

① 彭国华. 新闻出版版权法制理论与实务［M］. 长沙：湖南人民出版社，2002：99-100.

内容、制定时间、报批程序等进行了规定。

1997年《图书质量保障体系》中指出："坚持年度选题计划审批和备案制度。各省、自治区、直辖市新闻出版局和出版社的主管部门负有对所辖、所属出版社选题计划的审批责任，必须按有关法规、规定严格把关；同时要送交本省（自治区、直辖市）党委宣传部门备案。经省（自治区、直辖市）新闻出版局和出版社主管部门批准的各出版社的选题计划，必须报新闻出版署备案。新闻出版署可对导向、总量、结构和趋势等问题提出指导性意见，对不符合国家法规、规定的选题进行调整或通知撤销。"出版社的图书选题必须按规定报出版行政部门审批，未经批准的图书选题，一律不准进入生产过程。在实际工作中还会出现临时申报选题的情况，一般将之作为年度选题计划的增补实行，所以也比照年度选题计划的管理办法到所在省、自治区、直辖市新闻出版局审批。

根据《出版管理条例》第20条的规定，出版社的年度出版计划应经所在地省级新闻出版行政主管部门审核后报国家新闻出版行政主管部门备案。在实际操作中，国家新闻出版行政主管部门要求：出版社应在上一年第四季度制订出版计划，先报主管部门审核和批准，再送所在地省级新闻出版行政主管部门审核同意后报国家新闻出版行政主管部门备案。出版社如在年度出版计划已经审核、备案后还要增补选题，须在发稿前一个月将选题计划报送省级新闻出版行政主管部门审核。特殊急件须随时报送审核。出版社未将年度出版计划上报备案的，都将由出版行政主管部门责令改正，给予警告；情节严重的，责令限期停业整顿或者由原发证机关吊销许可证。

(三)　出版物内容管理

出版物是出版活动的最终产品，是精神文化产品的物质载体，具有精神产品的特殊属性，因此世界各国都很重视对出版物内容的管理。

1. 出版物内容的管理方式

出版物的内容管理主要有预审制和追惩制两种方式。

（1）预审制。

预审制又称事先检查。出版物在出版发行之前，必须先将原稿或清样送经政府有关机构检查、删改和批准后方能出版发行。比如，英国在封建帝国非常强盛的时期，出版印刷是封建贵族的特权。为了保障这种特权，王室利用出版特许和出版物检查，直接管理和严格控制着出版行业，这样就形成了最初的管理体系。这种体系建立在预审制的基础上，一方面要求所有的出版物未经审查特许一律禁止出版，另一方面将出版的权力局限在皇家特许出版公司这一小范围内。这种出版特权一直持续到17世纪末期。① 再如1841年颁布的普鲁士政府书报检查法令，不仅给予书报检查官任意扼杀不合当时政府口味的报刊的权力，还给予他们追究出版物倾向性的权力，因而也被马克思、恩格斯斥为对进步出版物进行扼杀。我国历史上颁行的《大清印刷物专律》（1906）、《大清报律》（1907）、《报纸专律》（1914）、《出版法》（1914）、《图书杂志审查办法》（1934）等都有对出版物内容进行事先检查的条文。

预审制自18世纪以后已为多数国家所抛弃，但目前仍有一些国家在新闻出版法中明

---

① 余敏. 国外出版业宏观管理体系研究 [M]. 北京：中国书籍出版社，2004：67-68.

文规定对部分出版物的内容实行预审制度。比如在德国，出版社编写的教材只有通过州文化部或教育部审批，并以教材目录的方式正式公布之后，才能被学校和教师选择，从而最终在学校中使用。① 日本对出版物所采取的预审制也主要集中在教科书方面。根据日本《学校教育法》，小学、中学、大学都必须使用经文部大臣审定或以文部省名义编著的教科书。现在以文部省名义编著的教科书数量较少，大部分是经文部大臣审定的教科书。其审定主要是遵照《教科用图书审定规则》（文部省颁布令），经"教科用图书审定调查审议会"讨论，由文部大臣决定合格与否。合格与否的判定标准，除误记、误排等客观事项外，主要是对出版物的评价。②

（2）追惩制。

追惩制也称事后检查，是一种事后惩治的出版制度。出版物在出版发行前不受限制，政府管理机构不作任何检查；出版物在出版发行后，通过有关机构审读样书或社会舆论监督，发现违法行为时，政府有关机构依照新闻出版法或其他法律予以惩处。

在资产阶级革命过程中，以追求资本利润为宗旨的英国资产阶级率先提出了"出版自由"的口号。革命的成功使得英国出版业在 1695 年后摒弃了预审制，出版管理进入追惩制阶段。③ 美国建国后，对出版物的内容管理一直实行追惩制。美国对出版物内容的限制主要是对淫秽、色情方面的限制；对诋毁宗教的限制；对影响青少年成长方面的限制；对影响国家安全方面的限制等。④

法国于 1870 年在法兰西第三共和国成立后，结束原稿审查制，实行追惩制。法国对出版物内容的监管主要是通过法律的形式。一般情况下，如果出版物出现了叛国、煽动暴乱、诽谤、荒淫猥劣、伪证、泄露国家机密和侵犯隐私等内容就是违法。⑤

2. 发达国家对出版物内容的管理

从出版物内容的管理上看，西方多数国家对出版物内容的管理主要表现在四个方面。

（1）对妨碍政治、影响国家安全出版物的管理。

虽然西方国家一直标榜民主与自由，但是一旦涉及对国家政权、国家安全问题的出版物，其审查制度也是非常严格的。历史上莎士比亚的《理查二世》、德莱塞的《美国的悲剧》都曾因作品内容或讽刺了当政国王，或揭露了政府弊端、国家阴暗面而被查禁。

美国宪法保证公民的言论、出版自由，但对引发危害公众秩序，导致暴乱的言论、泄露国家机密、造谣生非的言论不仅不予保护，还要追究其法律责任。《史密斯法》（1940）规定，编辑、出版、发表、散布、出售或公开展示任何鼓吹、劝导、教授以武力、暴力摧毁、推翻美国政府、州政府或任何政府部门者都要判重刑或罚重金。⑥ 1982 年里根政府说服美国国会通过《情报人员身份保护法》，任何人泄露合众国情报人员身份，即使他们的原始资料是公开或非保密的信息，都构成一种联邦犯罪。1983 年里根政府又颁布《维护国家安全信息》的指令，要求任何有机会接触保密信息的联邦雇员将任何含有情报信息的

① 余敏. 国外出版业宏观管理体系研究 [M]. 北京：中国书籍出版社, 2004：111.

② 余敏. 国外出版业宏观管理体系研究 [M]. 北京：中国书籍出版社, 2004：172-173.

③ 余敏. 国外出版业宏观管理体系研究 [M]. 北京：中国书籍出版社, 2004：68.

④ 余敏. 国外出版业宏观管理体系研究 [M]. 北京：中国书籍出版社, 2004：41-42.

⑤ 余敏. 国外出版业宏观管理体系研究 [M]. 北京：中国书籍出版社, 2004：97.

⑥ 魏玉山, 杨贵山. 西方六国出版管理研究 [M]. 北京：中国书籍出版社, 1995：35-36.

手稿在出版前提交有关机构事先检查。①

（2）限制淫秽、色情出版物。

西方大多数国家对淫秽、色情出版物制定了法律予以限制。例如美国1942年通过的《反猥亵法》禁止淫秽图片进入美国。英国处理淫秽出版物的法律依据是1857年通过的《淫秽出版物法》，1959年该法又经过了修订。该法第一款规定，无论是文章、出版物或杂志，如果从整体上来看具有腐化读者趋势的，均可认定为淫秽出版物。② 德国《传播危害青少年之文学作品法》，其内容主要是限制出版淫秽色情出版物。日本的《宪法》《青少年保护条例》《关税法》等主要是对色情、淫秽出版物在未成年的青少年中传播进行严格限制。

西方对淫秽、色情出版物的认定大多以道德为理由，《查泰莱夫人的情人》《尤利西斯》《北回归线》都曾被认为诲淫诲盗而被禁止。但第二次世界大战以后，人们摒弃了19世纪以来的道德标准，有关法律也得到重新修改或界定。1959年英国《淫秽出版物法》力图避免完全以是否符合年轻人的道德标准来评判一部作品的优劣，而是以作品整体来评判。在对作品的文学艺术价值进行整体审查时，实行专家论证制。③

（3）对诋毁宗教出版物的管理。

这一制度由来已久，早在1557年，教皇保罗四世就批准了第一个禁书目录。现在，管理机构除了教会，还有政府有关部门。

（4）对影响青少年成长的出版物的管理。

西方发达国家非常注重青少年的成长，各国都制定了很多法律法规对影响青少年成长的出版物进行监督管理。例如德国联邦政府非常重视保护青少年免受不良出版物的毒害。早在1949年，政府就公布了法令，限制不良出版物的出版和传播，当时还成立了联邦和州的出版物检查局，由报刊发行人、艺术家、书店协会、慈善团体、宗教团体、青年协会、教育协会等代表组成，并由联邦和州的内政部长主持。1953年，由于杂志发行人对检查制度不断抗议，政府正式公布了《传播危害青少年之文学作品法》，禁止下流或猥亵的出版物的出版和传播，并由政府、教育界、报界、宗教界等代表组成出版管理委员会来审定出版物是否与法律相抵触。1985年，德国政府再次修订公布该法，新的法律规定：凡危害儿童和青少年品德的书刊，要列出名单予以公布。凡是把这类书刊提供给未满18岁之人或使其取得者；在未满18岁之人可以进入或看到之场所陈列、张贴、展示或以其他方法使之了解者；在营业区范围之外零售或在书报亭出售者；在普通图书馆借书处提供、交付他人者；未经他人要求而提供者；为上述目的而印刷、贩运、储存或引进者，均构成犯罪，可以处1年以下监禁或课以罚金。为达到上述目的，联邦政府的"青年、家庭和卫生部"内设了"联邦青年刊物审定局"，负责监督检查刊物是否有害于青年。④

在法国，要出版以青少年为对象的出版物或创办一份主要面向青少年的报纸或刊物会受到很多限制。《1949年7月16日法》及1958年修正案针对以上情况制定了三个条件：

---

① 周源．发达国家的出版物管理制度［M］．北京：时事出版社，2001：68.

② 杨贵山，林成林，姜乐英，等．世界出版观潮［M］．沈阳：辽宁人民出版社，2002：65.

③ 周源．发达国家的出版物管理制度［M］．北京：时事出版社，2001：69.

④ 魏玉山，杨贵山．西方六国出版管理研究［M］．北京：中国书籍出版社，1995：48-49.

第一，不得由个人创办，而只能是一些商业团体和行业协会创办。在创办前，必须向社会声明保证不以出版此类报刊作为营利工具；第二，担任此类报刊的总负责人不能仅为1人，至少应3人或以上，且应为法国籍，享有公民权，并且在从事教育生涯中没有不轨行为而被解职或受处分的污点记录；第三，这些人应是没有丧失做父亲或母亲权利的人。

法国政府还依照法律成立了"负责监督管理青少年读物的委员会"，主要职能是促使当局加强立法，1949年曾通过一项法令规定出版儿童读物必须受监督。另外，该委员会还负责检查所有出版物并向政府当局提交登载色情内容或图像以及教唆犯罪的可视读物性质监督报告。①

另外，法国对青少年出版物作出规定的法律还有《1949年7月16日法》《1965年9月28日法》《1980年12月23日法》和《1981年7月29日法》等。其中《1949年7月16日法》规定：在青少年读物上禁止刊登抢劫、谎言、强奸、懒惰、仇恨、荒淫行为和可能诱使青少年道德败坏，能使之干出有悖于伦理的事情的各种文章和图片。《1965年9月28日法》和《1981年7月29日法》规定：如果未得到监护人的书面申请或司法部门的书面批准，任何导致未成年人离开父母、监护人或未成年人的看管人的新闻报道、图片、照片或其他形式的出版物，均被禁止。《1980年12月23日法》规定：涉及少年犯罪的诉讼过程、判决书和可能描绘出犯罪少年身份的各种暗示，如姓氏字母等文字禁止出版。②

除以上主要管理内容外，有的国家还对诽谤、隐私等进行了规定。1948年联合国新闻自由会议在肯定"人人应有思想自由与发表自由"的同时，列举了10条禁止公开发表的内容，体现出各国出版物管理的一致性。

3. 我国对出版物内容的管理

我国一直十分重视出版业的舆论宣传和精神文明作用，因此对出版物内容的管理一直都非常严格，颁布了大量的法规规章对各种出版物的内容进行规范，既通过《图书、期刊、音像制品、电子出版物重大选题备案办法》等来加强对出版物内容的事前管理，也通过《出版管理条例》规定出版违禁出版物的法律责任来实现对违禁内容的事后追惩。

我国《宪法》第35条规定："中华人民共和国公民有言论、出版、集会、结社、游行、示威的自由。"作为出版业管理的最高行政法规，《出版管理条例》开宗明义地指出：公民依法行使出版自由的权利，各级人民政府应当予以保障。但同时又指出：公民在行使出版自由的权利的时候，必须遵守宪法和法律，不得反对宪法确定的基本原则，不得损害国家的、社会的、集体的利益和其他公民的合法的自由和权利。由此可见，对出版物内容的管理是为了维护社会主义国家的利益，保障人民民主、自由权利的实施，是符合人民利益的，也是完全必要的。

我国明确规定出版单位不得刊载的内容，形成有害内容禁载制度。我国出版行政法规——2020年修订后的《出版管理条例》对出版物内容的规定主要有第25条："任何出版物不得含有下列内容：（1）反对宪法确定的基本原则的；（2）危害国家统一、主权和领土完整的；（3）泄露国家秘密、危害国家安全或者损害国家荣誉和利益的；（4）煽动

---

① 周源. 发达国家的出版物管理制度［M］. 北京：时事出版社，2001：88-89.

② 余敏. 国外出版业宏观管理体系研究［M］. 北京：中国书籍出版社，2004：93.

民族仇恨、民族歧视，破坏民族团结，或者侵害民族风俗、习惯的；（5）宣扬邪教、迷信的；（6）扰乱社会秩序，破坏社会稳定的；（7）宣扬淫秽、赌博、暴力或者教唆犯罪的；（8）侮辱或者诽谤他人，侵害他人合法权益的；（9）危害社会公德或者民族优秀文化传统的；（10）有法律、行政法规和国家规定禁止的其他内容的。"第26条："以未成年人为对象的出版物不得含有诱发未成年人模仿违反社会公德的行为和违法犯罪的行为的内容，不得含有恐怖、残酷等妨害未成年人身心健康的内容。"

我国高度重视对涉及国家安全、社会稳定等内容的出版物的事前管理，形成重大选题备案制度。备案，据《现代汉语词典》解释，是指"向主管机关报告事由存案以备查考"①。备案制度是指相对人按照法律、法规、行政规章及相关文件等规定，向主管部门报告制定的或完成的事项的行为。一般来说，备案只需书面告知，行政机关接到后登记在案即可。备案制度有事先备案和事后备案两种。事先备案等同于审批，属于行政审批制度改革和行政许可法规定的范畴，如出版物重大选题备案、进口出版物备案。事后备案属于事后告知性质，不属于行政审批制度改革和行政许可法规定的范畴。如出版物出租单位设立审批、电子出版物复制单位（含磁盘、只读类光盘等）改变名称审批、地方软件登记办事机构设立审批等均为事后备案。1997年10月10日，新闻出版署根据《出版管理条例》的规定，为了实施图书、音像制品、电子出版物重大选题备案制度，制定了《图书、期刊、音像制品、电子出版物重大选题备案办法》。2019年10月25日，国家新闻出版署公布并实施该办法的修订版，规定"列入备案范围内的重大选题，图书、期刊、音像制品、电子出版物出版单位在出版之前，应当依照本办法报国家新闻出版署备案。未经备案批准的，不得出版发行"。这是一种事先备案制度。重大选题具体包括12种，分别是：①有关党和国家重要文件、文献选题；②有关现任、曾任党和国家领导人讲话、著作、文章及其工作和生活情况的选题，有关现任党和国家主要领导人重要讲话学习读物类选题；③涉及中国共产党历史、中华人民共和国历史上重大事件、重大决策过程、重要人物选题；④涉及国防和军队建设及我军各个历史时期重大决策部署、重要战役战斗、重要工作、重要人物选题；⑤集中介绍党政机构设置和领导干部情况选题；⑥专门或集中反映、评价"文化大革命"等历史和重要事件、重要人物选题；⑦专门反映国民党重要人物和其他上层统战对象的选题；⑧涉及民族宗教问题选题；⑨涉及中国国界地图选题；⑩反映香港特别行政区、澳门特别行政区和台湾地区经济、政治、历史、文化、重要社会事务等选题；⑪涉及苏联、东欧等社会主义时期重大事件和主要领导人选题；⑫涉及外交方面重要工作选题。此外，《网络出版服务管理规定》第26条指出："网络出版服务单位出版涉及国家安全、社会安定等方面重大选题的内容，应当按照国家新闻出版广电总局有关重大选题备案管理的规定办理备案手续。未经备案的重大选题内容，不得出版。"

针对违禁出版物和重大选题范围出版物，我国形成违规内容追惩制，加强对出版物内容的事后管理。在出版违禁出版物的责任方面，我国《出版管理条例》第27条和第62条作了详细规定。其中，《出版管理条例》第27条规定，出版物的内容不真实或者不公正，致使公民、法人或者其他组织的合法权益受到侵害的，其出版单位应当公开更正，消除影

---

① 中国社会科学院语言研究所编辑室. 现代汉语词典（修订本）［M］. 北京：商务印书馆，2000：54.

响，并依法承担其他民事责任。报纸、期刊发表的作品内容不真实或者不公正，致使公民、法人或者其他组织的合法权益受到侵害的，当事人有权要求有关出版单位更正或者答辩，有关出版单位应当在其近期出版的报纸、期刊上予以发表；拒绝发表的，当事人可以向人民法院提起诉讼。《出版管理条例》第62条规定，有下列行为之一，触犯刑律的，依照刑法有关规定，依法追究刑事责任；尚不够刑事处罚的，由出版行政主管部门责令限期停业整顿，没收出版物、违法所得，违法经营额1万元以上的，并处违法经营额5倍以上10倍以下的罚款；违法经营额不足1万元的，可以处5万元以下的罚款；情节严重的，由原发证机关吊销许可证：①出版、进口含有本条例第25条、第26条禁止内容的出版物的；②明知或者应知出版物含有本条例第25条、第26条禁止内容而印刷或者复制、发行的；③明知或者应知他人出版含有本条例第25条、第26条禁止内容的出版物而向其出售或者以其他形式转让本出版单位的名称、书号、刊号、版号、版面，或者出租本单位的名称、刊号的。在重大选题范围出版物方面，出版单位未经备案出版涉及重大选题范围出版物的，由国家新闻出版行政主管部门或省级出版行政主管部门责成其主管单位对出版单位的主要负责人员给予行政处分；停止出版、发行该出版物；违反《出版管理条例》和有关规定的，依照有关规定处罚。

总体而言，我国出版业相关法律、法规及有关部门规章对出版物内容的管理主要集中在涉及国家安全与社会稳定等内容的出版物、以未成年人为对象的出版物、淫秽色情出版物等方面。

（四）出版物质量管理

出版物质量管理主要包括两个方面，一是出版物的编校质量，二是装帧设计质量。我国《出版管理条例》第28条规定："出版物必须按照国家的有关规定载明作者、出版者、印刷者或者复制者、发行者的名称、地址，书号、刊号或者版号，在版编目数据，出版日期、刊期以及其他有关事项。出版物的规格、开本、版式、装帧、校对等必须符合国家标准和规范要求，保证出版物的质量。出版物使用语言文字必须符合国家法律规定和有关标准、规范。"

2004年12月24日新闻出版总署颁布的修订后的《图书质量管理规定》认为图书的质量包括内容、编校、设计、印制四个方面；分为合格、不合格两个等级。内容、编校、设计、印制四项均合格的图书，其质量属合格。内容、编校、设计、印制四项中有一项不合格的图书，其质量属不合格。

其中，符合《出版管理条例》第25条、第26条规定的图书，其内容质量属合格。不符合《出版管理条例》第25条、第26条规定的图书，其内容质量属不合格。差错率不超过万分之一的图书，其编校质量属合格。差错率超过万分之一的图书，其编校质量属不合格。图书的整体设计和封面（包括封一、封二、封三、封底、勒口、护封、封套、书脊）、扉页、插图等设计均符合国家有关技术标准和规定，其设计质量属合格。图书的整体设计和封面（包括封一、封二、封三、封底、勒口、护封、封套、书脊）、扉页、插图等设计中有一项不符合国家有关技术标准和规定的，其设计质量属不合格。符合中华人民共和国出版行业标准《印刷产品质量评价和分等导则》（CY/T 2-1999）规定的图书，其印制质量属合格。不符合中华人民共和国出版行业标准《印刷产品质量评价和分等导则》（CY/T

2-1999）规定的图书，其印制质量属不合格。

新闻出版行政部门对图书质量实施的检查包括：图书的正文、封面（包括封一、封二、封三、封底、勒口、护封、封套、书脊）、扉页、版权页、前言（或序）、后记（或跋）、目录、插图及其文字说明等。正文部分的抽查必须内容（或页码）连续且不少于 10 万字，全书字数不足 10 万字的必须检查全书。对图书内容违反《出版管理条例》第 25 条、第 26 条规定的，根据《出版管理条例》第 62 条实施处罚。对出版编校质量不合格图书的出版单位，由省级以上新闻出版行政部门予以警告，可以根据情节并处 3 万元以下罚款。经检查属编校质量不合格的图书，差错率在万分之一以上万分之五以下的，出版单位必须自检查结果公布之日起 30 天内全部收回，改正重印后可以继续发行；差错率在万分之五以上的，出版单位必须自检查结果公布之日起 30 天内全部收回。对于印制质量不合格的图书，出版单位必须及时予以收回、调换。

1997 年 6 月 16 日新闻出版署出台的《图书质量保障体系》中将图书质量保障体系由编辑出版责任机制来实现。具体分为：①前期保障机制，主要是选题的策划与论证；②中期保障机制，主要是三审制和责任编辑制度、"三校一读"、印刷质量标准和《委托书》制度以及坚持图书书名页使用标准和中国标准书号和图书条码使用标准；③后期保障机制，主要是样书检查和评审制度、样本缴送、重版前审读制度、稿件及图书质量资料归档制度以及出版社与作者和读者联系制度。

1995 年《报纸质量管理标准》（试行）从报纸的内容、印制、刊登广告、发行量等方面对报纸的质量作了具体规定。为了确定报纸的质量是否合格，新闻出版署 1995 年 3 月 20 日同时发布了《报纸质量管理标准实施细则》，规定对报纸质量管理使用抽查出版质量和限定最低发行量的评定方法。为促进我国报业的发展与繁荣，规范报纸出版活动，加强报纸出版管理，2005 年，新闻出版总署发布了《报纸出版管理规定》，规定了报纸创办与报纸出版单位设立的条件。1992 年 4 月 2 日国家科委、中共中央宣传部、新闻出版署共同发布了《科学技术期刊质量要求》，1995 年 6 月 13 日，新闻出版署发布了《社会科学期刊质量管理标准》（试行）。这两个标准对学术理论类期刊的业务标准作了要求，是出版行政部门从管理的角度对 5 大类科学技术期刊、7 大类社会科学期刊进行质量监管的依据。此外，原国家科委和新闻出版署分别发布的《五大类科技期刊质量要求及评估标准》《社会科学期刊质量标准及评估办法》，对每一类期刊的质量标准及评估办法都作了规定。为了促进我国期刊业的繁荣和发展，规范期刊出版活动，加强期刊出版管理，2005 年，新闻出版总署发布了《期刊出版管理规定》，具体规定了期刊创办和期刊出版单位设立的条件及期刊出版的要求。2020 年 6 月 18 日，国家新闻出版署发布《报纸期刊质量管理规定》，对报纸期刊质量管理提出了新要求。

其中，报纸质量包括内容质量、编校质量、出版形式质量、印制质量四项，分为合格和不合格两个等级。四项均合格的，其质量为合格；四项中有一项不合格的，其质量为不合格。符合《出版管理条例》第 25 条、第 26 条规定，并符合国家新闻出版主管部门批准的业务范围的，其内容质量为合格；不符合的，其内容质量为不合格。报纸编校差错率不超过万分之三的，其编校质量为合格；差错率超过万分之三的，其编校质量为不合格。报纸出版形式差错数不超过三个的，其出版形式质量为合格；差错数超过三个的，其出版形式质量为不合格。报纸印制质量包括单份印制质量和批印制质量，报纸印制符合国家和行业现行标准及规定的，其印制质量为合格；不符合的，其印制质量为不合格。

期刊质量包括内容质量、编校质量、出版形式质量、印制质量四项，分为合格和不合格两个等级。四项均合格的，其质量为合格；四项中有一项不合格的，其质量为不合格。符合《出版管理条例》第 25 条、第 26 条规定，并符合国家新闻出版主管部门批准的业务范围的，其内容质量为合格；不符合的，其内容质量为不合格。期刊编校差错率不超过万分之二的，其编校质量为合格；差错率超过万分之二的，其编校质量为不合格。期刊出版形式差错数不超过五个的，其出版形式质量为合格；差错数超过五个的，其出版形式质量为不合格。期刊印制质量包括单册印制质量和批印制质量。期刊印制符合国家和行业现行标准及规定的，其印制质量为合格；不符合的，其印制质量为不合格。

（五）出版物样本送交制度

我国《出版管理条例》规定，出版单位发行其出版物前应当向中国国家图书馆、中国版本图书馆和国家出版行政主管部门免费送交出版物样本。因此，出版单位应由专人负责按规定的时间、数量和方式送交样本。逾期不按规定送交样本的出版单位，由出版行政主管部门根据不同情况给予行政处罚。出版单位向出版行政主管部门送交出版物样本，实际上是向出版行政主管部门报送样本备案。出版行政主管部门通过审读样本，可以及时发现出版物内容有无问题，把握出版动向，采取相应的对策。

二、对出版物印刷或者复制的管理

国家关于出版物印刷、复制的管理规定有很多，分散在《出版管理条例》《印刷业管理条例》《音像制品管理条例》《电子出版物出版管理规定》等法律法规中，可以分为对书刊委托印刷的管理及对音像制品和电子出版物复制的管理两种情况。

（一）关于书刊委托印刷的管理

印刷经营活动，包括经营性的排版、制版、印刷、装订、复印、影印、打印等活动。国家实行印刷经营许可制度。未依照国家规定取得印刷经营许可证，任何单位和个人不得从事印刷经营活动，个人不得从事出版物印刷经营活动。书刊委托印刷的当事人是书刊出版单位和印刷企业，我国《印刷业管理条例》等法律法规相应地对双方的行为都有规定。

1. 对书刊出版单位的规定

书刊出版单位在委托印刷书刊时，必须审核拟委托其承印书刊的企业是否属于出版行政主管部门审定许可的书刊印刷企业。不得委托非书刊印刷企业承印书刊，也不能委托因违反《出版管理条例》《印刷业管理条例》等法规的规定而正处于受处罚期间的书刊印刷企业承印书刊。书刊出版单位委托印刷企业印刷书刊，必须提供符合国家规定的委托印刷书刊的有关证明，并依法与印刷企业签订合同。书刊出版单位必须按照国家有关规定在委托印刷的书刊上标明出版单位的名称、地址，书号、刊号或者版号，出版日期或者刊期，书刊印刷企业的真实名称和地址，以及其他有关事项。

2. 对印刷企业的规定

印刷企业接受书刊出版单位委托印刷书刊，必须验证并收存出版单位盖章的印刷委托书，并在印刷前报出版单位所在地省级出版行政主管部门备案；印刷企业接受所在省（自治区、直辖市）以外的书刊出版单位委托印刷书刊，印刷委托书还必须事先报印刷企业所在地省级出版行政主管部门备案。印刷委托书由国家出版行政主管部门规定统一格式，由省级出版行政主管部门统一印刷。印刷单位应当自完成书刊印刷之日起 2 年内，留存一份接受委托印刷的书刊样本备查。印刷企业不得盗印出版物，不得销售、擅自加印或者接受第三人委托加印受委托印刷的出版物，不得将接受委托印刷的出版物纸型及印刷底片等出售、出租、出借或者以其他形式转让给其他单位或者个人；不得征订、销售出版物，不得假冒或者盗用他人名义印刷、销售出版物。

（二）关于音像制品、电子出版物复制的规定

我国实行复制经营许可制度。未依照国家规定取得复制经营许可证，任何单位和个人不得从事复制经营活动。《音像制品管理条例》《电子出版物出版管理规定》等法律法规对出版单位和复制单位均有规定。

1. 对出版单位的规定

出版单位委托复制产品，应当按照国家有关规定，与复制单位签订复制委托合同。同时，出版单位必须遵守国家关于复制委托书的管理规定，使用由国家出版行政主管部门统一印制的复制委托书，保证开具的复制委托书内容真实、准确、完整，并须将其直接交送复制单位。

电子出版单位，自产品完成复制之日起 30 日内，须向所在地省级新闻出版行政部门上交本单位及复制单位签章的复制委托书第二联及样品，并将产品复制委托书第四联保存两年备查。音像复制单位应当自完成产品复制之日起两年内，保存委托合同和所复制的产品的样本以及验证的有关证明文件的副本，以备查验。

2. 对复制单位的规定

复制单位接受委托复制产品，应当验证委托的出版单位盖章的复制委托书及其他法定文书。音像复制单位接受委托复制境外产品的，应当经省级出版行政主管部门批准，并持著作权人的授权书依法到著作权行政管理部门登记；复制的音像制品应当全部运输出境，不得在境内发行。电子出版物出版单位申请出版境外产品的，须向省级出版行政主管部门提出申请；省级出版行政主管部门审核同意后，报国家新闻出版主管部门审批。复制单位不得接受非音像制品出版单位、非电子出版物出版单位或者个人的委托复制经营性的音像制品、电子出版物；不得擅自复制音像制品、电子出版物、计算机软件等。

三、对出版物发行的管理

对出版物发行的管理可以分为对出版物批发的管理和对出版物零售的管理两个方面。

从事出版物批发业务，须经省级出版行政主管部门审核许可，持有出版物经营许可证。从事出版物零售业务，须经县级人民政府出版行政主管部门审核许可，持有出版物经营许可证。

通过互联网等信息网络从事出版物发行业务的单位或者个体工商户，应当依照上述规定经出版行政主管部门审核许可，持有出版物经营许可证。提供网络交易平台服务的经营者，应当对申请通过网络交易平台从事出版物发行业务的单位或者个体工商户的经营主体身份进行审查，验证其出版物经营许可证、营业执照。

出版单位可以发行本出版单位出版的出版物。发行非本出版单位出版的出版物的，须按照从事出版物发行业务的有关规定办理审批手续。未持有出版物经营许可证，或虽持有出版物经营许可证但没有获得出版物批发许可的单位，出版单位不得委托其批发出版物或代理出版物批发业务。

我国允许外商投资企业从事出版物发行业务。设立外商投资出版物发行企业或者外商投资企业从事出版物发行业务，应当经过地方商务主管部门审核许可，并到所在地出版行政主管部门履行审批或备案手续。

发行中小学教科书，应当经国家出版行政主管部门批准。任何单位和个人未经批准不得从事中小学教科书发行业务。

从事出版物发行业务的单位或者个人，须将出版物发行进销货清单等有关非财务票据保存2年以上，以备查验。

任何单位和个人不得发行下列出版物：①含有《出版管理条例》禁止内容的违禁出版物；②各种非法出版物，包括：未经批准擅自出版、印刷或者复制的出版物，伪造、假冒出版单位或者报刊名称出版的出版物，非法进口的出版物；③侵犯他人著作权或者专有出版权的出版物；④出版行政主管部门明令禁止出版、印刷或者复制、发行的出版物。

四、对出版物进口的管理

出版物进口业务由依照《出版管理条例》设立的出版物进口经营单位经营；其他单位和个人不得从事出版物进口业务。国家出版行政主管部门可以禁止特定出版物的进口。

进口的出版物不得含有《出版管理条例》规定的违禁内容。出版物进口经营单位负责对其进口的出版物进行内容审查，若无法判断其进口的出版物是否含有《出版管理条例》第25条、第26条禁止内容的，可以请求省级及以上出版行政主管部门进行内容审查。省级及以上出版行政主管部门也可以直接对进口的出版物进行内容审查。

出版物进口经营单位在境内举办境外出版物展览，必须报经国家出版行政主管部门批准。未经批准，任何单位和个人不得举办境外出版物展览。

第四节　出版活动的保障与奖励

国家除了依据法律法规的规定保障各种合法出版活动外，还通过扶持政策为出版活动提供保障，对优秀的出版物、单位和个人予以褒奖。

一、对出版活动的保障

我国通过税收优惠政策延续并进一步加大对出版活动的支持，扶持教科书的出版发行、少数民族语言文字出版与盲文出版、在农村和特殊地区发行出版物，并且组织和扶持重大出版工程、设立专项资金。

（1）实行优惠的税收政策。

国家针对出版业而制定、实行的经济政策，主要包括税收政策、投资政策、价格政策、分配政策等，基本内容是对出版业的支持和优惠。其中，税收政策是保障、促进出版产业和出版事业发展与繁荣的重要政策。2006年12月，财政部、国家税务总局发布《关于宣传文化增值税和营业税优惠政策的通知》，明确了对出版活动在增值税和营业税征收方面的支持政策。2009年12月发布《关于继续实行宣传文化增值税和营业税优惠政策的通知》、2013年12月发布《关于延续宣传文化增值税和营业税优惠政策的通知》。2018年6月发布《关于延续宣传文化增值税优惠政策的通知》，延续并进一步加大对出版活动的支持，执行的政策包括增值税先征后退、免征图书发行增值税两种。

（2）扶持教科书的出版发行、少数民族语言文字出版与盲文出版、在农村和特殊地区发行出版物。

《出版管理条例》第56条规定："国家对教科书的出版发行，予以保障。国家扶持少数民族语言文字出版物和盲文出版物的出版发行。国家对在少数民族地区、边疆地区、经济不发达地区和在农村发行出版物，实行优惠政策。"

这条规定保证教科书"课前到书，人手一册"，以便教学活动能正常进行。此处的教科书主要指列入教育部审定目录的中小学教科书。一方面，为了确保教科书出版发行的秩序，国家规定了教科书出版发行的制度，从制度上确保教科书出版发行秩序；另一方面，国家一直十分重视教科书的出版发行，从价格、信贷、税收等多方面给予支持，对出版发行教科书的储备资金季节性贷款给予保证。

同时，这条规定把"国家扶持少数民族语言文字出版物和盲文出版物的出版发行"用行政法规的形式确定下来，对少数民族语言文字出版物和盲文出版物的出版发行有很大的推进作用。对少数民族语言文字出版活动的扶持措施主要有：设立用于资助少数民族语言文字图书出版的出版基金、适当调剂少数民族语言文字出版社的专业分工、加强少数民族语言文字出版发行队伍的培训、建立全国民族文字出版重点选题规划审定委员会等。此外，针对盲文出版，国家不但以法律规定"以阅读障碍者能够感知的无障碍方式向其提供已经发表的作品"可以不经著作权人许可并且不向其支付报酬，而且还对盲文出版社在投资、补贴、资助等方面给予优惠。

此外，这条规定旨在为缩小少数民族地区、边疆地区、经济不发达地区、农村地区与其他地区的差距，促进这些地区出版物的发行。中国人民银行确定，全国少数民族县的新华书店贷款年利率可享受一定的优惠；凡发往少数民族省（区）的一般图书，其发行折扣率应稍低；建立一般图书发行专项基金，主要用于农村图书的发行等。

（3）组织和扶持重大出版工程、设立专项资金。

重大出版工程涵盖公共服务、数字出版技术和出版"走出去"等领域。其一，国家积极扶持出版事业的发展，大力构建出版公共服务体系，组织实施全民阅读工程、农家书屋工程、国家重大出版工程、少数民族新闻出版东风工程等重大出版工程。其二，数字出版技术在推动出版产业转型发展中具有重大作用，由此国家为推动出版产业的转型发展，组织实施国家数字复合出版系统工程、数字版权保护技术研发工程、中华字库工程等重大科技工程项目。其三，为提升国际传播能力和水平，推动出版"走出去"，国家组织实施了丝路书香出版工程、经典中国国际出版工程等。

此外，为支持文化事业、文化产业发展，国家设立了一系列资金、基金，如中央和地方分别设立了"宣传文化发展专项资金"，中央的专项资金包括国家出版基金和中央文化产业发展专项资金等，用于包括出版在内的宣传文化工作的宏观调控。

二、对出版活动的奖励

国家予以褒奖的对象，包括优秀出版物、优秀单位和优秀个人。褒奖的形式，或是给予优秀出版物支持、鼓励，或是对优秀者进行奖励。

（1）对优秀出版物的鼓励。

《出版管理条例》第55条规定，国家支持、鼓励下列优秀的、重点的出版物的出版：①对阐述、传播宪法确定的基本原则有重大作用的；②对弘扬社会主义核心价值体系，在人民中进行爱国主义、集体主义、社会主义和民族团结教育以及弘扬社会公德、职业道德、家庭美德有重要意义的；③对弘扬民族优秀文化，促进国际文化交流有重大作用的；④对推进文化创新，及时反映国内外新的科学文化成果有重大贡献的；⑤对服务农业、农村和农民，促进公共文化服务有重大作用的；⑥其他具有重要思想价值、科学价值或者文化艺术价值的。

这一规定从内容上明确了优秀的、重点的出版物的范围，体现了出版管理的导向。出版单位要把具有上述内容的优秀出版物作为出版重点，优先予以安排；出版行政主管部门应对这些出版物的出版给予支持，包括利用各种有关资金给予资助、补贴，在出版物评奖中予以倾斜，等等。

（2）对优秀者的奖励。

党、政府和行业协会对优秀出版物和为发展、繁荣出版业作出重要贡献的单位、个人，给予奖励。除"全国新闻出版系统先进集体、劳动模范和先进工作者"奖外，2005年前评选的全国性奖项，主要有国家图书奖、精神文明建设"五个一工程"的一部好图书奖、中国图书奖，出版系统先进集体、优秀出版单位和良好出版单位，百佳出版工作者、韬奋出版奖等。2005年，出版业的全国性评奖统一整合为中国出版政府奖、"五个一工程"奖、中华优秀出版物奖、韬奋出版奖四项。此外，还有其他奖励及表彰活动。如在重要节日、纪念日，政府部门会对作出重要贡献的出版人物进行奖励和表彰；为鼓励原创出版，扶持优秀民族文化，实施精品战略，国家出版主管部门开展了"三个一百"原创图书出版工程评选。

第五节　违法出版行为的法律责任

国家有关出版活动的各种法律法规，是每个公民和各种组织机构都应该严格遵守的。任何个人和组织机构，如果实施了违反这些法律法规的行为，国家就必须予以惩戒，责令其依法承担一定的法律责任。

一、对擅自从事出版物经营活动者的惩戒

任何个人和组织未经出版主管部门、工商行政管理部门批准，不得从事经营出版物的业务。这种审批制度是出版管理的一项基本内容，任何个人和组织都必须遵守。如果个人或单位未经批准而擅自设立出版物的出版、印刷或者复制、进口、发行单位，或者擅自从事出版物的出版、印刷或者复制、进口、发行业务，假冒出版单位名称或者伪造、假冒报刊名称出版出版物，就违反了法律法规的规定。

对于这类违法行为的惩戒，包括：①由出版行政主管部门、工商行政管理部门依照法定职权予以取缔；②由人民法院依照刑法中关于非法经营罪的规定，依法追究刑事责任；③尚不够刑事处罚的，没收出版物、违法所得和从事违法活动的专用工具、设备，违法经营额1万元以上的，并处违法经营额5倍以上10倍以下的罚款，违法经营额不足1万元的，可以处5万元以下的罚款；④侵犯他人合法权益的，依法承担民事责任。

二、对违反关于出版物禁载内容规定的违法者的惩戒

《出版管理条例》第25条和第26条明确规定禁止出版物刊载的内容。如果出版、印刷或者复制、进口、发行含有禁载内容的出版物，如果明知或者应知他人出版含有禁载内容的出版物而向其出售、转让、出租本出版单位的名称、书号、刊号、版面，就要受到惩戒。

对于这类违法行为的惩戒，包括：①由出版行政主管部门责令限期停业整顿，没收出版物、违法所得，违法经营额1万元以上的，并处违法经营额5倍以上10倍以下的罚款；违法经营额不足1万元的，可以处5万元以下的罚款；②情节严重的，由原发证机关吊销许可证；③情节严重而触犯刑律者，由人民法院对行为人依法定罪量刑。

三、对非法出版中小学教科书者的惩戒

出版、印刷、发行未经依法审定的中小学教科书，或者未依法取得相应资质的单位从事中小学教科书的出版、发行业务，由出版行政主管部门给予行政处罚。处罚的内容包括：没收出版物及违法所得，违法经营额1万元以上的，并处违法经营额5倍以上10倍以下的罚款；违法经营额不足1万元的，可处5万元以下的罚款；情节严重的，责令限期停业整顿或者由原发证机关吊销许可证。

四、对买卖书号、刊号者的惩戒

出版单位出售或者以其他形式转让本出版单位的名称、书号、刊号、版面，或者出租本单位的名称、刊号的，由出版行政主管部门给予行政处罚。处罚的内容包括：责令停止违法行为，给予警告，没收违法经营的出版物及违法所得，违法经营额1万元以上的，并处违法经营额5倍以上10倍以下的罚款；违法经营额不足1万元的，可以处5万元以下的罚款；情节严重的，责令限期停业整顿或者由原发证机关吊销许可证。

五、对违规委托印刷（或复制）行为的惩戒

出版单位委托未取得出版物印刷（或复制）许可的单位印刷（或复制）出版物的，由出版行政主管部门予以行政处罚。处罚的内容包括：没收违法经营的出版物及违法所得，违法经营额1万元以上的，并处违法经营额5倍以上10倍以下的罚款；违法经营额不足1万元的，可以处5万元以下的罚款；情节严重的，责令限期停业整顿或者由原发证机关吊销许可证。

六、对实施其他违法行为者的惩戒

有下列违法行为之一的，由出版行政主管部门责令改正，给予警告；情节严重的，责

令限期停业整顿或者由原发证机关吊销许可证：①出版单位、出版物发行单位、出版物进口经营单位变更原登记事项，未依照国家规定到出版行政主管部门办理审批、变更登记手续；②出版单位未将其年度出版计划和重大选题上报备案的；③出版单位未依照国家规定送交出版物样本的；④印刷或者复制单位未留存备查的材料；⑤出版进口经营单位未将其进口的出版物目录报送备案的；⑥出版单位擅自中止出版活动超过 180 日；⑦出版物质量不符合有关规定和标准。

七、对出版行政工作人员违法行为的惩戒

各级出版行政主管部门的工作人员在履行职权、开展管理活动中，应严格依法办事，认真负责，公正无私，不得滥用职权，玩忽职守，徇私舞弊，否则将受到行政处分或刑事处罚。《出版管理条例》第 60 条明确规定："出版行政主管部门或者其他有关部门的工作人员，利用职务上的便利收受他人财物或者其他好处，批准不符合法定条件的申请人取得许可证、批准文件，或者不履行监督职责，或者发现违法行为不予查处，造成严重后果的，依法给予降级直至开除的处分；构成犯罪的，依照刑法关于受贿罪、滥用职权罪、玩忽职守罪或者其他罪的规定，依法追究刑事责任。"

第四章 有关合同与出版合同的法律规定

随着社会主义市场经济的发展，合同在社会经济生活中发挥着越来越广泛的作用。出版企业作为社会经济组织的一员，在参与经济活动时，也会广泛地采用合同与不同的经济组织打交道，通过合同明确各方的权利义务关系，通过合同来维护自己的权益。因此，对于有关合同以及出版合同的法律规定，我们应有充分的了解。

第一节 有关合同的法律规定

在我国古代，由于实行专制主义统治，重刑轻民，民刑不分，基本上不存在现代意义上的合同法规范。直到清朝末年，拟订的《大清民律草案》仿效德、日民法，才在"债权编"中对合同制度首次作了系统规定，但该法案由于清政府的灭亡而未能颁布实施。国民党政府1930年公布施行的《民法·债编》，结束了我国无合同法的历史，但其内容仍主要是仿效德、日民法。

中华人民共和国成立以后，开始创制我国社会主义的合同法。在中华人民共和国成立初期，我国颁布了一系列调整合同关系的法律、法规。但"文革"期间合同立法处于停滞状况。党的十一届三中全会以后，随着我国改革开放政策的推进，合同立法进入一个空前繁荣时期。具体有关合同法的立法情况，可以说在1999年10月1日前，我国是"三足鼎立"式的合同立法模式，即我国的合同立法主要由三部调整领域各不相同、相互之间存在不一致和不协调的法律——《经济合同法》（1981年颁布、1993年作了修改）、《涉外经济合同法》（1985年颁布实施）和《技术合同法》（1987年颁布实施）构成，《民法通则》《海商法》《保险法》《担保法》《电力法》《商业银行法》《著作权法》《铁路法》和《中外合资经营企业法》《中外合作经营企业法》等法律也都有关于合同的内容，还有一批直接规范或部分内容涉及合同的行政法规。这些法律、法规因由不同部门在不同时期起草，各自追求自己的完整性、独立性，却对相互之间、与其他相关法律之间的关系考虑不周，无论在形式上还是在内容上，都存在着法律文本上相互之间的交叉、重叠乃至分歧与矛盾。这样一种立法态势既不能满足我国发展社会主义市场经济、建立全国统一大市场的需要，也不能平息学术界一些不必要的纷争。这样的混乱局面，到1999年3月15日由中华人民共和国第九届全国人民代表大会第二次会议通过的《中华人民共和国合同法》（以下简称《合同法》），并于1999年10月1日开始施行时得以结束，《经济合同法》《涉外经济合同法》和《技术合同法》随之失效，其他法律和行政法规中有关合同内容的，只有不与合同法相抵触的才继续有效。这样就消除了市场交易规则的分歧，把纷繁复杂的市场经济生活纳入了统一、有序运行的轨道。

为了面向社会主义市场经济的新体制，1999 年 10 月 1 日开始施行的《中华人民共和国合同法》，随着 2020 年 5 月 28 日全国人民代表大会公布、2021 年 1 月 1 日正式施行的《中华人民共和国民法典》（以下简称《民法典》）而失效。

在有关合同的法律规定这一节，我们主要介绍合同的概念和特征、合同的订立、合同的履行、合同权利义务关系的变更和终止、违约责任以及合同纠纷的解决等内容。

一、合同的概念、特征与分类

我国《民法典》第 464 条规定："合同是民事主体之间设立、变更、终止民事法律关系的协议。婚姻、收养、监护等有关身份关系的协议，适用有关该身份关系的法律规定；没有规定的，可以根据其性质参照适用本编规定。"

合同是一种民事法律行为，建立的是当事人之间平等的民事法律关系。合同具有如下特征：

①合同是两个或者两个以上的当事人之间意思表示一致的协议，是当事人协商一致的产物，不是单方的法律行为。合同的成立要有两个或两个以上的当事人进行协商，达成一致意见。合同关系既不同于上级机关对下级机关下达指令性计划时的行政关系，也不同于代理关系中被代理人授权委托的单方法律行为。

②合同是当事人合法的行为。当事人的合同行为必须遵守国家法律和政策的规定，合同的订立和内容必须合法。合同确认的当事人的权利和义务，必须是双方当事人依法可以行使的权利和承担的义务。只有在合同当事人所作出的意思表示合法的情况下，合同才具有法律约束力。合同的合法性是合同成立并具有法律约束力的首要条件，是合同能得到法律承认、合同当事人权利能得到法律保护的前提。当事人之间的违法协议不能成为具有法律约束力的合同，应作为无效合同认定和处理。

③合同是当事人平等自愿达成的协议。合同的主体是平等的民事主体，包括平等主体的自然人、法人和其他组织。合同当事人不论是自然人还是法人，也不论法人的所有制如何或者级别高低，各方当事人在合同关系中的法律地位一律平等，一方不得强迫另一方接受自己的意志。事实上也只有当事人处于平等的地位，才谈得上各自充分发表意见，进行协商，真正做到意思表示一致。

④合同的内容是有关设立、变更、终止债权债务关系的协议。民事权利义务关系包括的类型很多，如人身权、所有权、债权债务、亲属、继承等。而合同也有很多类型，包括物权合同、债权合同、身份合同等。我国《民法典》对合同的定义，排除了对婚姻、收养、监护等身份合同的调整，因此我国《民法典》所指的合同应是指财产合同，包括物权合同和债权合同。但从我国《民法典》的具体条款分析，主要指民事主体间关于债权债务关系的协议。"债权债务关系"，是指合同当事人之间因债权债务而发生的社会关系，这种关系的主体是合同当事人，客体是合同标的，内容是合同标的的给付和给付请求。

根据不同的标准，可以对合同进行不同的分类。

（1）根据法律是否对合同赋予特定的名称，可以将合同分为有名合同和无名合同。

有名合同是法律上作了明确规定并赋予一个特定名称的合同，又称典型合同。如我国《民法典》合同编的第 2 分编中列出的买卖合同、赠与合同、借款合同、承揽合同等；无名合同是法律未作明文规定，除了有名合同以外的合同。

（2）根据当事人双方的权利义务，可以将合同分为双务合同和单务合同。

双务合同是指合同双方当事人相互享有权利，相互负有义务的合同，如买卖合同；单务合同是指合同一方当事人只享有权利不负担义务，另一方当事人只负有义务不享有权利的合同，如赠与合同。

（3）根据当事人间取得权利有无代价，可以将合同分为有偿合同和无偿合同。

有偿合同是指双方当事人一方须给予他方相应的利益才能取得自己利益的合同。凡当事人一方给予他方利益而自己不取得相应利益的合同，都为无偿合同。有偿合同的当事人从另一方取得权利必须偿付一定的代价，而无偿合同的当事人一方取得权利不需偿付任何代价。双务合同一般是有偿合同，而单务合同原则上多为无偿合同。

（4）根据合同之间的关系，可以将合同分为主合同和从合同。

在相互关联的合同中，不以其他合同的存在为前提而能独立存在的合同为主合同；必须以其他合同的存在为前提而存在的合同为从合同。从合同的命运由主合同的命运来决定，主合同终止，从合同也随之终止。

（5）根据合同的成立是否需要特定的方式，可以将合同分为要式合同和不要式合同。

要式合同是需要具备一定的形式和履行特定的手续的合同。如需要采用书面形式，需要鉴证、公证、第三人证明或有关机关核准登记的合同。不要式合同是不需要特定方式即可成立的合同。

二、合同的订立

合同的订立，是指合同双方当事人进行协商，使各方的意思表示趋于一致，达成协议的过程。

（一）合同的形式

合同形式是合同当事人所达成协议的表现形式，是合同内容的载体。我国《民法典》第469条规定："当事人订立合同，可以采用书面形式、口头形式或者其他形式。"通常情况下，书面形式合同较为安全，发生纠纷时有书面合同，容易作证，但书面合同因凡事要起草条文且要签字盖章，有时容易错失商机，影响交易的便捷；而口头合同与书面合同正相反，它能保障交易的便捷和迅速，但发生纠纷时，不容易举证。基于合同形式各有优缺点，当事人可以自由选择。法律、行政法规规定或者当事人约定合同应当采用书面形式订立，当事人未采用书面形式但是一方已经履行主要义务，对方接受时，该合同成立。

合同的书面形式是指合同书、信件、电报、电传、传真等可以有形地表现所载内容的形式。以电子数据交换、电子邮件等方式能够有形地表现所载内容，并可以随时调取查用的数据电文，视为书面形式。

合同书、信件是记载在传统的纸张上的书面合同形式，而数据电文则与现代通信技术相联系，是通信技术发展的产物，包括电报、电传、传真、电子数据交换和电子邮件等。电报、电传和传真都是使用电子方式传送信息，并被设计成以纸张为载体的书面材料，总是产生一份书面的东西。而电子邮件是通过电子手段产生的信件，它不以传统的纸张为载体；电子数据交换（Electronic Data Interchange，EDI）是一种由电子计算机及其通信网络处理业务文件的技术，作为一种新的电子化贸易工具，又称为电子合同。它利用统一的标准编制资料，使用电子方法将商业资料由一台电脑应用程序，传送到其他的电脑应用程序中去。电子数据交换的传递具有更通用的特点，它可以产生纸张类的书面单据，也可以被储存在磁盘、光盘等非纸张的中介物上。可以说，以电子数据交换形式订立的合同具有特殊的书面性。

（二）合同的条款

合同的条款，是指合同当事人协商一致的合同内容，主要记载着合同当事人双方的权利与义务，是合同的核心部分。

1. 合同的普通条款

合同的条款通常由当事人协商决定。我国《民法典》第 470 条明确规定："合同的内容由当事人约定，一般包括下列条款：（1）当事人的姓名或者名称和住所；（2）标的；（3）数量；（4）质量；（5）价款或者报酬；（6）履行期限、地点和方式；（7）违约责任；（8）解决争议的方法。当事人可以参照各类合同的示范文本订立合同。"这些条款中，应该说关于标的和数量的条款是各类合同不可缺少的内容。因为没有标的，权利义务就失去了目标，当事人之间就不可能建立起权利义务关系；而数量是确定合同标的的具体条件，是合同得以正确、全面履行的保障，这类条款的缺乏也不可能通过合同解释及法律的推定性条款来弥补。因而，关于标的、数量的条款是合同的必要条款。至于其他条款，即使合同没有约定或者约定不明确，当事人也可以事后补充或者按照合同的有关条款、交易习惯或法律的补充性规定来确定，我国《民法典》第 510 条、第 511 条也对此作了明确规定，因而它们不是合同的必要条款，而是合同的普通条款。具体而言，合同的一般条款如下：

（1）当事人的姓名或者名称和住所。

当事人的姓名或者名称和住所是指自然人的姓名、住所以及法人或者非法人组织的名称、住所。

（2）标的。

标的是指合同当事人权利义务共同指向的对象。标的是订立合同的目的和前提条件。没有标的或是标的不明确，合同就无法履行，因而合同也就无法成立。

合同的标的可以是物，包括实物或者货币，如买卖合同的标的是出卖物，借款合同的标的是货币；也可以是行为，包括工程或者劳务，如建筑工程合同的标的是工程；标的还可以是智力成果，如技术转让合同的标的是技术成果等。

（3）数量。

数量是指标的的计量，是以数字和计量单位来表示标的的尺度，主要用来衡量当事人双方权利义务的大小。以物为标的的合同，其数量主要表现为一定的长度、体积或者重量；以行为为标的的合同，其数量主要表现为一定的工作量；以智力成果为标的的合同，其数量主要表现为智力成果的多少、价值。

（4）质量。

质量主要是指检验标的内在素质和外观形态优劣的标志。国家对质量规定了很多标准。在出版行业，为了提高图书出版质量整体水平，促进我国出版事业的长期繁荣，1997年 6 月 26 日，新闻出版署发布《图书质量保障体系》，要求建立编辑出版责任机制、出版管理宏观调控机制和社会监督机制，以确保实现图书出版从扩大规模数量为主向提高质量效益为主的转变。该体系共 5 章 50 条，自发布之日起实施。2004 年 12 月 24 日，新闻出版总署发布《图书质量管理规定》，该规定共 20 条，自 2005 年 3 月 1 日起实施。该规定明确图书质量包括内容、编校、设计和印制四项，分为合格、不合格两个等级。内容、编校、设计和印制四项均合格的图书，其质量属合格；内容、编校、设计和印制四项中有一项不合格的图书，其质量属不合格。

（5）价款或者报酬。

"价款"，是指在以物或者货币为标的的有偿合同中，取得利益的一方当事人向对方所支付的金钱，它是合同标的的价值表现，由价格和成交数量的乘积构成。合同应该写明价款。在借款合同中，价款是指利息；在租赁合同中，价款是指租金；在买卖合同中，价款是价金。"报酬"，是指在以行为为标的有偿合同中，取得利益的一方当事人向对方支付的金钱。如建筑工程合同中的工程费、保管合同中的保管费、运输合同中的运费等。

（6）履行期限、地点和方式。

合同必须订明合同履行的期限、地点和方式，否则，将给合同的履行带来困难或者发生纠纷。"履行期限"，是指当事人履行合同和接受履行的时间。履行期限分履行期日和履行期间两种。履行期日，是指履行时间为不可分或者视为不可分的特定时间，如在某年某月某日履行。履行期间是履行时间为一个时间区间，往往有始期和终期之分，如从某月某日至某月某日履行合同，或者在某日之前或之后履行等。根据履行期限的不同，合同履行分为即时履行、定时履行和分期履行。"履行地点"，是指合同当事人履行合同和接受履行的地方。履行地点的约定非常重要，因为它直接决定费用由谁负担、风险由谁来承担。如果地点约定不明确，极易引起纠纷。"履行方式"，是指当事人履行合同和接受履行的方式，包括交货方式、验收方式、付款方式、结算方式等。其中交货方式有供方送货、需方自提和代办运输三种；结算方式有现金、转账两种，转账又包括支票、汇兑、托收承付等。所有这些，在合同中都应明确加以规定。

（7）违约责任。

违约责任是指合同当事人一方或者双方不履行合同义务或者履行合同义务不符合约定而应承担的民事责任，它以继续履行、采取补救措施或者支付违约金和损失赔偿金为主要承担责任的方式。违约责任是促使合同双方当事人认真履行合同的一个必要条件。同时，当违约情况发生之后，可以凭此使因对方违约而受到损失的一方得到必要的经济补偿。

（8）解决争议的方法。

解决争议的方法，是指合同当事人解决合同纠纷的手段、地点。手段包括协商、调解、仲裁、诉讼；地点主要是指关于仲裁、诉讼管辖机关的地点。当事人可以通过协商或者调解来解决合同争议，也可以选择仲裁或者诉讼作为解决合同纠纷的方法。当事人不愿协商、调解或者协商、调解不成的，可以根据仲裁协议向仲裁机构申请仲裁。当事人没有订立仲裁协议或者仲裁协议无效的，可以向人民法院起诉。

当事人可以参照各类合同的示范文本订立合同。"合同的示范文本"，是指由一定机关事先拟订的对当事人订立合同起示范作用的合同文本。此类合同文本上的合同条款有些内容是拟订好的，有些内容是没有拟订而需要当事人自己协商填入的。合同的示范文本只是对当事人订立合同起参考作用，它不是格式合同，不要求当事人必须采用合同的示范文本。因此，我国《民法典》只是规定当事人订立合同时，可以参照各类合同的示范文本。

2. 合同的格式条款

格式条款，又称标准条款或定式条款，是指当事人为了重复使用而预先拟订，并在订立合同时未与对方协商的条款。

采用格式条款订立合同时，并不是所有的格式条款就当然成为合同内容的一部分。一些由一方当事人提出的格式条款，虽经广泛使用，也并不因此而具有法律规范的效力，仍须经另一方当事人同意才能成为合同的内容。由于格式条款有的没有与合同书之类的合同文件结合在一起，有的悬挂于营业场所，有的文字晦涩难懂，还由于格式条款为一方事先拟订，含有不公平内容的可能性较大。因此，如何将其订入合同，各国或地区的立法都规定了一定的原则。我国《民法典》第 496 条第 2 款规定："采用格式条款订立合同的，提供格式条款的一方应当遵循公平原则确定当事人之间的权利和义务，并采取合理的方式提示对方注意免除或者减轻其责任等与对方有重大利害关系的条款，按照对方的要求，对该条款予以说明。提供格式条款的一方未履行提示或者说明义务，致使对方没有注意或者理解与其有重大利害关系的条款的，对方可以主张该条款不成为合同的内容。"

格式条款并不当然发生法律约束力。我国《民法典》第 497 条规定，"有下列情形之一的，该格式条款无效：（1）具有本法第 1 编第 6 章第 3 节和本法第 506 条规定的无效情形；（2）提供格式条款一方不合理地免除或者减轻其责任、加重对方责任、限制对方主要权利；（3）提供格式条款一方排除对方主要权利。"根据此条规定，格式条款不予采用的有以下几种情况。第一，符合我国《民法典》第 1 编第 6 章第 3 节规定的情形无效，即无民事行为能力人订立的；行为人与相对人以虚假的意思表示订立的；基于重大误解订立的；以欺诈、胁迫的手段订立的；利用对方处于危困状态、缺乏判断能力等情形下订立的；违反法律、行政法规的强制性规定的；行为人与相对人恶意串通，损害他人合法权益的。第二，符合我国《民法典》第 506 条规定的情形无效，即造成对方人身伤害的；因故意或者重大过失造成对方财产损失的。第三，提供格式条款一方不合理地免除或减轻其责任、加重对方责任、限制对方主要权利，或排除对方主要权利的。"主要义务"是在合同中占有重要地位的合同义务，一般情况下，合同的主要义务在合同中都有明确规定或者法律本来就已经规定。如买卖合同中卖方提供合格标的物的义务就是合同的主要义务，当事人不能在合同中排除卖方的产品质量责任。相对而言，买方要求卖方应当承担的产品质量责任的权利就是主要权利，合同的主要权利在合同中也不能以约定的方式排除。如有此种约定，则此约定无效。

"对格式条款的理解发生争议的，应当按照通常理解予以解释。对格式条款有两种以上解释的，应当作出不利于提供格式条款一方的解释。格式条款和非格式条款不一致的，应当采用非格式条款。"这是我国《民法典》第 498 条对格式条款的理解发生争议时规定的解释原则。这一规定表明，对格式条款的解释，须遵循两个主要原则：第一，不利于条款提供人的原则，又称不利于条款制作人的原则。第二，非格式条款优于格式条款的原则。这一原则来自"特别规定优于普通规定"的法律解释原则。格式条款是一方当事人为了重复使用而预先拟定，并在订立合同时未与对方协商的条款，它是一般的普通规定的条款；非格式条款是由合同双方当事人之间特别商定的条款，不是一方当事人预先拟订的条款，因此是特别规定的条款。如果格式条款与非格式条款不一致，可视为提供格式条款的一方当事人放弃了格式条款而采用非格式条款。因此，在同一合同中，特别商定的合同条款比一方当事人自己提供的格式条款的效力要高。

(三) 合同的订立方式

合同双方当事人意思表示达成一致，即表明合同成立。合同成立是合同订立过程的完结。要约、承诺或其他方式为合同订立的过程。我国《民法典》第471条规定，当事人订立合同，可以采取要约、承诺或者其他方式。

1. 要约

(1) 要约与要约邀请。

要约是希望和他人订立合同的意思表示。根据我国《民法典》第472条的规定，要约应当符合下列条件：一是内容具体确定，即要约的内容明确、具体，受要约人通过要约不但能明白地了解要约人的真实意愿，而且还能知道将要订立合同的一些主要条款；二是要表明经受要约人承诺，要约人即受该意思表示的约束。

要约邀请，又称要约引诱，是希望他人向自己发出要约的表示。要约邀请与要约不同，其区别主要在于：第一，要约的内容必须具体确定，应该包括合同的主要条款，而要约邀请则不一定包含合同得以成立的主要内容。第二，要约中含有当事人愿意接受要约约束的意思，而要约邀请则不含有该项意思。第三，要约一般针对特定的相对人，故要约往往采取对话方式和信函方式，而要约邀请一般针对不特定的多数人，因而往往通过电视、报刊等传媒手段。

根据我国《民法典》第473条的规定，要约邀请主要有：拍卖公告、招标公告、招股说明书、债券募集办法、基金招募说明书、商业广告和宣传、寄送的价目表等。商业广告和宣传的内容符合要约条件的，构成要约。

拍卖公告，是拍卖人向竞买人发出的要求对方报价的文件。该文件虽然记载了拍卖物的名称、质量、数量、拍卖场所、拍卖日期等内容，但不包括合同得以成立的主要内容，如标的物的价格。因此，拍卖公告是要约邀请。

招标公告，是当事人一方向不特定的多数人公布的订立合同的意思表示。由于在招标中，标底是不公开的，因此招标公告因为缺乏合同的主要内容而不是要约，只能是要约邀请。

招股说明书，是专门表达募集股份的意思表示并载明有关信息的书面文件。招股说明书一般通过各种媒体广泛向社会公众发布，因此，是要约邀请。

债券募集办法与招股说明书相类似，不论是债券发行人还是股票发行人都有固定的募集额度，并不具备无限的履行能力。如果将债券募集办法认定为要约，则意味着一旦有投资者认购，发行人将不得不接受超出原定募集额度的认购申请而被迫履约，发行人利益将受到损害，由此被视为要约邀请。

基金招募说明书是基金发起人向投资者提供的经证券监管部门认可的法律文件，缺乏合同的主要内容而不是要约，只能是要约邀请。

商业广告和宣传，是指商品经营者自己承担费用、通过一定的媒体和形式直接或间接地介绍自己所经营商品的行为。其目的在于宣传商品的特点，并以此引导消费者选购自己经营的商品，因此商业广告和宣传一般是要约邀请。但是，如果商业广告和宣传中含有合同得以成立的主要内容，又含有广告发布人希望订立合同的意愿并愿意承受约束的意思，也就是说"广告的内容符合要约规定的"，这种商业广告和宣传可视为要约。

价目表，是印有商品价格的文件。一般只记载商品的名称和价格。寄送价目表的目的是希望收到价目表的人接受该价格，并向自己发出订立合同的要约，提出订立合同的条件。从寄送价目表的行为中并不能确定行为人具有一经对方承诺即接受承诺约束的意思表示，因此，价目表的寄送行为只是一种要约邀请，而不是要约。

（2）要约生效的时间。

要约的生效，是指要约发生法律效力，即对要约人和受要约人产生法律的约束力。要约生效的时间是指要约从什么时候开始具有法律约束力的时间。我国《民法典》第137条规定："以对话方式作出的意思表示，相对人知道其内容时生效。以非对话方式作出的意思表示，到达相对人时生效。以非对话方式作出的采用数据电文形式的意思表示，相对人指定特定系统接收数据电文的，该数据电文进入该特定系统时生效；未指定特定系统的，相对人知道或者应当知道该数据电文进入其系统时生效。当事人对采用数据电文形式的意思表示的生效时间另有约定的，按照其约定。"

（3）要约的撤回与撤销。

要约撤回，是指在要约发生法律效力以前，要约人想使其发出的要约不发生法律效力而将其取消的意思表示。要约人撤回要约的通知应当在要约到达受要约人之前或者与要约同时到达受要约人。

要约撤销，是指在要约发生法律效力之后，要约人想使其丧失法律效力而作出的取消该项要约的意思表示。撤销要约的意思表示以对话方式作出的，该意思表示的内容应当在受要约人作出承诺之前为受要约人所知道；撤销要约的意思表示以非对话方式作出的，应当在受要约人作出承诺之前到达受要约人。我国《民法典》第476条还规定：在下列情况下，要约不得撤销：一是要约人以确定承诺期限或者其他形式明示要约不可撤销；二是受要约人有理由认为要约是不可撤销的，并已经为履行合同做了合理准备工作。

（4）要约的失效。

要约的失效，即要约的消灭，是指要约丧失了对要约人和受要约人的法律约束力。我国《民法典》第478条规定了要约失效的四种情况：第一，要约被拒绝；第二，要约被依法撤销；第三，承诺期限届满，受要约人未作出承诺；第四，受要约人对要约的内容作出实质性变更。

2. 承诺

承诺是受要约人同意要约的意思表示，即受要约人向要约人表示完全同意要约提出的全部条件的答复。因此，承诺的内容应与要约的内容完全一致。承诺必须具备以下要件：第一，承诺是由受要约人向要约人作出的意思表示；第二，承诺的内容与要约的内容完全一致；第三，承诺是在要约的有效期限内作出的答复。

（1）承诺的方式。

承诺的方式，应以明示的方式作出。沉默或者不作为不能视为承诺。我国《民法典》第480条规定："承诺应当以通知的方式作出；但是，根据交易习惯或者要约表明可以通过行为作出承诺的除外。"除了通知的方式以外，承诺的表示还可以通过"行为"，以"默示"的方式作出。"默示"是指受要约人虽然没有明确地以书面形式或口头形式表示同意要约，但通过其实施的一定行为或者其他方式可以推断其具有承诺的意思。

（2）承诺的期限。

承诺的期限，是指受要约人发出承诺的时间限制。承诺的期限有两种情况：一种是要约中规定了承诺期限，另一种是要约中没有规定承诺期限。

在要约中规定了承诺期限的情况下，承诺应当在要约确定的期限内到达要约人。在要约中没有规定承诺期限的，承诺应当依照下列规定到达：第一，要约以对话方式作出的，应当即时作出承诺；第二，要约以非对话方式作出的，承诺应当在合理期限内到达。

关于承诺期限的起算，即承诺期限从何时开始计算的问题，我国《民法典》第482条也有明确规定：第一，要约以信件或者电报作出的，承诺期限自信件载明的日期或者电报交发之日开始计算。信件未载明日期的，自投寄该信件的邮戳日期开始计算。第二，要约以电话、传真、电子邮件等快速通信方式作出的，承诺期限自要约到达受要约人时开始计算。

（3）承诺的效力。

"承诺生效时合同成立"，这表明了承诺的效力。"合同成立"，是合同当事人对合同的标的、数量、价款等内容协商一致。合同成立开始于承诺生效。承诺一旦生效，当事人就合同的主要内容协商一致，合同就成立了。

关于承诺生效的时间，即承诺产生效力的时间，我国《民法典》第483条规定："以通知方式作出的承诺，生效的时间适用本法第137条的规定。承诺不需要通知的，根据交易习惯或者要约的要求作出承诺的行为时生效。"

在下列情况下，承诺不发生法律效力：

第一，承诺撤回。承诺在生效以前可以撤回，但撤回承诺的通知应当在承诺通知到达要约人之前或者与承诺通知同时到达要约人。第二，承诺迟到。受要约人超过承诺期限发出的承诺，为承诺迟到，除要约人及时通知受要约人该承诺有效的以外，承诺为新要约。也就是说，该承诺对要约人不具有法律约束力。第三，承诺迟延。受要约人在承诺期限内发出承诺，按照通常情形能够及时到达要约人，但是因其他原因致使承诺到达要约人时超过承诺期限的，为承诺迟延。由于承诺到达要约人时超过了承诺期限，在要约人及时通知受要约人超过了承诺期限的情况下，要约人可以不接受该承诺，即该承诺对要约人不具有约束力。但要约人如果没有及时通知，受要约人不知其承诺迟到，按诚实信用原则，要约人本来负有通知受要约人承诺迟延的义务，却怠于履行此项义务，则承诺视为未迟到，承诺仍然有效。当然，要约人也可以通知受要约人，其承诺迟延但还是接受该承诺。

迟到的承诺与迟延的承诺都是超过承诺期限到达要约人的承诺，只不过迟到的承诺是没有在承诺期限内发出承诺；而迟延的承诺是在承诺期限发出了承诺但没有及时到达要约人的承诺。

（4）承诺的内容。

承诺是受要约人愿意按照要约的内容与要约人订立合同的意思表示，是受要约人对要约内容完全同意的答复。因此，承诺的内容必须与要约的内容一致，否则合同不能成立。

如果受要约人对要约的内容作出实质性变更，如扩大、限制或者改变要约的内容，那么，该承诺就不再是对原要约的承诺，而是受要约人向要约人发出的新要约。"实质性的变更"，是有关合同标的、数量、质量、价款或者报酬、履行期限、履行地点和方式、违约责任和解决争议方法等的变更。

如果承诺是对要约的内容作出非实质性变更的，除要约人及时表示反对或者要约表明承诺不得对要约的内容作出任何变更的以外，该承诺有效，合同的内容以承诺的内容为准。"非实质性的变更"，是除了合同标的、数量、质量、价款或者报酬、履行期限、履行地点和方式、违约责任和解决争议方法等方面的内容以外对原要约的内容又作了一些补充、限制和修改。

（四）合同成立的时间与地点

合同成立的时间是当事人之间最终达成权利义务关系协议的时间。关于合同成立的时间，因合同订立的方式不同而各有不同。

第一，当事人采用合同书形式订立合同的，自当事人均签名、盖章或者按指印时合同成立。在签名、盖章或者按指印之前，当事人一方已经履行主要义务，对方接受时，该合同成立。法律、行政法规规定或者当事人约定合同应当采用书面形式订立，当事人未采用书面形式但是一方已经履行主要义务，对方接受时，该合同成立。

第二，当事人采用信件、数据电文等形式订立合同要求签订确认书的，签订确认书时合同成立。当事人一方通过互联网等信息网络发布的商品或者服务信息符合要约条件的，对方选择该商品或者服务并提交订单成功时合同成立，但是当事人另有约定的除外。

合同成立的地点，在合同实践中非常重要。因为合同成立的地点关系到合同发生纠纷后案件的管辖问题。对于涉外合同，合同成立的地点还可作为决定适用法律的准据。

关于合同成立的地点，我国《民法典》根据合同采用的形式不同而作了不同的规定。一般情况下，承诺生效的地点为合同成立的地点。采用数据电文形式订立合同的，收件人的主营业地为合同成立的地点；没有主营业地的，其住所地为合同成立的地点。当事人另有约定的，按照其约定。当事人采用合同书形式订立合同的，最后签名、盖章或者按指印的地点为合同成立的地点，但是当事人另有约定的除外。

（五）缔约过失责任

缔约过失责任，是指缔约人故意或者过失违反合同前义务而给对方造成信赖利益的损失而应依法承担的民事责任。这里"合同前义务"，又称为先合同义务或者先契约义务，是指依据诚实信用原则，当事人在订立合同的过程中逐渐产生的注意义务，而不是合同有效成立后所产生的给付义务，它包括互相协助、互相照顾、互相保护、互相通知、互相忠诚等义务。

1. 缔约过失责任的构成要件

缔约过失责任，采用过错责任原则，其构成要件主要有：第一，缔约人一方有违反合同前义务的事实存在。这是缔约过失责任产生的首要条件。第二，行为人有过错。缔约过失责任是一种过错责任。缔约过失责任中的"过失"实为过错，它包括故意和过失。这种过失表现为违背诚实信用原则。第三，损失的存在。缔约人一方违反合同前义务的行为使另一方当事人遭受了损失。这种损失有两种表现形态：其一为信赖利益损失，即一方当事人在与另一方当事人订立合同的过程中，基于信赖关系相信对方会真诚合作，相信合同最终会成立乃至生效，然而由于对方的过失导致合同不成立或合同无效而造成了己方的损失；其二为一方在缔约过程中没有尽到照顾、保护义务而造成他方损失。第四，违反合同前义务的事实与损失之间存在因果关系，即损失是由违反合同前义务的行为造成的，而不是由违约行为或者侵权行为造成的。

2. 缔约过失责任的类型

根据我国《民法典》第 500 条规定，缔约过失责任的类型主要有：

第一，假借订立合同，恶意进行磋商。这是指一方当事人违反忠诚义务，在无意与对方订立合同或达成协议的情况下，开始或继续进行谈判。当事人恶意进行磋商的目的，通常是为了损害对方当事人的利益。如故意与对方谈判，使对方丧失与他人进行交易的机会，或假借与对方谈判，故意增加对方的缔约成本或套取对方的经营信息等。

第二，故意隐瞒与订立合同有关的重要事实或者提供虚假情况。这是指一方当事人违反忠诚义务，在订立合同的过程中，有意识地没有将有关足以影响对方当事人决定是否与自己签订合同的情况向对方当事人通报，或者有意识地将客观上不存在或不符合客观事实的资料、信息交给对方当事人。

第三，其他违背诚实信用原则的行为。这类行为主要是指违反合同前义务的行为，常见的有以下几种情况：其一是一方未尽通知、协助等义务，增加了对方的缔约成本而造成的财产损失。如甲、乙双方约定某日订立合同，乙因故不能去而没有通知甲，造成甲为订约往返的费用损失，在这种情况下，乙就要承担缔约过失责任。其二是一方未尽告知义务，当事人在订立合同时对一些必要的信息必须告诉对方当事人，如果没有告知对方当事人而让对方当事人遭受损失时要承担缔约过失责任。其三是一方未尽照顾、保护义务，造成对方人身损害或财产损失的。如顾客在百货商店因自动扶梯故障而受伤，在试车时因摩托车瑕疵发生车祸等，受害人可请求对方承担过失责任。

三、合同的效力

合同的效力，又称合同的法律效力，即合同所具有的法律拘束力，是指法律赋予依法有效的合同对其当事人及其效力所涉及的第三人所具有的拘束力。

(一) 合同的生效条件

合同的生效，是指依法有效的合同在当事人之间开始发生法律拘束力。合同何时生效？我国《民法典》第 502 条规定："依法成立的合同，自成立时生效，但是法律另有规定或者当事人另有约定的除外。"

对于大多数合同而言，合同成立的同时合同生效。合同成立是合同生效的前提条件，如果合同不成立就谈不上合同生效的问题。合同成立以后，在合同符合生效条件时合同才能生效。因此，依法有效的合同何时生效，应取决于其是否具备了生效条件。一般情况下，依法成立的合同，具备法定的有效条件，即合同依法有效，这样的合同自成立时起生效。

合同是民事法律行为，我国《民法典》第 143 条规定，具备下列条件的民事法律行为有效：①行为人具有相应的民事行为能力；②意思表示真实；③不违反法律、行政法规的强制性规定，不违背公序良俗。这三项也是合同的一般生效要件（有些特殊的合同还有一些特殊的生效要件）。因此，凡不符合生效条件的合同，即使已经成立，也不能产生合同的法律效力，而属于可撤销的合同，或者效力未定的合同，或者无效合同。

（二）效力待定的合同

效力待定的合同，又称为效力未定的合同，是指合同的效力取决于第三人同意的合同。这类合同虽已成立，但因其不完全符合有关合同生效要件的规定，致使其效力能否发生尚未确定，一般须经有权人表示追认才能生效。

效力待定的合同与可撤销合同和无效合同不同，它并非因为意思表示不真实而导致合同被撤销，也不是行为人故意违反法律的禁止性规定或者社会公共利益而无效。效力待定的合同主要是因为有关当事人缺乏缔约能力、代订合同的资格和处分能力所造成的。我国《民法典》对效力待定的合同情形做了规定：①限制行为能力人所签订的合同；②无权代理人签订的合同；③无处分权的人订立的合同（无权处分行为）。

效力待定的合同可能因有权人的追认而有效，也可能因有权人的不追认而无效。具体如下：①无权代理人以被代理人的名义订立合同，被代理人已经开始履行合同义务或者接受相对人履行的，视为对合同的追认；②法人的法定代表人或者非法人组织的负责人超越权限订立的合同，除相对人知道或者应当知道其超越权限外，该代表行为有效，订立的合同对法人或者非法人组织发生效力；③当事人超越经营范围订立的合同的效力，应当依照《民法典》第一编第六章第三节和第三编的有关规定确定，不得仅以超越经营范围确认合同无效。

（三）可撤销合同

可撤销合同主要是当事人意思表示不真实的合同。相对于绝对无效的无效合同来说，可撤销合同是一种相对无效的合同，其效力取决于当事人的意志。

可撤销合同具有如下特征：第一，可撤销合同已经成立，但欠缺法定生效要件。法定生效要件的欠缺，主要表现为当事人意思表示的不真实性。第二，可撤销合同的撤销权，由享有撤销权的一方当事人来行使，而且是否行使撤销权也由权利人自由决定，其他任何单位或个人都无权主张撤销，人民法院或仲裁机关也不得依职权主动撤销。第三，可撤销合同在未被撤销之前，仍然有效。一旦被撤销则自始无效。

关于可撤销合同的原因，大多数国家或地区的立法一般规定得比较广泛。我国《民法典》对于可撤销合同的原因也作了规定：①基于重大误解订立的合同，行为人有权请求人民法院或者仲裁机构予以撤销；②一方以欺诈手段，使对方在违背真实意思的情况下订立的合同，受欺诈方有权请求人民法院或者仲裁机构予以撤销；③第三人实施欺诈行为，使一方在违背真实意思的情况下订立的合同，对方知道或者应当知道该欺诈行为的，受欺诈方有权请求人民法院或者仲裁机构予以撤销；④一方或第三人以胁迫手段，使对方在违背真实意思的情况下订立的合同，受胁迫方有权请求人民法院或者仲裁机构予以撤销；⑤一方利用对方处于危困状态、缺乏判断能力等情形下订立的显失公平的合同，受损害方有权请求人民法院或者仲裁机构予以撤销。

但有下列情形之一的，撤销权消灭：①当事人自知道或者应当知道撤销事由之日起一年内、重大误解的当事人自知道或者应当知道撤销事由之日起九十日内没有行使撤销权；②当事人受胁迫，自胁迫行为终止之日起一年内没有行使撤销权；③当事人知道撤销事由后明确表示或者以自己的行为表明放弃撤销权。当事人自民事法律行为发生之日起五年内没有行使撤销权的，撤销权消灭。

（四）无效合同

无效合同，是相对于有效合同而言的，是指已经成立，但因欠缺法定有效要件，在法律上确定的当然自始不发生法律效力的合同。无效合同主要具有以下特征：第一，无效合同虽已成立，但欠缺法定有效要件；第二，无效合同自始无效，即无效合同从合同成立时就无效；第三，无效合同当然无效，这是指合同无效不以任何人的意志为转移，它不问当事人意思如何，既不需要当事人主张其无效，也不须经过任何程序；第四，无效合同确定无效，即无效合同确定无疑地无效，这与效力待定合同的效力由权利人确定不同，无效合同不仅成立时不发生效力，而且以后也绝无再发生法律效力的可能。

关于无效合同的原因，我国《民法典》的规定给人民法院判定合同是否有效提供了法律依据。第一，无民事行为能力人订立的合同无效；第二，行为人与相对人以虚假的意思表示订立的合同无效；第三，违反法律、行政法规的强制性规定的合同无效；第四，违背公序良俗的合同无效；第五，行为人与相对人恶意串通，损害他人合法权益的合同无效。

（五）附条件和附期限的合同

我国《民法典》还对附条件和附期限的合同作了规定。

1. 附条件的合同

附条件的合同，是指当事人约定把一定条件的成就与否作为合同效力发生或者终止的根据。我国《民法典》第158条规定："民事法律行为可以附条件，但是根据其性质不得附条件的除外。附生效条件的民事法律行为，自条件成就时生效。附解除条件的民事法律行为，自条件成就时失效。"第159条规定："附条件的民事法律行为，当事人为自己的利益不正当地阻止条件成就的，视为条件已经成就；不正当地促成条件成就的，视为条件不成就。"

"附生效条件的合同"，又称为附延缓条件的合同、附停止条件的合同，是指合同虽已成立，但尚未生效，其效力以某种事实的发生为条件，如果这种事实发生了，合同就生效，否则就不生效。"生效条件"，是决定合同效力发生的条件。一般来说，当事人订立附生效条件的合同后，合同的权利和义务就已经确定，但合同的效力处于停止状态，待条件成法律条文时，该合同才发生法律效力。如果条件始终不成法律条文，则该合同始终不发生法律效力。"条件成法律条文"，是指作为条件的事实发生，该事实发生即为条件成法律条文，否则即为条件没有成法律条文或称条件不成法律条文。

"附解除条件的合同"，是指已经发生法律效力的合同，当条件成法律条文时，合同失效，合同要解除；当条件不成法律条文时，合同继续有效。"解除条件"，是决定合同效力消灭的条件。一般情况下，附解除条件的合同一经依法有效成立就已生效，但因条件的成法律条文而使其失效。如果该条件始终不成法律条文，则该合同始终不失效，等于未附条件的合同。比如，甲乙订立租赁合同，甲将房屋租给乙居住，但双方约定，一旦甲的儿子从国外回来需要居住该房屋时合同终止。

附条件的合同一经成立，在条件成法律条文前，当事人对于所约定的条件是否成法律条文，应听其自然，任其发展，不能为了自己的利益，恶意促成条件成法律条文或者阻碍条件成法律条文。大多数国家的民法规定：凡因条件成法律条文而可受益的当事人，如果以不正当行为恶意促成条件成法律条文的，应视为条件不成法律条文；凡因条件成法律条文而对其不利的当事人，如果以不正当手段恶意阻碍条件成法律条文的，应视为条件已经成法律条文。

2. 附期限的合同

附期限的合同，是指合同当事人在合同中约定，以一定的期限的届至作为合同效力发生或者终止的根据。我国《民法典》第 160 条规定："民事法律行为可以附期限，但是根据其性质不得附期限的除外。附生效期限的民事法律行为，自期限届至时生效。附终止期限的民事法律行为，自期限届满时失效。"

附生效期限的合同，又称为附延缓期限的合同、附始期的合同，是指合同虽已成立，但在期限到来之前暂不发生法律效力，待期限到来时合同才发生法律效力。"始期"，即生效期限，是使合同得以生效的期限，当其届至时，合同即发生效力。一般来说，附生效期限的合同，在期限尚未届至时尚未发生效力。

附终止期限的合同，又称为附解除条件的合同、附终期的合同，是指已经发生法律效力的合同，在期限到来时，合同的效力消灭，合同解除。"终期"，即失效期限，是使合同终止效力的期限，当其届至时，合同即丧失效力。一般情况下，附终期的合同，在期限尚未届至时，合同已发生效力，且其效力尚未终止。

四、合同的履行

合同的履行，是指在合同生效以后，合同当事人依照合同的约定或者法律的规定，全面适当地完成合同义务的行为，是当事人实施给付义务的过程。合同的履行是合同效力的集中体现，也是合同消灭的最主要的原因。

合同的履行具有以下法律特征：①履行是当事人的履约行为，通常表现为义务人的作为。由于合同大多是双务合同，当事人双方一般均须为一定的积极行为，以实现对方的权利。②履行是当事人全面、正确完成合同义务的行为。履行合同，就其本质而言，是指合同的全部履行。只有当事人双方按照合同的约定或法律的规定，全面、正确地完成各自承担的义务，才能使合同债权得以实现，也才使合同法律关系归于消灭。因而当事人全面、正确地完成合同义务，是对当事人履约行为的基本要求。③履行是当事人全面完成合同义务的行为过程。这个过程既包括当事人的依约交付行为，也包括当事人为完成最终交付行为所实施的一系列准备行为。预期违约责任就是为此而规定的。

合同的履行以有效合同为前提和依据，是合同法律约束力的首要表现，因此合同的履行是合同法的核心内容。具体表现为：当事人订立合同的目的，就是为了通过履行而实现自己的权利；合同的效力是合同履行的依据所在；合同的变更和转让是为了更好地履行合同，并不是对合同履行的否定；合同的终止与合同的履行在保护当事人的合法权益上是一致的；违约责任的规定则是为了更好地督促债务人履行合同。

(一) 合同履行的原则

合同履行的原则，是法律规定的、所有种类的合同当事人在履行合同的整个过程中都必须遵循的一般准则。合同签订生效以后，各方当事人必须恪守信用，严格履行，并遵循一定的原则。根据我国《民法典》的规定，合同履行除应遵循平等、公平等基本原则外，还应遵循合同履行的特有原则，即实际履行、全面履行、诚信履行和绿色履行原则。

1. 实际履行原则

实际履行原则，是指合同当事人必须按照有效合同约定的标的履行义务，不能用其他标的来代替履行。

贯彻实际履行原则，具有十分重要的意义。因为合同中所确定的标的是为了满足当事人在生产经营或管理活动中一定的物资或劳务的需要，用其他标的代替履行，是不能满足当事人这种特定的实际需要的。为了防止擅自更换标的，保护当事人的合法权益，必须贯彻实际履行原则。同时，如果不要求实际履行，可以随意变更标的或以其他方式代替履行的话，从形式上来看，标的价值相等，对方当事人似乎没有受到损失，但由于使用价值不同，原来的需求并没有得到满足，合同的目的实际上并没有达到，这就势必引起产供销的脱节，造成经济秩序的混乱，影响对人们需求的有效供给。因此各国合同立法都对实际履行作了明确规定。当然，违约现象是不可避免的。如果出现了违约，即没有按照合同约定或法律规定实际履行合同义务，就要承担一定的责任。我国为适应社会主义市场经济的发展需要，在确定实际履行原则的同时，吸收了目前世界各国先进的合同立法体例，对违约后的补救措施作了规定。如我国《民法典》第 577 条规定："当事人一方不履行合同义务或者履行合同义务不符合约定的，应当承担继续履行、采取补救措施或者赔偿损失等违约责任。"第 580 条规定，除三种情况以外，当事人一方不履行非金钱债务或者履行非金钱债务不符合约定的，对方可以要求其履行。

2. 全面履行原则

全面履行原则，又称为正确履行原则或适当履行原则，是指合同当事人必须按照合同约定的标的以及数量、质量、价款或者报酬、履行期限、地点、方式等要求，全面完成合同义务。我国《民法典》第 509 条第一款明确规定："当事人应当按照约定全面履行自己的义务。"全面履行原则是对实际履行原则的补充和扩展。实际履行原则只要求当事人按照合同约定的标的履行，至于这种履行是否符合合同的具体规定，则是全面履行原则所要解决的问题。因此，全面履行必定是实际履行，但实际履行未必是全面履行。

法律确定全面履行原则的目的在于指导和督促当事人保质、保量、按时、正确地履行合同规定的义务，防止违约情况的发生，保护双方当事人的利益，实现当事人订立合同的目的。

3. 诚信原则

我国《民法典》特别强调诚实信用原则在合同履行中的重要作用。诚实信用原则是合同法的基本原则，该原则当然适用于合同履行。我国《民法典》第 509 条第二款规定："当事人应当遵循诚信原则，根据合同的性质、目的和交易习惯履行通知、协助、保密等义务。"

4. 绿色履行原则

我国《民法典》在总则编第 9 条规定了"绿色原则"，即"民事主体从事民事活动，应当有利于节约资源、保护生态环境"。《民法典》合同编第 509 条第三款"当事人在履行合同过程中，应当避免浪费资源、污染环境和破坏生态"作为绿色原则在合同履行中的贯彻，旨在起到引起当事人在合同履行中对资源和生态的保护和重视，弘扬节约、环保的优秀品德，进而提高当事人的环保意识，避免在履行合同过程中因浪费资源导致自己的经济损失，因污染环境、破坏生态而导致承担相应责任的作用。

（二）合同履行的规则

合同履行的规则，是指法律规定的适用于某类合同或某种情形，当事人履行合同时必须共同遵守的具体准则。合同履行的规则是合同履行原则的具体体现。根据我国《民法典》的规定，合同履行的规则主要有以下几种。

1. 合同条款约定不明时的履行规则

合同条款约定不明时的履行规则，是指合同的非主要条款没有约定或者约定不明确时，用以确定这些条款的方法和原则。根据我国《民法典》第 510 条和第 511 条的规定，当合同条款约定不明时，按下列规则予以确定：

（1）当事人协议补充。

这是指当事人对没有约定或者约定不明确的合同内容，通过平等协商的办法订立补充协议。该协议是对原合同内容的补充，因而是原合同的组成部分。

（2）按照合同有关条款或者交易习惯确定。

这是指在当事人对没有约定或者约定不明确的合同内容不能达成补充协议的情况下，可以结合合同其他方面的内容确定，或者按照人们在同样交易中通常采用的合同内容来确定。采用此种方法来确定合同中约定不明确的条款应具备以下条件：一是合同已经成立且符合法定有效要件；二是合同中不明确的条款主要是常见的普通条款，如质量、价款或者报酬、履行地点等；三是当事人对于不明确的条款不能达成补充协议。

（3）依法律的补充性规范确定。

当采取上述两种方法仍不能确定时，可直接适用法律的补充性规范来弥补合同条款的约定不明。我国《民法典》第 511 条规定 J 当事人就有关合同内容约定不明确，依据前条规定仍不能确定的，适用下列规定：①质量要求不明确的，按照强制性国家标准履行；没有强制性国家标准的，按照推荐性国家标准履行；没有推荐性国家标准的，按照行业标准履行；没有国家标准、行业标准的，按照通常标准或者符合合同目的的特定标准履行。②价款或者报酬不明确的，按照订立合同时履行地的市场价格履行；依法应当执行政府定价或者政府指导价的，依照规定履行。③履行地点不明确，给付货币的，在接受货币一方所在地履行；交付不动产的，在不动产所在地履行；其他标的，在履行义务一方所在地履行。④履行期限不明确的，债务人可以随时履行，债权人也可以随时请求履行，但是应当给对方必要的准备时间。⑤履行方式不明确的，按照有利于实现合同目的的方式履行。⑥履行费用的负担不明确的，由履行义务一方负担；因债权人原因增加的履行费用，由债权人负担。

2. 电子合同标的交付时间的履行规则

我国《民法典》第 512 条规定，通过互联网等信息网络订立的电子合同的标的为交付商品并采用快递物流方式交付的，收货人的签收时间为交付时间。电子合同的标的为提供服务的，生成的电子凭证或者实物凭证中载明的时间为提供服务时间；前述凭证没有载明时间或者所载时间与实际提供服务时间不一致的，以实际提供服务的时间为准。

电子合同的标的物为采用在线传输方式交付的，合同标的物进入对方当事人指定的特定系统且能够检索识别的时间为交付时间。

电子合同当事人对交付商品或者提供服务的方式、时间另有约定的，按照其约定。

3. 合同履行过程中价格发生变动时的履行规则

合同履行过程中价格发生变动的履行规则，是指执行政府定价或政府指导价的合同，在政府价格发生变动时确定标的物价格的方法和原则。我国《民法典》第 513 条规定了合同履行过程中价格发生变动时的履行规则：执行政府定价或者政府指导价的，在合同约定的交付期限内政府价格调整时，按照交付时的价格计价。逾期交付标的物的，遇价格上涨时，按照原价格执行；价格下降时，按照新价格执行。逾期提取标的物或者逾期付款的，遇价格上涨时，按照新价格执行；价格下降时，按照原价格执行。

4. 金钱之债中对于履行币种约定不明时的规则

我国《民法典》第 514 条规定，以支付金钱为内容的债，除法律另有规定或者当事人另有约定外，债权人可以请求债务人以实际履行地的法定货币履行。

5. 选择之债中选择权归属与移转的规则

选择之债是指债的关系成立时有数个标的，享有选择权的当事人有权从数个标的中选择其一而为给付的债，当事人选择其一而为给付，即产生债的消灭的效力。我国《民法典》第 515 条第 1 款规定："标的有多项而债务人只需履行其中一项的，债务人享有选择权；但是，法律另有规定、当事人另有约定或者另有交易习惯的除外。"选择权为形成权，选择权的行使将使得选择之债变成标的确定的简单之债。故即便选择权为权利而非义务，选择权人并非必须行使，但是，如果选择权人不行使选择权，会使选择之债因标的不能确定而无法履行，因此我国《民法典》第 515 条第 2 款规定："享有选择权的当事人在约定期限内或者履行期限届满未作选择，经催告后在合理期限内仍未选择的，选择权转移至对方。"

至于选择权的行使方式，我国《民法典》第 516 条规定，当事人行使选择权应当及时通知对方，通知到达对方时，标的确定。标的确定后不得变更，但是经对方同意的除外。可选择的标的发生不能履行情形的，享有选择权的当事人不得选择不能履行的标的，但是该不能履行的情形是由对方造成的除外。

6. 按份之债的履行规则

按份之债，是指两个或两个以上的债权人或债务人各自按照一定的份额享有债权或承担债务的债。根据我国《民法典》第 517 条的规定："债权人为二人以上，标的可分，按照份额各自享有债权的，为按份债权；债务人为二人以上，标的可分，按照份额各自负担债务的，为按份债务。按份债权人或者按份债务人的份额难以确定的，视为份额相同。"

7. 连带之债的履行规则

连带之债是指债权人中的任何一人或债务人中的任何一人都有请求清偿全部债务的权利，或者承担全部债务的义务。其中，数个债权人的债权称为连带债权，数个债务人的债务称为连带债务。只要任何一个债务人清偿了全部债务或任何一个债权人主张了全部债权，整个连带之债随之即告消灭。我国《民法典》第 518 条规定："债权人为二人以上，部分或者全部债权人均可以请求债务人履行债务的，为连带债权；债务人为二人以上，债权人可以请求部分或者全部债务人履行全部债务的，为连带债务。连带债权或者连带债务，由法律规定或者当事人约定。"

关于连带债务人的份额确定及追偿权，我国《民法典》第 519 条规定："连带债务人之间的份额难以确定的，视为份额相同。实际承担债务超过自己份额的连带债务人，有权就超出部分在其他连带债务人未履行的份额范围内向其追偿，并相应地享有债权人的权利，但是不得损害债权人的利益。其他连带债务人对债权人的抗辩，可以向该债务人主张。被追偿的连带债务人不能履行其应分担份额的，其他连带债务人应当在相应范围内按比例分担。"

关于连带债务的涉他效力，我国《民法典》第 520 条规定："部分连带债务人履行、抵销债务或者提存标的物的，其他债务人对债权人的债务在相应范围内消灭；该债务人可以依据前条规定向其他债务人追偿。部分连带债务人的债务被债权人免除的，在该连带债务人应当承担的份额范围内，其他债务人对债权人的债务消灭。部分连带债务人的债务与债权人的债权同归于一人的，在扣除该债务人应当承担的份额后，债权人对其他债务人的债权继续存在。债权人对部分连带债务人的给付受领迟延的，对其他连带债务人发生效力。"

关于连带债权的内部关系及法律适用，我国《民法典》第 521 条规定："连带债权人之间的份额难以确定的，视为份额相同。实际受领债权的连带债权人，应当按比例向其他连带债权人返还。连带债权参照适用本章连带债务的有关规定。"

8. 向第三人履行债务的规则

当事人约定由债务人向第三人履行债务，债务人未向第三人履行债务或者履行债务不符合约定的，应当向债权人承担违约责任。法律规定或者当事人约定第三人可以直接请求债务人向其履行债务，第三人未在合理期限内明确拒绝，债务人未第三人履行债务或者履行债务不符合约定的，第三人可以请求债务人承担违约责任；债务人对债权人的抗辩，可以向第三人主张。

9. 由第三人履行债务的规则（由第三人代为履行规则）

由第三人向债权人履行债务，是指经当事人约定，由第三人代替债务人向债权人履行债务，简称由第三人代为履行。

通常情况下，合同义务要由债务人向债权人履行，即应符合亲自履行原则。但这也并不排除由第三人代为履行。第三人替代债务人履行债务，只要不违反法律规定和合同约定，且未给债权人增加费用或造成损失，这种履行在法律上应该是有效的。既然允许第三人代为履行，那就应该遵循一定的规则。我国《民法典》第 523 条规定："当事人约定由第三人向债权人履行债务，第三人不履行债务或者履行债务不符合约定的，债务人应当向债权人承担违约责任。"第 524 条规定："债务人不履行债务，第三人对履行该债务具有合法利益的，第三人有权向债权人代为履行；但是，根据债务性质、按照当事人约定或者依照法律规定只能由债务人履行的除外。债权人接受第三人履行后，其对债务人的债权转让给第三人，但是债务人和第三人另有约定的除外。"

10. 同时履行规则

合同的同时履行，是指在订立合同后，在合同有效期限内，双方当事人不分先后地履行各自的义务。同时履行规则，是指当事人互相负有债务，没有先后履行顺序的，应当同时履行，否则，可行使同时履行抗辩权的规则。我国《民法典》第 525 条规定："当事人互负债务，没有先后履行顺序的，应当同时履行。一方在对方履行之前有权拒绝其履行请求。一方在对方履行债务不符合约定时，有权拒绝其相应的履行请求。"

11. 顺序履行规则

合同的顺序履行，也称为合同的异时履行，是指在合同订立后，在合同有效期限内，依照法律规定或者约定，双方当事人按照先后顺序履行各自的义务。顺序履行规则，是指当事人互负债务，但有先后履行顺序时，当事人履行合同的规则。我国《民法典》第 526 条规定："当事人互负债务，有先后履行顺序，应当先履行债务一方未履行的，后履行一方有权拒绝其履行请求。先履行一方履行债务不符合约定的，后履行一方有权拒绝其相应的履行请求。"

12. 债权人发生变化时的履行规则

债权人发生变化时的履行规则，是指债权人分立、合并或者变更住所时的履行规则。我国《民法典》第 529 条规定："债权人分立、合并或者变更住所没有通知债务人，致使履行债务发生困难的，债务人可以中止履行或者将标的物提存。"

根据这一规定，债权人发生变化时的履行规则包括两个方面：第一，债权人发生分立、合并或者变更住所时，应当通知债务人，以便债务人能够及时履行债务。第二，债权人分立、合并或者变更住所没有通知债务人，致使履行债务发生困难的，债务人可以中止履行或者将标的物提存。

13. 债务人提前履行规则

债务人提前履行，是指债务人在合同履行期限到来之前就开始履行自己的合同义务。我国《民法典》第 530 条规定："债权人可以拒绝债务人提前履行债务，但是提前履行不损害债权人利益的除外。债务人提前履行债务给债权人增加的费用，由债务人负担。"这就明确规定了债务人提前履行债务的效力规则。

14. 债务人部分履行规则

部分履行，是指债务人在合同履行期限内没有按照合同约定全部履行合同义务，而只是履行了一部分义务。我国《民法典》第 531 条规定："债权人可以拒绝债务人部分履行债务，但是部分履行不损害债权人利益的除外。债务人部分履行债务给债权人增加的费用，由债务人负担。"这是关于债务人部分履行的效力规则。

15. 合同当事人的某些变动不影响合同履行规则

合同当事人的某些变动，是指合同生效以后，当事人的姓名、名称的变更或者法定代表人、负责人、承办人的变动。我国《民法典》第 532 条规定："合同生效后，当事人不得因姓名、名称的变更或者法定代表人、负责人、承办人的变动而不履行合同义务。"这就明确规定了合同当事人的某些变动不影响合同履行的效力规则。

(三) 合同履行中的抗辩权

所谓抗辩权，又称异议权，是指对抗请求权或者否认对方权利主张的权利。

双务合同履行中的抗辩权，是指在符合法定条件时，当事人一方对抗对方当事人的履行请求权，暂时拒绝履行其债务的权利。根据我国《民法典》的规定，双务合同履行中的抗辩权主要有以下几种。

1. 同时履行抗辩权

同时履行抗辩权，又称为不履行抗辩权，是指在双务合同中，没有规定先后履行顺序的，当事人应当同时履行，一方在对方当事人履行之前有权拒绝其履行请求，一方在对方当事人履行债务不符合约定时有权拒绝其相应的履行请求。这在我国《民法典》第525条有规定。

同时履行抗辩权的适用条件是：第一，由同一双务合同产生的互负的债务。第二，在合同中未约定履行顺序，即"没有先后履行顺序"，在这种情况下往往要求当事人同时履行。第三，对方当事人未履行债务或者未按约定正确履行债务。"未履行"就是没有履行；"未按约定履行"，是指履行债务有瑕疵，即交付的标的物有瑕疵。第四，对方的对待履行须是可能履行的义务。同时履行抗辩权制度的价值在于促使双务合同的当事人同时履行债务。

2. 顺序履行抗辩权

顺序履行抗辩权，又称为后履行抗辩权，是指在双务合同中，有先后履行顺序的，先履行的一方未履行的，后履行的一方有权拒绝其履行要求。先履行一方履行债务不符合约定的，后履行一方有权拒绝其相应的履行要求。这在我国《民法典》第526条有规定。

顺序履行抗辩权确立的法律根据在于维护诚实信用原则和后顺序履行人的合法权益，也是对本应先履行一方未先履行或者已先履行但不符合约定的一种法律制裁。

顺序履行抗辩权的适用条件为：第一，由同一双务合同产生的互负的债务；第二，债务的履行有先后顺序，这种先后顺序一般由当事人在合同中约定或者根据交易习惯确定；第三，应该先履行的一方未履行或者履行债务不符合约定；第四，应该先履行的债务有可能履行，如果不可能履行则谈不上抗辩权。

3. 不安抗辩权

不安抗辩权，又称拒绝权，是指在双务合同中，应当先履行债务的一方当事人在有确切证据证明后履行债务的一方当事人财产状况恶化，足以影响对待给付的情形下，可以中止履行合同或者解除合同。

根据我国《民法典》第527条、第528条规定，不安抗辩权的适用条件是：第一，适用于双务合同中，合同双方互负债务，且双方约定了履行的先后顺序。第二，后履行债务的一方当事人的债务尚未届履行期限。第三，后履行债务的一方当事人有丧失或可能丧失履行债务能力的情形。具体情形是：①经营状况严重恶化。即后履行债务的当事人，其经营状况出现了恶劣的变化从而导致财产大量减少，引起履行债务的能力丧失或可能丧失。经营状况恶化到难以履行债务的程度才是严重恶化。②转移财产、抽逃资金，以逃避债务。即后履行债务的当事人以逃避债务为目的，将自己的财产转移到其他地方或者将自己对企业投入的资金撤回。③丧失商业信誉。即后履行债务的当事人在商业行为上已经给人留下失去诚实信用的感觉。④有丧失或者可能丧失履行债务能力的其他情形，如提供劳务的一方丧失劳动能力等。⑤先履行债务的一方当事人有确切的证据证明对方有丧失或者可能丧失履行债务能力的情形。即行使不安抗辩权的一方要有确切的证据，否则，会出现不安抗辩权的滥用。

至于不安抗辩权的行使，我国《民法典》第528条规定："当事人依据前条规定中止履行的，应当及时通知对方。对方提供适当担保的，应当恢复履行。中止履行后，对方在合理期限内未恢复履行能力且未提供适当担保的，视为以自己的行为表明不履行主要债务，中止履行的一方可以解除合同并可以请求对方承担违约责任。"

不安抗辩权的法律效果：第一，只要具备不安抗辩权成立的条件，先履行债务的当事人就可行使不安抗辩权，中止履行；第二，中止履行后，对方在合理期限内未恢复履行能力并且未提供适当担保的，中止履行的一方可以解除合同。

（四）合同履行的保全制度

合同履行的保全制度，是指法律为防止债务人的财产不当减少而给债权人的债权带来危害，允许债权人代债务人之位向第三人行使债务人的权利，或者请求法院撤销债务人与第三人的法律行为的法律制度，其中前者为代位权制度，后者为撤销权制度。

1. 代位权

债权人的代位权是指债权人为确保其债权的受偿，当债务人怠于行使对第三人享有的到期债权而危及债权人的债权时，得以自己的名义代替债务人行使财产权利的制度。我国《民法典》第535条规定："因债务人怠于行使其债权或者与该债权有关的从权利，影响债权人的到期债权实现的，债权人可以向人民法院请求以自己的名义代位行使债务人对相对人的权利，但是该权利专属于债务人自身的除外。代位权的行使范围以债权人的到期债权为限。债权人行使代位权的必要费用，由债务人负担。相对人对债务人的抗辩，可以向债权人主张。"

关于债权人代位权的提前行使，我国《民法典》第536条规定："债权人的债权到期前，债务人的债权或者与该债权有关的从权利存在诉讼时效期间即将届满或者未及时申报破产债权等情形，影响债权人的债权实现的，债权人可以代位向债务人的相对人请求其向债务人履行、向破产管理人申报或者作出其他必要的行为。"所谓债权人提前行使代位权，是指债权人在债权到期之前，为防止债务人的债权或者与该债权有关的从权利的消灭或者变更，从而影响债权人的债权实现时，债权人可以代为向债务人的相对人请求其向债务人履行、向破产管理人申报或者作出其他必要的行为。

与传统民法的理论不同，我国《民法典》中关于债权人代位权的行使效果更加注重公平与效率，允许债务人的相对人直接向债权人履行债务，从而鼓励债权人行使代位权以保障自己的债权得以实现。因此我国《民法典》第537条规定："人民法院认定代位权成立的，由债务人的相对人向债权人履行义务，债权人接受履行后，债权人与债务人、债务人与相对人之间相应的权利义务终止。债务人对相对人的债权或者与该债权有关的从权利被采取保全、执行措施，或者债务人破产的，依照相关法律的规定处理。"

2. 撤销权

撤销权，是指债权人对于债务人所为的危害债权实现的行为，有请求人民法院撤销该行为的权利。我国《民法典》第538条规定："债务人以放弃其债权、放弃债权担保、无偿转让财产等方式无偿处分财产权益，或者恶意延长其到期债权的履行期限，影响债权人的债权实现的，债权人可以请求人民法院撤销债务人的行为。"这是对债务人无偿处分财产权益时债权人行使撤销权的规定。债权人的撤销权又称"废罢诉权"，是指债权人对于债务人所为的有害债权的行为，得请求法院予以撤销的权利。撤销权与代位权同为保护债务人财产的担保力所设的制度。所不同的是，代位权是对债务人消极地不行使权利而使财产减少以害及债权人的行为的救济，而撤销权是对于因债务人的积极行为使财产减少而害及债权人的行为所作的救济。

我国《民法典》第539条对债务人以不合理价格交易时的债权人撤销权行使作了明确规定："债务人以明显不合理的低价转让财产、以明显不合理的高价受让他人财产或者为他人的债务提供担保，影响债权人的债权实现，债务人的相对人知道或者应当知道该情形的，债权人可以请求人民法院撤销债务人的行为。"

至于债权人撤销权行使范围以及必要费用承担，我国《民法典》第540条规定："撤销权的行使范围以债权人的债权为限。债权人行使撤销权的必要费用，由债务人负担。"

法律在规定债权人享有一定撤销权的同时，也对这种权利进行了时间上的限制，即规定了除斥期间。目的是为了维持交易的稳定状态，维护各方当事人利益的平衡。撤销权行使的除斥期间有两种：第一种是时间为1年的除斥期间，适用于债权人知道或者应当知道撤销事由的情况，其起算点为债权人知道或者应当知道之日；第二种是时间为5年的除斥期间，适用于债权人不知道撤销事由的情况，其起算点为债务人的行为发生之日。具体如我国《民法典》第541条规定："撤销权自债权人知道或者应当知道撤销事由之日起一年内行使。自债务人的行为发生之日起五年内没有行使撤销权的，该撤销权消灭。"

关于债权人撤销权的行使效果，我国《民法典》第542条规定："债务人影响债权人的债权实现的行为被撤销的，自始没有法律约束力。"

五、合同权利义务的变更和终止

合同依法成立以后，已经生效的合同规定的内容是具有法律效力的，各合同主体应该严格履行合同规定的义务，不允许单方面擅自变更或终止合同。否则会影响到合同各方主体的利益甚至市场的整体利益。但是，社会经济是不断发展变化的，可能由于主客观情况的变化，有时会产生使原合同的全部或部分内容履行成为不必要或不可能的情况，这时，如果具备了变更或终止合同的法定条件时，可以按照法律制度规定的程序进行变更或终止。

（一）合同的变更

合同的变更，有广义和狭义之分。广义的合同变更是指合同的主体和内容发生变化；狭义的合同变更仅指合同成立以后，在尚未履行或尚未完全履行之前，当事人经过协议对合同内容进行的修改和补充。我国《民法典》所称合同的变更是指狭义上的合同变更，至于合同主体的变化则称之为合同的转让。

当事人变更合同应具备以下条件：①当事人之间原已存在有效的合同关系。合同的变更是在原合同的基础上改变合同的一些内容，如果没有合同关系的存在就谈不上变更合同的问题。②合同的变更应该根据当事人的约定或法律的规定。合同的变更主要是通过当事人的协商而产生，因而我国《民法典》第543条规定："当事人协商一致，可以变更合同。"另外，合同变更还可依法律的规定而发生。如我国《民法典》第533条规定，合同成立后，合同的基础条件发生了当事人在订立合同时无法预见的、不属于商业风险的重大变化，继续履行合同对于当事人一方明显不公平的，受不利影响的当事人可以与对方重新协商；在合理期限内协商不成的，当事人可以请求人民法院或者仲裁机构变更或者解除合同。③必须有合同内容的变化。合同的变更为合同内容的变化，也就是说，合同内容的变化是合同变更不可缺少的条件，如果合同内容没有发生变化，就谈不上合同的变更。我国《民法典》第 544 条规定："当事人对合同变更的内容约定不明确的，推定为未变更。"④ 必须遵守法定的形式。我国《民法典》第 502 条规定："依照法律、行政法规的规定，合同的变更、转让、解除等情形应当办理批准等手续的，适用前款规定。"

合同的变更是在保持原合同关系的基础上，合同的某项或者某部分内容的变化。因此，在合同发生变更后，当事人应当按照变更后的合同内容来履行合同义务，否则将构成违约。

合同的变更原则上是向将来发生法律效力。未变更的合同的权利义务继续有效，已经履行的债务不因合同的变更而失去法律依据。

(二) 合同的转让

合同主体的变更，是合同的转让。合同的转让是指合同的一方当事人将合同的全部或者部分权利义务转让给第三人，而合同的内容并不发生变化。

合同转让具有如下特征：①合同转让并不改变原合同的内容。它只是对原合同有效的合同权利或合同义务的转让，且转让不引起原合同内容的变更。②合同转让将发生合同主体的变化。合同主体的变化导致原合同关系消灭，新合同关系产生。③合同转让涉及两种不同的法律关系，即原合同当事人双方之间的关系和转让人与受让人之间的关系。

合同的转让，按照其转让的权利义务的不同，可分为债权转让、债务转移、合同权利义务一并转让三种类型。

1. 债权转让

债权转让，指不改变合同的内容，债权人通过与第三人订立合同的方式将债权移转于第三人。我国《民法典》第 545 条规定，债权人可以将债权的全部或者部分转让给第三人，但是有下列情形之一的除外：①根据债权性质不得转让；②按照当事人约定不得转让；③依照法律规定不得转让。当事人约定非金钱债权不得转让的，不得对抗善意第三人。当事人约定金钱债权不得转让的，不得对抗第三人。

债权人转让债权，未通知债务人的，该转让对债务人不发生效力。债权转让的通知不得撤销，但是经受让人同意的除外。

债权转让时从权利一并变动，即债权人转让债权的，受让人取得与债权有关的从权利，但是该从权利专属于债权人自身的除外。受让人取得从权利不应该从权利未办理转移登记手续或者未转移占有而受到影响。

债权转让时债务人具有抗辩权。即债务人接到债权转让通知后，债务人对让与人的抗辩，可以向受让人主张。

债权转让时债务人的抵销权。我国《民法典》第 549 条规定，有下列情形之一的，债务人可以向受让人主张抵销：①债务人接到债权转让通知时，债务人对让与人享有债权，且债务人的债权先于转让的债权到期或者同时到期；②债务人的债权与转让的债权是基于同一合同产生。

关于债权转让增加的履行费用的负担，我国《民法典》第 550 条规定，因债权转让增加的履行费用，由让与人负担。

2. 债务转移

债务转移，是指在不改变债的内容的前提下，债务人将债务的全部或部分转移给第三人。债务转移通常是在债务人与第三人之间达成协议，并经债权人同意的情况下，将合同义务转移给第三人承担。债务转移可以是全部转移，也可以是部分转移。

我国《民法典》第551条规定，债务人将债务的全部或者部分转移给第三人的，应当经债权人同意。债务人或者第三人可以催告债权人在合理期限内予以同意，债权人未作表示的，视为不同意。

关于并存的债务承担，我国《民法典》第552条规定，第三人与债务人约定加入债务并通知债权人，或者第三人向债权人表示愿意加入债务，债权人未在合理期限内明确拒绝的，债权人可以请求第三人在其愿意承担的债务范围内和债务人承担连带债务。

债务转移时新债务人具有抗辩权，即债务人转移债务的，新债务人可以主张原债务人对债权人的抗辩；原债务人对债权人享有债权的，新债务人不得向债权人主张抵销。

债务转移时从债务一并转移，即债务人转移债务的，新债务人应当承担与主债务有关的从债务，但是该从债务专属于原债务人自身的除外。

3. 合同权利义务一并转让

合同权利义务一并转让，是指原合同当事人一方将其债权债务一并移转给第三人，由第三人概括地接受这些债权债务。

我国《民法典》第555条规定，当事人一方经对方同意，可以将自己在合同中的权利和义务一并转让给第三人。合同的权利和义务一并转让的，适用债权转让、债务转移的有关规定。

(三) 合同的终止

合同的终止，又称为合同的消灭或合同权利义务的终止，是指由于一定的法律事实的发生，使原来设定的债权债务关系在客观上不再存在。

合同的终止不同于合同的中止。合同的中止是合同效力的暂时停止，如基于债务人的抗辩，合同的请求权暂时停止，待抗辩权消灭后，合同即恢复原有的效力。

合同的终止，也不同于合同的变更。合同的终止是原来存在的债权债务关系消灭，而合同的变更是合同内容的变更，合同关系依然存在。

合同的终止须有法律上的原因，原因一经发生，则自原因发生之时起，合同关系在法律上当然消灭，并不须当事人主张。我国《民法典》第557条规定："有下列情形之一的，债权债务终止：(1) 债务已经履行；(2) 债务相互抵销；(3) 债务人依法将标的物提存；(4) 债权人免除债务；(5) 债权债务同归于一人；(6) 法律规定或者当事人约定终止的其他情形。合同解除的，该合同的权利义务关系终止。"

根据此条规定，引起合同权利义务终止的原因主要有以下几点。

1. 债务已经履行

债务已经按照约定履行是合同权利义务终止的主要原因。履行，在学理上称为清偿。清偿，是按照合同约定实现债权目的的行为。清偿与履行的意义相同，只是两者的侧重点不同。履行是从满足债权实现合同目的的角度而言的，是满足债权实现的动态过程；而清偿则是从合同履行结果的角度而言的，是满足债权而使合同终止的行为。

2. 债务相互抵销

（1）抵销的概念、形式和功能。

抵销，是合同双方当事人互负债务时，各自用债权来充当债务的清偿，从而使其债务与对方的债务在对等数额内相互消灭。为抵销的债权，即债务人的债权，称为主动债权、抵销债权或反对债权；被抵销的债权，即债权人的债权，称为受动债权或者被动债权。

抵销包括法定抵销和合意抵销两种。

法定抵销是具备法律所规定的要件时，依当事人一方的意思表示所为的抵销，即合同双方当事人互负到期债务，并且该债务的标的物种类、品质相同，任何一方当事人都可以作出使相互间相当数额的债务同归消灭的意思表示。我国《民法典》第568条规定，当事人互负债务，该债务的标的物种类、品质相同的，任何一方可以将自己的债务与对方的到期债务抵销；但是，根据债务性质、按照当事人约定或者依照法律规定不得抵销的除外。当事人主张抵销的，应当通知对方。通知自到达对方时生效。抵销不得附条件或者附期限。

合意抵销，又称为约定抵销，是当事人双方经协商一致而发生的抵销。我国《民法典》第569条规定，当事人互负债务，标的物种类、品质不相同的，经协商一致，也可以抵销。

抵销制度的功能主要有：第一，可以免去双方交互给付的麻烦，节省履行费用；第二，可确保债权的效力，以免先为清偿者有蒙受损害的危险。

（2）抵销的要件。

根据我国《民法典》第568条、第569条的规定，抵销的要件是：第一，抵销须以合法客观存在的主动债权和受动债权为前提，即合同当事人双方互负到期债务、互负到期债权。因为抵销以按对等数额使双方债权消灭为目的，因此要以双方债权合法客观地存在为前提。第二，双方债权都已届清偿期。如果未到清偿期而抵销，无异于强令债务人提前清偿。第三，法定抵销中，双方债务的标的物须种类相同、品质相同；而合意抵销中，只要双方当事人协商一致，则不论标的物是否同类、品质是否相同。第四，双方互负的债务是可以抵销的债务。不能抵销的债务包括按照债务性质、当事人约定和依照法律规定不能抵销三种。按照债务性质不能抵销的有以行为、智力成果为标的的债务。依照法律规定不能抵销的债务有：因侵权行为所生的债务，债务人不得以其债权为抵销；法律禁止扣押的债权，如劳动报酬、抚恤金等，债务人不得主张抵销，等等。

3. 债务人依法将标的物提存

（1）提存的概念及意义。

提存，是指由于债权人的原因而无法向其交付合同的标的物时，债务人将标的物提交给有关机关保存以消灭合同关系的制度。在我国，目前的提存机关是公证机关。

提存制度的设立，主要是为了保护债务人的利益。因为债务人的履行往往需要债权人的协助，如果债权人无正当理由拒绝受领或者债权人下落不明使债务人不能履行时，虽然债权人应承担迟延受领的责任，但因债务无法履行，合同关系难以消灭，债务人仍要受合同的约束。这种状况对债务人不公平，因此设立提存制度来保护债务人的利益。

（2）提存的条件。

我国《民法典》第570条规定，有下列情形之一，难以履行债务的，债务人可以将标的物提存：①债权人无正当理由拒绝受领；②债权人下落不明；③债权人死亡未确定继承人、遗产管理人，或者丧失民事行为能力未确定监护人；④法律规定的其他情形。标的物不适于提存或者提存费用过高的，债务人依法可以拍卖或者变卖标的物，提存所得的价款。

（3）提存成立及提存对债务人效力。

我国《民法典》第571条规定，债务人将标的物或者将标的物依法拍卖、变卖所得价款交付提存部门时，提存成立。提存成立的，视为债务人在其提存范围内已经交付标的物。

（4）提存通知。

我国《民法典》第572条规定："标的物提存后，债务人应当及时通知债权人或者债权人的继承人、遗产管理人、监护人、财产代管人。"这一规定说明：第一，债务人负有通知的义务；第二，通知的对象是债权人或者债权人的继承人、遗产管理人、监护人、财产代管人。如司法部颁布的《提存公证规则》第18条规定："提存人应将提存事实及时通知提存受领人。以清偿为目的的提存或提存人通知有困难的，公证处应自提存之日起7日内，以书面形式通知提存受领人，告知其领取提存物的时间、期限、地点、方法。提存受领人不清或下落不明、地址不详无法送达通知者，公证处应自提存之日起60日内，以公告方式通知。"

（5）提存的效力。

根据我国《民法典》第573条和第574条的规定，提存的效力主要有：第一，标的物提存后，毁损、灭失的风险由债权人承担。提存期间，标的物的孳息归债权人所有。提存费用（如保管、拍卖或出卖的费用）由债权人承担。第二，合同的标的物提存后，债权人可以随时领取提存物。但是，债权人对债务人负有到期债务的，在债权人未履行债务或者提供担保之前，提存部门根据债务人的要求应当拒绝其领取提存物。第三，债权人领取提存物的权利，自提存之日起五年内不行使而消灭，提存物扣除提存费用后归国家所有。但是，债权人未履行对债务人的到期债务，或者债权人向提存部门书面表示放弃领取提存物权利的，债务人负担提存费用后有权取回提存物。

4. 债权人免除债务

（1）免除的概念和特征。

免除，是债权人以消灭债务人的债务为目的而抛弃自己债权的单方法律行为。我国《民法典》第575条规定："债权人免除债务人部分或者全部债务的，债权债务部分或者全部终止，但是债务人在合理期限内拒绝的除外。"

免除具有以下法律特征：第一，免除是一种单方的法律行为。它是由债权人一方作出的抛弃债权的意思表示，不以债务人的承诺为必要。第二，免除是债权人处分债权的行为。免除是债权人对债权的抛弃，它决定其债权在法律上的归属，因此，免除人应当具有处分该项权利的能力。第三，免除是无偿的行为。债务人因免除取得利益时，并不必为此支付对价。第四，免除还是一种无因行为。免除债务的原因有很多，如好意施惠、达成和解或者礼尚往来等，但这些原因无效或者不成立时，并不影响免除的效力。第五，免除具有非要式性。只要作出相应的意思表示，免除即产生效力，免除的意思表示的方式无须特定，书面或者言词，明示或者默示，均无不可。

（2）免除的条件。

免除须具有以下条件：第一，免除为债权人对自身债权的处分行为，因此为免除的意思表示者必须是有行为能力人或者有权处分债权的人。第二，免除可以附条件或者附期限，但是所附条件不可以是变相要求债务人支付免除部分的相应对价，所附的条件可以是生效条件，也可以是解除条件；免除所附期限可以是生效期限，也可以是终止期限。第三，免除的意思表示应向债务人或债务人的代理人作出，向第三人作出不产生免除的效力。

（3）免除的效力。

免除的意思表示一经作出即导致债务消灭，因此免除不得撤回。免除将导致相应部分的债权债务关系绝对消灭，免除主债务的，从债务一并免除。

5. 债权债务同归于一人

合同关系须有债权人和债务人同时存在时才有效，当债权人和债务人合为一人时，债权债务关系就归于消灭，合同随即终止。

债权债务同归于一人的发生主要有以下两种原因：第一，概括承受。这是发生债权债务同归于一人的主要原因。如企业合并，合并的两个企业之间的债权债务关系因归属于同一企业而消灭；又如债务人继承债权人或债权人继承债务人，债权债务也会因同归于一人而消灭。第二，特定承受。这是指债权人承受债务人的债务，或债务人受让债权人的债权，此时也因债权债务同归于一人而消灭债权债务。

债权债务同归于一人的效力：导致绝对消灭债权和债务及由合同关系所生的从债权和从债务。但是在法律另有规定或损害第三人的利益时，债权不因债权债务同归于一人而消灭。

6. 合同解除

（1）合同解除的概念和特征。

合同解除，是在合同成立后，没有履行或没有完全履行之前，当约定的或法定的解除条件具备时，因享有解除权一方当事人的意思表示，或者双方当事人协议，使基于合同而发生的债权债务关系归于消灭的行为。

合同解除具有以下法律特征：第一，合同解除以有效成立的合同为标的；第二，合同解除必须具备解除的条件，包括约定条件和法定条件两种；第三，合同解除必须具备解除行为，合同解除由享有解除权的人实施解除行为才会发生解除的结果；第四，合同解除的后果是使合同关系归于消灭，这是合同解除的法律效果，而且这种解除具有溯及既往的效力。我国《民法典》第566条规定，合同解除后，尚未履行的，终止履行；已经履行的，根据履行情况和合同性质，当事人可以请求恢复原状或者采取其他补救措施，并有权请求赔偿损失。合同因违约解除的，解除权人可以请求违约方承担违约责任，但是当事人另有约定的除外。主合同解除后，担保人对债务人应当承担的民事责任仍应当承担担保责任，但是担保合同另有约定的除外。

合同解除与合同撤销不同，虽然两者都是享有权利的一方行使权利的结果，并且都导致合同关系溯及既往的消灭，但是，两者仍有一些区别，主要表现在：第一，合同解除适用于有效成立的合同；而合同撤销则适用于合同成立时意思表示有瑕疵的合同。第二，合同解除权的发生，既有法律的直接规定，也有当事人的约定；而合同撤销权的发生一般基于法律的直接规定。

（2）合同解除的种类。

根据解除合同的事由是由当事人约定还是由法律直接规定，合同解除可分为两种，一种是约定解除，一种是法定解除。

约定解除，是当事人双方协商决定而进行的合同解除。我国《民法典》第 562 条规定，当事人协商一致，可以解除合同。当事人可以约定一方解除合同的事由。解除合同的事由发生时，解除权人可以解除合同。

法定解除，是解除的条件由法律直接规定，当这种条件具备时，当事人可以将合同解除。我国《民法典》第 563 条规定，有下列情形之一的，当事人可以解除合同：①因不可抗力致使不能实现合同目的；②在履行期限届满前，当事人一方明确表示或者以自己的行为表明不履行主要债务；③当事人一方迟延履行主要债务，经催告后在合理期限内仍未履行；④当事人一方迟延履行债务或者有其他违约行为致使不能实现合同目的；⑤法律规定的其他情形。以持续履行的债务为内容的不定期合同，当事人可以随时解除合同，但是应当在合理期限之前通知对方。

（3）解除权行使期限。

合同解除权的行使期限是一种除斥期间，超过该期间而不行使解除权的，解除权消灭。我国《民法典》第 564 条规定，法律规定或者当事人约定解除权行使期限，期限届满当事人不行使的，该权利消灭。法律没有规定或者当事人没有约定解除权行使期限，自解除权人知道或者应当知道解除事由之日起一年内不行使，或者经对方催告后在合理期限内不行使的，该权利消灭。

（4）合同解除权的行使方式。

我国《民法典》第 565 条规定："当事人一方依法主张解除合同的，应当通知对方。合同自通知到达对方时解除；通知载明债务人在一定期限内不履行债务则合同自动解除，债务人在该期限内未履行债务的，合同自通知载明的期限届满时解除。对方对解除合同有异议的，任何一方当事人均可以请求人民法院或者仲裁机构确认解除行为的效力。当事人一方未通知对方，直接以提起诉讼或者申请仲裁的方式依法主张解除合同，人民法院或者仲裁机构确认该主张的，合同自起诉状副本或者仲裁申请书副本送达对方时解除。"

根据此条规定，第一，合同解除权的行使应当采取通知方式；第二，合同自通知到达对方时解除；第三，对方有异议的，任何一方当事人均可以请求人民法院或者仲裁机构确认解除合同的效力；第四，当事人一方未通知对方，直接以提起诉讼或者申请仲裁的方式依法主张解除合同，人民法院或者仲裁机构确认该主张的，合同自起诉状副本或者仲裁申请书副本送达对方时解除。

（5）合同解除的效力。

我国《民法典》第 566 条规定："合同解除后，尚未履行的，终止履行；已经履行的，根据履行情况和合同性质，当事人可以请求恢复原状或者采取其他补救措施，并有权请求赔偿损失。合同因违约解除的，解除权人可以请求违约方承担违约责任，但是当事人另有约定的除外。主合同解除后，担保人对债务人应当承担的民事责任仍应当承担担保责任，但是担保合同另有约定的除外。"

根据这一规定，合同解除的效力主要有：第一，终止履行，即合同关系彻底消灭，合同规定的义务不再履行。第二，恢复原状，合同解除发生溯及既往的效力，则当事人未履行的不履行，已履行的应对已履行的部分恢复原状，即互负返还义务，但当事人另有约定或合同性质决定不能恢复原状的除外。第三，赔偿损失，合同解除并不影响当事人要求赔偿损失的权利。合同解除时，除当事人另有约定或法律另有规定的以外，权利人可请求损害赔偿的范围，不仅包括债务人不履行的损害赔偿，而且包括因合同解除而产生的损害赔偿。一般有债权人订立合同所支出的必要费用、债权人相信合同能履行而做准备工作所支出的费用、债权人失去同他人签订合同的机会所造成的损失、债权人已履行义务而债务人拒不返还的损失以及债权人已受领标的物而返还标的物时的费用等。第四，违约责任，合同因违约解除的，解除权人可以请求违约方承担违约责任，但是当事人另有约定的除外。第五，担保责任，主合同解除后，担保人对债务人应当承担的民事责任仍应当承担担保责任，但是担保合同另有约定的除外。

合同解除后不影响原合同某些条款的效力。合同解除后，原来的合同失去法律效力，合同当事人之间的债权债务关系归于消灭。但原合同中的某些条款并不因此而受影响。我国《民法典》第567条规定："合同的权利义务关系终止，不影响合同中结算和清理条款的效力。"

六、违约责任

违约责任，是指当事人一方不履行合同或者履行合同义务不符合约定，应当承担的继续履行、采取补救措施或者赔偿损失等民事责任。

违约责任作为一种民事责任，除具有民事责任的一般法律特征外，还具有如下特征：第一，违约责任是当事人一方不履行合同或者履行合同义务不符合约定时所产生的民事责任，这种由违约行为所产生的责任不同于侵权责任、不当得利返还责任。第二，违约责任可以由当事人在法律允许的范围内约定。这表现为一方面当事人可以依照合同自由的原则事先约定违约责任，以便在违约发生时确定损害赔偿，及时解决合同纠纷，减少当事人可能承担的风险；另一方面当事人的约定必须符合法律规定，如果不符合法律规定，将被宣告无效或被撤销。第三，违约责任是一种财产责任。合同关系是一种财产关系，一方违约必定给对方造成经济损失。因此，法律规定采用继续履行、采取补救措施或者赔偿损失等财产性民事责任方式来承担责任，而不适用赔礼道歉等非财产性民事责任方式。

（一）违约责任的归责原则

1. 无过错责任原则

无过错责任原则，是指无论违约方主观上有无过错，只要其违反合同债务的行为给对方当事人造成了损害，依法应承担违约责任的仍应承担违约责任。

无过错责任原则具有如下特点：第一，无过错责任原则不以行为人主观上有过错为责任的构成要件。违约方主观上既可能有过错也可能无过错，但违约方主观上有无过错对其承担民事责任没有任何影响。第二，非违约方主张权利时，对违约方主观上有无过错不负举证责任，违约方也不能以自己没有过错为由主张抗辩，法院在处理有关纠纷时也无须对是否存在过错作出判定。第三，违约方也有权根据法律规定或当事人约定的免责事由主张免责。第四，在无过错责任原则中，责任的确定主要从违约方一方的损害程度来考虑，并从适当限制无过错责任承担者的责任程度出发，对这种责任规定有赔偿或限制赔偿范围。

2. 过错责任原则

过错责任原则，是指在一方当事人违反合同规定的义务，不履行或者不适当履行合同时，以过错作为确定责任承担的决定性因素。

过错责任原则的特点是：第一，以行为人主观上有过错作为责任的构成要件，即违约方只有在主观上有过错的情况下，才可能承担民事责任，无过错即无责任。第二，实行举证责任倒置原则，一般采取推定过错的方式，即由违约当事人负举证责任，证明其没有过错。第三，违约方对第三人的过错导致的违约也要负责，过错程度对确定违约当事人的责任范围有时有直接影响。

我国《民法典》对违约责任一般采取无过错责任原则，但也例外地承认过错责任。如《民法典》第 590 条规定："当事人一方因不可抗力不能履行合同的，根据不可抗力的影响，部分或者全部免除责任，但是法律另有规定的除外。因不可抗力不能履行合同的，应当及时通知对方，以减轻可能给对方造成的损失，并应当在合理期限内提供证明。当事人迟延履行后发生不可抗力的，不免除其违约责任。"这种当事人迟延履行后发生不可抗力而承担的责任就是过错责任。因为迟延履行时，债务人已有过错，法律规定债务人承担迟延履行期间不可抗力所致后果，是对不可抗力发生前已构成违约及违约责任的认可。

(二) 违约行为形态及其法律后果

违约行为，是指违反合同债务的行为。根据无过错责任原则，违约行为仅指违反合同债务这个客观事实，不包括当事人及有关第三人的主观过错这个因素。同时，违约行为以合法有效的合同存在为前提，违约行为的主体是合同关系的双方当事人，违约行为的后果是导致对合同债权的侵害。

违约行为形态，简称违约形态，是根据违约行为违反合同义务的性质和特点而对违约行为进行的分类。根据我国《民法典》第 563 条、第 577 条、第 588 条的规定，违约形态可分为预期违约和实际违约两种。预期违约包括明示的预期违约和默示的预期违约两种；实际违约包括不履行和不完全履行。此外，违约形态还可分为一方违约和双方违约。

1. 预期违约

预期违约也称为先期违约，是指在履行期限届满之前，当事人一方明确表示或者以自己的行为表明不履行合同义务。预期违约包括明示的预期违约和默示的预期违约两种。明示的预期违约，是在履行期限届满之前，当事人一方明确表示将不履行合同义务；默示的预期违约，是在履行期限届满之前，当事人以自己的行为表明将不履行合同义务。

预期违约与实际违约不同：第一，预期违约行为表现为未来将不履行义务，而实际违约行为则表现为现实的违反义务，因此预期违约行为也称为毁约行为。第二，预期违约行为侵害的是期待的债权而不是现实的债权。第三，预期违约有特殊的补救方法，且预期违约可转化为实际违约。

我国《民法典》第 578 条规定，"当事人一方明确表示或者以自己的行为表明不履行合同义务的，对方可以在履行期限届满之前要求其承担违约责任"。对于明示的预期违约，对方当事人可以立即解除合同，请求赔偿；对于默示的预期违约，对方当事人可以中止履行合同或要求提供担保，对方在法定期限内未提供担保的，可立即解除合同，请求赔偿。

2. 实际违约

实际违约，是指在合同履行期限到来以后，当事人不履行或者不完全履行合同义务的行为。

实际违约包括不履行和不完全履行两种形态。

（1）不履行。

不履行是指合同当事人不能履行或者拒绝履行合同义务。

不能履行是指债务人由于某种情形，事实上已经不可能再履行债务。一般情况下，不能履行多是履行期限届至时，债务人在客观上没有履行能力，且债务人的没有履行能力是基于可归责于自己的事由。因此，法律规定对于可归责于债务人自己的事由而导致的不能履行，债务人往往要承担违约责任。我国《民法典》第579条规定，当事人一方未支付价款、报酬、租金、利息，或者不履行其他金钱债务的，对方可以请求其支付。第580条规定，当事人一方不履行非金钱债务或者履行非金钱债务不符合约定的，对方可以请求履行，但是有下列情形之一的除外：①法律上或者事实上不能履行；②债务的标的不适于强制履行或者履行费用过高；③债权人在合理期限内未请求履行。有前款规定的除外情形之一，致使不能实现合同目的的，人民法院或者仲裁机构可以根据当事人的请求终止合同权利义务关系，但是不影响违约责任的承担。

拒绝履行是指债务人能够履行而违法地作出拒不履行的意思表示。拒绝履行构成违约形态的条件是：债务人在具备履约能力的情况下，在履行期限到来之后没有正当理由地向债权人作出了拒不履行的意思表示，这种拒绝可以是明示的，也可以是默示的。在债务人作出拒绝履行的意思表示后，债权人可以解除合同，并请求支付违约金或赔偿损失；或者债权人可以诉请法院强制执行，并请求支付违约金或赔偿损失。

（2）不完全履行。

不完全履行是指不按照合同规定的条件履行或者说履行不符合合同约定，具体包括迟延履行、不适当履行两种类型。

迟延履行包括给付迟延（债务人的迟延）和受领迟延（债权人的迟延）两种。

给付迟延，是指债务人在履行期限到来时，能够履行而没有按期履行债务。对于给付迟延，一般要求债务人强制履行，并赔偿因迟延而给债权人造成的损害。而债权人则可以要求解除合同。同时，债务人对不可抗力也应负责。比如在给付迟延后，遇不可抗力而使合同标的物毁损，债务人应承担履行不能的责任，不得以不可抗力为由主张免责。另外，给付迟延后债务人再履行债务，如对债权人已无利益的，债权人可以拒绝受领，请求债务人赔偿损失。

受领迟延，是指债权人对于债务人的履行应当受领而不受领或不能受领。对于受领迟延，债务人的注意义务减轻。因债权人受领迟延而致履行不能时，债务人免除履行义务，债务因而消灭。同时，债务人停止支付利息。我国《民法典》第589条规定："债务人按照约定履行债务，债权人无正当理由拒绝受领的，债务人可以请求债权人赔偿增加的费用。在债权人受领迟延期间，债务人无须支付利息。"如果债务人保管标的物的，可以请求保管标的物的必要费用以及赔偿因实际履行行为造成的损失。另外，债权人迟延后，债务人可以自行消灭其债务。如果标的物是动产的，债务人可以提存的方式消灭债务，不便提存或提存费用过高的，可以拍卖后提存价款；如果标的物是不动产的，债务人在尽可能通知债权人的情况下可以抛弃占有以消灭债务。

不适当履行，是指债务人没有完全按照合同的内容履行合同义务，表现为债务虽已履行，但由于债务人自己的原因，使履行没有完全按照合同内容进行。不适当履行有瑕疵给付和加害给付两种类型。

瑕疵给付，是指债务人虽然履行了债务，但债务人的给付是含有瑕疵的给付，如数量不足、品种不合、地点不妥、时间不宜或者方法不当等。对于瑕疵给付，能补正的，债权人有权拒绝受领，要求补正，并不负受领迟延责任，而债务人因补正造成交付迟延的，应承担迟延责任；如果补正后履行对债权人已无利益的，债权人可以解除合同。不能补正的，债权人可以拒绝受领，请求赔偿不履行的损害，并可解除合同。

加害给付，是指债务人的给付不但含有瑕疵，而且其瑕疵还造成了债权人的损害。如债务人交付有传染病的家畜，致使债权人的其他家畜感染死亡等。因加害给付而致债权人其他利益遭受损害的，无论是人身损害还是财产上的损失，无论是既得利益的损失还是可得利益的损失，债务人均应赔偿。

(三) 违约责任的方式

违约责任的方式是承担违约责任的形式和种类。承担违约责任的具体方式有：

1. 违约金

违约金，是指当事人在合同中约定的，一方违约时应支付给对方的一定数量的货币。可见，违约金依合同约定而产生，目的是在债务人失去清偿能力的情况下，补偿受害方的损失或制裁教育违约方。但违约金的适用并不意味着免除债务人继续履行的义务。如果债权人要求履行的，债务人还得继续履行。

我国《民法典》第585条规定，当事人可以约定一方违约时应当根据违约情况向对方支付一定数额的违约金，也可以约定因违约产生的损失赔偿额的计算方法。约定的违约金低于造成的损失的，人民法院或者仲裁机构可以根据当事人的请求予以增加；约定的违约金过分高于造成的损失的，人民法院或者仲裁机构可以根据当事人的请求予以适当减少。当事人就迟延履行约定违约金的，违约方支付违约金后，还应当履行债务。

2. 赔偿损失

赔偿损失，是合同一方当事人因不履行或不完全履行合同义务给对方造成损失时，依法或根据合同规定应承担赔偿对方当事人所受的损失。赔偿损失是一种民事法律责任，是当事人不履行或不完全履行原合同债务所产生的法律后果，目的在于补偿受害人的全部损失。

赔偿损失责任一般采取完全赔偿原则。我国《民法典》第583条规定："当事人一方不履行合同义务或者履行合同义务不符合约定的，在履行义务或者采取补救措施后，对方还有其他损失的，应当赔偿损失。"第584条规定："当事人一方不履行合同义务或者履行合同义务不符合约定，造成对方损失的，损失赔偿额应当相当于因违约所造成的损失，包括合同履行后可以获得的利益；但是，不得超过违约一方订立合同时预见到或者应当预见到的因违约可能造成的损失。"即根据完全赔偿原则，违约方不仅应赔偿受害人遭受的全部实际损失，还应赔偿可得利益的损失。所谓可得利益，是指如果合同得以履行可以实现和取得的财产利益。

3. 继续履行合同

继续履行合同，是指违约方不履行合同时，不论是否已经承担了违约金或者赔偿损失的责任，都必须根据对方的要求，在自己能够履行的条件下，对原合同未履行的部分继续履行。继续履行是一种违约责任形式。因为它已经被赋予了国家强制性，即不论违约方是否愿意，只要受害人有继续履行的要求，违约方有继续履行的可能，就必须履行合同债务。

我国《民法典》第580条规定了要求继续履行合同的条件：第一，必须有违约行为，即当事人一方不履行非金钱债务或者履行非金钱债务不符合约定。第二，必须有受害方请求违约方继续履行债务的行为。第三，必须是违约方能够继续履行合同。如果法律上或事实上不能履行，或者债务的标的不适于强制履行或者履行费用过高，不能适应继续履行。第四，债权人应在合理期限内要求履行。如果债权人在合理期限内未要求履行，不得继续履行。

继续履行合同可以与违约金责任、赔偿损失责任、定金责任并用。

4. 定金

定金，是为了保证合同债权的实现，合同当事人一方在应该给付的数额内预先支付给对方的款项。

定金是债权担保的一种形式，因此，定金之债是从债务。我国《民法典》第586条规定："当事人可以约定一方向对方给付定金作为债权的担保。定金合同自实际交付定金时成立。定金的数额由当事人约定；但是，不得超过主合同标的额的百分之二十，超过部分不产生定金的效力。实际交付的定金数额多于或者少于约定数额的，视为变更约定的定金数额。"第587条规定："债务人履行债务的，定金应当抵作价款或者收回。给付定金的一方不履行债务或者履行债务不符合约定，致使不能实现合同目的的，无权请求返还定金；收受定金的一方不履行债务或者履行债务不符合约定，致使不能实现合同目的的，应当双倍返还定金。"这说明定金既具有预付功能，又具有惩罚性质。即在债务人履行债务后，定金应当抵作价款或者收回；但当给付定金的一方不履行债务或者履行债务不符合约定时，无权要求返还定金；收受定金的一方不履行债务或者履行债务不符合约定时，应当双倍返还定金。

定金与违约金一样，是一种民事责任形式。但在当事人既约定违约金，又约定定金的情况下，只能选择适用违约金和定金条款中的一种作为承担违约责任的方式，即二者不能并用。我国《民法典》第588条规定："当事人既约定违约金，又约定定金的，一方违约时，对方可以选择适用违约金或者定金条款。定金不足以弥补一方违约造成的损失的，对方可以请求赔偿超过定金数额的损失。"

（四）免责事由

免责事由，是指法律规定的或者合同约定的当事人对其不履行合同债务不承担违约责任的条件。我国《民法典》第590条规定："当事人一方因不可抗力不能履行合同的，根据不可抗力的影响，部分或者全部免除责任，但是法律另有规定的除外。因不可抗力不能履行合同的，应当及时通知对方，以减轻可能给对方造成的损失，并应当在合理期限内提供证明。当事人迟延履行后发生不可抗力的，不免除其违约责任。"

不可抗力作为违约责任的免责条件，主要是为了保护无过错的当事人的利益，维护公平原则的实现。对不可抗力的范围，当事人可以通过合同加以约定。

不可抗力发生后，因不可抗力不能履行合同的，根据不可抗力的影响，部分或全部免除责任，但并不绝对当然地免除，即"法律另有规定的除外"。如我国《民法典》第567条规定："当事人一方未支付价款、报酬、租金、利息，或者不履行其他金钱债务的，对方可以请求其支付。"即金钱之债，即使发生不可抗力，也不能免除合同债务人的给付义务。《民法典》第593条规定："当事人一方因第三人的原因造成违约的，应当依法向对方承担违约责任。当事人一方和第三人之间的纠纷，依照法律规定或者按照约定处理。"据此规定，当事人一方违约是因为第三人的原因，即使当事人本身没有过错，也应当向对方承担违约责任。

在不可抗力发生后，当事人一方因不可抗力不能履行合同的，应当及时通知对方当事人，通知的目的是使对方当事人知道不可抗力的发生以及合同不能履行的事实，从而能够让对方及时采取措施减少合同不能履行而造成的损失。若不及时履行通知义务，致使对方可能避免或减少的经济损失没有避免或减少的，则应就扩大部分的损失承担违约责任。

第二节　有关出版合同的法律规定

我国宪法规定公民有言论自由和出版自由，公民的言论自由和出版自由是建立在合理的出版管理体制之下的，按照我国相关出版政策法规的规定，只有具有合法资格的出版主体才能进行出版活动。这也就是说，只有将个人出版权让渡给合法的出版者，使之与合法的出版资质相结合后才能形成完全合法的出版物。在这种让渡的过程中，双方必须明确各自的权利和义务，为了对权利义务进行事前规范就出现了出版合同。从这个意义上说，出版合同的实质就是这种权利让渡的双方合意。

在出版活动中，出版合同是维护出版者和著作权人双方权益的依据，是一种重要的出版民事行为，对于保障双方在出版活动中行使各项权利、约束双方在出版过程中执行各项义务具有十分显著的作用。

一、出版合同的概念和订立原则

出版合同是民事合同中相对独立的一种，在我国现行法律中尚未对其进行明确的规定。根据《民法典》第467条的相关规定，《民法典》或者其他法律没有明文规定的合同，适用《民法典》合同编通则的规定，并可以参照适用合同编或者其他法律最相类似合同的规定。《民法典》在"分编"规定了几种常见的和典型的合同类型，如买卖合同、建设工程合同、技术合同等，将其作为有名合同确定下来并一一予以单独规定，其中并不包括出版合同。

（一）出版合同的概念及特征

在对现实的出版合同性质加以界定之后，一些学者认为出版合同具有独立的有名合同的特征，并对其加以概括和归纳。[①] 另外，我国《著作权法》第四章第一节中对图书出版

---

① 郭明瑞，王轶 . 合同法新论·分则 [M]. 北京：中国政法大学出版社，1998：187.

者和著作权人订立出版合同中的相关权利和义务进行了一定的规定。因此，可以借鉴《民法典》合同编通则中普通合同的定义以及"分编"中各独立有名合同的定义的逻辑方法，结合《著作权法》中对合同双方权利义务的具体设定来对出版合同进行定义。

在出版活动中，出版合同的双方分别为出版者和著作权人，出版者是具有合法出版资格的组织，著作权人包括作者和其他依法享有著作权的自然人、法人或非法人组织。双方围绕作品的出版进行权利义务的设定，最基本与最核心的权利依《著作权法》相关规定（《著作权法》第32条至第37条）可以概括为：出版者出版图书应当和著作权人订立出版合同并支付报酬，图书出版者对著作权人交付出版的作品，按照合同约定享有专有出版权，著作权人应该按照合同约定的期限交付作品，出版者则应当按照合同约定的出版质量和期限出版图书。值得说明的是，由于出版的概念在本书中被界定为广义的出版，因此本书所列的出版物形式不仅包括一般的印刷出版物，还包括其他公开复制发行的出版物类型。

通过以上分析，我们认为出版合同是作者或者其他著作权人在规定期限内向出版者交付作品，出版者承担以出版物形式将作品公开复制发行并支付报酬的合同。

根据这一概念，可以总结出版合同具有以下几个特征：

（1）合意性。

我国公民依照宪法拥有言论自由和出版自由，但是，在我国现行的管理体制下，只有依法经过审批并登记注册、具有出版资格的出版主体才能进行合法的出版活动。这样，对于要行使出版权的个人或组织就必须将个人出版权让渡给拥有合法资格的出版者，两者相联系，然后才能形成合法的出版物。出版合同可以说就是这种权利让渡的双方合意。

（2）有偿性。

根据我国《著作权法》第31条和第32条的规定，著作权人许可他人使用自己的作品，出版者应当支付相应的报酬，他人使用著作权人的作品，不得侵犯作者获得报酬的权利。这是民法典等价有偿原则在出版合同中的具体体现。

（3）诺成性。

所谓诺成，是指不需交付实物，只要有承诺，合同关系即宣告确立。如某位作者想与某家出版社订立图书出版合同，这位作者不需要将书稿交到出版社手里，只要作者与出版社之间双方的意思表示一致，合同便宣告成立。把未来的作品当作合同标的时，具有一定的风险性和不可预知性。因此，在实际的出版活动中，出版单位为了防止这种"空头合同"的出现，可以在订立图书出版合同之前，先和作者订立约稿合同。

（4）双务性。

出版合同是一种典型的双务合同，即合同双方当事人在合同签订后，在法律上都负有特定的义务。在合同中明确设立著作权人和出版者之间的权利、义务，是出版合同的核心条款。而且作为一种平等民事主体间订立的协议，应该由双方共同对权利和义务进行协商。

（5）期限性。

由于著作权的特殊性，著作权人的权利有一定的保护期，因此出版合同除了在合同中对交付作品和出版作品的时间进行约定之外，还受到权利保护期的限制。对于超出保护期的作品，著作权人的一些权利，《著作权法》不再予以保护；作品进入公共领域，出版者的相关权利也自动不再受到保护。

（二）出版合同的订立原则

出版合同是合同在出版领域的体现，因此，其订立应遵循我国《民法典》总则的基本原则，即遵循平等、自愿、公平、诚实信用和公序良俗等基本原则。

1. 平等原则

我国《民法典》第 4 条规定，民事主体在民事活动中的法律地位一律平等。平等原则是指在法律上出版合同当事人是平等主体，没有高低、从属之分，不存在命令者与被命令者、管理者与被管理者的区别。这意味着不论所有制性质，也不论双方实力强弱，其地位是平等的。在此基础上，要求出版合同中当事人权利义务对等，双方必须就合同条款充分协商，取得一致，出版合同才能成立。

在现实的出版活动中，合同双方在经济实力上往往并不相当，比如个人与出版社签订出版合同，或者小型出版社与跨国集团签订出版合同，但是无论经济实力如何悬殊，都应该在签订出版合同的时候坚持双方在法律地位上的平等，这样双方才有对合同条款进行平等协商的可能。

2. 自愿原则

我国《民法典》第 5 条规定，民事主体从事民事活动，应当遵循自愿原则，按照自己的意思设立、变更、终止民事法律关系。自愿原则体现了民事活动的基本特征，是民事法律关系区别于行政法律关系、刑事法律关系的特有原则。自愿原则意味着合同当事人即市场主体自主自愿地进行交易活动，当事人根据自己的知识、认识和判断，以及相关的环境去自主选择自己所需要的出版合同，追求自己最大的利益。其主要内容包括：

（1）订不订立合同自愿。当事人依自己意愿自主决定是否签订合同。

（2）与谁订合同自愿。在签订合同时，有权选择对方当事人。

（3）合同内容由当事人在不违法的情况下自愿约定。

（4）在合同履行过程中，当事人可以协议补充、变更有关内容或解除合同。

（5）可以约定违约责任，也可以自愿选择解决争议的方式。

总之，只要不违背法律、行政法规的规定，合同的签订、履行、解除等，均由当事人自愿决定。

3. 公平原则

我国《民法典》第 6 条规定，民事主体从事民事活动，应当遵循公平原则，合理确定各方的权利和义务。公平原则要求当事人之间的权利义务要公平合理并大体上平衡，合同上的责任和风险要合理分配。具体包括：

（1）在订立合同时，要根据公平原则确定双方的权利、义务，不得滥用权力和优势，强迫对方接受不合理内容。

（2）根据公平原则合理分配合同风险。

（3）根据公平原则确定违约责任。

当事人应当遵循公平原则确定各方的权利和义务。签约时，权利义务要对等，不能一方享受权利多而尽义务少，双方利益要平衡。

4. 诚实信用原则

我国《民法典》第7条规定，民事主体从事民事活动，应当遵循诚信原则，秉持诚实，恪守承诺。该原则的具体内容包括：

（1）在订立合同时，不得有欺诈或其他违背诚实信用的行为。

（2）在履行合同中，应当根据合同的性质、目的和交易习惯，履行及时通知、协助、提供必要的条件、防止损失扩大、保密等义务。

（3）合同终止后当事人也应当遵循诚实信用原则，及时履行通知、协助、保密等义务（后契约义务）。

当事人行使权利、履行义务应当遵循诚实信用原则，是指当事人在从事民事活动时应诚实守信、善意履行义务。市场经济是建立在法律和诚信机制之上的，诚信原则是对法律条款的重要补充。在我国尚未建立有效的诚信监督的情况下，合同双方要注意自律，具体来说应注意把握以下几点：首先，签约或联系签约时，负有忠实义务，应如实向对方陈述合同内容的真实情况，不得弄虚作假或假借签约恶意进行磋商，对各自的实际经营管理水平和状况有一个实际的表述；其次，在执行合同的过程中，双方有义务相互协作、向对方告知执行的进度，同时对合同执行中遇到的困难，如履约内容的变化、自身经营困难，应及时告知对方；再者，对合同中没有涉及的条款，则应本着诚信原则来执行，比如对出版物的销售量、脱销、库存、最终利润等情况都应该本着诚信的原则诚实告知；最后，合同终止后，双方要对彼此的经济情况等商业秘密保密。

5. 公序良俗原则

我国《民法典》第8条规定，民事主体从事民事活动，不得违反法律，不得违背公序良俗。

这是《民法典》确立的一项重要原则。一般来说，出版合同的订立和履行，属于双方当事人之间的民事权利义务关系，只要当事人的意思不与强制性规范、社会公共利益和社会公德相违背，国家就不予干预，而由当事人自主约定，采取自愿原则。但是由于出版活动的特殊性，出版合同的订立和履行，不仅仅是当事人之间的问题，常常会涉及社会公共利益和社会公德，涉及国家经济秩序和第三人的权益。因此，出版合同规定的内容应当是在法律允许的范围内的，对于损害社会公共利益、扰乱社会经济秩序的内容，政府可依法予以干预。比如，合同内容必须遵守宪法和法律，不得反对宪法确定的基本原则，不得损害国家的、社会的、集体的利益和其他公民的合法的自由与权利。尊重社会公德，不得扰乱社会经济秩序。同时，根据《出版管理条例》的要求，出版活动应当将社会效益放在首位，实现社会效益与经济效益相结合。

6. 绿色原则

我国《民法典》第9条规定，民事主体从事民事活动，应当有利于节约资源、保护生态环境。为了贯彻落实绿色原则，我国《民法典》合同编第509条第3款规定："当事人在履行合同过程中，应当避免浪费资源、污染环境和破坏生态。"绿色原则在合同履行中的贯彻，旨在起到引起出版主体在合同订立中对资源和生态的保护和重视。

二、出版合同的种类和主要内容

出版合同在实践中运用得十分广泛，每种出版形式都有其较为特殊的合同要求，这些不同的要求构成了一些不同种类的出版合同。另外，合同双方也许会根据自己的情况设置一些特殊的条款，这些都使得现实的出版合同之间产生各种明显或者不明显的差异。因此，需要了解现实中出版合同的种类以及出版合同的主要内容。

（一）出版合同的种类

出版合同可以从不同的角度进行不同的分类。

1. 图书出版合同、报刊出版合同、音像制品出版合同和电子出版物出版合同

这是按照作品出版的最终形式划分的。在这种分类标准之下对出版合同进行分类，首先必须弄清楚出版物的科学分类。

一般来说，目前绝大部分的出版物可分为两大类——平面出版物和非平面数字出版物。平面出版物即一般的印刷出版物，它包含了一般意义上的纸制图书，以及期刊和报纸等定期出版物。非平面数字出版物的种类要复杂一些，传统上将其分为音像制品和电子出版物，主要区别在于音像制品一般利用电磁方式进行信息的储存，如磁带、录像带、电影拷贝等；电子出版物则利用二进制的数字方式进行数据存储和传输，如 CD、E-book、网络出版物等。值得说明的是，随着数字技术在各个行业的普遍运用，电子出版物与新技术革命越来越紧密相关，任何一项数字技术的发展都可能衍生出新的出版物形式。因此，电子出版物的内涵和外延并没有统一的观点，它更像是与技术紧密联系的一个广泛的概念，不仅指利用多媒体技术、计算机技术进行的出版活动，也指利用互联网、无线通信网络等方式进行的出版活动。

在这种标准下，我们可以将出版合同分为图书出版合同、报刊出版合同、音像制品出版合同和电子出版物出版合同等。其中，图书出版合同是指著作权人在规定期限内向出版者交付作品，出版者承担以纸制印刷品形式将作品公开复制发行并支付报酬的合同。音像制品出版合同是指著作权人在规定期限内向出版者交付作品，出版者承担以音像制品的形式将作品公开复制发行并支付报酬的合同。电子出版物出版合同是指著作权人在规定期限内向出版者交付作品，出版者承担以电子出版物形式将作品公开复制发行并支付报酬的合同。

2. 本版出版合同和外版出版合同

这是按照作品的来源划分的。本版出版合同，是指授权方是境内的著作权人与出版单位签订的合同；外版出版合同，是指授权方是境外的著作权人与出版单位签订的合同。与有形财产的产权不同的是，著作权①和邻接权的保护是有地域限制的。一般来说，一国法律承认和保护的著作权只在该国地域范围内具有法律效力。对于签订了双边或多边协议的国家，由于著作权保护的内容和水平不尽相同，这就对利用著作权进行生产的出版产业提出了更高的要求。

在我国的出版活动中，占主流地位的是本版出版物。但自从我国在 1992 年 10 月先后加入《伯尔尼公约》和《世界版权公约》后，在与协约各国开展版权引进的过程中开始受到国际条约的约束。在经济与文化全球化的背景之下，出版社需要经常开展对外版权贸易，也需要签订外版出版物的出版合同。

---

① 在我国《著作权法》中，著作权和版权是同义语。本书在表述上尽量统一使用著作权，但是在涉及国外方面的论述时，会依据英美法系的习惯，使用版权这一表述方式。

3. 书面出版合同、口头出版合同和在线合同

按照订立出版合同的方式，出版合同可以分为书面出版合同、口头出版合同和在线合同。一般来讲，由于合同双方义务履行的期限较长，因此为了避免纠纷的发生，通常采取书面形式订立出版合同。但是，与其他种类的合同一样，出版合同并不一定需要书面形式或其他特定形式为要件，双方以诚信原则为基础，口头方式成立的出版合同同样是有效的。另外，随着互联网技术的普及，在线合同也成为一种逐渐为人们所认可的合同形式，在线合同（Online Contract）主要是指通过网络设施而成立的合同。在线合同有两种方式，一种是利用电子邮件订立的合同，电子邮件可以与普通邮件有相同的功能，缔约方可以通过电子邮件进行多次的交流和讨价还价，这与电话、传真等工具没有什么本质的区别，是书面合同的衍生形式；另一种是点击成交合同（Click-wrap Contract），这种合同是通过互联网在服务者和用户之间形成的合同。

4. 已创作出作品的出版合同和未创作出作品的出版合同

按照作品的完成情况，出版合同可以分为已创作出作品的出版合同和未创作出作品的出版合同。对于已经或者接近完成的作品，经过编辑加工就可以出版，这种合同是一般的图书出版合同。另一种适用于尚未创作的作品，根据出版社的约请，作者与出版社订立合同，然后根据合同创作出一部作品，这种合同是包含约稿条款的出版合同。在我国，一些出版社习惯将后一种出版合同分解为两个独立的合同，即约稿合同和出版合同。这两种合同在出版实践中都是十分重要的。

5. 有效的出版合同和无效的出版合同

按照合同的效力，出版合同可以分为有效的出版合同和无效的出版合同。有效的出版合同发生法律效力，受法律保护；无效的出版合同不发生法律效力，法律不予以保护。无效的出版合同主要有以下几种：第一，无民事行为能力人订立的合同；第二，行为人与相对人以虚假的意思表示订立的合同；第三，违反法律、行政法规的强制性规定的合同；第四，违背公序良俗的合同；第五，行为人与相对人恶意串通，损害他人合法权益的合同。

（二）出版合同的主要内容

尽管实际中出版合同各有不同，但是一份较为完整和正式的出版合同至少应该包括六个方面的主要内容，即合同名称、合同序言、授权条款、授权方的义务与权利、相应的出版者的义务与权利以及合同的其他条款。

1. 合同名称

合同首先需要具名合同的种类，如图书出版合同、翻译出版合同、音像出版合同、网络出版合同等。一个清楚的名称能够显示出合同最本质、核心的内容。

2. 合同序言

合同序言一般出现在正式条款之前，对合同双方和合同的主要内容进行说明。这一部分要明确和详细地列出以下几个方面的内容：

（1）授权人（著作权人或其他授权人）的简明信息。最典型的授权方是作品的著作权人，但是有时也不排除一些其他的授权人，常见的如作者的经纪人、作品的代理人，另外还有作者转让权利的受让方，如外方的出版社或者买断了作者经济权利的经纪人等。这一条需要列出授权人的姓名和详细地址信息，如果授权人不是作者，一般还需要加注作者

的相关信息，以方便合同双方更加畅通地联系或事后追究责任。

（2）出版者的简明信息。即具有合法出版资格的出版者的名称及其详细地址。

（3）作品信息。即出版的作品名称（可以是暂名）和出版形式。如果是译作，那么在标注作品名称的时候应加注原著名称及翻译的著作名称。如果合同名称中没有对出版物形式加以体现，这里就需要对出版物的形式加以规定。出版物的形式随着技术的发展有了越来越多的门类，如电子书、有声书、AR/VR 出版物等，由此在签订出版合同的时候就要求对具体形式加以规定。

3. 授权条款

著作权是作者依法享有的一系列专有权利的统称。作品一经创作，作者即享有该作品的著作权。法学家一般认为，著作权中的财产权利（与之相对应的是著作权的人身权利）是可以转让或许可他人使用的，这些权利在一定年限后进入公共领域，成为公众可以免费使用的资源，以最大限度地达到个人权利和公共权利之间的平衡。我国的《著作权法》列举了一些著作权人的财产权利，并规定这些权利可以转让给他人或许可他人使用。出版者要出版作品，前提就是以合法的方式得到作者对于作品的全部或者部分财产权利的授权，这种授权的内容可能是基于复制、发行权的图书出版权、音像制品出版权，可能是基于信息网络传播权的电子出版权（其中含网络出版权），同时还可能是附属于出版权的一些其他权利，如引进版图书的翻译权、电影剧本的小说改编权、舞蹈编排的表演和摄制权等。

需要说明的是，随着我国对著作权人权益保障意识的加强和对外知识产权合作程度的加深，著作权的内涵和外延都发生着一定的变化。著作权作为一种权利束被划分得越来越细致，因此作者有更多的授权选择。这需要在出版合同中详细加以说明。

4. 授权方的义务与权利

授权方一般被要求保证作品是自己创作的，如发生抄袭和其他侵权行为，有义务赔偿出版者的损失；授权方不得将同一作品（全部或一部分，或稍加改动）另外授权给第三者出版；授权方有义务在合同规定的一定时间内向出版者提供作品的清样等。

同时，授权方有权利按照国家规定的标准或国际惯例取得与授权相应的稿酬；授权方有权要求出版者尊重作者的人身权利，不得擅自作实质性修改；作品出版后经证实在市场上已脱销，授权方有权要求出版者重印等。

5. 出版者的义务与权利

出版者不得擅自向第三者转让出版权；出版者有向授权方依合同约定支付报酬的义务；出版者加工或修改作品应征得作者同意；出版者有义务合理处置作品的原稿；出版者有义务在作品出版后向授权方赠送一定数量的样书等。

同时，在合同有效期内，出版者有按照合同预定的授权形式出版该作品的权利；如果因授权方的过失（如抄袭、假冒作者等）造成的损失，出版者有权向授权方索赔等。

6. 其他条款

合同双方认为需要明确的其他条款。包括合同的有效时间（权利义务的开始和终止时间）、合同条款的解释方法、合同的变更和转让、合同纠纷的解决办法等。

三、签订、履行出版合同的注意事项

出版合同的订立，既是对著作权人权利的尊重，更是出版社保护自己权益的重要措施，切不可认为是一件可有可无的事，著作权人和出版者对此必须高度重视。但在现实出版活动中，由于双方当事人不注意合同的签订，产生了许多不必要的合同纠纷，因此，为了避免这些纠纷，保证合同的有效实施，促进双方合作的成功，必须考虑到出版合同签订时的一些注意事项。

（一）签订出版合同的注意事项

1. 合同是建立在诚实信用基础上的，是对双方行为的约束

在出版合同的订立过程中，合同双方必须遵循平等、自愿、公平、诚实信用和公序良俗等基本原则。

2. 双方应签署有效合同

在合同签订前，要认真核实合同签订者的身份，对其作为合同签订者应有的权利情况，一定要认真审查，应当特别注意的是特殊情况下的著作权归属。依照我国《著作权法》规定，特殊情况下的著作权归属主要有以下几种情况：合作作品、汇编作品、职务作品、委托作品、演绎作品等。出版者在签订出版合同时只有明确了特殊情况下的著作权归属人，才能正确地选择合格的对方当事人，以免签订无效合同。同时，应保证合同的双方与合同中双方签字人的署名一致。

3. 约定的条款内容要明确，保证合同的有效性

实际工作中订立的出版合同容易出现的内容包括作品名称、字数、交稿时间，著作权人授权范围、稿酬的支付方式，合同的有效期限等，如果这些重要项目未予准确注明则会影响到合同的履行，甚至导致合同的无效。因此，在签署合同时，双方一定要就其中约定的内容逐项进行认真的估算，使其大致接近实际情况，这样履行合同才有保证。

4. 要重视向著作权人解释条款内容

由于一般著作权人特别是初次著书的作者，对出版合同内容和要求并不了解，出版者在与著作权人就出版合同进行磋商时应逐条向其解释清楚，包括在订立的出版合同中的格式条款和非格式条款。对于格式条款，在订立合同前，出版者需要特别提醒著作权人注意其中关于出版者免除责任、限制责任的条款，著作权人提出异议时，出版者有义务对该条款予以说明。只有著作权人真正理解了合同条款的内容，才能配合编辑完成好作品的出版工作。比如，解释条款时，对合同中关于代著作权人对外联系其作品的版权输出，以及由此所获收益将如何进行分成；什么是稿件要达到的"齐、清、定"要求；作者在看清样时对清样不要再做较大修改、润色加工等，都要讲清楚。

5. 填写合同要清楚，合同文本要规范

出版合同的签署是一件严肃的事情，合同的填写应字迹清楚，忌在合同上涂涂改改。签署的合同文本整洁与否反映了双方合作的态度，工整清楚的合同也是双方相互尊重的表现。为了使出版合同规范化，最好使用条款齐全、统一印制的合同书，避免因书而异自立合同。这样一是便于合同管理的规范化，二是避免出现随意性或漏项内容。

6. 违约责任中的"免责条款"问题

"免责条款"是当事双方的合同约定，它只能约束著作权人和出版者双方，却不能对抗或者约束第三方。这就是说，如果作品出版后发生侵犯他人著作权的情况，即使有"免责条款"，法院仍然要认定出版者没有尽到合理注意义务，仍然要判出版者承担侵权的连

带责任。所以，"免责条款"的作用，更多地体现在对作者的约束方面，对于出版者，法院只将其看作一种尽合理注意义务的意识和努力，至于是否尽到了，只能以有无侵权事实存在为标准。只要有侵权事实存在，那就说明你的合理注意义务没有尽到。因此，出版者必须在出版工作的全过程中把好著作权关，才能说是尽到了合理注意义务。否则，即使有"免责条款"，也一样不能"免责"。

7. 注意防止产生违约责任（缔约过失责任）

在出版合同订立过程中，出版者也会产生违约责任。例如，出版者与作者约定按一定出版条件为作者出版某作品，双方拟订出版合同，双方或一方并未签字或盖章，作者已经开始作品创作，而出版者接受了作者的创作行为，但不久，出版者考虑该书的市场前景可能不好，便以合同书并未签字或盖章为由，不再为作者出版该作品，则出版者应承担违约责任。这是因为根据我国《民法典》的规定："当事人采用合同书形式订立合同的，自当事人均签名、盖章或者按指印时合同成立。在签名、盖章或者按指印之前，当事人一方已经履行主要义务，对方接受时，该合同成立。"因此出版者应审慎选择好要出版的作品，不要轻易地与对方拟订出版合同，如要反悔应及时与作者沟通。

8. 避免语言文字差错

在订立出版合同时，出版者不仅要着眼于条款内容，也不能忽视任何一个细节。表达合同内容的一词一字，甚至一个标点，都必须经过反复推敲，做到准确无误，否则就会发生合同纠纷。因此出版者在签字盖章之前，应当反复审读合同书，避免不必要的争议和遗憾。

9. 如有变更，签订补充协议

出版合同签订后如有变更，一定要签订补充协议，避免以其他一些不规范的做法代替。

◎ **案例一**

【案情】① 2016 年 1 月，段某与 A 出版社签订出版合同，约定段某授予 A 出版社在合同有效期内，在全世界以纸介质图书及配套音像制品、电子图书形式出版作品《科比布莱恩特全传》，并约定 A 出版社采取"预付版税+阶梯版税"的方式支付稿酬。2016 年 9 月 26 日，B 公司与 A 出版社就该图书签订出版合同，除合同尾部甲方签章处为 B 公司印章外，该合同与原出版合同内容完全一致。

2020 年 7 月，段某向北京市朝阳区人民法院提起诉讼，指出图书《科比布莱恩特全传》正式出版发行后，根据出版合同的计算方式，A 出版社应向其支付稿酬 1591920 元。而出版社委托 B 公司于 2016 年 1 月 24 日向其支付了 5 万元，于 2017 年 12 月 2 日支付了 12 万元，于立案后支付了 30 万元，剩余款项一直未向其支付。A 出版社逾期支付稿酬构成违约。且 A 出版社在原告不知情的情况下多次重印涉案图书并使用图书数字版权，且未向原告支付相应稿酬。A 出版社主张其虽与段某签订有涉案合同，但涉案合同并未实际履行，而是被其与 B 公司签订的出版合同替代，其款项支付对象为 B 公司而非段某。段某表示对该合同的签订并不知情，且对该合同不予认可。

---

① 北京知识产权法院民事判决书（2021）京 73 民终 3656 号。

北京市朝阳区人民法院对段某的该项诉讼请求予以支持，依照《中华人民共和国合同法》第九十四条、第九十七条，《最高人民法院关于适用〈中华人民共和国民事诉讼法〉的解释》第九十条之规定，法院判决如下：一、段某与A出版社有限公司签订的涉案合同于2020年7月20日解除；二、A出版社有限公司于一审判决生效之日起十日内向段某支付稿酬1121920元及涉案图书电子发行稿酬10000元；三、A出版社有限公司于一审判决生效之日起十日内向段某支付利息损失50000元；四、驳回段某的其他诉讼请求。后原告向北京知识产权法院提出上诉，二审最终驳回上诉，维持原判。

【分析】《中华人民共和国著作权法》规定，图书出版者出版图书应当和著作权人订立出版合同。在此案例中，A出版社辩称其与B公司就涉案图书签订有出版合同，且该合同取代涉案合同。然而，段某系涉案图书的作者，B公司就涉案图书与他人签订出版合同，须经作者授权。而本案中，B公司与A出版社均未能提供段某出具的授权书等文件。虽然A出版社提交段某出具的声明，载明其前期将涉案图书版权交由B公司代为管理，结算稿酬，但该声明出具时间为2019年5月5日，系涉案合同与出版合同签订近三年后，且该声明中所载"前期将涉案图书版权交由B公司代为管理"表述极为模糊，"前期"所指的具体时期、是否涵盖出版合同签订之时不能确认，且授予B公司的具体权项亦未明确。因此，仅根据该声明，不能认定B公司与A出版社签订出版合同系取得段某授权，根据在案证据，亦无法看出段某或A出版社就涉案合同效力作出明确意思表示，继而得出该出版合同取代涉案合同的结论。故A出版社主张涉案合同已解除的意见法院不予认可，A出版社构成侵权。

【启示】在现实的出版活动中，图书出版者出版图书应当和著作权人订立出版合同，若与第三方签订出版合同，则必须取得著作权人授权，只有这样才能明确双方的权利义务，也才能更好地保证双方交易的成功。此外，法律明确规定图书出版合同必须是书面形式，没有书面的图书出版合同很难得到法律的保护。例如，在实际工作中，如果出版社与作者只是通过口头达成出版意向，而出版社对决定采用的稿件，事先并未就有关问题与著作权人签订书面合同即先期投入人力、物力，这就会使出版社在与著作权人协商付酬标准和授权期限等问题上陷入十分被动的地位，出版者的出版行为甚至得不到法律保护，因为此时出版者并没有获得图书的专有出版权。

◎ 案例二

【案情】某大学美术学院学生小刘写了一本软件绘图方面的书，委托一位熟人胡某联系出版。书出版了，学生知足地拿到了几千元稿费。可一年以后，小刘在市场上发现出版他的图书的出版社又出版了一本图书，是将他的书稿重新编排而成的，但作者的署名换成了某工作室。更奇怪的是该书在网站上销售署名成了原来帮他联系出版的胡某，而小刘一分钱稿费也没见到。小刘将出版社告上了法院。据出版社称：由于第一版图书的销售良好，所以出版社决定将图书再版，与胡某签订了再版合同。对于该书的第一版，出版社已向胡某支付稿酬23000多元，再版与胡某签订合同支付稿酬近2万元。但无论出版社付了多少稿酬，案件最后以出版社败诉告终。出版社被判侵权，赔偿小刘近2万元。

【分析】在此案中，出版社的问题出在签订合同时对作者的审查认定上。这份合同中，胡某并不是作者，而第一次出版时胡某与出版社签约未发生异议，这使出版社大意于对作者身份的鉴定辨别，从而再版签约时出版社也疏忽于作品与作者之间的关系，导致小刘的作品被改头换面另行出版。其实如果出版社在合同签订与图书出版的过程中对"原作者到底是谁"这个问题加以重视并追根究底的话，错误是可以发现并避免的。

【启示】出版者在合同签订前，要认真核实合同签订者的身份，对其作为合同签订者应有的权利情况，一定要认真审查。此外，应当特别注意的是特殊情况下著作权归属，如合作作品、汇编作品、职务作品、委托作品、演绎作品等。出版者在签订出版合同时只有明确了著作权归属人，才能正确地选择合格的对方当事人，以免签订无效合同，遭受不必要的损失。

◎ 案例三

【案情】某年3月1日，某出版社与某大学副教授李某签订了一份翻译出版合同。在约稿合同中双方约定，由李某负责翻译一本美国通俗小说，该出版社负责出版。如译稿能够达到出版水平，而由于出版社的原因不能与译者签订出版合同时，出版社要向李某支付稿酬的30%作为补偿，并将译稿退回译者。如将译稿损坏或丢失，则赔偿译者稿酬50%的经济补偿。合同签订后，李某按照约定如期如质地译完了全书，并交付给出版社。出版社经审查，认为该译稿完全达到了要求，决定出版该书，并承诺书出后一个月内支付全部稿酬。3个月以后，该书首批印刷完毕并投入市场。后经有关行政主管部门审查发现，该书中不仅有许多宣扬种族歧视的内容，而且有大量淫秽色情描写，故作出查封已出图书并禁止该书继续印刷发行的决定，销毁了印刷完毕的图书以及纸型和半成品，并没收了译稿和原版小说。李某听说后，向出版社提出，译书是出版社主动约稿的，并有约稿合同，如出版社不出，出版社也应给他30%稿酬的经济补偿，并要求把稿子退还。况且该书已出版，因此出版社应按承诺支付该书的稿酬。出版社辩称，我们已按约定履行合同，该书不能出版是由于上级主管部门审查发现译稿内容淫秽等，而且该书被查封也造成了出版社很大的经济损失，故不能向李某支付稿酬并退回译稿。李某不服，认为出版社违约，遂向人民法院提起诉讼，要求赔偿其经济损失。

【分析】我国《民法典》第8条规定："民事主体从事民事活动，不得违反法律，不得违背公序良俗。"根据这一条的规定，遵守法律，尊重社会公德，不损害社会公共利益，是我国一切订立履行合同都必须遵循的共同准则，这就要求当事人在合同活动中除了严格依法办事之外，必须同时尊重社会主义社会的公序良俗，不得损害社会的公共利益。

就此案而言，李某与出版社所签订的约稿合同系合同法律关系，受《民法典》和《著作权法》调整，合法的合同法律关系应受《民法典》的保护。但双方签订的约稿合同是否为合法法律行为，是处理该问题的关键。

从表面上看，合同双方当事人一方是具有图书出版能力的法人，另一方是具有完全民事行为能力的公民，教师业余从事图书写作翻译工作也是法律允许的，因而双方主体资格合法。从合同的内容来看，形式要件符合法律规定，双方的权利义务关系规定得比较具体详尽，且意思表示真实。可问题是合同双方权利义务所指向的标的物是违法的，所以必然导致合同内容违法，合同无效。

由于被翻译的小说中有许多宣扬种族歧视的内容，而且有大量的淫秽色情描写，有伤社会风化，有损社会公德，损害了社会公共利益，违背了维护国家和社会公共利益的原则，所以小说被有关出版主管部门禁止出版。

此外，我国《著作权法》第 4 条明文规定："著作权人和与著作权有关的权利人行使权利，不得违反宪法和法律，不得损害公共利益。国家对作品的出版、传播依法进行监督管理。"因此，尽管出版社与译者李某所签订的约稿合同主体合法，形式要件符合法律规定，双方的意思表示真实，但双方权利义务所指向的标的物的内容是我国法律禁止的，这就决定了这一份约稿合同是不受法律保护的无效合同。

既然合同无效，李某就不能据此向出版社索要稿酬并要求退回稿件，李某的要求法院不予支持。

【启示】在此案例中，虽然出版者由于合同无效，不必给予作者稿酬，但是出版者也遭受了经济损失，同时也损害了和作者的关系。如果出版者能够在书稿翻译出来后，对书稿内容进行严格的把关，并及时与作者进行沟通，修改那些违反相关法律法规的内容，或是及时叫停该书的出版，而不是带着"打擦边球"的心理强行出版的话，也就不会造成被动局面。所以，当事人订立、履行合同，不得违反法律，不得违背公序良俗。

◎ 案例四

【案情】① 2003 年 11 月 10 日，郑某与某出版社就《基层党的组织工作实务指南》签订图书出版合同，2004 年 4 月 24 日，双方就《发展党员操作规程》签订图书出版合同。上述合同均明确约定该出版社在合同有效期内，在任何国家或地区享有专有出版权，并进一步约定郑某未经该出版社书面同意不得将上述作品的任何图书形式或郑某编写的与上述作品内容雷同之作品交第三方出版。

2016 年，该出版社将郑某起诉至北京市海淀区人民法院，称在双方合同有效期内，郑某多次将与上述两本图书内容相同之作品交由其他出版社出版。该出版社认为，根据双方合同约定，出版社在合同有效期享有上述两本图书的专有出版权，根据法律规定，郑某已经违反了合同义务，侵犯了出版社的合法权益。

根据查明的事实可知，当事人双方就两本图书所签订的专有出版合同约定的合同到期日分别为 2008 年 11 月、2009 年 4 月。就此，该出版社称，有关两本图书的出版合同到期后，出版社仍在出版并支付报酬，应视为合同到期后自动续期。而郑某则称，相关出版合同到期后，不能视为合同到期后自动续期。

最终，北京市海淀区人民法院认定该出版社在合同到期后继续出版前述作品的行为不能视为有关合同的自动续期。本案中，在该出版社与郑某就上述两本图书签订的出版合同到期后，郑某可以许可他人出版前述作品，其行为不构成违约行为。因此驳回该出版社的全部诉讼请求。后原告向北京知识产权法院提出上诉，二审最终驳回上诉，维持原判。

---

① 北京知识产权法院民事判决书（2017）京 73 民终 1099 号。

【分析】此案例涉及著作权使用的有效期问题，图书出版合同的期限即是合同发生效力的期限。本案中，一方面，就法律规定而言，在我国有关著作权的法律法规之中，未有"著作权人与出版社签订的专有出版合同到期后，出版社继续出版并支付报酬的视为合同到期后自动续期"的相关规定，我国合同法总则之中亦未见类似规定，有关合同到期后一方履行且另一方未提异议，原合同继续有效的规定见于合同法分则第十三章租赁合同第二百三十六条，但是在该条规定之中亦明确了租赁期限变为不定期，意即出租人可以随时解除合同，合同内容并非完全一样。可见，我国法律对于合同到期后合同能否自动续期的问题，并无一般规定，有也是针对特殊合同的特别规定。另一方面，就当事人合同约定而言，本案当事人双方在签订的有关出版合同之中，并无明确约定合同到期后合同如何自动续期的约定，因此，即便本案中该出版社在合同到期后继续出版前述作品的行为亦不能视为有关合同的自动续期。

【启示】当出版者与著作权人签订的图书出版合同的期限届满后，这份具有许可出版者使用作品的效力即不复存在，出版者的使用权同时丧失。从出版权的概念看，出版包括编辑加工、复制、发行三个环节，它们构成出版的整体概念，著作权人授予出版者的出版权就包含了复制许可、发行许可，出版许可的终止意味着每一项权利均终止。在图书出版合同约定专有许可后，专有许可具有对抗第三人的效力，如果原被许可的出版社在授权期限届满后不中止发行行为，那么再被许可的出版社的专有出版权显然就会受到侵害。

◎ 案例五

【案情】① 2016年10月，舒某（合同甲方）与某出版社（合同乙方）订立出版合同，合同主要约定了《惊人的发现》一书的出版事宜，其中出版合同第十一条规定，乙方采用下列方式向甲方支付报酬："无"（该字为手书）。

2018年，舒某将该出版社诉至北京市西城区人民法院，要求该出版社付清《惊人的发现》一书稿费41400元。舒某称在签订合同之前，双方对稿酬无明确约定。舒某方坚持出版要付稿酬。该合同第十一条中出现的手书"无"字系舒某在合同上签字寄给该出版社责任编辑后，由该出版社单方面补填。该出版社则认为，在合同签订之前，舒某和该出版社均未见过面，都是通过电话、邮件往来沟通。对于"无"字在电话沟通已经明确。邮件明确自费出版。舒某知道没有支付稿酬的权利。作品并未出版，舒某无权要求支付稿酬。

一审法院北京市西城区人民法院认为该条款排除了舒某作为作者基于作品的出版而获得报酬的权利，属于无效条款。该出版社不服判决，向北京知识产权法院提出上诉，并补充提交了出版社员工与舒某的往来邮件，用以证明舒某为自费出版，自行承担出版全部费用，舒某认可自费出版事实。据此北京知识产权法院认定涉案合同第十一条属于有效条款。最终北京知识产权法院依照《中华人民共和国合同法》第五十二条、第五十四条，《中华人民共和国著作权法》第二十八条，《中华人民共和国民事诉讼法》第一百七十条第一款第二项之规定，判决：一、撤销北京市西城区人民法院作出的（2018）京0102民初15576号民事判决；二、驳回舒某一审的全部诉讼请求。

---

① 北京知识产权法院民事判决书（2019）京73民终2598号。

【分析】根据《中华人民共和国合同法》第三十九条规定，采用格式条款订立合同的，提供格式条款的一方应当遵循公平原则确定当事人之间的权利和义务，并采取合理的方式提请对方注意免除或者限制其责任的条款，按照对方的要求，对该条款予以说明。格式条款是当事人为了重复使用而预先拟定，并在订立合同时未与对方协商的条款。第四十一条规定，对格式条款的理解发生争议的，应当按通常理解予以解释。对格式条款有两种以上解释的，应当作出不利于提供格式条款一方的解释。根据《合同法》第四十条规定，格式条款具有本法第五十二条和第五十三条规定情形的，或者提供格式条款一方免除其责任、加重对方责任、排除对方主要权利的，该条款无效。本案中涉案出版合同为该出版社提供的格式合同。由于该出版社答辩主张涉案出版合同第十一条条款添加内容"无"为双方协商后的一致意思表示但未进行举证，且出版社作为合同起草一方应当对合同条款负有更多的审核义务，一审法院将出版合同第十一条条款认定为无效条款。

而在二审中，根据该出版社提交的补充材料，舒某知晓涉案图书属于自费出版，该出版社也告知了自费出版的相应价格及操作流程。通过双方的邮件往来，舒某对涉案图书自费出版的方式予以认可，在此基础上，双方签订了涉案合同，舒某并未提交证据，证明其在该出版社寄回双方已经盖章的合同后，与该出版社就涉案合同的第十一条发生争议，双方的往来邮件也未表明舒某就稿酬问题与该出版社存在争议。二审法院结合舒某认可自费出版及合同实际履行的情况，应认定双方当事人对涉案合同第十一条的约定达成了合意，不违反法律、行政法规的强制性规定，属于有效条款。

【启示】出版者在订立合同时，应尽到合理注意义务，就出版合同与著作权人进行磋商时应逐条向其解释清楚，而且在订立的出版合同中有格式条款，也有非格式条款。对于格式条款，在订立合同前，出版者需要特别提醒著作权人注意其中关于出版者免除责任、限制责任的条款，著作权人提出异议时，出版者有义务对该条款予以说明。同时，对于约定条款内容要明确、具体，特别是那些容易产生模糊的条款，如字数、交稿时间、著作权人授权范围、稿酬的支付方式，合同的有效期限等。如果这些重要项目未予准确注明则会影响到合同的执行，也就为合同纠纷的产生埋下了"种子"。因此，在订立合同时，出版者和著作权人对出版合同的约定应当明确、具体，以便于合同履行，这是法律对合同订立的共同的、基本的要求。

（二）履行出版合同应注意的几个问题

出版者与著作权人订立出版合同后，应当履行出版合同。出版者在履行过程中，应当注意以下几个方面的问题。

1. 补充合同欠缺条款

出版合同生效后，出版者发现有关专有出版权的范围、交稿时间、出版时间、书稿字数、稿酬、包销或资助条款没有约定或者约定不明确的，有权与著作权人达成补充协议。在达成补充协议时，要遵循公平合理的原则，根据相关规定和具体情况确定，或者按交易习惯确定。

2. 行使合同应变权

出版合同成立后，由于某些原因，出版者可以行使合同应变权。出版者可以行使的合同应变权主要分为三种。

（1）撤销权。

出版合同成立后，出版者认为著作权人的行为违反合同基本原则时，有权请求撤销合同。基于重大误解订立的或显失公平的合同，出版者可以请求撤销。著作权人以欺诈的手段，使出版者在违背真实意思的情况下订立的出版合同，出版者可以请求撤销。如，著作权人向出版者谎称自己可以包销一定量的图书，与著作权人订立出版合同，但实际上著作权人做不到，在这种情况下出版者可以请求人民法院或仲裁委员会撤销合同。

（2）抗辩权。

出版合同成立后，在法定条件下，出版者有阻止或拒绝对方要求其履行出版义务的权利。如，著作权人未按时向出版者交稿，而该图书的时效性较强，迟延出版对销售影响较大，则出版者可以拒绝履行出版合同。又如，著作权人提供的书稿未达到"齐、清、定"要求，出版者也可以拒绝履行出版合同。以上两例由于著作权人违约，要承担违约责任，因此出版者可依据合同规定要求其支付违约金。

（3）解除权。

有效合同成立后，由于某些情况致使合同目的难以实现时，出版者与著作权人可以协商解除合同。在签订合同时，双方约定了出版者解除合同的条件，解除合同的条件成立时，出版者可以解除合同。在下列情形下，出版者可以解除合同。

第一，不可抗力致使不能实现合同目的；

第二，在交稿日期之前，著作权人明确表示或以自己的行为表明不履行交稿义务；

第三，著作权人迟延履行交稿义务，经出版者催稿后在合理期限内仍未交稿。

3. 全面履行合同义务

出版者应当全面履行合同义务，包括以下三个方面：

（1）出版者不仅要全面履行明示义务，还要全面履行默示义务。所谓默示义务是基于出版合同的性质、目的，交易习惯或惯例，法律和行政法规的规定及诚实信用原则，在当事人未作相反约定时，为出版合同必备的义务。如，出版者在对书稿进行编辑加工时，要作实质性修改需要征得著作权人的许可。

（2）出版者要实际履行合同义务。实际履行是指出版者要切实履行合同义务，若出版者不履行或履行有严重瑕疵，致使合同目的无法实现，著作权人可以请求裁判强制履行。

（3）出版者要适当履行合同义务，即履行合同的行为没有瑕疵。第一，要求出版者亲自履行合同义务，不能由其他出版者代为履行。第二，要求履行的时间适当，即出版者要在出版合同要求的出版期限内出版图书，不能延迟出版，因迟延出版而导致著作权人不能实现合同目的的，著作权人可以追究违约责任。第三，要求履行的质量适当，即出版者出版的图书应当符合有关质量规定。

4. 遵守诚实信用原则

出版者履行出版合同时应遵守诚实信用原则，善待著作权人。

（1）出版者要履行通知、协助、保密等义务。如，出版者出版图书后要及时通知著作权人；著作权人要开具出版证明时，出版者应予以协助；对于出版合同中稿酬等有关规定，出版者应当保密。

（2）在著作权人违约后，出版者要履行减损义务，避免将违约引发的损失扩大。如，当著作权人没有按时交稿时，出版者应变更出版计划，减少损失。

（3）在订立合同的背景条件下，发生未曾预见，也没有理由预见，且不能归责于著作权人的变化，以致合同内容重大失衡时，应当同意著作权人变更或解除合同的请求，不能不合理地强人所难。如，出版者与著作权人订立出版合同，双方约定图书出版后著作权人可以包销一定量的图书，但由于课程调整，包销图书数量无法实现，则出版者应当同意著作权人变更或解除合同的请求。

5. 合理处理相关事务

出版者在图书出版后应及时支付稿酬和寄送样书。稿酬按相关规定，应在出书后 6 个月内支付。赠送样书的册数，按合同约定或各出版社的规定办理。

出版者在图书脱销后应及时重印。根据我国《著作权法》的规定，图书脱销后，图书出版者拒绝重印、再版的，著作权人有权终止合同。根据我国《著作权法实施条例》的规定，著作权人寄给图书出版者的两份订单在 6 个月内未能得到履行，视为图书脱销。

出版者在图书出版后应按合同约定处理原稿。原稿如果是美术、艺术类作品，必须在合同约定的时间内，将原稿退给著作权人。原稿是其他作品的，如著作权人不要求退还原稿，出版者可以自行处理；著作权人要求退还原稿，出版者应按时退还原稿，出版者如将原稿丢失或损坏，应适当赔偿著作权人的经济损失。

◎ 案例一

【案情】① 2020 年 6 月 11 日，李某与某出版社签订图书出版合同，约定该出版社在 2020 年 12 月 31 日前出版著作权人为李某的《清末三大官报汇刊》（暂定名），主编费 2000 元，稿费预算为 5 万元，按实际页数结算，每页 2 元；合同签订后预付 12000 元作为预付版税，纸质图书出版后 60 个工作日向原告支付剩余稿费；合同有效期为 5 年，自 2020 年 12 月 31 日至 2025 年 12 月 30 日。2020 年 9 月 5 日，李某向该出版社提交了纸质图书完整版，实际页数为 26923 页。2021 年 6 月，李某在中央宣传部出版物数据中心网站查询发现涉案图书《清末三大专业官报汇编》已于 2020 年 12 月出版。李某认为，《清末三大专业官报汇编》即涉案合同约定的《清末三大官报汇刊》，按照实际页数 26923 页×2 元/页+主编费 2000 元计算，被告应当支付稿酬 55846 元，但该出版社未在 2020 年 12 月 31 日出版后的 60 个工作日内向其支付剩余稿酬 43846 元，虽经其多次催讨，出版社至今均以各种借口推脱。故李某向北京市东城区人民法院提出诉讼请求，要求判令出版社向其支付稿费 43846 元。

法院依照《中华人民共和国民法典》第五百零九条、第五百七十七条，《最高人民法院关于适用〈中华人民共和国民法典〉时间效力的若干规定》第二十条之规定做出如下判决：一、被告出版社于本判决生效之日起十日内向原告支付稿酬 43846 元；二、驳回原告的其他诉讼请求。

【分析】本案的纠纷缘起是合同的履行，主要涉及合同履行的原则。

依法订立的合同，对当事人具有法律约束力。遵守约定原则就是来源于法律赋予合同的这种法律的约束力，法律约束当事人遵守按照自由意志订立的合同中的约定。合同的履

① 北京市东城区人民法院民事判决书（2021）京 0101 民初 23538 号。

行过程，就是双方遵守预订付诸实施的行为过程，该过程是从约定到实现的过程，也是合同本身具有法律效力的集中体现。

遵守约定原则本身意味着双方的履行过程一切都要服从约定，信守约定，约定的内容是什么，就履行什么，一切违反约定的履行行为都属于对该原则的违背。双方遵守约定的法律保障是合同具有法律效力，是法律要求当事人遵守并服从于约定。该原则本身完全体现或包括了全面履行与正确履行合同义务的内容，当然也符合在履行阶段要求当事人实际履行合同义务的规定。因此，当事人必须严格遵守，违反了该原则，就等于破坏了合同履行的法律基础和根基，动摇了依法确立的合同关系，并会导致一系列不良后果的发生。由此可见，当事人必须将遵守约定原则视为合同履行的生命，并严格遵守与保证其实施。

遵守约定原则包括两个方面，即适当履行和全面履行。

适当履行，又称为正确履行，是指合同当事人按照合同约定的履行主体、标的、时间、地点以及方式等均须适当，完全符合合同约定的要求的原则。它既是合同当事人履行义务的准则与具体要求，同时也是衡量合同是否全面履行的标准。全面履行，是要求合同当事人按照合同所约定的各项条款，全部而完整地完成合同义务。

当事人履行合同约定，应当遵守关于债务的量的约定。在可以计量的标的、价款、酬金等方面，必须按照当事人的约定给付。在标的物的给付上，尽管质量是符合要求的，但是数量不足，不符合合同的约定，就是没有全面履行合同。在价款和酬金的给付上，通常用货币计量或给付，在履行上，全面履行就是如数给付。

应当指出，适当履行和全面履行是一个统一的整体，都是约定原则的具体内容，是对合同当事人履行合同的基本要求。当事人履行合同没有遵守约定，在一般情况下就构成违约，应当承担违约责任。

本案中，根据涉案合同约定，该出版社应于 2020 年 12 月 31 日以前出版涉案图书，并在出书后 60 个工作日内向李某支付稿酬。既然双方对稿酬计算方法及实际页数并无异议，因此该出版社应按照合同约定按时向李某支付稿酬 43846 元。

【启示】在出版合同的履行过程中，出版者应当合理地处理相关事务——按时出版图书，并在图书出版后及时支付稿酬和寄送样书。稿酬按相关规定，应在出书后 6 个月内支付。赠送样书的册数，按合同约定或各出版社的规定办理。对于出版者来说，在出版合同签订后，应当全面地、正确地履行合同，而不是马虎地履行。因为这是一种"损人不利己"的事，出版社不仅要承担相应的违约责任，而且还会因缺乏信用而影响到出版社的声誉，不利于出版社的发展，所以出版社对于合同的履行必须予以高度的重视。

◎ 案例二

【案情】① 2016 年 12 月 18 日，邱某与某出版社签订图书出版合同，作品名称为《婚姻危机攻略》《成就卓越管理者的必修课》，授予该出版社在合同有效期内，在中国大陆以图书、数字化形式出版上述作品中文简（繁）体字本的专有使用权和传播权，保证该作品的全部不另许可第三方使用。

---

①　北京市海淀区人民法院民事判决书（2021）京 0108 民初 19715 号。

2021 年，邱某向北京市海淀区人民法院提出诉讼请求：①判令该出版社承担因违约造成的经济损失（按照 45 元/千字计算）15.39 万元；②诉讼费由该出版社承担。事实和理由：《婚姻危机攻略》《成就卓越管理者的必修课》两本书稿已签订合同但该出版社无故未进行出版；未签订书面合同，口头约定的两本书稿《中国历史名人辞典》《诺贝尔文学奖获奖作品赏读》于 2017 年 10 月前已经按照出版要求发送给责任编辑，该出版社也未进行出版，构成违约，故诉至法院。

被告出版社辩称，其与邱某签订的两本图书的图书出版合同第八条约定了因该出版社原因不能出版，邱某可以终止合同，并约定了违约金等条款，邱某要求的 45 元/千字并非合同约定的违约金额。邱某主张的四本书中的两本书并未签订合同，该出版社并未违约，不同意承担责任。

北京市海淀区人民法院认为：邱某与该出版社所订出版合同依法成立，应属有效，对此双方均应自觉履行各自的合同义务；该出版社收到合同约定的《婚姻危机攻略》《成就卓越管理者的必修课》两本书稿后，未按时出版，亦未及时通知邱某，行为显属违约，应依法承担违约责任；邱某要求该出版社支付未签订合同的两本书《中国历史名人辞典》《诺贝尔文学奖获奖作品赏读》稿酬，证据不足，法院不予支持。据此，依据原《中华人民共和国著作权法》第二十四条之规定，判决如下：一、自本判决生效之日起十日内，被告出版社给付原告邱某稿酬 27000 元；二、驳回原告邱某的其他诉讼请求。

【分析】合同依法订立后，对当事人双方都有约束力，当事人必须按照合同的约定，全面地履行各自承担的义务，否则就应负相应责任。债务人违反履行义务的方式主要有履行不能、履行迟延、拒绝履行和不适当履行等。在此案例中，该出版社未能履行按时出版两本图书的义务，已违反了被告应履行的合同义务，使得原告邱某不能实现合同目的，为了维护其权益，原告邱某就可以追究被告出版社的违约责任。而对于尚未签订合同的另外两本图书，邱某就无法要求该出版社履行支付稿酬的义务。

【启示】在出版合同的履行过程中，出版者应当合理地处理相关事务——出版者须按照合同约定按时出版图书，即使由于某些原因而不能及时出版的，也应当及时与著作权人沟通，以取得他们的谅解，或给予相应的补偿，而不是置著作权人的合理要求于不顾，最终吃亏的只能是出版者自己。

四、图书出版合同及条款解释

我国现有的出版活动是依据出版物的不同类型来开展的，因此结合出版物的具体类型来分析出版合同的条款具有很强的现实意义。同时，在文化产业国际化发展的背景下，结合越来越广泛开展的外版引进活动，对各种类型出版物的外版引进合同加以介绍，对参与具体的出版工作具有一定的指导意义。

(一) 图书出版合同标准样式和条款解释

图书出版是出版门类中数量最多的一类。以下依据国家版权局颁布的《图书出版合同（标准样式）》修订本对图书出版合同条款依次进行说明和解释。

1. 图书出版合同（标准样式）修订本

合作双方的名称和住所

甲方（著作权人）：	乙方（出版方）：
身份证号：	地址：
地址：	法定代表人：
联系方式：	联系方式：

作品基本　**第一条**　作品名称：【　　　】（暂定名，最终名称由甲方确定，以下简称
信息　　　　　　　"本作品"）

作品署名：

署名顺序：（如为合作作品）

出版授权　**第二条**　甲方授予乙方在合同有效期内，在（中国大陆/中国香港/中国台湾/其他国家和地区/全世界）以纸质图书形式出版发行本作品（中文简/繁体、_____文）文本的专有使用权。在合同有效期内，乙方出版包含上述作品的选集、文集或者出版上述作品的缩编本、修订本图书的，应另行与甲方签订书面合同。

甲方所授予乙方的权利仅为纸质图书的专有出版权，不包括信息网络传播权（以电子图书、数字光盘、网络传播等形式使用作品）、改编权、翻译权、表演权、录音录像权、播放权等其他权利。

未经甲方书面许可，乙方不得行使本合同授权范围以外的权利。

作品要求　**第三条**　1. 根据本合同出版发行的作品不得含有下列内容：

（1）反对宪法确定的基本原则的；

（2）危害国家统一、主权和领土完整的；

（3）泄露国家秘密、危害国家安全或者损害国家荣誉和利益的；

（4）煽动民族仇恨、民族歧视，破坏民族团结，或者侵害民族风俗、习惯的；

（5）宣扬邪教、迷信的；

（6）扰乱社会秩序，破坏社会稳定的；

（7）宣扬淫秽、赌博、暴力或者教唆犯罪的；

（8）侮辱或者诽谤他人，侵害他人合法权益的；

（9）危害社会公德或者民族优秀文化传统的；

（10）有法律、行政法规和国家规定禁止的其他内容的。

2. 甲方保证拥有本合同第二条授予乙方的权利，因上述权利的行使侵犯他人著作权的，甲方承担全部责任并赔偿因此给乙方造成的损失。

3. 甲方的上述作品含有侵犯他人名誉权、肖像权、姓名权等人身权内容的，甲方承担全部责任并赔偿因此给乙方造成的损失。

出版要求　**第四条**　上述作品的内容、篇幅、体例、图表、附录等应符合下列要求：

1. 字数：【　　】（千字），暂定，以甲方确认后最终出版为准；

2. 开本：【　　】（开）；

3. 图表：【　　】（幅），（黑白/彩色）印刷；

4. 附录：【　　】（则）；

5. 印刷用纸规格：【　　】；

6. 封面装帧设计：乙方负责封面装帧设计，但在正式出版发行前应得到甲方的书面确认。

交稿　**第五条**　甲方应于＿＿＿＿年＿＿＿＿月＿＿＿＿日前将上述作品的稿件（纸质版或者电子版，以甲方确认为准）交付乙方。甲方不能按时交稿的，应在交稿期限届满前＿＿＿＿日通知乙方，双方另行约定交稿日期。甲方到期仍不能交稿的，应向乙方支付违约金＿＿＿＿元人民币，乙方可以终止合同。

甲方以电子稿件交付的，以甲方邮件发出之日作为交付之日，乙方指定的收件邮箱为＿＿＿＿。甲方以纸质稿件交付的，应在稿件上进行署名或者签章。纸质稿件当面交付的，甲乙双方应签署稿件交接清单，交接日期为甲方交稿日。甲方以快递形式向乙方发送的，以快递发出之日作为交付日期。

如甲方向乙方交付的是手稿，乙方应妥善保管，并在作品出版之日起＿＿＿＿日内或者本合同终止之日起＿＿＿＿日两者孰早的日期内向乙方返还。如发生手稿丢失，乙方应向甲方赔偿违约金＿＿＿＿元人民币。

出版时间　**第六条**　乙方应于＿＿＿＿年＿＿＿＿月＿＿＿＿日前出版上述作品，最低印数为＿＿＿＿册。乙方不能按时出版的，应在出版期限届满前＿＿＿＿日书面通知甲方，双方另行约定出版日期并且乙方向甲方支付违约金。如本合同采用的是基本稿酬加印数稿酬或者一次性付酬方式支付报酬，乙方按照并约定报酬的＿＿＿＿％向甲方支付违约金。如双方约定采取版税方式支付报酬的，由乙方按＿＿＿＿元向甲方支付违约金。

乙方在另行约定的出版日期之前仍不出版的，除非因不可抗力所致或者经过甲方的书面同意，甲方有权终止合同并要求乙方向甲方支付报酬及违约金。如本合同约定的是基本稿酬加印数稿酬或者一次性付酬方式支付报酬，乙方应按本合同第十一条约定向甲方支付报酬；如本合同约定由乙方按照版税方式向甲方支付报酬，则乙方按照＿＿＿＿元的标准向甲方支付报酬。

| 转授权 | 第七条 | 在合同有效期内，未经甲方同意，乙方不得将第三条约定的权利许可任何第三方（包括乙方的关联公司）使用。如有违反，甲方有权要求乙方支付违约金_____元并终止合同。乙方经甲方书面同意后，可以按照甲方确定的许可条件许可第三方使用上述权利，但应将所得报酬的_____%交付甲方，并将乙方与第三方的授权合同交甲方备案。 |

| 作品的修改 | 第八条 | 本作品正式出版的名称由甲方最终确定。乙方如需对作品内容进行修改、删节、增加图表、前言、后记，应征得甲方书面同意，否则由此带来的一切法律风险和不利后果由乙方自行承担。
乙方对作品进行文字性修改，应以明显的方式进行标注，并得到甲方确认后方可出版。 |

| 审校 | 第九条 | 本作品的校样由乙方审校，但乙方应在付印之前日提交给甲方_____确认，甲方应在付印之前_____日内书面确认。甲方未按期审校，乙方可自行审校，并按计划付印。如因甲方未按时确认导致本作品未能按期出版的，由甲方承担推迟出版的责任。 |

| 稿酬的计算方式 | 第十条 | 乙方采用下列第_____种方式及标准向甲方支付报酬：
（一）基本稿酬加印数稿酬：_____元/每千字×千字+印数（以册为单位）×_____元/每册。
（二）一次性付酬：_____元。
（三）版税：_____元（图书定价）×_____%（版税率）×印数（以册为单位）。 |

| 稿酬的支付 | 第十一条 | 以基本稿酬加印数稿酬方式付酬的，乙方应在合同生效后_____日内，向甲方预付基本稿酬的_____%（_____元）。甲方交稿后_____日内，乙方向甲方付清基本稿酬。作品出版后_____日内乙方向甲方支付全部印数稿酬。
以一次性支付方式付酬的，乙方在合同生效后_____日内向甲方付清报酬。
以版税方式付酬的，乙方在出版后_____日内按起印数向甲方付清，本作品的起印数为_____。
乙方未在约定期限内支付报酬的，甲方可以终止合同并要求乙方继续履行付酬的义务，乙方还应从约定期限起，向甲方支付应付未付报酬金额1‰/日的违约金。
上述报酬计算，印刷数以本作品每次出版时所载印数为准，没有载明印数的，以出版社提供的委印单载明的数量为准。图书定价按本作品每次出版时所标注定价为准。 |

交稿要求　第十二条　如乙方认为甲方交付的稿件未达到双方约定的要求，乙方有权要求甲方进行修改，如甲方拒绝按照合同的约定修改，乙方有权终止合同并要求甲方返还预付报酬。如甲方同意修改，乙方应当给予甲方充足的修改稿件的时间，但反复修改仍未达到合同约定的要求，预付报酬不返还乙方；如未支付预付报酬，乙方向甲方支付酬金_____元，在此种情况下，乙方有权终止合同。

再版及重印　第十三条　合同有效期内，乙方可以自行决定重印，但应事先通知甲方。如果甲方需要对作品进行修改，应于收到通知后_____日内答复乙方，否则乙方可按原版重印。

乙方重印、再版，应将印数通知甲方，并在重印、再版_____日内按第十一条的约定向甲方支付报酬，否则甲方有权终止合同并要求乙方赔偿经济损失_____元。

印数及账目的核查　第十四条　甲方有权自行或委托第三方核查本作品的印数和乙方向甲方支付报酬的账目，乙方应向甲方提供完整、真实的委印单、发货单、支付报酬的账目等。如甲方指定第三方进行核查，需提供书面授权书。如乙方故意隐瞒印数、少付甲方应得的报酬，除向甲方补齐应付报酬外，还应支付_____元的赔偿金并承担核查费用。如核查结果与乙方提供的应付报酬相符，核查费用由甲方自行承担。

脱销　第十五条　在合同有效期内，如图书脱销，甲方有权要求乙方重印、再版，乙方应给予书面答复。如甲方收到乙方拒绝重印、再版的答复，或乙方收到甲方重印、再版的要求后_____日内未答复，甲方可以终止合同。

样书　第十六条　上述作品首次出版后_____日内，乙方向甲方赠样书_____册，每次再版后_____日内，乙方向甲方赠样书_____册。首次出版及每次再版后，甲方均可以按照图书定价_____折价购买甲方图书_____册。

争议解决　第十七条　双方因合同的解释或履行发生争议，由双方友好协商解决。协商不成的，任何一方均有权向甲方住所地的人民法院提起诉讼。

补充合同　第十八条　合同的变更、续签及其他未尽事宜，由双方另行商定并签订书面补充合同。补充合同的约定与本合同不一致的，以补充合同为准。

合同的期限及生效　第十九条　本合同自双方签字盖章之日起生效，有效期为_____年。期限届满后，乙方不得出版印制本作品，但可继续销售已出版印制的库存图书。

份数及效 **第二十条**　本合同一式两份，甲乙双方各执一份为凭，每份具有同等法律效
力 力。

　　甲方：　　　　　　　　　　乙方：
　　（签章）　　　　　　　　　（签章）
　　_____年___月___日　　　　　_____年___月___日

2. 图书出版合同条款解释

合同双方的名称和住所

合同签约方必须是适格民事主体。作者方应写明姓名、身份证号，地址一般写身份证或者户口本载明的地址，如有其他经常住所地，也可以经常住所地作为地址，将来发生纠纷时，可以依据住所地确定管辖的法院。如果作者为未满18周岁的未成年人，应由其法定代理人代理签署。出版社方应写明公司全称、法定代表人、住所地等信息，出版社下属分支机构或内设部门（如编辑部、工作室）不能作为签约主体。

第一条

作品的名称应由作者确定，在签署合同时，有时会约定"暂定名"，最终出版时使用的作品名称应由作者确定。

第二条

这一条是合同中的核心条款，该条在标准合同中使用了可选择的表述，对甲方授权出版社出版作品的时间、地域范围、语言文字、出版介质进行约定。

在出版方提供的格式合同中，有时会约定将出版合同有效期内全球范围内所有文字形式、所有介质（包括纸质以及电子书）的出版权授予出版方，很多出版社还倾向获得作品的改编、翻译等权利。

根据我国《著作权法实施条例》的规定，如果作者与出版社没有约定授予的权利是专有使用权还是非专有使用权，或者对授权性质约定不明，则视为出版社拥有专有使用权，在合同期限内有权排除作者、其他出版社对作品的出版。

第三条

这一条是对作者的约束，体现在以下三点。

第一，作者要保证作品不得含有违禁内容。总的来说，这种禁止的规范依据的是我国的成文法，包括宪法和其他法律法规。西方国家法律精神讲求的是"法不禁止则自由"，即法律没有明文禁止的就是被允许的。但是，我国出版行业无论是主体的设置还是内容的出版都依从审批制，这些禁止的范围罗列的只是对作品最基本的要求。2020年《出版管理条例》修订后，出版物禁载的内容有10项。

第二，作者要保证作品不侵犯他人的权利。如果出版的作品中有侵害他人著作权或者其他民事权利的情形，被侵权人一般会起诉作者及出版社，要求作者与出版社承担连带责任。如果出版社未尽到注意义务，也需要承担连带责任。因此，出版社与作者签订的合同中会要求作者对出版作品的内容不侵权做出保证。作者应关注以下内容：①作品中使用的

图片是否获得摄影作品或者美术作品作者的授权许可？②使用他人的照片是否可能侵害被拍摄者的权利？③作品内容是否有可能会损害相关主体的隐私权或者名誉权？④作者出版的相关作品是否是改编自他人的在先作品？是否侵害他人著作权？是否使用了他人的表述，未标明出处等。

第三，作者应确保著作权完整、无疑义地归属于自身所有。如果是改编自他人作品，需要获得他人的许可；如果相关作品是作者与他人的合作作品，此处亦应写明。

第四条

这一条双方可对作品的内容、篇幅、体例、图表、附录等具体执行项目进行约定。

出版社在后期编辑和制作阶段，一般会对作品的内容进行调整，对体例进行设计，因此对作品内容和体例的修改权限应在这一条中规定清楚；如果没有进行规定，合同在第 8 条中进行了相关规定，即出版者如果需要对作品进行修改、删节、增加图表及前言、后记，应征得著作权人的同意。

第五条

这一条对作品的交付时间和一些交付细节予以了规定。对于著作权人逾期不交稿的行为，出版者可规定违约金等违约条款。当前绝大多数稿件以电子文稿形式交付，因此建议在合同中约定交稿方式。

著作权人以纸质稿件交付的，应在稿件上进行署名或者签章；纸质稿件当面交付的，双方应签署稿件交接清单，交接日期为著作权人交稿日。著作权人以快递形式或者电子邮件形式向出版方发送的，为避免因在途时间或者邮件发送时间导致的违约，建议以快递发出之日或者电子邮件发出之日作为甲方交付之日，并建议在合同中明确约定出版社接收电子稿件的邮箱。

第六条

这一条是出版合同的核心条款之一，该条对出版者基本责任进行了规定，即约定了出版作品的时间和首印数。有些情况下，作品的出版时效性很强或者"风口"较短，著作权人一般希望尽快出版图书，如因为出版社的原因未能按时出版，将会损害作者的权益。建议著作权人与出版社对出版时间以及未能如约出版的违约责任做出明确的约定，以督促出版方按时出版。

对于出版者逾期不出版的行为，著作权人可约定违约金等违约条款。如果违约行为不是不可抗力所致或经过著作权人的书面同意，著作权人有权终止合同并要求出版者向著作权人支付报酬及违约金。如果合同约定的是基本稿酬加印数稿酬或者一次性付酬方式支付报酬，出版方应按本合同第 11 条约定向著作权人支付报酬；如本合同约定由出版方按照版税方式向著作权人支付报酬，则出版方向甲方支付报酬的金额另行规定。

第七条

本条内容涉及出版权的转授权。在合同有效期内，出版社转授权必须得到著作权人的同意。如果出版方没有得到著作权人的允许而私自向第三方授予专有出版权，著作权人有权要求经济赔偿并终止合同；出版方经著作权人书面同意许可，可以按照著作权人确定的许可条件许可第三方使用合同规定的权利，但应将所得报酬按一定比例交付著作权人，并将出版方与第三方的授权合同交著作权人备案。

第八条

从我国的出版实践来看，大部分书稿要经过出版社的编辑加工。作者创作出的作品不用修改就完全符合出版要求的是少数。然而，修改作品也不免涉及著作权中的人身权。有时编辑觉得需要修改的地方，也许正是作者刻意写成的。如果编辑不经作者许可就自己改动，可能歪曲作品的原意。我国《著作权法》既考虑到修改权是作者的权利，也考虑到出版实践的需要，因而在第 36 条规定，图书出版者经作者许可，可以对作品修改、删节。出版者如需更动作品的名称，对作品进行修改、删节、增加图表及前言、后记，应征得著作权人的书面同意，对作品的文字性修改需以明显的方式标注，并需要在最终出版之前得到著作权人的同意。

第九条

出版社对于出版图书一般会有较为规范的审校流程，通常作家在前期与编辑团队的沟通过程中，对于作品的内容基本都能确定。此处审校的约定，目的在于由著作权人对作品在付印之前进行最终的书面确认。著作权人没有按期审校的，出版者可自行审校，并按计划付印。因为著作权人未按时确认造成未能按期出版的，由著作权人承担推迟出版的责任。

第十条

本条是出版合同的核心条款之一。因为本条对著作权人经济利益的规定和实现进行了具体约定。著作权人的经济利益是通过稿酬实现的，根据国家版权局、国家发展和改革委员会 2014 年 9 月颁布的《使用文字作品支付报酬办法》，我国现在通行的稿酬方式有三种：

一是基本稿酬加印数稿酬。计算公式是：每千字稿酬×字数（千字为单位）+印数（千册为单位）×基本稿酬×_____％。基本稿酬加印数稿酬，是指出版者按作品的字数，以千字为单位向作者支付一定报酬（即基本稿酬），再根据图书的印数，以千册为单位按基本稿酬的一定比例向著作权人支付报酬（即印数稿酬）。作品重印时只付印数稿酬，不再付基本稿酬。

二是一次性支付稿酬，是指出版者根据作品的质量、篇幅、作者的知名度、影响力以及使用方式、使用范围和授权期限等因素，一次性向著作权人支付的报酬。

三是按照版税率支付稿酬，也就是俗称的版税制，计算公式是：图书单本定价×版税率×实际销售数或者印数。值得注意的是，由于图书市场风险很大，如果对未销售出去的图书再支付高额版税，这对出版社来说无疑是不公平的。著作权人和作品使用者可以根据实际需要，调整合同样式的条款——如将版税支付的标准改为销售量而不是印数；或者在对库存出版物进行特价处理的时候按照实际销售价格而不是单本定价进行版税计算。

另外，如果合同中未约定付酬标准，《使用文字作品支付报酬办法》第 9 条进行了相关规定："使用者未与著作权人签订书面合同，或者签订了书面合同但未约定付酬方式和标准，与著作权人发生争议的，应当按本办法第四条、第五条规定的付酬标准的上限分别计算报酬，以较高者向著作权人支付，并不得以出版物抵作报酬。"

第十一条

无论采取哪种方式计算稿酬，双方均可对预付款进行协商，即在合同签订后的一定期限内，由出版者向著作权人支付一定比例的预付报酬。

如果出版者未按合同在约定期限内支付稿酬，著作权人有权终止合同并要求出版者继续履行支付稿酬的义务，出版方还应从约定期限起，向著作权人支付未付报酬金额 1‰/ 日的违约金。

第十二条

在出版实践中，出版方与著作权人关于稿件内容一般不太容易发生争议，但是出版社出于营销等方面的考虑，可能会要求著作权人进行一些修改，在这种情况下，本条款的设置目的在于协助著作权人尽可能与出版社达成合意，以促进作品的出版发行。

如果著作权人拒绝按照合同的约定修改，出版者有权终止合同并要求著作权人返还预付报酬。如果著作权人同意修改，出版方应给予著作权人充足的修改时间，但是经反复修改仍未达到合同要求的，预付报酬不返还给出版者；如未支付预付报酬，出版者应该按照合同规定支付酬金，并有权终止合同。

第十三条

在合同有效期内，出版方可以自行决定重印，但应事先通知甲方。如果甲方需要对作品进行修改，应于收到通知后的规定期限内答复乙方，否则出版方可按原版重印。这一点对于科技作品尤为重要。因为科学技术的发展非常迅速，作者总是希望能够出版反映最新发展水平的作品。

出版方重印、再版，应将印数通知著作权人，并在重印、再版的一定期限内按合同第11 条的约定向著作权人支付报酬，否则著作权人有权终止合同并要求出版方赔偿合同规定的经济损失。

第十四条

这是出版合同中的诚信条款。著作权人由于在信息方面处于弱势地位，因此合同规定著作权人有权自行或指定第三方核查本作品的印数和出版者应支付报酬的账目，出版方应向著作权人提供完整、真实的委印单、发货单、支付报酬的账目等。如果指定第三方进行核查，著作权人需要提供书面授权书。

如果出版者故意隐瞒印数、少付报酬，则出版者除补齐应付报酬外，还应支付一定金额的赔偿金并承担核查费用，赔偿金可事先约定。如核查结果与出版者提供的应付报酬相符，核查费用由著作权人承担。

第十五条

出版合同中还应考虑到，如果图书发行后发生脱销现象应如何处理。这一条规定，如果图书在合同有效期内脱销，著作权人有权要求出版者重印或再版。我国《著作权法》规定，图书脱销后，图书出版社拒绝重印、再版的，著作权人有权终止合同。我国《著作权法实施条例》规定，著作权人寄给图书出版社的两份订单在 6 个月内未能得到履行，视为图书脱销。一般而言，如果出现图书脱销的情形，大多是由于图书较为畅销，出版社通常会选择再版重印。但如果出版社确实无法出版，本条款赋予作者终止合同的权利，作者可以许可其他出版社出版。

第十六条

这是关于图书出版后赠送样书的条款。作品出版后，作者一般都有权得到一些样书，便于作者自行收藏或赠送。作者可得样书以及能购买优惠价图书的数量，都应在合同中明确约定。对于个别成本较高的画册，大型工具书等图书，样书的数量可以规定得少一些或者不给作者样书，但不能由出版社单方面决定，而应由双方约定。合同一般规定在作品首次出版和再版后一定时间内，出版者应向著作权人赠送若干本样书，并以一定折扣价向其销售若干本图书。

第十七条

这是合同争议的解决条款。该条说明，如果双方因合同的解释或履行发生争议，由双方协商解决；协商不成任何一方有权向著作权人所在地人民法院提起诉讼。

一般而言，建议作者与出版方约定由作者住所地有管辖权的人民法院管辖，以便于一旦出现诉讼后方便作者的应诉，节省时间与经济成本。但是在实践过程中，各方一般都希望约定己方所在地为确定管辖的依据，如果作者坚持要求以己方所在地作为管辖法院，有可能出版方不会同意，在这种情况下，双方可以约定由被告住所地有管辖权的人民法院管辖。

很多出版合同会约定争议提交仲裁机构仲裁或向人民法院提起诉讼，作者要注意的是，既约定仲裁又约定诉讼的条款是无效的。相较于仲裁，通常诉讼对于作者而言更为方便，建议约定通过诉讼方式解决争议。

第十八条

这是对合同未尽事宜进行说明的条款。这一条说明了合同的基本原则，那就是双方意思表示一致和协商解决的精神。对于合同的变更、续签及其他未尽事宜，双方可以另外订立补充协议进行约定。

第十九条

该一条说明合同生效的起止时间。合同从签字时生效，有效期限由双方共同约定。合同期限涉及作者授予出版社出版权的时间，出版社一般希望时间越长越好，出于保护作者权益的考虑，建议约定 3~5 年为宜，一般不要超过 10 年。考虑到出版周期与销售周期并非同一时间，出版印刷图书后，通常需要更长的时间将已经出版印刷的图书销售完毕。为保障图书的销售，合同期限届满后应当允许乙方销售库存图书。

第二十条

对于合同的份数，一般约定一式两份双方各执一份，但如果作者有两位以上，或出版合同需要提交审批或者备案（如项目扶持、资助出版等），在这种情况下，建议可以多签署几份合同备用。

（二）引进版图书出版合同和条款解释①

除了本国的版权资源以外，我国的出版机构开始越来越重视境外版权的引进和开发。境外图书市场上有诸多的成熟品种，将这些图书相关版权引进并进行出版是降低市场风险的一种策略，同时也能吸收国外出版社在某些方面的比较优势，增强国内出版社的优质版权资本的储备，提高出版业的市场化程度和项目运作水平，帮助快速建立比较成熟的出版品牌。我国出版实践中最典型和最常见的方式有两种，一种是出版翻译版的中文图书，另一种是出版与原文相同语言的引进版的图书。这两种情况的图书出版活动也有相应的合同对其进行约束。

在这两种情况中，翻译版图书的出版更为普遍，以下首先对翻译版权引进的出版合同进行分析，随后对相同语言影印版的出版合同进行分析。由于两种合同有一定的相似性，合同样本后的分析将略去两者相同的部分，只对影印版出版合同中特别的条款进行说明和解释。

1. 翻译版权引进的图书出版合同和解释

（1）翻译版权引进的图书出版合同样本。

该合同的签订适用于直接从国外著作权人手中购买翻译版权,由被许可方进行出版的情形。

甲方（外方著作权人）：＿＿＿＿　地址：＿＿＿＿

乙方（我国出版者）：＿＿＿＿　地址：＿＿＿＿

作品名称：＿＿＿＿＿＿＿＿＿＿＿＿＿＿＿＿＿＿＿＿＿

作品署名：＿＿＿＿＿＿＿＿＿＿＿＿＿＿＿＿＿＿＿＿＿

本合同于＿＿年＿＿月＿＿日由＿＿＿＿（中国出版社名称、地址）（以下简称出版者）与＿＿＿＿（外国出版社名称、地址）（以下简称版权所有者②）双方签订。

版权所有者享有＿＿＿＿（作者姓名）（以下简称作者）所著＿＿＿＿（书名）第＿＿＿＿版的版权（以下简称作品），现双方达成协议如下：

授权内容　　第一条　　根据本协议，版权所有者授予出版者独家许可，准许其以该出版社的名义，以图书形式（简/精装）翻译、制作、出版该作品中文（简体）版＿＿＿＿册（以下简称翻译本），限在中华人民共和国大陆发行，不包括中国香港、澳门和台湾地区。未经版权所有者的书面同意，出版者不能复制版权所有者对该作品的封面设计，也不能使用版权所有者的标识、商标或版权页。本协议授予的权利不及于该作品的其他后续版本。

　　　　　　　　　　　本合同自签订之日起有效期为＿＿＿＿年，双方可共同协商延期。

---

① 这一部分参考和总结了莱内特·欧文. 中国版权经理人实务指南［M］. 袁方，译. 北京：法律出版社，2004：第六章"购买版权合同样本"。

② 版权和著作权为同义词，在引进版的合同中采取这一名称主要是考虑到引进版版权合同的习惯用法。

付款　　　　　第二条　　出版者采用下列（一）或（二）的方式及标准向版权所有者
支付报酬：

（一）一次性付款

出版者应出版_____册翻译本，同时应按照第十八条的规定一次性支付版权所有者费用，版税按翻译本定价的_____%计算，并以下列方式支付：

（1）合同签订时支付_____美元；

（2）翻译本出版时或_____日期之前支付_____美元，以时间早者为准；

如果在该协议履行期间，出版者有任何过错，此款项不予退还。

如果出版的翻译本实际价格高于原估价，版权所有者将按一定比例提高收费，相当于翻译本定价增加的部分，该费用于出版时支付。

（二）预付款和版税

出版者要按照本合同第十八条的规定向版权所有者支付下列款项：

（1）合同签订时支付根据本合同约定应支付给版权所有者预付金_____美元；

如果在该协议履行期间，出版者有任何过错，这笔预付款不予退还。

（2）出版者根据中国图书定价对所有销售的翻译本支付版税：

①销售_____千册，版税为_____%；

②销售_____千册至_____千册，版税为_____%；

③销售超过_____千册，版税为_____%。

（3）对于出版者以成本价或低于成本价销售的库存翻译本，无须支付版税；但是在该翻译本首次出版后两年内不得廉价销售此类库存书。

（4）版税结算报告：

每年_____月_____日前，出版者对翻译本的销量结算一次/两次，并自结算之日起三个月内付清按合同应支付的款项。结算报告内容包括：

①在本会计年度初期的库存；

②本会计年度内的印数；

③本会计年度内的销售量；

④本会计年度内免费赠送的样书的册数；

⑤本会计年度末期的库存。

生效	**第三条**	直至版权所有者收到第二条所列款项，本协议生效。
翻译	**第四条**	出版者将负责安排一位合格的翻译者，保证准确无误翻译该作品，并将译者的名字和资历报告给版权所有者。未得到版权所有者的书面同意之前，不得对作品进行省略、修改或增加。版权所有者保留要求出版者提交译稿样本的权利，在其同意后，出版者方可印刷。
许可使用	**第五条**	如需要，翻译本出版者应取得原作品中第三方控制的版权资料的使用许可，并应当为这些许可或权利支付费用。直到版权所有者收到出版者书面确认——出版者获得了许可，版权所有者才会向出版者提供生产资料用于复制该作品中包含的插图。（或者：如需要，版权所有者负责取得原作品中第三方控制的版权资料的使用许可。对于获得这些许可而支付的费用，由版权所有者再向出版者收取额外的行政管理费，具体事宜由双方另行协商。直到版权所有者获得许可，他才会向出版者提供生产资料用于复制该作品中包含的插图。）
翻译本质量	**第六条**	出版者应确保翻译本的印刷、纸张和装帧质量，尽可能达到最高标准。
版权声明	**第七条**	出版者所有翻译本的封面、书脊、护封（如果有的话）和扉页上都必须醒目地印上作者的姓名，并在扉页背面注明下列版权声明："©(原书版权详细信息)"以及下列声明："此_____（书名）的翻译版由_____（外国出版社名称）许可出版"。出版者也将对翻译文本进行版权声明。
样书	**第八条**	翻译本出版后，出版者应向版权所有者提供_____本免费样书，并说明该翻译本的实际出版日期和定价。
出版期限	**第九条**	如果出版者未能在_____日期前出版该翻译本，该合同中的所有授权将由版权所有者收回，而出版者向版权所有者支付的或应付的任何款项不受影响。
附属权	**第十条**	未事先征得版权所有者的书面同意，出版者不能处分该翻译本的任何附属权利。
权利收回	**第十一条**	如果本合同中所规定的款项逾期 3 个月仍未支付，授予的许可将立刻失效，转让的任何权利将收归版权所有者，而无须进一步通知。

保证与赔偿	第十二条	版权所有者应向出版者保证其有权利和能力签订本合同，根据英国法律该作品决不侵害任何现存版权，或违背任何现存协议，该作品中不含有任何内容会引起刑事或民事纠纷造成损失，否则因此而给出版者造成的损失、伤害或开支，版权所有者应给予赔偿。
转让许可	第十三条	未得到版权所有者书面同意之前，出版者不得将所获得的版权许可转让或惠及他人，也不能以出版者以外的任何名义出版该翻译本。
权利保留	第十四条	除本合同中明确授予出版者的权利外，该作品的其他所有权利由版权所有者保留。
版权登记	第十五条	出版者应将翻译本的详细情况向中国国家版权局登记以得到正式批准，在中华人民共和国范围内依相应法规尽一切努力保护翻译本的版权。出版者还同意对侵犯该翻译本版权的任何个人或组织提起诉讼，费用自理。
重印	第十六条	当翻译本已绝版或市场上已脱销，出版者应当通知版权所有者，则所有权利收归版权所有者，除非双方达成协议，出版者则享有优先权对该翻译本进行重印；但在得到版权所有者的书面同意或达成协议前，出版者不得自行重印。
权利收回	第十七条	如果出版者宣布破产，或不遵守本合同的任何规定，且在接到版权所有者书面通知（用挂号信寄到本合同第一段所写地址）后的一个月内仍不纠正，本合同即自动失效，授予出版者的版权许可将收归版权所有者，而不影响出版者向版权所有者支付的或应付的任何款项。
付款	第十八条	本合同规定的应付给版权所有者的款项都应当按支付当天汇率以英镑或美元支付，不得以兑换或代办费为由扣除。付款可以使用支票或银行汇票支付，寄至_____（外国出版社财务部门的名称和地址），或直接通过银行转账，汇至版权所有者的账号_____（外国出版社银行的名称和地址）。如果出版社依法应扣税，他们应声明并提供相应代扣税凭证。
法律适用和仲裁	第十九条	本合同受中华人民共和国法律约束，双方因本合同而发生的任何争议或分歧，将提交中国国际经济与贸易仲裁委员会，该委员会的裁决是最终决定，双方必须遵守。但本合同任何条款不限制版权所有者采取必要措施，包括提起诉讼，以防止该翻译本在本合同第一条所限定的市场范围外发行。

变更和生效　　**第二十条**　（1）如果版权所有者全部或部分业务被收购，版权所有者可以不经出版者的同意转让本合同。

（2）本合同包含了双方充分而完全的共识和理解，取代了之前就本合同有关事宜达成的所有口头的、书面的协议与承诺，除经双方书面协商，不得改变。

（3）只有出版者在本合同制定之日_____星期之内签字，本合同才被视为具有法律效力。

签字　　　　出版者　　　　　　　　　　版权所有人：
　　　　　　（签章）　　　　　　　　　　（签章）
　　　　　　____年___月___日　　　　　____年___月___日

（2）翻译版权引进的图书出版合同条款解释。

前言部分

这部分给出了合同双方的名称和地址，以及翻译作品的详细资料。

对于很快会被修订的非小说作品，西方国家出版社通常会将版权许可仅限于当前版本。

第一条

这一条有三个方面的主要内容。

首先，说明了被授予的专有权在语言、地域和印数（一般是首印数）等方面的规定。该条款要求以图书形式出版该作品，如果权利限定以精装或平装的图书形式出版，就意味着版权所有者有权将另一种装帧形式授权给另一家出版社。当然有条件的出版社也可以同时要求这两种版本的授权。

其次，这一条对于原版封面的使用进行了限制，这是因为封面的图形或者设计可能属于外部资料。一本书中的文本、图片或者设计可能来自不同的版权所有者，因此在进行版权引进的时候首先需要对原书的版权归属进行拆分，相对于主要文本内容之外的其他资料可以统称为外部资料，即原出版社对这些资料的使用是受到外界著作权人的限制的。比如，一本英国原版的图书的封面图片只得到图片版权所有人在英国地区的英语版本图书的授权，在这种情况下，如果我国的出版社引进这个版本的图书，那么封面图片的使用就只能直接与图片版权人交涉。因此，对于国内出版社来说，要注意文本之外各种资料的版权归属，即注意授权方有没有权利许可或转让这些资料的使用权。

最后，标识、商标和版权页等细节问题也是外版书出版中必须事先澄清的一个条款。因为一些出版社（作为版权所有者）非常看重自己的名称和标识，从品牌维护的角度考虑可能会明确要求被许可方使用其名称和标识，并要求为使用其名称收取一定费用或额外的版税。

第二条

这是合同的核心条款，规定了双方的付款方式。一般有两种方式可以选择：一种是一次性付款的方式，另一种是预付款加版税的方式。

一次性付款是根据约定印数和中文翻译版的定价的版税率而定的。一次性支付事实上分两次进行：一部分在合同签订时支付，剩余部分在出版时（或依约定）支付。约定日期一般是预计出版日期，这对于出版者来说是一种鞭策。同时，如果出版社违约，付款将作为违约金被没收。

采用预付款加版税的方式来支付时，预付款和版税率都是可以协商的。值得说明的是，一般来说，根据销售数量的增加而调整的版税率往往会随之增加。这是因为，销售量增加证实了内容的质量，版权所有者理应为此得到更多的版税。同时，被许可方有义务向许可方提供所需的销售、库存等情况，并整理成半年度或年度的结算报告。

另外，支付的货币和方式可以由双方协商。

第三条

首笔款项被支付，合同发生法律效力。

第四条

这一条说明了翻译中应该注意的问题。对译者的要求是能够准确地翻译，未经许可不得修改。当然，为适应本国国情进行的本土化修改应该在谈判之初尽早提出。为了保障版权所有者能够掌握修改的情况，该条还规定外国出版者可以要求获得一份译稿以进行审查。

第五条

这一条规定了外版图书中外部资料（Materials From External Sources）的使用。西方对知识产权十分重视，其图书中包含的插图等外部资料须从原版权人手中获得相应的使用权后方能出版。因此我国出版社在引进外版图书的翻译权时必须与外方认真核对，确定书中使用的外部资料是可以自动再次使用，还是需要获得同意并支付一定费用后才能使用。

根据这一条的规定，清理（Reclearance）外部资料版权的责任和费用由中国出版者承担，而外国出版者则有责任提供外部版权资料所有者的名单、地址以及详细的外部版权资料明细。当然，双方也可以协商由外国出版者出面代理中国出版社清理这些外部版权，并同时向中国出版者收取相应的许可费和手续费。

第六条

这是翻译条款，合同要求中国出版者应该根据当地的条件，在翻译本的制作质量方面尽可能达到最高标准。

第七条

原作者的姓名应该得到尊重和认可；原版图书的版权信息必须打印在版权页上，这是对原出版者的承认和尊重。同时，中国出版者还要注明对中文版图书的版权所有声明。

第八条

这条规定了翻译本出版后应该免费送给版权所有者样书的数量，并向其提供出版日期、定价等信息。

第九条

这条规定了现实的出版时间。如果中国出版社因为不可抗力推迟出版日期，应适当提前通知外方。

第十条

根据合同的第一条规定，授权仅限于图书形式，因此中文版的其他附属权利，如图书俱乐部权、电子出版权等都不包含在授权范围内。如果需要得到相应的附属权利，中国出版者应该与外方协商达成一致。一般来说，附属权利被授予后，双方将按照一定的比例分配所得的相应收入，这个分配比例依不同的附属权权利种类而有差异，但大多有国际惯例加以约束。这里由于篇幅限制就不展开了。

第十一条

合同可以因为逾期不付款而自动取消。

第十二条

这一条是对中国出版社的保证和损失补偿条款。该合同样本中的阐述是根据英国法律作出的，这一条的表述一般要根据版权许可国家的不同而进行调整。

第十三条

未经国外出版社的许可，本许可不得转让。

第十四条

许可仅限于第一条中所列出的权利。

第十五条

这一条是有关该合同在中国有关行政部门进行合同登记的条款。该条款的依据是《国家版权局关于对出版外国图书进行合同登记的通知》（1995 年 1 月 15 日）。

该通知对以图书形式出版外国以及中国台湾、香港和澳门地区作品的合同登记办法规定如下：①凡图书出版单位出版外国图书（包括翻译、重印出版），应与外国作品的著作权人签订出版合同，并将合同报著作权行政管理部门进行登记。②各省、自治区、直辖市版权局（以下简称地方版权局）负责对本地区的（包括中央级出版社）出版外国作品的合同进行登记。③图书出版单位应在合同签字之日起七日内将出版合同正本送地方版权局登记。地方版权局在合同上加盖合同登记章后，退回国内出版单位。

版权登记制可以使中国被许可方能够对在中国市场同一选题的任何未获授权版本提起诉讼，使合同双方获得更多的法律保障。

第十六条

一本书的重印在很大程度上证明了原作品的价值，因此，许可方可能很希望就下一次印刷协商新一轮的付款，而且重印版的版税一般都会比初版的高。

第十七条

这是合同取消的条款。当被许可方破产或违约，合同被取消。由于版权引进的合同一般由国外出版者或版权代理人提供，他们很少会自动提出相应的适用于他们的取消条款，因此，中国的出版社可以在订立合同的时候要求添加附加条款：如果许可方破产或违约，该合同自动取消。

第十八条

这是关于汇款的条款。由于两国或中国内地与香港、台湾及澳门地区间货币种类和税收政策存在不同，关于汇款和税收的细节问题应该在合同中约定。

关于货币种类和汇款方式，双方应达成一致。一般来说，该条中应明示许可方收款部门的详细地址等准确信息。

关于扣税问题，被许可方应该提供银行的扣税证明（一般是复印件），以便使外国的授权方能在自己的国家要求返还已扣除的企业所得税。以中国和英国之间的税收协定为例，对英国出版社授权中国出版社的版税收入，中国先扣除3%的营业税，然后再从余额中扣除3%的所得税①。我国的出版社在交纳了这两种税后，需要将所得税的税收证明复印件发给英国的授权方，他们可凭此证明向当地税务部门要求抵扣公司税中的所得税部分，而不用在中国和英国两次重复缴纳。但是营业税不在这个范围内，英国出版社仍须在英国的税务部门再缴纳一次。

当然，这种税收扣税的程序和税收比例，各国情况不同，应该在合同谈判的时候商议清楚，以便于双方的长期稳定合作。

第十九条

这一条说明本合同在中国法律下执行，适用中国仲裁程序。这种规定在国际出版实践中是十分特殊的，因为世界版权许可中的惯例做法是适用版权输出方的国家法律。因此，这样的合同条款有时会遭到一些西方版权所有者的反对，尤其是美国的版权所有者，因此需要在谈判时予以必要的解释。

第二十条

由于西方国家出版社之间的并购活动相对频繁，因此当许可方的全部或部分业务被收购时，本合同允许许可方转让许可合同。

这一条还规定，合同应该在指定期限内签订——西方出版社之间一般为6个星期，但是对中国的许可一般会放宽到12个星期，这主要是因为中国出版社一般要办理登记手续，办理这种手续需要一定的时间。

2. 原语言影印版权引进的图书出版合同和解释

原语言影印版权引进的合同与翻译版权合同最大的区别在于授权的内容和版税的不同。

（1）授权内容的条款。

---

①　郑成思. 版权公约、版权保护与版权贸易 ［M］. 北京：中国人民大学出版社，1992：52.

授权内容一般是合同的第一条。在原语言影印版权引进的合同中，这一条可以表述为：

根据本协议，版权所有者授予出版者独家许可，准许其以该出版社的名义，以图书形式（简/精装）制作、出版该作品＿＿＿文（语言）影印版＿＿＿册（以下简称影印版），限在中华人民共和国大陆发行，不包括中国台湾、香港和澳门地区。在许可影印本封底和扉页背面要清楚地注明该限定发行区域："仅限在中华人民共和国大陆地区销售，不包括中国台湾、香港和澳门地区。"未经版权所有者的书面同意，出版者不能复制版权所有者对该作品的封面设计，也不能使用版权所有者的标识、商标或版权页。本协议授予的权利不及于该作品的其他后续版本。

这一条可以选择的表述是：中国出版社与外国出版社合作，以两者的名义出版该影印本。因为对于一些注重品牌的出版社或者图书品种（比如字典或者学术图书），外国出版社会要求中国出版社这样做，以维护自己出版物的品牌。以共同名义出版必须事先征得外国出版社的同意。

另外，这一条对销售地区进行了较为严格的规定，这是因为影印版流入别的市场对原版图书会有不利的影响。中国大陆地区由于购买能力的限制，一般原版书的需求量很小，影印版恰好是这个市场的有力补充；而在其他一些地区，比如中国香港地区和新加坡等地，华人对原版图书的需求量很大，一旦影印版图书流入，其低廉的价格一定会对这部分市场产生很大的冲击。基于此种考虑，许可方严格限制了销售区域。从法律角度来说，这是对平行进口问题的一种解决方式。

（2）版税的条款。

在版税的规定方面，影印版权的版税可能总是高于翻译版权许可的版税率，因为被许可方不需要任何编辑或翻译成本而仅需复制。如果版税结算是依据图书销售价格而不是定价作出的，版税率可能达到10%~15%。如果双方决定联合出版，中国出版社需要使用一些著名的图书品牌，如"牛津""剑桥""朗文"等，必须经过这些品牌公司的同意，有时可能需要为使用这些品牌名称（Brand）支付版税之外的费用。

五、音像制品和电子出版物出版合同及条款解释

出版合同的本质是著作权人和合法的出版者达成的合法使用出版权的协定。无论是哪种类型出版物，其出版合同的实质内容都是著作权人对出版权的让渡，让渡给具有合法出版资格的出版者。因此，各种出版物的出版合同都有相近似的一些内容和条款。

前一节对图书的本版和引进版的合同文本进行了详细的分析，以下对音像制品和电子出版物的出版合同进行阐释，就不再重复与图书出版合同相同或相近的内容，而只是对一些比较特殊的条款进行分析和说明。

另外，对于外版引进的音像制品和电子出版物的出版，由于一般不涉及改编和翻译等问题，而只是进行境外音像制品原版的复制，内容比较简单，因此就不再另外介绍。而随着我国在国际知识产权保护中参与力度的加强，通过对出版境外音像制品和电子出版物合同登记来进行整体的出版管理显得越来越重要，因此本书将对这一问题进行简单的介绍和分析。

（一）音像制品出版合同及条款解释

1. 音像制品出版合同条款

前言部分　　甲方（著作权人）：_____　地址：_____

乙方（出版者）：_____　地址：_____

作品名称：_____

载体形式：_____

甲乙双方就上述作品的出版达成如下协议：

授权内容　　**第一条**　甲方授予乙方在合同有效期内，在_____地区以_____形式出版上述作品的专有使用权。

导演和主要表演者姓名：_____。

第二条　合同出版发行的作品不得含有下列内容：

（1）反对宪法确定的基本原则的；

（2）危害国家统一、主权和领土完整的；

（3）泄露国家秘密、危害国家安全或者损害国家荣誉和利益的；

（4）煽动民族仇恨、民族歧视、破坏民族团结、或者侵害民族风俗、习惯的；

（5）宣扬邪教、迷信的；

（6）扰乱社会秩序、破坏社会稳定的；

（7）宣扬淫秽、赌博、暴力或者教唆犯罪的；

（8）侮辱或者诽谤他人、侵害他人合法权益的。

（9）危害社会公德或者民族优秀文化传统的；

（10）有法律、行政法规和国家规定禁止的其他内容的。

著作权人的　**第三条**　甲方保证拥有第一条授予乙方的权利。如因上述权利的行使侵责任　　　　　犯他人权益，甲方承担全部责任并赔偿因此给乙方造成的损失，乙方可以终止合同。

第四条　乙方导演由_____担任。

主要演员（录音演员）包括_____等。

上述作品的内容、长度、体例、图表、使用说明、附录等应符合下列要求：_____

第五条　甲方应于____年____月____日前将上述作品的清样交付乙方。甲方因故不能按时交稿，或在交稿期限届满前_____日通知乙方，经双方另行约定交稿日期，甲方到期仍不交稿时，乙方可以终止合同。

甲方交付的稿件应有作者的签章。

出版者的责任	**第六条**	乙方应于____年____月____日前出版上述作品，首次制作量为_____。

因故不能按时出版，应在出版期限届满前_____日通知甲方，双方另行约定出版日期。乙方到期仍不能出版，甲方可以终止合同。乙方应按第十条约定报酬标准的_____%向甲方支付赔偿金。

第七条　在合同有效期内，未经双方同意，任何一方不得将第一条约定的权利许可第三方使用，如有违反，另一方有权要求经济赔偿并终止合同。一方经对方同意许可第三方使用上述权利，应将所得报酬的_____%交付对方。

署名和修改等精神权利的规定　**第八条**　乙方尊重甲方确定的署名方式，乙方不得更动上述作品名称，不得对作品修改，删节，增加图表、音效及前言、后记。乙方如果要更动上述作品的名称，对作品进行修改、删节、增加图表、音效及前言、后记，应得到甲方的认可。

审校　**第九条**　作品的校样及制作按以下条款规定处理。
（1）上述作品校样由乙方审校；制作时由乙方监制。
或
（2）上述作品的校样由甲方审校。甲方应在_____日内签字后退还乙方。甲方未按期审校，乙方可自行审校，并按计划投入制作。因甲方修改造成制作内容增加超过_____%或未能按期出版，甲方承担修改制作费用或推迟出版的责任。

稿酬　**第十条**　乙方按以下条款规定的报酬方式及标准之一向甲方支付报酬。
（1）按作品长度付报酬：
①文字稿本内容按字数计算稿酬：
_____千字×_____元/千字
②与音像制品配套的文字内容说明：
有单独定价的：_____千字×_____元/千字
（没有单独定价的：不另计稿酬）
③图片按框（栏）数计算稿酬：
_____框×____元/框，其中设计费占____%，绘制费占____%。
④按照时长计算：
_____分钟×_____元/分钟
或
（2）一次性付酬：_____元。
或
（3）版税：
音像制品实际销售价格（或定价）×版税率×销售数，双方可约定最低制作量（或发行量）为_____。
乙方在上述作品出版发行后第_____个月付清所有稿酬。

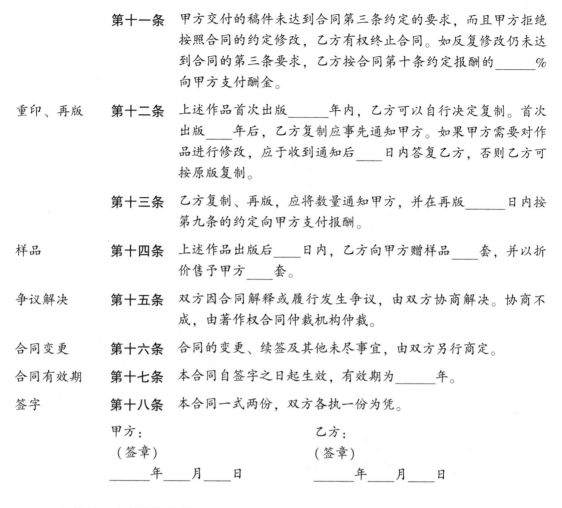

第十一条 甲方交付的稿件未达到合同第三条约定的要求，而且甲方拒绝按照合同的约定修改，乙方有权终止合同。如反复修改仍未达到合同的第三条要求，乙方按合同第十条约定报酬的_____%向甲方支付酬金。

重印、再版　**第十二条** 上述作品首次出版_____年内，乙方可以自行决定复制。首次出版____年后，乙方复制应事先通知甲方。如果甲方需要对作品进行修改，应于收到通知后____日内答复乙方，否则乙方可按原版复制。

第十三条 乙方复制、再版，应将数量通知甲方，并在再版_____日内按第九条的约定向甲方支付报酬。

样品　**第十四条** 上述作品出版后____日内，乙方向甲方赠样品____套，并以折价售予甲方____套。

争议解决　**第十五条** 双方因合同解释或履行发生争议，由双方协商解决。协商不成，由著作权合同仲裁机构仲裁。

合同变更　**第十六条** 合同的变更、续签及其他未尽事宜，由双方另行商定。

合同有效期　**第十七条** 本合同自签字之日起生效，有效期为_____年。

签字　**第十八条** 本合同一式两份，双方各执一份为凭。

甲方：　　　　　　　　　　　乙方：
（签章）　　　　　　　　　　（签章）
_____年____月____日　　　_____年____月____日

2. 音像制品出版合同条款解释

第一条

这一条规定了授权方授权的地区和出版形式。音像制品的主要出版形式随着技术的发展外延不断扩大，为了和电子出版物相区别，通常所指的音像制品主要包括录音带、录像带、唱片、激光唱盘、激光视盘及其他音像制品。

第四条

音像制品出版合同中不仅要包括授权方和出版者双方名称、地址，出版的音像制品名称，还要注明有关权利人名称或姓名，如导演和主要表演者姓名等。

第十条

音像制品中需要付费的资料一般包括配套文字、音乐、图片和影像等。

一般来说，音像制品中所使用的配套文字，其稿酬都在图书制品的 2~5 倍。如果这些文字形成了相对独立的出版物，那么就依照图书出版中的基本稿酬计算；如果这些文字仅仅附属于音像制品，那么可以按照字数给予一定比例的稿酬。对于音乐和图像则一般根据时间的长度来计算稿酬。

如果是按照销售量或者制作的数量计算版税，版税率也有不同规定。一般来说，纯语言录音带的版税率为3%左右；含音乐录音带的版税率为3.5%左右（其中音乐部分占版税所得60%左右，文字部分占版税所得40%左右）；属于教材的录音带版税率为1.5%左右。

3. 出版境外音像制品合同登记

1995年1月15日国家版权局发出《关于对出版境外音像制品合同进行登记的通知》。通知规定，音像出版单位出版境外音像制品，应取得境外作品著作权人或音像制品制作者的授权，并签订合同。

合同应包括双方当事人名称、地址，出版的音像制品名称，著作权人和有关权利人名称或姓名，导演和主要表演者姓名，发行数量、出版范围和合同有效期限等。合同签订后应将合同报国家版权局进行登记。由境外音像制品权利人授权或转让其他人后再授权音像出版单位出版的，还应出示原授权或转让合同。

对于合同登记的特殊要求包括：

（1）音像出版单位向国家版权局申请登记时，应呈送合同正本和副本各一份。

（2）凡属国家版权局指定境外认证机构事先认证范围的，音像出版单位还应要求对方提供由认证机构开具的权利证明书。目前，国家版权局已指定香港影业协会和国际唱片业协会（IFPI）为其会员的认证机构。有关上述两个协会会员的情况可向国家版权局查询。

（3）国家版权局在收到合同之日起7个工作日内完成合同登记，并定期将登记合同主要事项（双方当事人、授权内容）予以公告。

（4）音像出版单位应在音像制品上注明合同登记号。对不进行合同登记而出版境外音像制品的音像出版单位，国家版权局将视情况给予警告、罚款等行政处罚，并建议音像行政管理机构等部门对其给予行政处罚。因履行未经登记的合同而造成侵权的，国家版权局将根据《著作权法》及其实施条例从重给予行政处罚。对构成犯罪的，将移交司法机关处理。

（5）音像出版单位在委托音像复制单位复制出版境外音像制品时，除按照《音像制品管理条例》的规定与音像复制单位签订委托合同外，还应向音像复制单位出示经过登记的出版合同。

（6）为配合出版外国图书而出版外国音像制品的合同，由出版单位所在地的各省、自治区、直辖市版权局进行登记，具体规定按国家版权局《关于对出版外国图书进行合同登记的通知》（国权〔1995〕1号）执行。

（二）电子出版物出版合同及条款解释

根据我国2008年公布、2015年修订的《电子出版物出版管理规定》，电子出版物是指以数字代码方式，将有知识性、思想性内容的信息编辑加工后存储在固定物理形态的磁、光、电等介质上，通过电子阅读、显示、播放设备读取使用的大众传播媒体，包括只读光盘（CD-ROM、DVD-ROM等）、一次写入光盘（CD-R、DVD-R等）、可擦写光盘

（CD-RW、DVD-RW 等）、软磁盘、硬磁盘、集成电路卡等，以及国家新闻出版行政主管部门认定的其他媒体形态。

1. 电子出版物出版合同条款

甲方（著作权人）：_____ 地址：_____

乙方（出版者）：_____ 地址：_____

作品名称：_____

载体形式：_____

制作者署名：_____

甲乙双方就上述作品的出版达成如下协议：

授权内容	**第一条**	甲方授予乙方在合同有效期内，在_____范围内以_____形式出版发行上述作品的专有使用权。
	第二条	上述作品不得含有任何通过电脑技术处理而包含在作品及各类文件中的违背党和国家的方针政策及法律法规禁止的内容。
著作权人责任	**第三条**	甲方保证拥有上述作品中所有素材（包括图片、动画、影像、声音、文字等）及作品本身的使用权和支配权。甲方保证拥有第一条授予乙方的权利。因上述权利的行使侵犯他人著作权或名誉权、姓名权、肖像权等其他权利的，甲方承担全部责任并赔偿因此给乙方造成的损失，乙方有权终止合同。
	第四条	甲方不得将上述作品的全部或部分内容，以原名或更换名称授予第三者另行出版。甲方若违反本合同，须承担全部责任并赔偿因此给乙方造成的损失，乙方可以终止合同。
作品要求	**第五条**	上述作品的内容、表现形式、所有文件及硬件配套设备等应符合下列要求： （1）作品样盘无硬伤，内容符合第二、三条的要求； （2）所有文件不带任何形式、类型的病毒； （3）甲方向乙方提供必要的硬件（软件）测试工具和环境，并保证所有硬（软）件能够正常使用； （4）安装程序、执行程序、源程序、各类帮助和辅助文件（程序）能正常运行，其中的各项功能可以正常运行； （5）样盘中携带说明文件（readme 文件），阐述和解释有关作品操作运行及测试的具体问题和注意事项。
样盘	**第六条**	甲方应按第五条的要求，于____年____月____日前将上述作品样盘交付乙方。甲方如不能按时交付作品样盘，应在上述期限届满前一个月通知乙方，双方另行协商约定交付作品样盘的时间。甲方到期仍不能交付的，乙方可以终止合同。

修改	**第七条**	乙方收到作品样盘后应于_____天内通知甲方，并在_____个月内审查、测试完毕，通知甲方是否采用或退回甲方修改；乙方如对作品提出修改意见，甲方应及时进行修改，并在双方商定的期限内将改正后的作品样盘交给乙方，乙方再次审查、测试。甲方因拒绝修改，或在商定期限内无故不退回修改的作品样盘，应赔偿乙方所有经济损失，乙方可以终止合同。
出版和违约责任	**第八条**	乙方应在收到甲方符合要求的作品样盘后_____个月内出版上述作品。乙方不能按时出版的，应在出版期限届满前_____个月通知甲方，双方另行协商约定出版时间，乙方到期仍不能按时出版的，乙方应向甲方支付约定报酬_____%的赔偿金。 对已经进入生产流程的作品，由于甲方原因不能出版，甲方除支付乙方的生产费用外，还应向乙方支付约定报酬_____%的赔偿金。
不得向第三方授权	**第九条**	在合同有效期内，未经双方同意，任何一方不得将第一条约定的权利许可给第三方使用。如有违反，另一方有权要求经济赔偿并终止合同。如乙方在合同有效期内允许第三者以对外版权贸易等形式使用本作品，应事先征得甲方同意，并将与第三者合作所得纯利润的_____%付给甲方。
署名和修改等人身权利	**第十条**	乙方按照与甲方商定的署名方式出版本作品，合同签订后，乙方如需更动上述作品的名称，对作品进行重大修改，应征得甲方同意。
稿酬	**第十一条**	乙方采用下列方式及标准之一向甲方支付报酬： （1）一次性付酬：_____元。 （2）版税：光盘销售收入×_____%（版税率）
技术支持	**第十二条**	对于电子出版物的售后服务及技术支持，采用下面形式之一： （1）由甲方承担所有电子出版物的售后服务及技术支持； （2）由乙方承担所有电子出版物的售后服务及技术支持； （3）由甲、乙双方共同承担所有电子出版物的售后服务和技术支持。
产品升级	**第十三条**	如甲方欲对上述作品升级，乙方有优先出版的权利，具体事宜另行签订合同。
争议解决	**第十四条**	双方因合同的解释或履行发生争议，由双方协商解决。协商不成将争议提交版权管理机构调解或仲裁机构仲裁（或向人民法院提起诉讼）。

合同变更等　　**第十五条**　合同的变更、续签及其他未尽事宜，由双方另行商定。

合同有效期　　**第十五条**　本合同自签字之日起生效，有效期为本作品出版后_____年。

　　　　　　　　第十七条　本合同一式两份，双方各执一份为凭。

签字　　　　　甲方：　　　　　　　　　　乙方：

　　　　　　　（签章）　　　　　　　　　（签章）

　　　　　　　____年____月____日　　　　____年____月____日

2. 电子出版物出版合同条款解释

第一条

按照《电子出版物出版管理规定》。电子出版物包括只读光盘（CD-ROM、DVD-ROM等）、一次写入光盘（CD-R、DVD-R等）、可擦写光盘（CD-RW、DVD-RW等）、软磁盘、硬磁盘、集成电路卡等，以及国家新闻出版行政主管部门认定的其他媒体形态。因此，在合同第一条中，需要按此分类明确说明授权出版的电子出版物类型。

第二条

作品不得包含以下内容：（1）反对宪法确定的基本原则的；（2）危害国家统一、主权和领土完整的；（3）泄露国家秘密、危害国家安全或者损害国家荣誉和利益的；（4）煽动民族仇恨、民族歧视，破坏民族团结或者侵害民族风俗、习惯的；（5）宣扬邪教、迷信的；（6）扰乱社会秩序，破坏社会稳定的；（7）宣扬淫秽、赌博、暴力或者教唆犯罪的；（8）侮辱或者诽谤他人，侵害他人合法权益的；（9）危害社会公德或者民族优秀文化传统的；（10）有法律、行政法规和国家规定禁止的其他内容的。

第五条

这一条对作品的要求作出了规定：

内容方面，满足第二条、第三条的要求外，文件中不得携带任何形式、类型的病毒；

硬件方面，授权方应该向制作出版方提供必要的测试工具和环境，并保证所有硬件能够正常使用；

软件方面，各种内容、程序和辅助文件能正常运行，样盘中携带必要的说明文件（readme 文件），阐述和解释有关作品操作运行及测试的具体问题和注意事项。

第十二条

提供必要的技术支持是电子出版物出版合同中一项特殊的条款。电子出版物的技术含量较高，它的内容在设计、传输、识别、复制到使用的各个环节都有或低或高的技术门槛，因此在授权方、制作出版方和使用方等各方面有时需要一定的技术帮助和支持，这对电子出版物的研发和服务都提出了更高的要求，因此常常需要双方协商向用户提供必要的技术支持。技术支持的方式可以是电话咨询、上门调试、网上服务等。

第十三条

产品升级是电子出版物的又一个特色。升级一方面来自电子出版物自身内容调整的需要，这有些类似于图书出版的再版，即对其中的部分内容进行增改，强化其功能；另一方面则是由于运行的硬件环境的改变，对产品进行升级有利于提高它的适应性。

3. 出版境外电子出版物的合同登记

与音像出版物一样，我国国家版权局对出版和复制境外电子出版物的合同管理也专门下发通知，对合同进行统一管理，以规范电子出版物的引进，加强对境外著作权的保护。

国家版权局 1996 年 8 月 8 日颁布的《关于对出版和复制境外电子出版物和计算机软件进行著作权授权合同登记和认证的通知》中，对电子出版物引进的授权合同的管理作出了以下规定：

（1）电子出版物出版单位引进出版境外电子出版物，应在出版之前将著作权授权合同一式两份（正、副本）报所在省、自治区、直辖市版权局（以下简称地方版权局）登记；地方版权局应将著作权授权情况报国家版权局进行认证。

经登记和认证，取得由国家版权局统一印制的著作权合同登记批复（下同）后，方可出版。

（2）电子出版物复制单位接受境外委托复制电子出版物，应在复制前将著作权授权合同一式两份（正、副本）报地方版权局登记；地方版权局应将著作权授权情况报国家版权局进行认证。经登记和认证取得著作权合同登记批复后，方可复制。

（3）电子出版物复制单位接受境内电子出版物出版单位委托，复制引进出版的电子出版物，应要求其出具著作权合同登记批复。否则，不得复制。

（4）电子出版物复制单位接受境内非电子出版物出版单位委托复制计算机软件，应要求其出具计算机软件登记证书或其他著作权证明文件及当地新闻出版局核发的《电子出版物复制委托书》。否则，不得复制。

（5）地方版权局应对报登的著作权授权合同是否规范、齐备进行审查。对不符合要求的，应限期补正；补正后仍不符合要求的，不予登记。对符合要求的，地方版权局应将著作权授权情况报国家版权局进行认证；对通过认证的，予以登记合同，发给著作权合同登记批复，并将著作权授权合同正本退还报登单位；对未通过认证的，不予登记合同。

（6）著作权合同登记批复由国家版权局统一印制，委托各地方版权局代发给出版或复制单位。

（7）引进出版的电子出版物应在出版物及其装帧纸上标明著作权合同登记号；未标明合同登记号的，著作权行政管理部门可作为涉嫌侵权制品予以扣缴。

（8）对不进行著作权授权合同登记，出版和复制电子出版物和计算机软件而造成侵权的单位，一经发现，著作权行政管理部门将依《著作权法》从重给予行政处罚。对构成犯罪的，将移交司法机关处理。

第五章 有关著作权的法律规定

著作权与出版行业密切相关。在出版实践中，保护著作权对于维护权利人的合法权益具有非常重要的意义。因此，在这一章中，我们主要介绍著作权法的主要内容、限制、著作权许可使用和转让合同、传播者权以及侵犯著作权的行为及其法律责任等。

第一节　著作权法概述

著作权（copyright），也称为版权，我国 1990 年颁布的《著作权法》在"附则"里规定"本法所称的著作权即版权"，第一次在法律上将"著作权"与"版权"明确为同义词。著作权是知识产权的重要组成部分。《著作权法》是确认作者对其创作的作品享有权利以及规定因创作、传播和使用作品而产生的权利和义务关系的法律规范的总称。《著作权法》规定了作者与其他著作权人享有的著作权，规定了出版者、表演者、录音录像制作者、广播电台、电视台享有的与著作权有关的权利，并规定了对著作权人权利的限制，从而协调作者、传播者和公众之间的相互关系。

我国宪法关于公民言论、出版自由和进行科学研究、文艺创作及其他文化活动的自由的规定，关于国家发展为人民服务、为社会主义服务的文学艺术事业、出版发行事业等的规定，是《著作权法》立法的根本法律依据和原则。为保护文学、艺术和科学作品作者的著作权，以及与著作权有关的权益，鼓励有益于社会主义精神文明、物质文明建设的作品的创作与传播，促进社会主义文化与科学事业的发展与繁荣，1990 年 9 月 7 日，中华人民共和国第七届全国人民代表大会常务委员会第十五次会议通过了《中华人民共和国著作权法》，并于 1991 年 6 月 1 日正式实施。同时又公布了《著作权法实施条例》以及其他相关法律法规。

1997 年修订的《刑法》规定了侵犯著作权罪和销售侵权复制品罪。为适应加入 WTO 的需要，2001 年 10 月 27 日，第九届全国人民代表大会常务委员会第二十四次会议对《著作权法》进行了第一次修正，国务院亦于 2002 年 9 月再次发布了新的《著作权法实施条例》，2010 年 2 月 26 日，全国人民代表大会常务委员会对《著作权法》进行了第二次修正。2020 年 11 月 11 日，第十三届全国人民代表大会常务委员会第二十三次会议对《著作权法》进行了第三次修正。这标志着我国著作权法律制度趋于完善，著作权保护翻开了新的一页。

出版法与著作权法关系十分密切，两种法律规范有共同的宪法依据和原则。只不过出版法主要是从政治上来保护宪法规定的有关权利并对之作出规定，而著作权法则是从民事上来保护这些权利并对之作出规定。出版活动中经常会遇到著作权问题，这些著作权问题概括起来主要表现在两个方面：一方面，出版单位及其编辑，以及在出版单位出版作品的作者，都是著作权的权利主体，他们的作品，是著作权法的保护客体；另一方面，出版单位是作品的出版者、传播者，在出版作品的过程中要遵守著作权法的规定，尊重著作权人的合法权益。

一、著作权的概念和特征

著作权，是指作者对其创作的文学、科学和艺术作品所享有的专有权利。通常情况下，著作权有狭义和广义之分。狭义上，著作权仅指作者依法享有的权利，包括著作人身权和著作财产权；而广义上的著作权除了狭义的著作权以外，还包括著作邻接权，即作品传播者依法享有的权利，包括出版者、表演者、录音录像制作者以及广播电视组织的权利。

著作权作为一项民事权利，除具有民事权利的一般共性特征外，还具有与其他民事权利不同的特征，具体如下：

第一，著作权是一种知识产权。著作权是因作者的创作活动而产生的，是作者对自己的智力成果所拥有的一种民事权利，它与专利权、商标权等一样都属于知识产权的范畴。

第二，著作权是一种无形的权利，这是著作权与有形财产的区别。一般情况下，任何权利都有其客体，而客体多是有形的物，且权利同客体是不可分离的。但有些权利同其客体的所有权、支配权可以处于分离的状态，这些权利就是无形权利。著作权正是这样一种权利。比如，某作者在自己的作品创作完成后，将作品的原稿赠送给朋友甲，甲就是作品原稿的所有者。甲可以将原稿卖掉，也可以送人，但不能在作品上署名，即除非作者明确表示，作品的著作权并没有随作品的原稿转移，这时作者的著作权与作品的物权处于分离状态。这也正是无形权利的特点。

第三，著作权是一种专有权利。"专有"与"所有"含义不同，"所有"一般侧重于物的所有，即有形财产的实际占有；而"专有"则侧重于无形财产的专有。"专有"强调独占与排他。著作权归作者或其他著作权人享有，就意味着未经作者或有关著作权人的许可或授权或者法律没有明文规定，权利人以外的任何其他人都不得擅自行使这些权利，否则，便是侵权。

第四，著作权具有地域性。著作权人依某国法律取得的著作权，只能在该国地域范围内有效，受该国法律的保护，别国并不当然承担保护的义务。要在其他国家受到法律保护，必须该国和别国签订了保护著作权的双边条约，或者两国共同参加了国际上保护著作权的多边条约，这样，著作权才能在缔约的国家范围内发生法律效力。

第五，著作权具有时间性。著作权虽然是专有的，但任何国家对著作权的保护都不是永久的，或长或短，都有一定期限。在此期限内，著作权人享有著作权；超过这个期限，著作权即失去效力，作品进入公有领域，任何人都可以自由使用而不再发生侵权问题。

二、著作权法的基本原则

我国著作权法的基本原则，是宪法的基本原则和著作权法的立法宗旨相结合而产生的著作权法的指导准则。它自始至终贯穿于法律条文之中，并实施于司法实践中。我国《著作权法》第1条开宗明义地规定："为保护文学、艺术和科学作品作者的著作权，以及与著作权有关的权益，鼓励有益于社会主义精神文明、物质文明建设的作品的创作和传播，促进社会主义文化和科学事业的发展与繁荣，根据宪法制定本法。"这既指明了著作权立法的依据是宪法，指导思想是促进、鼓励有利于两个文明建设的作品的创作与传播，促进社会主义文化和科学事业的发展；又说明了著作权法的保护原则首先是保护作者的权利，其次保护与著作权有关的权益。著作权法的基本原则具体如下。

（一）保护创作者专有权利，促进科学文化事业发展的原则

著作权法的首要原则，就是保护作者的合法权益，促进社会科学文化事业的发展。人类社会历史发展的漫长过程告诉我们这样一个真理：人类社会的进步有赖于知识的获得和积累。人类历史上灿烂的文化，是由各时代众多的文学、艺术和科学作品构成的。这些文学、艺术和科学作品能够启迪人们的思想，使人们获得从事各种社会活动的知识和本领，或使人们的精神文化得以丰富，并获得艺术的享受，从而起到促进生产力发展和推动社会前进的重大作用。因此要获得并积累知识，就要鼓励人们从事创造性的智力劳动；要使文学、艺术和科学作品构成人类文化的历史长链，就要既保护作者创造性劳动的智力成果，又鼓励对这种成果的传播和使用。只有这样，人类文明才得以发展，历史才可以延续。

（二）协调作者、传播者之间的利益关系，促进作品传播的原则

作者的作品创作完成以后，需要广泛的传播才能实现其社会价值。各国著作权法都从协调作者与传播者的利益关系出发，对传播者的权利予以保护，目的就在于促进知识的广泛传播和公众对作品的正常使用。如果认为只要保护作品产生的源头，就能繁荣科学文化事业，而一味强调作者的权利，对作者权利保护过头，垄断过多，任何其他人在使用作品时，都要受到限制，遭到禁止，或绝对不许使用的话，那是远远不够的，反而会限制作品的传播，不利于作者权利的实现，更不利于科学文化事业的发展。

（三）鼓励公众利用作品，满足公共利益的需要，提高民族素质的原则

著作权立法，不仅保护作者的正当权益，也保护广大公众获得知识、分享文化、科学、技术成果及其所带来的社会福利和权利。由于作者创作作品并不是为了孤芳自赏，赋予作者著作权也不是为了将作品束之高阁，其目的是为了开发人们的智力资源，提高全民族的科学文化水平。再说任何公众都有可能成为作者，而作者在创作作品的过程中，总是或多或少地会利用前人的智力成果。否则，创作活动就会成为无源之水。因此，著作权法在授予作者某些专有权利的同时，也对作者权利的行使进行合理的限制，规定作者在行使著作权时，应当对社会尽一定的义务，应当保护公众接触、利用文学艺术和科学作品的权利。这样规定的目的是为了使作品最大限度地为社会公众所利用，满足公共利益的需要，提高民族素质，推动文化、科学事业的发展。

（四）促进国际文化和科学技术的交流与合作，符合著作权国际保护基本准则的原则

由于著作权法地域性的限制，一国法律只能对本国公民的著作权给予保护，国与国之间没有相互保护作者著作权的义务。而文学、科学和艺术作品作为无形财产，一经发表，便不受国界的束缚，可以在世界各国广为传播，被视为人类的共同财富，无论怎样使用都

不构成侵权。如果任其这样，在世界逐渐融为"地球村"的今天，对国际文化科学的交流合作是极为不利的，因此，世界各国多通过签订双边协定或共同参加多边国际公约的形式来为本国国民的作品提供保护，以便作者或其他著作权人有权分享作品在国外被利用所产生的利益。

现在，国际上保护作者著作权的国际公约主要是《保护文学艺术作品伯尔尼公约》和《世界版权公约》。这两个公约包含了一些为世界各国普遍接受的基本准则，我国已经加入这两个公约，这为我国与世界上多数国家进行著作权贸易建立了正常合法的渠道。

第二节　著作权的基本内容

著作权作为一项民事权利，其基本内容由著作权的主体、著作权的归属、著作权的客体和著作权的内容四部分构成。

一、著作权的主体

著作权的主体是依法享有著作权的人。我国《著作权法》第9条规定："著作权人包括：（一）作者；（二）其他依照本法享有著作权的自然人、法人或者非法人组织。"由此，我们知道著作权人包括以下几类。

（一）作者

根据我国《著作权法》第11条规定，作者就是创作作品的自然人，即作者是作品的创作人。"创作"，根据《著作权法实施条例》第3条规定，"是指直接产生文学、艺术和科学作品的智力活动。为他人创作进行组织工作，提供咨询意见、物质条件，或者进行其他辅助工作，均不视为创作"。创作是人脑的思维活动，是作品从构思到表达完成的过程。作者通过独立构思，运用自己的能力和技巧表达思想和情感，从而产生文学、艺术和科学作品。迄今为止，人类对物质世界的认识成果表明，创造力始终是自然界赋予人类的天然特权。只有自然人才是智力成果的唯一创造人。因此，著作权最基本的权利主体是自然人。《著作权法》重在保护自然人的合法权益。

（二）法人或者非法人组织

法人或者非法人组织也可以成为作者。根据《著作权法》第11条规定，法人或者非法人组织成为作者的情况是指"由法人或者非法人组织主持，代表法人或者非法人组织意志创作，并由法人或者非法人组织承担责任的作品，法人或者非法人组织视为作者"。这说明当作品由法人或者非法人组织主持创作，代表它们的意志，并由它们承担责任的时候，该法人或者非法人组织可以被看成作者。比如，由国家科学技术委员会组织编写，并以"国家科学技术委员会"署名的《中国的知识产权制度》蓝皮书，就属于这一类。

在作品上署名的自然人、法人或者非法人组织为作者，但有相反证明的除外。作者等著作权人可以向国家著作权主管部门认定的登记机构办理作品登记。

（三）其他著作权人

这主要是指通过继承、受遗赠、委托合同、劳动合同等法律行为而成为著作权人的情况，一般包括：①按照继承法的规定，通过继承成为著作权人；②法定继承人以外的人接受作者遗赠而成为著作权人；③委托作品的委托人通过合同而成为著作权人；④符合《著作权法》第18条第2款规定的职务作品，作者所在单位取得署名权以外的其他权利，成为著作权人；⑤影视作品的制片者，根据《著作权法》第17条第1款取得署名权以外的其他著作权，成为著作权人；⑥法人及非法人组织变更、终止，其权利、义务的承受者获得作品的财产权，成为著作权人。这些通过继承、受遗赠、委托合同、劳动合同等法律行为而获得著作权的人称为"继受著作权人"，这些"继受著作权人"只能享有著作权中的财产权，不能享有著作权中的人身权。

（四）国家

在特殊情况下，国家也可以成为著作权的主体。国家成为著作权主体主要有以下三种情况：①自然人、法人或者非法人组织将著作权中的财产权赠予国家；②自然人死亡时，没有继承人或受遗赠人，或继承人放弃继承权的，著作权中的财产权归国家所有；③法人或者非法人组织终止，没有权利义务承受人的，著作权中的财产权由国家享有。

二、著作权的归属

有些作品在创作和传播过程中，会涉及多个主体，这样就会有著作权的归属问题。

（一）演绎作品的著作权人

演绎作品，是指改编、翻译、注释、整理已有作品而产生的作品。演绎作品的独创性在于它一方面对原作品进行了改编、翻译、注释、整理，另一方面又在原作品的基础上有所创新，对原作品做了形式上的变动。因此，演绎作品与原作品一样，都是独立的受保护的作品。我国《著作权法》第13条规定："改编、翻译、注释、整理已有作品而产生的作品，其著作权由改编、翻译、注释、整理人享有，但行使著作权时，不得侵犯原作品的著作权。"

（二）合作作品的著作权人

合作作品，是指两人以上共同创作的作品。合作作者的共同劳动，使合作作品成为一个整体。各国著作权法一般规定合作作品的著作权归全体合作人共有，行使著作权时要征得全体合作人的同意。我国《著作权法》第14条规定，合作作品的著作权由合作作者共同享有。没有参加创作的人，不能成为合作作者。合作作品的著作权由合作作者通过协商一致行使；不能协商一致，又无正当理由的，任何一方不得阻止他方行使除转让、许可他人专有使用、出质以外的其他权利，但是所得收益应当合理分配给所有合作作者。合作作品可以分割使用的，作者对各自创作的部分可以单独享有著作权，但行使著作权时不得侵犯合作作品整体的著作权。

（三）汇编作品的著作权人

汇编作品，是指汇编若干作品、作品的片段或者不构成作品的数据或者其他材料，对其内容的选择或者编排体现独创性的作品。由于汇编者在选编作品时同样也付出了创造性劳动，他们选取和编排材料采用独特的方法，赋予这些材料以新的组织结构和表现形式，因此，各国一般都承认汇编者对汇编的作品享有独立的著作权。我国《著作权法》第 15 条规定："汇编作品的著作权由汇编人享有，但行使著作权时，不得侵犯原作品的著作权。"

最常见的汇编工作有报纸、期刊的编辑以及从报纸、期刊上选编文章汇编成书的编辑工作。一般来说，每张报纸、每本期刊都是一件完整的汇编作品，其著作权属于该报纸、期刊的出版单位，但报纸、期刊上所刊载的每篇文章的著作权属于各个作者。因此，报纸、期刊的出版单位对自己汇编的报纸、期刊享有著作权，但并不等于对报纸、期刊中的任何独立作品也享有权利。按《著作权法》规定，作品的著作权属于作者。出版单位在实施编辑工作过程中和在行使汇编作品的著作权时，都不得侵犯原作品作者的著作权。

2000 年北京某出版社《第三只眼睛透视京城》侵犯著作权案，就有一定的典型意义。书中有 42 篇作品是在某期刊上发表的文章，涉及 32 位作者。出版社在出版前未征得作者许可，在出版后未支付作者报酬。后作者起诉，判决侵权成立。在审理过程中，出版社曾提交该书主编给出版社的"委托书"，内称他已征得某期刊社同意，将期刊上发表的作品编辑成书，以此说明他们的行为并不违法。① 其实期刊社是无权做出这种许可的，因为期刊上发表的文章，其著作权属于作者。即使是期刊社自己把期刊上的作品汇编成书，也必须再次得到有关作者的许可。因此，期刊社无权向该书主编做出同意汇编的表示。出版社应该知道汇编作品的汇编人只有逐一得到所有文章作者的授权书，才可商谈有关出版事宜，这样汇编出版的作品才不致侵权。

(四) 视听作品的著作权人

视听作品是指电影作品和以类似摄制电影的方法创作的作品。要确定某种作品的著作权归属，首先必须确认该作品的作者。我国《著作权法》规定，视听作品的作者有编剧、导演、摄影、作词、作曲等。由于视听作品是将众多作者和表演者以及其他创作活动和技术活动凝结在一起的复杂的集合体，大多数作者的创作不可分割地融进同一个表现形式中，除去音乐、剧本、美术等作品外，每个作者的创作成果都无法从视听作品整体中分割出来获得独自的表现形式，因而这些作者都无法单独行使其著作权。因此，我国《著作权法》第 17 条规定："视听作品中的电影作品、电视剧作品的著作权由制作者享有，但编剧、导演、摄影、作词、作曲等作者享有署名权，并有权按照与制作者签订的合同获得报酬。前款规定以外的视听作品的著作权归属由当事人约定；没有约定或者约定不明确的，由制作者享有，但作者享有署名权和获得报酬的权利。视听作品中的剧本、音乐等可以单独使用的作品的作者有权单独行使其著作权。"

(五) 职务作品的著作权人

职务作品，是指自然人为完成法人或者非法人组织工作任务所创作的作品。这里的"工作任务"，是指自然人在该法人或者非法人组织中应当履行的职责。

在我国，由于现存体制上的原因，相当一部分的文学、艺术和科学作品的作者，属于

---

① 魏永征. 从一份无效"委托书"看传播者权的错位 [N]. 法制日报，2000-12-02.

国家公职人员，是领取薪金的职业创作者。为了既调动作者创作的积极性又调动其所在单位支持其创作的积极性并维护单位的利益，我国《著作权法》第18条对职务作品的著作权归属作了明确划分。

第一，一般情况下，职务作品的著作权由作者享有，但法人或者非法人组织有权在其业务范围内优先使用。作品完成两年内，未经单位同意，作者不得许可第三人以与单位使用的相同方式使用该作品。《著作权法实施条例》第12条规定："职务作品完成两年内，经单位同意，作者许可第三人以与单位使用的相同方式使用作品所获报酬，由作者与单位按约定的比例分配。作品完成两年的期限，自作者向单位交付作品之日起计算。"

第二，三种情况下，职务作品的作者只享有署名权，著作权的其他权利由法人或者非法人组织享有，法人或者非法人组织可以给予作者奖励：①主要是利用法人或者非法人组织的物质技术条件创作，并由法人或者非法人组织承担责任的工程设计图、产品设计图、地图、示意图、计算机软件等职务作品，这里"物质技术条件"，是指该法人或者该非法人组织为公民完成创作专门提供的资金、设备或者资料；②报社、期刊社、通讯社、广播电台、电视台的工作人员创作的职务作品；③法律、行政法规规定或者合同约定著作权由法人或者非法人组织享有的职务作品。

（六）委托作品的著作权人

委托作品，是指受人委托创作的作品。鉴于委托作品基于委托合同而产生，与职务作品基于法律或者劳动合同而产生有区别，我国《著作权法》第19条规定："受委托创作的作品，著作权的归属由委托人和受托人通过合同约定。合同未作明确约定或者没有订立合同的，著作权属于受托人。"也就是说，委托人若要享有委托作品的著作权，必须通过订立合同与作者明确约定。出版单位的编辑在选题策划以后，向某些专家学者约稿，就是一种委托行为。在绝大多数情况下，应约编写书稿者对自己的作品享有著作权是不成问题的，出版单位或者编辑也不会对作品提出著作权要求。但也有委托人向作者支付约定的创作报酬，由作者按照委托人意志和具体要求创作出特定的作品的。如单位悬赏征集的厂标、厂徽、厂歌以及为他人撰写的回忆录等，这样的作品一般委托人是著作权人，这就必须在约稿时与受托人明确约定，以免发生误会，引发著作权纠纷。

（七）美术作品原件的著作权人

就美术作品而言，它涉及两类权利：一类是美术作品原件所有人对美术作品原件的所有权，这是一种物权，它包括占有、使用、收益和处分美术作品原件的权利；另一类是美术作品的创作人对于美术作品的著作权。这是两类不同的权利。我国《著作权法》第20条规定："作品原件所有权的转移，不改变作品著作权的归属，但美术、摄影作品原件的展览权由原件所有人享有。作者将未发表的美术、摄影作品的原件所有权转让给他人，受让人展览该原件不构成对作者发表权的侵犯。"

三、著作权的客体

著作权的客体，严格意义上讲，应该是著作权法律关系的客体，它是著作权法律关系中主体的权利和义务共同指向的对象。具体而言，就是作品，是作者创作的以某种具体形式表现出来的文学、艺术和科学作品。

（一）《著作权法》保护的作品

《著作权法》第3条规定，"本法所称的作品，是指文学、艺术和科学领域内具有独创性并能以一定形式表现的智力成果。"智力创作的成果多种多样，但并不是任何智力成果都可以成为《著作权法》的保护对象。要成为《著作权法》的保护对象，必须具备两个条件。

一是独创性。作品是由作者独立完成的，作品的表现形式或内容与他人已发表的作品完全不同或者基本不同，即不是抄袭、剽窃、篡改他人的作品。在《著作权法》的要求中，作者创作的作品并不一定要求是世界上前所未有、独一无二的，只要求是作者独立创作的。只要是作者独立完成，即使两件作品相互近似甚至雷同，也不影响这两件作品分别获得著作权。

二是有一定的表现形式，可以某种形式加以复制。如果思想或者情感仅存在于作者的头脑中，没有表现为可以为他人所感知并为法律所允许的客观形式，就不能成为《著作权法》中的作品。任何作品，只有以一定形式表现出来，使他人能够感知，才可受到《著作权法》的保护。比如，文字作品，人们可以看到；口述作品、音乐作品等，人们可以听到等。

这些以一定形式表现出来的作品，能以某种形式加以复制，具有可复制性。复制是以印刷、复印、拓印、录音、录像、翻录、翻拍、数字化等方式将作品制作一份或者多份的行为。无论采用何种方式进行复制，都是不改变作品内容地将作品加以客观地再现。也就是说，复制是没有独创性的行为。只要不改变作品内容，无论采用什么方式对作品加以利用，都属于复制。如以二进制代码将作品数字化就属于复制。

关于著作权客体的种类，《著作权法》第3条明确规定作品包括以下列形式创作的文学、艺术和自然科学、社会科学、工程技术等作品：①文字作品；②口述作品；③音乐、戏剧、曲艺、舞蹈、杂技艺术作品；④美术、建筑作品；⑤摄影作品；⑥视听作品；⑦工程设计图、产品设计图、地图、示意图等图形作品和模型作品；⑧计算机软件；⑨符合作品特征的其他智力成果。

《著作权法实施条例》第4条对各类作品的含义进行了界定：①文字作品，是指小说、诗词、散文、论文等以文字形式表现的作品；②口述作品，是指即兴的演说、授课、法庭辩论等以口头语言形式表现的作品；③音乐作品，是指歌曲、交响乐等能够演唱或者演奏的带词或者不带词的作品；④戏剧作品，是指话剧、歌剧、地方戏等供舞台演出的作品；⑤曲艺作品，是指相声、快书、大鼓、评书等以说唱为主要形式表演的作品；⑥舞蹈作品，是指通过连续的动作、姿势、表情等表现思想情感的作品；⑦杂技艺术作品，是指杂技、魔术、马戏等通过形体动作和技巧表现的作品；⑧美术作品，是指绘画、书法、雕塑等以线条、色彩或者其他方式构成的有审美意义的平面或者立体的造型艺术作品；⑨建筑作品，是指以建筑物或者构筑物形式表现的有审美意义的作品；⑩摄影作品，是指借助器械在感光材料或者其他介质上记录客观物体形象的艺术作品；⑪电影作品和以类似摄制电影的方法创作的作品，是指摄制在一定介质上，由一系列有伴音或者无伴音的画面组成，并且借助适当装置放映或者以其他方式传播的作品；⑫图形作品，是指为施工、生产绘制的工程设计图、产品设计图，以及反映地理现象、说明事物原理或者结构的地图、示意图等作品；⑬模型作品，是指为展示、试验或者观测等用途，根据物体的形状和结构，按照一定比例制成的立体作品。

（二）《著作权法》不保护的作品

《著作权法》保护的作品范围虽然很广，但并非任何作品都受其保护。如前所述，作品受《著作权法》保护必须满足两个条件：独创性和可复制性，否则，就不能成为著作权法律关系的客体。

由于我国对著作权采取自动保护原则，不需办理任何手续，这就有必要在法律上尽量明确《著作权法》不保护的作品范围。根据我国《著作权法》第4条、第5条规定，《著作权法》不保护的作品分为不受《著作权法》保护的作品和不适用《著作权法》保护的作品两大类。

第一类，不受《著作权法》保护的作品。主要是指不具备合法要件的作品，依法禁止出版、传播的作品。我国现行出版行政法规《出版管理条例》已明确规定了出版物禁载的内容。如果由于内容违反了有关法律、法规的规定，法律禁止其出版和传播，就不能得到《著作权法》的保护。

第二类，不适用《著作权法》保护的作品。《著作权法》第5条规定："本法不适用于：（一）法律、法规，国家机关的决议、决定、命令和其他具有立法、行政、司法性质的文件，及其官方正式译文；（二）单纯事实消息；（三）历法、通用数表、通用表格和公式。"

显然，这些作品已经具备了合法的要件，但不具备独创性或者已进入公有领域，因而不能受到《著作权法》的保护。这类作品是合法的作品，虽不适用《著作权法》，但可由其他法律给予保护。

"法律、法规，国家机关的决议、决定、命令和其他具有立法、行政、司法性质的文件，及其官方正式译文"，这一类作品是国家和政府意志的体现，具有十分强烈的社会性，不属于个人智力创作的成果，不能被个人独自利用，因而要淡化它们的作品性，使之能广泛地被大众所接受、利用。

"单纯事实消息"，是指只报道一件事情的发生的过程、时间、地点和人物，不表示报道人的观点的消息，其目的是把这一事件客观真实地向公众传播，但不得采用大字报、小字报、传单的方式。因为报道单纯事实消息的目的就在于让社会、人们尽快地知道、了解正确的事实，因而没有必要给予保护；并且单纯事实消息只是单纯反映一定客观事实的存在，无须作者付出创造性劳动，因而不属于受《著作权法》保护的作品的范围。但是如果作者在新闻报道中加入了自己的观点和评论，如新闻综述、新闻评论等，就可成为文字作品从而享有著作权。

"历法、通用数表、通用表格和公式"，其中历法是指用年、月、日计算时间的方法，主要有阴历和阳历。它是已被人们公认的具有科学依据的计算时间或节气的方法，人们运用这种方法能推算出时间和节气，无须付出创造性的劳动，因而不属于作品的范围。通用数表是指含有一定数字并反映一定关系的表，它成为人们普遍运用的工具，如元素周期表、三角函数表等。通用表格是指普遍适用的为填写文字或数字而按一定项目绘成的表格，如会计报表、统计发票等。公式是指用数字符号表示几个量之间关系的式子，如勾股定理、万有引力定律等。这些作品不受《著作权法》的保护。此外，超过了著作权保护期限的作品，因进入了公有领域，也不受《著作权法》的保护。

四、著作权的内容

我国《著作权法》第 10 条规定了著作权的权利内容，主要包括人身权利和财产权利两大部分，也称为精神权利和经济权利。这一区分与《伯尔尼公约》的规定一致，也符合我国民事法律的立法精神。

（一）人身权

人身权是作者基于作品依法所享有的以人身利益为内容的权利。著作权中的人身权利，也称为精神权利，只有作者才能享有，其他任何人都不能享有。著作权中的人身权与《民法典》中一般的人身权相比，有其特殊性。《民法典》中的人身权包括人格权和身份权。人格权，如生命权、健康权、姓名权等，是自然人与生俱来的，它随民事主体的出生而产生，随民事主体的死亡而消亡，其期限就是民事主体生存的时间；身份权是基于某种身份而产生的权利，如父母子女之间相互扶养的权利义务关系、父母对未成年子女的监护权等，它不能脱离民事主体而单独存在，与民事主体具有严格的不可分性。著作权中的人身权是基于作者的创作而产生的，它永远受到保护，没有时间的限制，并且在某些情况下可以和作者相分离，如法律规定视听作品中除署名权以外的人身权由电影制作者享有。

我国《著作权法》规定了四项人身权，即发表权、署名权、修改权和保护作品完整权。

1. 发表权

发表权，是指决定作品是否公之于众的权利，即作者可以决定发表，也可以决定不发表其创作的作品。所谓"发表"，是指作品首次与公众见面。作品创作出来以后，只有通过发表才能为公众所感知，也才能获得财产权利。一般情况下，在作者有生之年，发表权由作者行使，即作者有权决定什么时候、在什么地方、以什么方式发表作品。《著作权法实施条例》第 17 条规定，在作者死亡后，"作者生前未发表的作品，如果作者未明确表示不发表，作者死亡后 50 年内，其发表权可由继承人或者受遗赠人行使；没有继承人又无人受遗赠的，由作品原件的所有人行使"。由于发表是使作品首次与公众见面的行为，因此发表权只能行使一次，一经使用便不复存在。

◎ 案例

【案情】① 孟某业余时间喜爱制作盆景，他制作的"绿石盆景"小有名气。孟某之子将孟某制作的"绿石盆景"拍摄了 10 张彩色照片，投寄给《生活》期刊社。该期刊在一期中登载了其中 6 张，其余 4 张未退稿。

后来齐鲁书社为编周历一事，找到《生活》期刊美术编辑邢某，请他提供照片。邢某未征求孟氏父子的意见，便把 4 张《生活》期刊未刊登的照片提供给了齐鲁书社。邢某以代转名义从齐鲁书社领取的稿酬，也未付给孟氏父子分文。

---

① 白光. 版权纠纷管理法律实案 50 例 [M]. 北京：经济管理出版社，2005：34.

孟某之子看到"绿石盆景"照片被印在周历上后，向版权处投诉，要求解决版权及稿酬问题。

版权处经调查，确认了邢某侵犯孟氏父子版权的事实，对版权及稿酬问题依法进行了处理。

【分析】本案涉及著作权人身权中的发表权问题。本案中，"绿石盆景"照片的著作权人系孟氏父子，只有他们才有权决定是否将其作品公之于众，以及以何种方式发表。他们选定的发表方式是在《生活》期刊上刊载发表，《生活》期刊可以刊载，也可不刊载。邢某作为期刊社的编辑，有权决定是否在本刊发表作者的作品，而无权将作者寄来的作品在其他书报刊发表或使用，除非征得作者的许可。但孟氏父子并未授权该期刊社许可第三方发表或使用自己的作品，邢某擅自将作者投来的作品在其他书报刊发表、使用，侵犯了孟氏父子的发表权，同时邢某还将作品的稿酬据为己有，侵犯了孟氏父子的获得报酬权。

【启示】我国《著作权法》第10条规定了发表权，即决定作品是否公之于众的权利。而是否保护发表权，国家之间存在着差异，《伯尔尼公约》没有对此项权利作出规定。我国《著作权法》对发表权的规定，是基于对作者精神权利的保护，规定由作者决定其作品发表的方式、发表的场合及发表的时间。

同时，不同性质的作品，其发表权会受到不同条件的限制。例如，对合作作品，发表权由合作作品的作者共同享有，其中的任何一方都无权单独行使发表权，要取得该作品的发表权，必须取得该作品的合作作者的许可。再如，虽然美术作品原件转移，作者仍然享有著作权，但是作品的展览权已经归美术作品的原件所有人享有，如果作品尚未发表，作者想要发表该作品，还应首先取得原件所有人的同意。因此，在对作品进行发表时，同时还要考虑到发表权的所属问题，因情况而定，不过在一般情形下，发表权归作者享有。

2. 署名权

署名权，是表明作者身份、在作品上署名的权利。署名权是作者重要的人身权利，也是作者基于创作而产生的。各国《著作权法》一般都规定，如无相反证明，在作品上署名的人是作者。

署名权是作者表明自己创作者身份的重要手段，也是公众了解作者身份的重要途径。作者享有署名权，就意味着作者有权决定在作品上是署真名、笔名、假名，还是不署名，任何人不得干涉。作者也有权禁止任何未参加创作的人在自己作品上署名的行为。如果作品署名发表，则其他任何人以出版、广播、表演、翻译、改编等方式使用这一作品时，都应当说明作者姓名，否则就构成侵权。

◎ 案例

【案情】① 苏州市古吴轩出版社出版发行了《纸上的青春》一书，该书将韩寒的

---

① 韩寒与苏州市古吴轩出版社等侵犯著作权纠纷上诉案．北京市第二中级人民法院民事判决书（2005）二中民终字第 15285 号［R/OL］．北大法律信息网，http：//www.pkulaw.cn/cluster_call_form.aspx？menu_item＝case.

《小镇生活》和《早已离开》两部作品直接拼在一起作为一个故事并取名为《纸上的青春》，该书前勒口处标有"韩寒自述"。

2000年8月，韩寒与上海人民出版社签订图书出版合同，依据合同约定，上海人民出版社对韩寒的作品集《零下一度》享有为期10年的专有出版权，以10万册以上部分版税率10%计酬。同月，上海人民出版社出版《零下一度》一书，该书收录了韩寒的《小镇生活》和《早已离开》两篇小说。现《零下一度》一书印刷超过73万册。2004年8月，田杨以包括韩寒在内的4位作者的代理人的身份与古吴轩出版社签订出版合同，约定出版绘本系列图书（共4本），其中包括韩寒的《小镇生活》（后改名为《纸上的青春》）。2005年3月17日，田杨自行在授权委托书中签上韩寒的名字后，传真给古吴轩出版社，内容为韩寒授权田杨作为《小镇生活》的漫画改编权代理人，全权负责与出版机构洽谈该作品的出版发行。

2005年5月，古吴轩出版社依据上述授权委托书的传真件和出版合同出版了《纸上的青春》一书，该书以绘本的形式出现，将韩寒的《小镇生活》和《早已离开》两篇小说连在一起，分成25个部分，前20个部分使用的是《小镇生活》的全文，后5个部分使用的是《早已离开》的全文。该书署名"韩寒著吕江绘"，分两次印刷，共计印数为3万册，单价为20元。该书前勒口上为田杨撰写的韩寒第一人称的自述，落款为韩寒。该书结尾是田杨撰写的《写在后面的话》，该文中有"《纸上的青春》由韩寒的短篇小说《小镇生活》改编而来"的内容。

法院认为，古吴轩出版社在《纸上的青春》前勒口处的韩寒自述，不是韩寒撰写，也没有经过韩寒的认可，属于假冒他人署名的行为，侵犯了韩寒的署名权。

【分析】本案涉及的是著作权中的署名权问题。韩寒对其创作的《小镇生活》和《早已离开》两部作品享有著作权，依法受到法律保护。古吴轩出版社在《纸上的青春》前勒口处的韩寒自述并不是韩寒撰写的，属于假冒他人署名的行为，侵犯了韩寒的署名权。

署名权是指作者表明自己创作者的身份，同时也包含不允许他人冒用自己的署名去发表及发行作品，即"冒名"行为。署名权对于作者来说是一项非常重要的权利，作者在作品上面署名，反映了作者的学识、思想观念、道德修养等，是作者与公众沟通的介质，同时也是公众了解作者的凭证。

对于不是该作者撰写的作品，任何人没有任何理由去冒用，而古吴轩出版社出版韩寒的作品，有责任和义务对作品的真实性进行确认，所以古吴轩出版社应该承担法律责任。

【启示】署名权是表明作者身份的权利，在出版作品的时候要尊重作者享有的署名权。

一般来说，署名权的内容表现为这样几个方面：①作者有权在作品上署名，也可以选择不署名，但是不署名也不代表作者放弃了署名权，作者仍然有权利阻止其他人在作品上署名；②署名权是表明作者身份的权利，作者有权利选择署名的方式，可以是真名，也可以是笔名、假名等；③合作作品的署名权属于合作作者共有，任何一方未经同意不得单独署名，或者决定署名的顺序；④演绎作品的原作者应当享有署名权，应当在适当的地方给原作者署名；⑤对署名权只能善意行使，作者在行使署名权时不能损害社会公共利益，更不能有欺骗行为；⑥作者署名权的保护期不受限制，在作者有生之年由作者行使，作者死后，其署名权不能继承，但是要由继承人来保护作者的署名权。

《保护文学和艺术作品伯尔尼公约》要求各成员国，不论是对本国作品还是对外国作品的版权保护，都不得低于公约规定的最低限度。受保护的作品是文学、科学和艺术领域内的一切作品，不论其表现方法或形式如何。公约规定的最低限度保护标准包括：作者的署名权、修改权、翻译权、复制权、公演权、广播权、朗诵权、改编权、录制权、制片权。公约第6条（二）第一款规定，不受作者经济权利的影响，在作者的某些经济权利转让之后，作者仍保有要求其作品作者身份的权利。我国在1992年成为伯尔尼公约缔约国，所以在版权贸易的过程中不可忽略对署名权的保护。

3. 修改权

修改权，是修改或者授权他人修改其作品的权利。所谓"修改"，是指作品创作完成以后对作品内容所作的改动，包括增加或者删除部分内容。修改可以在作品发表前进行，也可以在作品发表以后进行，但在后一种情况下，作者应适当承担因修改作品给有关部门造成的损失。

修改权的行使，一般由作者自己进行，但作者也可以授权他人修改自己的作品。未经作者授权许可，任何人不得擅自修改其作品，否则构成侵权。当然，也有不经作者授权而修改作品的例外情况。如我国《著作权法》第36条规定："图书出版者经作者许可，可以对作品修改、删节。报社、期刊社可以对作品作文字性修改、删节。对内容的修改，应当经作者许可。"即报社、杂志社可以不经授权而进行不涉及作品内容的修改活动。

◎ 案例

【案情】① 某出版社于1960年1月出版的《文史资料选辑》第一辑中收录了何某、邓某、戈某、王某、吴某共同创作的《"七七"事变纪实》一文，约19628字。

此后，该出版社出版的2013年1月第1版、2016年1月第3次印刷的《正面战场七七事变——原国民党将领抗日战争亲历记》，2015年5月第1版、2015年7月第1次印刷的《正面战场七七事变——原国民党将领抗日战争亲历记》，2015年1月第1版、2015年7月第2次印刷的《正面战场七七事变——原国民党将领抗日战争亲历记》，以及2015年1月第1版、2015年7月第2次印刷的《七七事变亲历记》中均收录了由何某、邓某、戈某、王某、吴某共同创作的《"七七"事变纪实》一文，并对《"七七"事变纪实》一文进行了删节。

2019年，原作者的继承人以侵犯作者的修改权、保护作品完整权及获得报酬权为由，将该出版社诉至北京市西城区人民法院。

【分析】我国《著作权法》第十条第一款第三项规定，修改权，即修改或者授权他人

---

① 北京市西城区人民法院民事判决书（2019）京0102民初19650号。

修改作品的权利；第四项规定，保护作品完整权，即保护作品不受歪曲、篡改的权利。第三十六条规定，图书出版者经作者许可，可以对作品修改、删节。因此具有修改权的权利人和报社、期刊社之间的关系仍然处于平衡状态。当然，报社和期刊社这些权利是有限制的，在修改稿件时不可滥用权利，如果修改的范围涉及内容部分却没有得到权利人的许可，就超出了法律的范围，为法律所不允许。

具体到本案，该出版社未经作者许可，再次出版删节过的《"七七"事变纪实》一文，经对比，后文不仅对原文作出文字上的调整和改动，还删除了原文部分内容，所删节内容超过 8000 字，其中，既包含作者对于宋哲元及其部下在七七事变中的行为和态度的描述、评价，又包含对时局、背景进行阐述的注释和附录，删节的文章使得作者的本意不能够准确地得到表达，属于对作品的歪曲和篡改，因此，该出版社作为图书出版者，在未经作者许可的情况下，对《"七七"事变纪实》进行大幅修改、删节后出版的行为，侵害了作者对作品享有的修改权和保护作品完整权。

【启示】对作品的修改、删节一定要把握限度。一般而言，修改是指在不改变作品表现形式的前提下，通过增加、删除或者替换作品中的某些成分，使作品的内容发生局部的变化，或者在一定程度上改变作品的表达方式。在实际操作中，首先要正确区分作品的表现形式与作品的表达方式这两个不同的概念，前者是与作品的种类相对应的概念，如文字作品、美术作品以及文字作品中的小说、散文、诗歌等，美术作品中的绘画、书法、雕塑等，都属于作品的不同表现形式；而后者则是指在作品的表现形式确定的前提下，作者具体表达思想、情感的方法。这种修改又不同于改编，修改不改变作品的表现形式，不是一种创作新作品的智力活动，而改编则是在原作的基础上形成新作品的创作活动，且改编通常改变作品的表现形式。

就出版社而言，收到书稿后一般要经过"三审"才能决定是否采用，因此，出版社可以在与著作权人签订合同的过程中就修改的限度一事进行规定。同时，也可以在征稿启事中对合理的修改予以说明，如果作者将稿件寄给了出版社，并且没有另附说明，就意味着作者对修改的事宜予以默认，这种方式也受到法律的保护。

4. 保护作品完整权

保护作品完整权，是指保护作品不受歪曲、篡改的权利。这项权利的重要意义在于维护作者的名誉和声望，保护作品的完整。

保护作品完整权，包括保护作品的内容、表现形式和作品形象的完整。保护作品内容的完整，要求他人在使用作品时，不得作歪曲性、贬损性的使用，不得断章取义、篡改作者的思想观点；保护作品表现形式的完整，是指作者有权禁止他人剽窃、割裂文章，以维护文章形式的和谐统一；保护作品形象的完整，是指他人在评价作品时，不得随意吹捧或者贬损作品形象，以保护作品的社会评价水平不受伤害、不被降低。

保护作品完整性并非对作品不作任何改动。出版过程中编辑对作品的文法错误、事实错误所作的更正，以及改编过程中为适应新的表现形式而作的必要的改动都是法律所允许的。这种改动不构成侵犯作者的保护作品完整权。

◎ **案例**

【案情】① 王某是内蒙古自治区作家,在 20 世纪八九十年代曾经发表过不少优秀的童话和小说。1978 年 6 月 20 日,王某在《人民文学》杂志上首次发表其创作的作品《长腿的鸡蛋》,并于 2020 年 9 月 4 日取得广东省版权局出具的《作品登记证书》。2021 年年初,王某发现一出版社在未经其授权、未支付报酬的情况下,于 1989 年首次将其文学作品《长腿的鸡蛋》改编翻译成多种语言文字制作图书出版,在国内外销售。2015 年,该出版社在王某不知情且仍未获得原告授权、未支付报酬的情况下,再次将上述图书重新编入《海豚双语童书经典回放》丛书出版,在国内外销售。2021 年王某通过网络销售途径,购买到了《长腿的鸡蛋》多种版本的同名图书,发现涉案图书是翻译成英文、法文、俄罗斯文、西班牙文、阿拉伯文、印地文等世界上最广泛使用的语种出版,作者署名均为王某,出版单位为该出版社。经查询,中央宣传部出版物数据中显示被告在 1989 年至今共出版了 10 本图书,其中 1989 年出版 9 本图书,2015 年出版 1 本图书。2022 年王某以侵犯其修改权、保护作品完整权、改编权、翻译权为由将该出版社诉至北京市西城区人民法院。

【分析】 我国《著作权法》第 10 条第（四）项规定:"保护作品完整权,即保护作品不受歪曲、篡改的权利。"本案中,该出版社 1989 年出版的《长腿的鸡蛋》九本图书、2015 年《海豚双语童书经典回放长腿的鸡蛋》使用了原告作品《长腿的鸡蛋》的基本表达,被控图书内容系对原告作品进行了修改,大幅增删部分对话和情节等内容,并将作品翻译成其他语言文字,侵害了原告的修改权、保护作品完整权、翻译权,已经造成对原作品的歪曲、篡改,被告理应承担相应的侵权责任。

【启示】 保护作品完整权是作者非常重要的一种精神权利,是许多保护精神权利的国家授予作者的专有权利。日本《著作权法》第 10 条第一款规定:"著作权人有权保持其著作物的完整性和标记的完整性,不接受违背著作人意愿的修改、删节或其他改动",类似的保护条例还在德国、意大利的著作权法中都有阐述。

保护作品完整权和修改权有着紧密的联系,同时又是相互独立的两项权利。保护作品完整权是一种消极的权利,是保护作品不被歪曲、篡改的权利,即如果违背作者的创作意图,使作品所表达的思想、观念、情感被曲解就构成了侵权;而修改权则是一种积极的权利,强调作者有权对作品进行修改,侵犯权利人的修改权并不等同于侵犯了权利人的保护作品完整权,反之亦然。

(二) 财产权

财产权,是作者对作品享有的使用权和获得报酬权,是具有物质内容、直接体现经济利益的权利,因此著作权中的财产权利,也称为经济权利。著作权中的财产权利与人身权利不同,它可以继承、可以转让,也可以放弃,其保护也有时间的限制。

我国《著作权法》规定,著作权中的财产权包括以复制、发行、出租、展览、表演、放映、广播、信息网络传播、摄制或者改编、翻译、汇编等方式使用作品的权利,以及许

---

① 北京市西城区人民法院民事判决书（2022）京 0102 民初 12769 号。

可他人以上述方式使用作品并由此获得报酬的权利。

著作权中财产权的产生，与技术的发展和各种使用方式密切相关。可以说，技术的进步，给作者财产权利的实现带来了更多的可能性。一般而言，有多少种使用作品的方式，作者就享有多少种使用作品的权利以及许可他人以这些方式使用作品而获得报酬的权利。

我国《著作权法》第10条规定，著作权中的财产权包括如下权利。

1. 复制权

复制权是著作权人最基本、最普遍的权利。按照我国《著作权法》第10条规定，复制权是指以印刷、复印、拓印、录音、录像、翻录、翻拍、数字化等方式将作品制作一份或者多份的权利。显然这是狭义的复制行为，从广义上讲，凡不改变作品内容，改变作品载体、将作品制成一份或者多份的行为，都属于复制，如数字技术发展而导致的将作品数字化的行为就是复制。

◎ 案例

【案情】① 冯某是我国著名的绘画艺术家。1986年某出版社向冯某（原告）约稿，原告创作了中国古代神话八个故事的文字脚本，其中包括《女娲补天》和《神农鞭药》。后该出版社又就故事绘画向冯某约稿，冯某创作了《神农鞭药》故事的绘本，为此双方于1986年9月12日和1986年10月22日，分别签订两份出版合同，以上合同均授予该出版社十年出版权，在冯某对该出版社的授权到期后，该出版社在未告知冯某，亦未经冯某许可情况下，分别于1997年5月和2015年3月，再次将上述作品进行复制、出版、发行投入市场。

2017年冯某将该出版社诉至北京市西城区人民法院。法院审理查明，被告出版社在上述两份合同约定的期限到期后未经原告冯某许可，出版发行被诉侵权图书《女娲补天》（2015年版）、《神农鞭药》（2015年版）并在当当网上销售，被诉侵权图书中的文字和绘图与《女娲补天》（1989年版）中文字作品、《神农鞭药》（1989年版）文字作品及美术作品完全相同。故被告出版社出版发行被诉侵权图书的行为侵害了原告冯某享有的《女娲补天》（1989年版）中文字作品、《神农鞭药》（1989年版）文字作品及美术作品的复制权。被告出版社应当停止侵害，并赔偿相应的损失。

【分析】本案中，被告出版社在授权到期后未经原告冯某许可，再次将原告作品《女娲补天》和《神农鞭药》进行复制、出版、发行投入市场。根据《著作权法》第10条、第47条和第49条的规定，该出版社依法应当承担停止侵权、赔偿经济损失和诉讼合理支出的民事责任。

复制权在我国《著作权法》中位于财产权的第一项，是最重要最基本的经济权利，复制是使作品能够传播的最基本条件，如果作品没有进行大量复制，便不能被大众了解。对于著作权人而言，复制权的具体行使需要得到著作权人的许可，著作权人有权许可他人对其作品进行复制，但是并非所有作品的复制都要取得许可，如报刊的转载，作者声明不得

---

① 北京市西城区人民法院民事判决书（2017）京0102民初30250号。

转载的除外。

构成复制的条件是：①有特定的复制方式，印刷、复印、拓印、录音等。②这种行为的主观目的是为了制作与原件相同或相似的复制件。③复制品本身不具有智力劳动的特征，或者说无创造性。本案中，该出版社出版的图书《女娲补天》（2015 年版）、《神农鞭药》（2015 年版）并在当当网中销售，被诉侵权图书中的文字和绘图与《女娲补天》（1989 年版）中文字作品、《神农鞭药》（1989 年版）文字作品及美术作品完全相同，符合构成复制的三个条件。因此，侵犯了著作权人的复制权。

【启示】复制权是作者最基本的经济权利，因此很多国家和组织对这一权利作了规定。

美国 1976 年《版权法》规定，"复制件"是除录音制品外，作品以现在已知的或以后发展的方法固定其中的物体，通过该物体可直接或借助于机器或装置感知、复制或用其他方式传播该作品。欧盟 2001 年颁布的《版权指令》规定：复制包括任何方式或形式所直接的或间接的复制、永久的或暂时的复制，而且不论该种复制是全部复制还是部分复制。他们认为，"对复制行为进行广义的界定，对于确保共同体市场规则的确定性是必需的"。《伯尔尼公约》第 9 条把复制权规定为"受本公约保护的文学艺术作品的作者，享有授权以任何方式和采取任何形式复制这些作品的专有权利"。

加入 WTO 之后，中国与国外关于知识产权的跨国诉讼案屡屡发生，2003 年 9 月新东方由于复制美国 ETS、GMAC 的考试试卷，被判经济赔偿 1000 万元。这给我国出版企业敲响了警钟，在面对知识产权纠纷时应采取积极主动的态度，首先是要避免，如果发现侵权行为要及时制止，这样才能避免不必要的损失。

2. 发行权

发行权，即以出售或者赠与方式向公众提供作品的原件或者复制件的权利。发行可以是有偿行为也可以是无偿行为。但绝大多数的发行是有偿行为，如新华书店发行图书、影片公司发行电影拷贝等。一般认为，作品复制后，如果不向社会发行，就限制了向社会传播作品，不能很好地满足公众的合理需求，也无法实现复制作品所追求的经济效益。因此，复制权往往与发行权连在一起使用，因为发行权是一项能给权利人带来经济利益的财产权利。发行还包括出租、出借。出租是有偿的，如出租图书、录音带等。出借是无偿的，如图书馆出借图书。出借如果收费，就变成出租了。由于发行时向公众提供作品的原件或复制件，因此，出租、出借也属发行。在国外，有些国家将出租权单独列为作者的一项财产权利。这里，出租、出借与新华书店的发行不同。新华书店销售图书，图书销售出去后，图书的所有权就转移给买书的人了。作者一般无权干涉买书的人将买来的书再次出售，因为这与著作权中的发行权无关了。这就是"发行权一次用尽"原则，也称为"发行权穷竭"原则。而出租、出借人手中，仍然掌握着发行权。

发行权包括著作权人有权确定作品发行的方式、范围，并有权选择发行者。发行具备两个要件：其一，发行的对象只能是社会公众，即不特定的多数人；其二，发行的目的是为了实现一定的经济利益。如果向公众赠送作品的复制件，就不能称为发行。

发行权可以由著作权人自己行使，也可以授权他人行使。因受各种条件特别是物质技术条件的限制，发行权一般由著作权人授予他人行使。

◎ 案例

【案情】① A 出版社经外国出版社及中文翻译著作权人授权取得《经济学原理（第 8 版）：宏观经济学分册》及《经济学原理（第 8 版）：微观经济学分册》在中国境内的专有出版权。近期，A 出版社发现 B 工作室在"拼多多"网络购物平台上开设的店铺中销售了盗版的权利图书，侵犯了 A 出版社对权利图书享有的发行权，A 出版社遂对 B 工作室提起诉讼。

审理中，当庭拆封原告公证购买的被诉图书，内为《经济学原理（第 8 版）：微观经济学分册》及《经济学原理（第 8 版）：宏观经济学分册》各一册。经与 A 出版社提供的正版图书进行比对，被诉图书除内容与正版图书基本一致外，但缺乏正版图书的防伪码，且封面颜色、纸质、印刷均与正版图书不同、售价也明显低于正版图书，A 出版社据此认为被诉图书非其出版社出版发行的正版图书。法院判定 B 工作室在未经权利人许可的情况下，擅自销售侵权图书的行为侵害了 A 出版社就权利图书享有的发行权，应当停止侵害，并赔偿相应的损失。

【分析】根据我国《著作权法》第 53 条第（一）项的规定，未经著作权人许可，复制、发行、表演、放映、广播、汇编、通过信息网络向公众传播其作品的，应当根据情况，承担本法第 52 条规定的民事责任；侵权行为同时损害公共利益的，由主管著作权的部门责令停止侵权行为，予以警告，没收违法所得，没收、无害化销毁处理侵权复制品以及主要用于制作侵权复制品的材料、工具、设备等，违法经营额五万元以上的，可以并处违法经营额一倍以上五倍以下的罚款；没有违法经营额、违法经营额难以计算或者不足五万元的，可以并处二十五万元以下的罚款；构成犯罪的，依法追究刑事责任。本案中，由于被诉图书与正版图书存在诸多不同，且售价与权利图书标注的定价相差悬殊，加之 B 工作室未能就此作出合理解释并提供反证，法院据此推定 A 出版社的主张成立，即被诉图书并非正版图书。B 工作室作为涉案店铺的经营者，其在未经权利人许可的情况下，擅自销售侵权图书的行为侵害了 A 出版社就权利图书享有的发行权。鉴于 B 工作室未能提供有效证据证明该商品有合法来源，故其应承担赔偿损失等民事责任。

【启示】发行权是作者非常重要的一项财产权，是对作品进行大量复制以后面向公众发行，发行权的取得要经过权利人的许可或授权，如果没有取得权利人的许可或授权而将作品大量复制向公众发行，就是盗版行为。《世界知识产权组织版权条约》对发行权作了专门的规定，其第 6 条"发行权"规定："（1）文学和艺术作品的作者应享有授权通过销售或其他所有权转让形式向公众提供其作品原件和复制品的专有权。（2）对于在作品的原件或复制品经作者授权被首次销售或其他所有权转让之后适用本条第一款中权利的用尽所依据的条件（如有此种条件），本条约的任何内容均不得影响缔约各方确定该条件的自由。"

目前，盗版现象最严重的地方非互联网莫属，在互联网上各种文字、音频、视频的盗版行为极其普遍，例如一部电影刚刚上映，网络上就出现了盗版，网友可以毫无障碍地对电影进行下载或者在线观看，在很大程度上损害了权利人的利益。因此各国都开始关注对

---

① 上海市徐汇区人民法院民事判决书（2022）沪 0104 民初 25657 号。

网络盗版行为的打击，韩国在 2008 年年初开始严厉打击网络盗版电影，有非法上传《江山美人》的 10 名网民，及 30 名非法上传《我呼吸的空气》的网民都遭到起诉。我国《信息网络传播权保护条例》第 6 条对不经许可、不支付报酬的例外情况进行了明确规定，意味着在这些合理使用的情形外，通过信息网络提供他人作品的，应该经著作权人许可，并向其支付报酬。

针对网络传播作品速度极其迅速、传播范围极其广泛、传播手段多样化的特点，为了保护网络作品著作权人的利益在新的技术条件下不受侵害，武汉大学陈传夫教授认为，传统发行权中的穷竭原则不适用于通过版权作品提供的服务，包括联机服务与网络服务。网络发行作品是发行权的内容，但对网络作品的进一步销售仍要受到权利人的控制。① 因此，在知识产权体系日益完善，人们的版权意识日益增强的情况下，要时刻避免由于未经许可或者授权而对文字、音像等作品进行的大量复制和发行的行为，更不能铤而走险，否则只会得不偿失。

3. 出租权

出租权，是指有偿许可他人临时使用视听作品、计算机软件的原件或者复制件的权利，计算机软件不是出租的主要标的的除外。出租权的内容包括：①视听作品；②计算机软件，对别的作品如图书并没有赋予作者出租权。

出租权是近年来大家普遍关注的一个问题，随着计算机网络技术、通信技术、微电子技术的发展，推动了磁带、DVD、VCD 等存储载体的大量生产，使得租用的商品迅速扩展到音像制品和计算机软件领域，给著作权人带来了极大的冲击。目前，大多数国家将出租权作为发行权的一个分支。《世界知识产权组织版权条约》将出租权与发行权并列列出，在第 7 条第一款规定出租权的对象为："（1）计算机程序，（2）电影作品，（3）按缔约各方国内法的规定，以录音制品体现的作品的作者，应享有授权将其作品的原件或复制品向公众进行商业性出租的专有权。"同时，规定了不适用于出租权的条款："（1）程序本身并非出租主要对象的计算机程序；（2）电影作品，除非此种商业性出租已导致对此种作品的广泛复制，从而严重地损害了复制专有权；（3）尽管有第一款的规定，任何缔约方如在 1994 年 4 月 15 日已有且现仍实行作者出租其以录音制品体现的作品的复制品获得合理报酬的制度，只要以录音制品体现的作品的商业性出租没有引起对作者复制专有权的严重损害，即可保留这一制度。"世界知识产权的 TRIPs 协议中租赁权的保护对象也包括计算机软件和电影作品，我国《著作权法》出租权的制定标准和 TRIPs 协议基本保持一致。

4. 展览权

展览权，是指公开陈列美术作品、摄影作品原件或者复制件的权利。展览权是著作权人的权利，著作权人有权将作品自行展览，也可以授权他人展览并获取报酬。所谓"展览"，是指公开陈列美术作品、摄影作品的原件或者复制件，以及少量文字作品的手稿，主要是名人的手稿。展览的目的是为了让不特定的多数人观赏。如果仅仅是供家庭或者本单位内部少数人欣赏，则不能构成展览。

国际上有些国家对展览权有不同的规定。德国规定，只有未发表的美术作品、摄影作品才有展览权，已发表的作品丧失展览权。我国《著作权法》第 10 条第（八）项规定展

---

① 陈传夫 . 高新技术与知识产权法 ［M］. 武汉：武汉大学出版社，2000：135.

览可以是原件，可以是复制件，这就意味着展览可以是已发表的作品（复制件），也可以是未发表的作品（原件），展览未发表的作品，可以认为是发表。

◎ 案例

【案情】① 卢某某是 A 摄影店的分店店长。2015 年 4 月，卢某某及其妻子苏某某委托 A 摄影店为两人拍摄婚纱摄影一套，A 摄影店取得该摄影作品的著作权，并随后与卢某某及苏某某签署肖像权许可协议。卢某某、苏某某同意 A 摄影店将上述摄影作品用作宣传等用途。2015 年 5 月，A 摄影店得知 B 摄影店在其经营场所使用上述摄影作品并承揽业务。为维护自己的合法权益，A 摄影店将 B 摄影店诉至法院。

法院经审理查明：2015 年 4 月 14 日，卢某某、苏某某在 A 摄影店小榄店拍摄照片一套，其中包括涉案权利作品。2015 年 4 月 15 日，卢某某、苏某某与 A 摄影店签订肖像权许可协议，约定卢某某及苏某某把在 A 摄影店属下门店拍摄所得照片或录像（数字文件）授权给 A 摄影店，包括网络发布、宣传展示、相册成品制作、图片展览等。2015 年 8 月 7 日，广东省中山市凤翔公证处受 A 摄影店的申请，指派公证员随 A 摄影店的委托代理人至挂有"B 摄影"门牌处店铺，由公证员对该商铺周围环境及内部环境进行拍照，共取得照片共十张。2015 年 8 月 17 日，广东省凤翔公证处作出（2015）粤中凤翔第 1536 号公证书。经比对，B 摄影店内悬挂的一幅图片与 A 摄影店主张的权利作品内容完全一致。

法院认为，依据《中华人民共和国著作权法》第十一条"著作权属于作者，法律另有规定的除外。创作作品的公民是作者。由法人或者其他组织主持，代表法人或者其他组织意志创作，并由法人或者其他组织承担责任的作品，法人或者其他组织视为作者。如无相反证明，在作品上署名的公民、法人或者其他组织为作者。"的规定，A 摄影店提供了摄影作品的数码底片及拍摄者的说明，可视为其为涉案作品的著作权人，B 摄影店没有提供相反证据推翻该事实，故认定 A 摄影店为该作品的著作权人，依法对涉案作品享有著作权。如所查明的事实，B 摄影店未经 A 摄影店的许可，在其营业场所内使用涉案作品，侵犯了 A 摄影店对涉案作品所享有的展览权，构成侵权，B 摄影店应当立即停止侵权，并承担赔偿 A 摄影店经济损失的法律责任。

【分析】本案涉及展览权的著作权保护问题，关键问题是展览权的归属问题。

我国《著作权法》规定，展览权，即公开陈列美术作品、摄影作品的原件或者复制件的权利。展览权属于著作权财产权的一项，展览权应该属于著作权人，本案的著作权人为原告 A 摄影店，涉案作品为原告所拍摄的一组摄影作品。在未经原告的许可下，任何单位和个人都不允许对原告所属的摄影作品进行展览，被告 B 摄影店作为专业影像拍摄机构，应当知晓不属于自己的著作权作品在未得到著作权人的合法授权以前，无权在其营业场所内私自展览。并且，被告在其经营场所内展览他人的著作权作品，客观上对其摄影技术起到了一定的宣传作用，故 B 摄影店的展览行为侵犯了 A 摄影店的著作权，应当立即停止侵害并承担相应的民事责任。

---

① 广东省中山市第二人民法院民事判决书（2015）中二法知民初字第 215 号。

在一般情况下，摄影作品涉及以肖像为内容的，展览权的行使还要受到肖像权主体的限制，如果没有取得肖像权主体的同意，该摄影作品仍然不能展览。本案中，原告 A 摄影店已于 2015 年与卢某某及苏某某签署肖像权许可协议，约定该组摄影作品的著作权归原告所有。因此，可以认为，该摄影作品的肖像主体已经将展览权授权给了 A 摄影店，故原告有权利对被告 B 摄影店的侵权行为提起诉讼。

【启示】展览权是一种重要的排他权，很多国家都将展览权放在非常重要的位置，我国《著作权法》也单独列出了这一项经济权利。

展览权的主体是确定的，但是关于展览权的客体问题，学术上存在较大的争议，主要集中在复制品到底有没有必要进行展览权的保护。世界知识产权组织认为"分开展出作品，主要是展出艺术作品的原件"①，而我国则将原件和复制件都作为展览权的客体。在网络技术、印刷技术、复制技术如此发达的今天，复制品的价值越来越低，因此很多学者提出将来修改《著作权法》时可以将现有《著作权法》第 10 条第八款中"复制件"一词去掉，修改为"公开陈列美术等作品的原件"②，仅对原件进行保护，这种提议无疑是对我国著作权法的完善。

5. 表演权

表演权，即公开表演作品，以及用各种手段公开播送作品的表演的权利。表演权是作者的权利，一般情况下，由作者自己或者授权他人向不特定的多数人公开表演自己的作品，没有取得作者的授权许可，不得表演作者的作品。所谓"表演"，按照《著作权法实施条例》的规定，是指演奏乐曲、上演戏剧、朗诵诗词等直接或者借助于技术设备以声音、表情、动作公开再现作品。

表演是一项创造性的活动，表演者借助声音、表情、动作创造性地表现作品，使听众、观众更加充分地认识和理解作品。表演的方式多种多样，以朗诵、舞蹈、戏剧、曲艺、口技、哑剧、演奏等各种形式进行的演出都是表演。表演最重要的特点是必须以公开的方式进行，面向不特定的多数人。

表演权是著作权人对作品公开再现所具有的控制权，各国立法对"表演"的范围规定有所不同，我国《著作权法》将口述作品、戏剧作品、杂技艺术作品等表演形式分开开列。《伯尔尼公约》第 11 条对"戏剧作品、音乐戏剧作品和音乐作品"作者的表演权进行了规定，作者享有："（1）授权公开表演和演奏其作品，包括用各种手段和方式公开表演和演奏；（2）授权用各种手段公开播送其作品的表演和演奏。"③ 有些国家，如英国甚至将讲课、宣讲作品也视为"表演"，如讲稿的内容没有取得著作权人的许可，很可能是侵权行为。

表演的形式包括两种：一是直接的演唱歌曲、表演舞蹈等以公开的形式在现场表演；一是借助必要的设备对表演的过程进行录制，并依赖一定的手段或介质公开播放、放映音像制品等形式的公开表演，也称为机械表演。这两种表演事先都要取得著作权人的许可，并且支付相应的报酬。

---

① 沈仁干. 国际版权手册·WIPO 版权词汇［M］. 成都：四川人民出版社，1984.
② 陈传夫. 高新技术与知识产权法［M］. 武汉：武汉大学出版社，2000：133.
③ 沈仁干. 著作权实用大全［M］. 南宁：广西人民出版社，1996：425.

6. 放映权

放映权，即通过放映机、幻灯机等技术设备公开再现美术、摄影、视听作品等的权利。

放映权是随着科学技术的发展而发展起来的，放映过程的产生不能单独进行，而要依赖一定的设备。放映的对象必须是公众群体，如果只是在家庭内部放映，就谈不上侵权了。以营利为目的并不构成侵犯著作权人放映权的必要条件，即使是公益性的放映行为也需得到著作权人的许可。同时，放映作品不论是否原件，只要是公开放映，此项权利属于著作权人。

我国《著作权法》规定视听作品的著作权由制作者享有，所以，他人若需取得作品的放映权，只需征求制作者的同意即可，而不需要向参与电影制作的人员——确认。

7. 广播权

广播权，即以有线或者无线方式公开传播或者转播作品，以及通过扩音器或者其他传送符号、声音、图像的类似工具向公众传播广播的作品的权利，但不包括信息网络传播权规定的权利。

广播包括两种方式，一种是无线广播，另一种是有线广播。无线广播，是指以电磁波方式向空间发射的传播信号。无线广播包括调幅广播、调频广播和电视广播。有线广播，通常指饭店、体育场馆、游乐场等场所安装的有线广播系统。① 广播权作为作者的一项财产权利，在使用之前须得到著作权人的许可。对于已发表的作品，可以不经著作权人的许可，但要向其支付报酬。但著作权人声明不得转播的除外。

广播权主要适用于文字作品、口述作品、音乐、戏剧、曲艺、舞蹈作品、电影、电视以及录像作品等。

8. 信息网络传播权

信息网络传播权，即以有线或者无线方式向公众提供，使公众可以在其选定的时间和地点获得作品的权利。关于信息网络传播的作品，《最高人民法院关于审理涉及计算机网络著作权纠纷案件适用法律若干问题的解释》第2条规定："受著作权法保护的作品，包括著作权法第3条规定的各类作品的数字化形式。在网络环境下无法归于著作权法第3条列举的作品范围，但在文学、艺术和科学领域内具有独创性并能以某种有形形式复制的其他智力创作成果，人民法院应当予以保护。"

信息网络传播权是《著作权法》修改之后新增的一项著作权财产权，这是信息网络技术的发展对著作权提出的必然要求，根据《著作权法》，2006年5月10日国务院颁布了《信息网络传播权保护条例》，对信息网络传播权及侵权行为作了详细规定。世界知识产权组织1996年12月通过的《版权条约》和《表演与录音制品条约》，赋予权利人享有以有线或者无线方式向公众提供作品，使公众可以在其个人选定的时间和地点获得该作品的权利。我国制定的原则与以上两个条约基本一致，目的是为了在新的技术和传播条件下，依然能够保护著作权人的利益。

同时，考虑到网络服务提供者对服务对象提供侵权作品的行为，往往不具有主观过错，《信息网络传播权保护条例》第20条至第23条规定了网络服务提供者提供服务的四

---

① 刘稚. 著作权法实务与案例分析 [M]. 北京：工商出版社，2003：97.

种免除赔偿责任情形：一是网络服务提供者根据服务对象的指令提供网络自动接入服务，或者对服务对象提供的作品、表演、录音录像制品提供自动传输服务，只要未选择并且未改变所传输的作品、表演、录音录像制品；向指定的服务对象提供该作品、表演、录音录像制品，并防止指定的服务对象以外的其他人获得，不承担赔偿责任。二是网络服务提供者为提高网络传输效率，自动存储从其他网络服务提供者获得的作品、表演、录音录像制品，根据技术安排自动向服务对象提供的，只要未改变自动存储的作品、表演、录音录像制品；不影响提供作品、表演、录音录像制品的原网络服务提供者掌握服务对象获取该作品、表演、录音录像制品的情况；在原网络服务提供者修改、删除或者屏蔽该作品、表演、录音录像制品时，根据技术安排自动予以修改、删除或者屏蔽的，不承担赔偿责任。三是网络服务提供者为服务对象提供信息存储空间，供服务对象通过信息网络向公众提供作品、表演、录音录像制品，只要明确标示该信息存储空间是为服务对象所提供，并公开网络服务提供者的名称、联系人、网络地址；未改变服务对象所提供的作品、表演、录音录像制品；不知道也没有合理的理由应当知道服务对象所提供的作品、表演、录音录像制品侵权；未从服务对象提供作品、表演、录音录像制品中直接获得经济利益；在接到权利人的通知书后，立即删除权利人认为侵权的作品、表演、录音录像制品的，不承担赔偿责任。四是网络服务提供者为服务对象提供搜索或者链接服务，在接到权利人的通知书后，立即断开与侵权作品、表演、录音录像制品的链接的，不承担赔偿责任。但是，如果明知或者应知所链接的作品、表演、录音录像制品侵权的，应当承担共同侵权责任。

◎ 案例

【案情】① 原告原创动力公司诉称，原告是"喜羊羊与灰太狼"系列美术作品的著作权人，依法享有上述美术作品的著作权。被告未经原告许可，擅自通过其所有并经营的百度移动应用（as. baidu. com）传播了含有"喜羊羊与灰太狼"系列美术作品的手机游戏《幼儿拼图》，被告的行为侵犯了原告的著作权。请求法院判令被告赔偿原告经济损失 5 万元及合理费用 6000 元，并由被告承担本案的全部诉讼费用。

被告百度公司辩称：（1）百度移动应用平台是百度公司向广大互联网开发者和互联网网络用户提供的全方位开放应用平台，具有实质性非侵权用途。百度移动应用平台是百度公司为应用开发者提供展现应用开发者开发的各类应用资源的平台和技术接口，在这个技术接口下，应用开发者将其应用信息提交到百度移动应用平台进行技术对接，百度应用平台仅存储应用的链接地址，应用平台的作用是优化访问路径，提高信息的传输效率。（2）百度公司没有存储、修改或编辑涉案游戏应用，没有实施侵犯原告美术作品著作权的行为。涉案游戏应用系由第三方安智网提供，并存储在安智网服务器中，百度公司仅提供一个技术接口，以展现涉案游戏的应用，无法对涉案游戏应用进行修改或编辑。（3）百度公司不存在主观过错。百度公司在其应用平台中对开发者进行了著作权提示，且在游戏平台中存在数个与涉案游戏同名的游戏应用，百度公司无法注意到如此多的同名同款游戏会侵犯第三方的合法权益。要求百度公司对第三方上传的游戏应用中的图片是否侵犯著作权负有注意义务，超出了百度公司注意义

---

① 北京市第一中级人民法院民事判决书（2014）一中民终字第 3980 号。

务的范围和能力，其涉案游戏应用中的图片与原告主张的美术作品完全不同，百度公司无法辨别其是否构成侵权。百度移动应用平台是完全免费的技术服务，百度公司未从中获取任何经济利益。（4）原告从未向百度公司发出要求删除的通知，百度公司在收到起诉状后，已及时关闭了涉案游戏应用。请求法院驳回原告全部诉讼请求。

北京市海淀区人民法院认定涉案游戏系由安智网提供，就涉案游戏百度公司提供的服务系网络开放平台的服务，百度公司并未侵犯原告的著作权，因此依照《中华人民共和国侵权责任法》第三十六条第三款、《信息网络传播权保护条例》第二十二条、《最高人民法院关于审理侵害信息网络传播权民事纠纷案件适用法律若干问题的规定》第九条之规定，驳回原告原创动力的全部诉讼请求。后原告原创动力向北京市第一中级人民法院提出上诉，二审最终驳回上诉，维持原判。

【分析】本案涉及"避风港原则"。本案中，首先，百度公司通过其网站上的《百度开发者中心注册协议》《开发者中心移动客户端服务协议》等文件，向开发者及用户公示了其提供服务的性质，并根据开发者可能引发侵权可能性的大小，对开发者提交软件可能侵权著作权的问题进行了相应的风险提示，尽到了网络服务提供者所应尽的必要的说明、提示义务。其次，根据百度移动应用平台的开放平台的性质，开放平台服务提供者仅向第三方开发者开放接口，至于何时上传应用、上传何种应用均由第三方开发者自行决定，考虑到平台服务提供者对第三方开发者上传的应用不负有事先审查的义务，而涉案游戏仅为开放平台海量应用中的一个，该游戏软件多有重名，且位置是在第 12 页这样的非显著位置，相关美术形象只是游戏软件中图片的构成要素，在此情况下，要求百度公司在海量的平台软件中注意到涉案游戏软件内使用的图片侵犯了他人的著作权，要求过高。第三，百度公司并未对涉案游戏进行编辑、整理或推荐，涉案游戏应用系免费，故百度公司也未从涉案游戏中直接获利。第四，在原创动力公司未向其发送律师函的情况下，百度公司在接到本案的起诉状之后就断开了涉案游戏的链接，应该视为其已经采取了积极合理的预防侵权后果进一步扩大的合理措施。因此，最终判断百度公司没有主观过错，不承担赔偿损失的责任。

【启示】信息网络传播权的提出，最受关注的是网络服务提供商的归责原则问题，《信息网络传播权保护条例》作为对《著作权法》的补充，较为详尽地规定了网络服务提供商的侵权责任的认定，以及合理使用和法定许可制度。

为了调解著作权人与网络服务提供商之间的矛盾，《信息网络传播权保护条例》规定了"通知—删除"程序。即著作权人有权利书面通知网络服务提供者删除其作品，或者断开该作品的链接。网络服务提供者在接到权利人的书面通知之后，应当立即删除涉嫌侵权的作品，或者断开链接，并同时将通知书转送提供作品的服务对象。如果服务对象接到网络服务提供者转送的通知书后，认为其提供的作品未侵犯他人权利的，可以向网络服务提供者提交书面说明，要求恢复被删除的作品，或者恢复与被断开作品的链接。当网络服务提供者接到服务对象的书面说明后，应当立即恢复被删除的作品，或者可以恢复与被断开的作品的链接，同时将服务对象的书面说明转送权利人。

"通知—删除"程序的设置为著作权人以一种非常有效的方式申请停止网络服务提供商的侵权行为提供了依据，同时，也避免了网络服务提供商在权衡著作权人和服务对象利益上陷入左右为难的尴尬境地。

9. 摄制权

摄制权，是指以摄制视听作品的方法将作品固定在载体上的权利。著作权人可以自己行使，也可以许可他人行使。摄制权的实质是著作权作品能否以摄制视听作品的方式首次将作品固定在一定载体，如胶片上。

我国修改前的《著作权法》未单独规定摄制权，只是在改编权中保护摄制权。而修订后的《著作权法》将改编权和摄制权并列列出，是基于目前涉及摄制权的侵权纠纷越来越多，且往往赔偿数额较大的现实原因。将摄制权作为著作权人一项重要的财产权利，对于完善和保护著作权人的权利是有益的。

但是在司法实践中，改编权和摄制权二者之间仍然存在着一些关联。摄制权的侵权行为往往和改编权的侵权行为相联系，摄制权侵权行为的发生多是以改编权侵权行为的发生为前提条件。例如，一部好的文学作品被侵权人拍摄为电影或电视，在拍摄之前必须有人将这部文学作品改编成为剧本。

◎ 案例

【案情】① 吕某是职业的音乐人，于 2005 年 5 月 9 日创作了歌词《莫尼山》，并由额尔古纳乐队首次演唱，吕某将涉案音乐作品《莫尼山》于 2019 年 3 月 15 日经北京市版权局审核通过并予以登记。吕某发现 A 文化传媒公司、B 广电集团在其制作的电视节目《中国好声音》中，未经吕某许可，安排艺人演唱并录制了涉案作品。吕某认为，A 文化传媒公司、B 广电集团作为专业的广播电视机构，明知使用他人作品制作并传播电视节目需要经过著作权人的许可，在未经著作权人许可的情况下擅自使用涉案作品提供他人表演并制作及传播电视节目，该行为侵犯了其享有的表演权、复制权和摄制权；B 广电集团未经许可，擅自将该制作的侵权录音录像制品及视听作品在互联网上传播，侵犯了其享有的信息网络传播权。吕某遂将 A 文化传媒公司、B 广电集团诉至法院。

法院根据已有的事实，判决如下：自本判决生效之日起，被告 A 文化传媒公司、B 广电集团立即删除官方视频中的侵权作品《莫尼山》，删除 QQ 音乐平台上的侵权作品《莫尼山》；自本判决生效之日起十日内，被告 A 文化传媒公司、B 广电集团共同赔偿原告吕某经济损失 120000 元。

【分析】当事人提供的著作权登记证书、公证书、合法出版物、取得权利的合同等，在无相反证据的情况下，可以作为认定作品著作权的证据。本案中，吕某提交了作品登记证书、合法出版物的署名信息等，可以认定涉案歌曲署名的词作者为吕某，原告已完成初步证明责任，在无相反证据的情况下，可以确认吕某系涉案作品的作者。

二被告作为《2018 中国好声音》综艺节目的制作者、著作权享有者，未经原告许可，在节目中组织选手公开演唱音乐作品《莫尼山》，节目录制时有大量观众现场观看，被告该节目摄制为独立的视听作品在中国蓝 TV 网站及微博等平台播放，将涉案音乐制作成音

---

① 北京互联网法院民事判决书（2021）京 0491 民初 34544 号。

频作品在 QQ 平台传播，使公众可以在其个人选定的时间和地点欣赏涉案作品，被告的上述行为侵犯了原告对涉案歌词享有的表演权、摄制权、信息网络传播权、复制权，应承担相应的侵权责任。

【启示】侵犯摄制权是指未经许可摄制视听作品的方法将作品固定在载体上的行为。视听作品是指电影作品和以类似摄制电影的方法创作的作品。电影本质上是一项科学技术，是通过一定的技术将图像、声音通过荧幕放映出来，并表现作品内容的艺术表现形式。在著作权纠纷案件中，关于电影作品的认定较为容易，但是涉及以类似摄制电影的方法所创作作品的认定就需要将作品与电影的制作方式、表现手段等各方面进行比对。

随着新技术的发展，以类似摄制电影的方法制作作品的表现形式已经越来越多样化，给具体的认定工作带来了困难。近年来有些国家或地区的法律不再区分电影、电视、录像，而统称为"视听作品"，比如法国和我国的台湾地区。究其原因，电视作品、录像作品、MTV 等视听作品，表现手法与电影摄制类似，只是其载体形式不同于电影胶片，所以，我国 2020 年第三次修改的《著作权法》将"电影作品和以类似摄制电影的方法创作的作品"的表述改为"视听作品"。

10. 改编权

改编权，即改变作品，创作出具有独创性的新作品的权利。改编权是指在不改变作品基本思想内容的前提下，改变原作品的表现形式，创作出具有独创性的新作品的权利。改编，是在原有作品的基础上进行的，改编作品中应包含原作的内容，但同时要在原作的基础上有所创新，若无创新，就有构成抄袭的嫌疑。

改编权是著作权人的权利，著作权人有权自己改编，也有权许可他人改编并获得报酬。改编人对改编已有作品而产生的新作品应享有著作权，但改编作品著作权的行使不得侵犯原作著作权人的权利。

随着科技的发展，改编的形式越来越多，而且呈现出与网络、科技的发展紧密相连的趋势。例如电影电视可以改编成为网络游戏，网络游戏也可以反过来改编成为电影电视，同一部电影也可以改编为不同版本的游戏，将改编权分开出售。例如，2007 年年底国内某网络游戏厂商分别用重金购买了电影《投名状》的网络游戏改编权和手机游戏的改编权。

一部好的作品，必然引来很多改编者的追逐，所以通过高价码来取得改编权已经不足为奇。2006 年 9 月作家张悦然新作《水下菩提》的舞台音乐剧改编权卖出 100 万元的高价。当然，高的价码并不代表改编者可以对原作"为所欲为"，而要以原作为前提，在不改变原作基本思想内容的前提下对作品进行改编。

11. 翻译权

翻译权，是指将作品从一种语言文字转换成另一种语言文字的权利。翻译主要是针对文字作品的，也可以是口头作品。

翻译权是著作权人的一项财产权利。在国际版权贸易中，涉及最多的就是翻译权转让问题。由于翻译权是著作权人的专有权利，任何人要翻译作品，都应当取得著作权人的许可并支付报酬。《伯尔尼公约》第 8 条规定："受本公约保护的文学艺术作品的作者，在对原作享有权利的整个保护期内，享有翻译和授权翻译其作品的专有权利。"①

目前国内学者争议较大的问题在于未经许可的翻译作品是否应该受到保护。一种观点认为，由于未经许可的翻译作品本身就是一种侵权行为，故其翻译的作品不应受到保护，否则，法律便不能起到应有的约束作用。另一种观点认为，应该予以保护，原因在于翻译作品本身也需要翻译者付出劳动，具有智力创造的性质，与《著作权法》所倡导促进作品的创作和传播相一致。我国在具体案件的判决中，倾向于第二种观点。尽管如此，在行使翻译权时仍要取得原作品著作权人的许可，必要的法律程序不应逃避。

12. 汇编权

汇编权，是指将作品或者作品的片段通过选择或者编排，汇集成新作品的权利。汇编权是著作权人的权利，著作权人有权自己汇编作品，也可授权他人汇编作品。由于在汇编过程中要对作品进行整理、加工、排列，需要付出大量创造性劳动，因而汇编者对汇编所形成的作品，也享有著作权。但汇编者在行使著作权时，不得侵犯原作品的著作权；汇编作品中可以单独使用的作品的作者有权单独行使其著作权。修订后的《著作权法》将原来的编辑权改为汇编权，还规定对于"不构成作品的数据或者其他材料，对其内容的选择或者编排体现独创性的作品"也构成汇编作品，其著作权由汇编人享有。

在此需要特别说明的是，汇编权和汇编者权二者具有本质区别。汇编权归原作品的著作权人享有，他可以允许将作品汇编，也可以反对，而其他人要取得汇编权，必须征得原作品著作权人的同意。汇编者权则是指汇编作品的著作权人，汇编作品必须符合我国《著作权法》的规定，即汇编若干作品、作品的片段或者不构成作品的数据或者其他材料，对其内容的选择或者编排体现独创性的作品，其著作权由汇编人享有。

因此，出版单位在出版汇编作品时，应得到原作品的著作权人和汇编作品的著作权人两方面的许可授权，并支付报酬，也就是说出版单位应取得双重授权。

但是，并不是说所有的作品、作品的片断拿来汇编的时候都要取得原著作权人的许可，我国《著作权法》规定汇编不构成作品的数据或者其他材料不需要取得授权。不构成作品的数据和材料包括数据库中单纯的事实消息（如单纯的数字），还有不适用《著作权法》保护的法律、法规，国家机关的决议、决定、命令和其他具有立法、行政、司法性质的文件，及其官方正式译文等。如果出版这类汇编作品，出版单位就只需取得汇编者的授权。

因此，出版单位在出版汇编作品时，首先一定要对汇编作品的性质、内容、编排体例有清楚的认识，如果汇编作品涉及原作品著作权人利益的，须取得原作品著作权人的许可和授权。

13. 应当由著作权人享有的其他权利

这是一个兜底条款，"其他权利"也被称为兜底权利。

《著作权法》设立"其他权利"的目的是弥补第10条第1款第1项至第16项人身权和财产权不能完全涵盖但又需要予以保护的具有著作权意义上的利益。"其他权利"的存在使著作权种类、保护要件等关键内容并不都由《著作权法》条文明确规定，可由法官在个案中运用自由裁量权认定。

---

① 沈仁干. 著作权实用大全 [M]. 南宁：广西人民出版社，1996：424.

由于著作权法定性与作品使用方式的无限性存在矛盾，随着人类认知能力的不断进步，权利人对作品的使用方式是无穷多样的，所以基于作品使用方式的著作权类型也难以穷尽。我国《著作权法》的制定、修改与科技发展的关系最为密切。《著作权法》如要及时赶上科技的脚步，只有频繁修改，这又会对成文法的稳定性造成不利影响。因此，《著作权法》采取开放式的权利配置方式，即配置"应当由著作权人享有的其他权利"，是完全必要的。外延开放的兜底权利与明确具体的列举权利一起构建了我国的著作权权利体系。

第三节　著作权许可使用和转让合同

著作权的利用，是指通过转让、许可使用等方式实施作品著作权，实现著作权人财产权利的行为。由于著作权中的精神权利与作者的人身不可分离，一般不能由他人来行使，因此，著作权的利用主要是著作权人将自己著作权中的财产权利转让出去或者许可他人来行使。这样，著作权的利用就有两种基本形式，即著作权的许可使用和著作权的转让。

一、著作权许可使用

著作权许可使用，是指著作权人通过订立合同授权他人以一定的方式、在一定期限和一定范围内使用其作品，并依法获得报酬的行为。

著作权许可使用，是著作权人行使著作权的重要方式，是著作权人实现其著作权财产价值的重要渠道。我国《著作权法》规定，著作权人有权使用自己的作品，也有权许可他人以各种方式使用作品，并由此获得报酬。可见，著作权许可使用，作为一项财产权利是由法律直接设定的。

从著作权许可使用的概念可知，著作权许可使用具有如下特征：①著作权许可使用的不是作品的载体，而是针对作品的某种权利；②著作权许可使用中被许可人取得的仅是在一定期限、一定范围内，以一定方式使用著作权人作品的权利，而不是对某些财产权利的所有权。著作权人许可他人以某些方式使用其作品，仍保留其对作品其他方式的使用权；③被许可人取得的使用权，在内容、时间和地域范围内是特定的，使用期限届满，权利回归著作权人，同时，被许可人只能在授权的地域范围内以约定的方式使用作品，否则即构成著作权违约和侵权行为。

著作权许可使用与著作权转让虽然都是著作权人实现其著作权财产价值的主要方式，但它们又是性质不同的两种法律制度。其区别主要表现在以下两个方面：①通过著作权许可使用合同，被许可人取得的仅是在一定期限、一定范围内，以一定方式使用作品的权利，作品的著作权仍然全部属于著作权人；而在著作权转让中，著作权人转让其财产权利的一项、几项或者全部后，原著作权人对被转让的权利不再享有著作权，该项被转让的著作权归受让方所有，但有期限的转让除外。②在著作权许可使用合同中，只有专有许可的被许可方才有权在其授权范围内对侵权行为提起侵权之诉；而著作权转让中的受让人则有权对侵害其财产权利的行为直接提起侵权之诉，获得损害赔偿。

著作权许可使用合同，是指著作权人与使用者就作品的著作权许可使用所达成的协议。我国《著作权法》第 26 条明确规定，使用他人作品应当同著作权人订立许可使用合同，《著作权法》规定可以不经许可的除外。许可使用合同包括下列主要内容。

（1）许可使用的权利种类。

许可使用的权利种类包括复制权、发行权、出租权、展览权、表演权、放映权、广播权、信息网络传播权、摄制权、改编权、翻译权、汇编权等。合同双方可就其中的全部或者部分权利达成许可使用的协议。对于合同中著作权人未明确许可的权利，未经著作权人同意，另一方当事人不得行使。

（2）许可使用的权利是专有使用权或者非专有使用权。

专有使用权是独占性的使用，指著作权人允许被许可人在约定的期限内排他地使用自己作品的权利。被许可人取得专有使用权后，有权排除包括著作权人在内的一切他人以同样的方式使用作品，著作权人不得再许可第三人使用该作品，若要许可第三人行使同一权利，则应取得被许可人的许可。按照《著作权法》规定，图书出版者对著作权人交付出版的作品可以按照合同约定享有专有出版权。非专有使用权是共享性的使用，是指著作权人允许被许可人以一定方式使用自己的作品，但著作权人自己仍然可以使用，也可以再允许第三人以同样方式同时使用。

专有使用权或者非专有使用权以合同约定，除法律另有规定外，书面合同中未明确约定授予专有使用权的，使用者只能取得非专有使用权。

（3）许可使用的地域范围、期间。

许可使用的地域范围是指著作权人许可他人在哪个国家或者地区范围内使用其作品；许可使用的期间是指著作权人许可他人使用其作品的时间界限。

（4）付酬标准和办法。

根据《著作权法》第30条规定，使用作品的付酬标准可以由当事人约定，也可以按照国家著作权主管部门会同有关部门制定的付酬标准支付报酬。当事人约定不明确的，按照国家著作权主管部门会同有关部门制定的付酬标准支付报酬。

（5）违约责任。

合同双方当事人可在合同中约定违反合同应承担的责任，包括约定违约金和损害赔偿的计算方法。

（6）双方认为需要约定的其他内容。

合同双方当事人可根据不同的许可使用方式和自己的需要，对合同中的其他内容作出规定。一般包括担保条款和仲裁条款。比如，许可方保证对许可他人使用的作品享有著作权，有权决定在著作权许可使用合同发生纠纷后是否将合同纠纷提交著作权仲裁机构以通过仲裁的方式来解决纠纷，等等。

◎ 案例

【案情】① 同方知网公司于2020年4月8日与某学院签订涉案合同。合同签订后，同方知网公司如约发送相关账号，开通了相应权限，该学院也如约支付了合同款，但同方知网公司在对该学院的账号使用情况进行监控检查时发现大量数据异常，数据显示该学院存在违反合同约定将大量账号直接或间接提供给第三方使用的行为。

① 中华人民共和国最高人民法院民事裁定书（2022）最高法知民辖终269号。

同方知网公司向法院提起诉讼，起诉请求：（1）解除双方签订的计算机软件许可使用合同；（2）判令该学院支付违约金6万元；（3）判令该学院承担本案诉讼费。

【分析】 本案是否为计算机软件著作权许可使用合同纠纷是该案的争议焦点。该学院上诉称，本案案由错误，本案应为服务合同纠纷。对此，法院认为，案由是对当事人诉争法律关系性质的概括，人民法院应当结合当事人所主张的法律关系、事实及理由，准确确定案件的案由。计算机软件著作权许可使用合同是指计算机软件著作权权利人作为许可人与被许可人之间订立的确立双方权利义务的协议。本案中，根据涉案合同的约定内容，同方知网公司开发"中国知网"大学生论文检测系统软件并拥有该软件产品的计算机软件著作权，其同意授权该学院在一定时空范围内使用该计算机软件并提供相关服务，双方就"中国知网大学生论文检测系统"软件使用的权利义务及所涉服务进行约定。因此，本案系因双方当事人就计算机软件许可使用等权利义务达成的协议而发生的纠纷，属于知识产权合同纠纷。根据《民事案件案由规定》（2021年1月1日施行）之规定，本案案由应确定为知识产权合同纠纷项下的著作权合同纠纷之计算机软件著作权许可使用合同纠纷。

根据我国《著作权法》的规定，使用他人作品，应当和著作权人订立许可使用合同，包括许可使用的权利种类，权利是专有使用权或者非专有使用权，许可使用的地域范围、期间、付酬标准和办法，违约责任以及双方认为需要约定的其他内容。合同一旦签订，就具有了法律效力，签订合同的双方都应遵守，如果违约，违约方则要根据合同的约定或者国家的相关规定承担相应的责任。

【启示】 依《著作权法》的规定，著作权许可使用合同在我国主要适用于出版合同、改编合同、翻译合同、表演合同、影视制片合同、音像录制合同和广播、电视节目制作合同。合同的签订方法和原则鉴于本书第四章、第五章已经作了详细论述，此处有必要将使用他人作品而不需要签订许可使用合同的情况加以阐述，《著作权法》第26条规定："使用他人作品应当同著作权人订立许可使用合同，本法规定可以不经许可的除外。"此处，"不经许可"的情况是指"合理使用"和"法定许可"。具体内容见本章第四节。

关于许可使用的报酬，根据不同的情况，我国有相应的规定。对于纸介质出版的文字作品而言，我国《出版文字作品报酬规定》对著作权人与出版社未签订报酬的情况予以了说明，第6条规定了基本稿酬标准："（1）原创作品：每千字30~100元；（2）演绎作品：①改编：每千字10~50元，②汇编：每千字3~10元，③翻译：每千字20~80元，④注释：注释部分参照原创作品的标准执行。"第9条规定了版税标准和计算方法："版税率：（1）原创作品：3%~10%；（2）演绎作品：1%~7%，出版者出版演绎作品，除合同另有约定或原作品已进入公有领域之外，出版者还应取得原作品著作权人的授权，并按原创作品版税标准向原作品的著作权人支付报酬。"对于录音制品，1993年起开始实施的《录音法定许可付酬标准暂行规定》第3条规定了制作发行录音制品付酬标准：不含文字的纯音乐作品版税率为35%；歌曲、歌剧作品版税率为35%，其中音乐部分占版税所得60%，文字部分占版税所得40%；纯文字作品（含外国文字）版税率为3%；国家机关通过行政措施保障发行的录音制品（如教材）版税率为15%。如果在合同中，双方约定的报酬低于国家标准，只要是双方当事人的真实意思表示，都是有效的。

为了防止侵权行为的发生，我国《著作权法》第31条规定：出版者、表演者、录音录像制作者、广播电台、电视台等依照本法有关规定使用他人作品的，不得侵犯作者的署名权、修改权、保护作品完整权和获得报酬的权利。因此，不管是取得许可使用权使用他人作品的，还是在合理使用范围内使用他人作品的，都应当遵守《著作权法》的规定，不得侵犯著作权人的合法权益。

在我国加入 WTO 之后，版权贸易活动越来越活跃，版权引进和输出主要涉及的就是版权的许可使用合同。在实际情况中经常使用的"授予版权"等字样，在实质上和"版权许可"的概念是等同的。比如，某版权代理公司与美国某著作权人签订的版权引进合同是这样表述的："（美方）权利人将其在美国境内首次发表的作品____（作品名称）由英文翻译成中文，并在____（地域范围）内发行的中文版权授予出版社。"这种表述等同于著作权人许可某出版社在某一区域内具有作品某一种版本的相关权利，是著作权许可使用的一种方式。

二、著作权的转让

著作权的转让，是著作权利用的基本形式之一，它是指作者或其他著作权人将著作权中的一项、数项或者全部专有使用权利转让给他人。通过著作权转让的方式，著作权人对其著作权中的财产权利行使了处分权，受让人成为著作权的继受主体。

这里应该注意的是，著作权转让应该以书面合同形式进行；著作权转让的对象是作品的著作权，不是作品的载体。作品载体的转让并不意味着作品著作权的转移。如新华书店销售图书，读者购买图书只是购得了作品的载体，并没有取得作品的著作权。另外，著作权转让的是著作权的财产所有权，而不是著作权使用权的暂时转移（即使用许可）。受让人替代原著作权人成为著作权中某些权利或者全部财产权利的所有人，这就意味着受让人不只是享有作品著作权中的某一项或某几项使用权，而是可以依《著作权法》规定自由行使其对著作财产权的占有、使用、收益和处分权；对于侵权行为，也可独立提起侵权之诉，获得损害赔偿。

通常情况下，著作权转让有下列几种形式。

（1）著作权贸易。

著作权贸易也称版权贸易。在贸易活动中转让著作权，取得经济收入，是作者或者其他著作权人利用著作权的途径之一。

（2）著作权继承。

著作权继承即版权继承，是指著作权中的财产权利可以作为遗产被继承。

（3）著作权因执法而转移。

著作权因执法而被转移，最常见的是法院就侵权诉讼、违约诉讼等作出以一方著作权作为赔偿物转移给另一方的判决。同时，著作权所有人因破产而使其著作权成为清偿标的组成部分时，著作权也因执法而发生转移。当然，在这些情况下，所转移的只是著作权中的财产权利。

根据我国《著作权法》第 27 条规定，转让著作权中的财产权利，应当订立书面合同。权利转让合同包括下列主要内容：①作品的名称；②转让的权利种类、地域范围；③转让价金；④交付转让价金的日期和方式；⑤违约责任；⑥双方认为需要约定的其他内容。转让合同中著作权人未明确转让的权利，未经著作权人同意，另一方当事人不得行使。

◎ 案例

【案情】① 本案原告为北京太格印象网络技术有限公司，被告为北京新浪互联信息服务有限公司，案由为著作权转让协议纠纷。

2004 年 11 月 9 日，王虎与歌曲《香水有毒》的词曲作者陈超签订版权转让协议，约定陈超向王虎转让歌曲《香水有毒》的永久独家的专有版权，包括与该歌曲相关的所有邻接权及其他所有法定著作权，王虎受让版权无地域限制；陈超享有永久的词曲作者署名权；王虎向陈超支付版权购买费 5000 元等。当日，陈超向王虎交付歌曲《香水有毒》的词曲手稿。

2005 年 12 月 1 日，王虎与太格印象签订版权转让协议，约定王虎将其由 2004 年 11 月 9 日合同所受让的歌曲《香水有毒》著作权全部无偿转让太格印象。2006 年 6 月 29 日，国家版权局向太格印象颁发著作权登记证书，该证书注明作品自愿登记申请者太格印象提交的文件符合规定要求，对由陈超于 2003 年创作完成的作品《香水有毒》，太格印象以被转让人身份依法享有除署名权之外的著作权，经中国版权保护中心审核，对该作品的著作权予以登记等。

2006 年 5 月，辽宁文化艺术音像出版社出版歌手胡杨林专辑《香水有毒》，该专辑收录了《香水有毒》等 11 首歌曲。该录音制品封套背面注明：太格印象授权，出品人和制作人系王虎，本歌曲未经授权人同意不得重新编曲演唱等。

2006 年 4 月 8 日，陈超向龙行银路出具授权书，称其系音乐作品《香水有毒》合法版权人，授权龙行银路使用该音乐作品，授权使用内容包括歌曲音频文件、歌曲 MV 等以及上述内容的转授权，授权使用范围为全球范围内的复制权、发行权、表演权、信息网络传播权、无线增值业务及相关邻接权等，并允许龙行银路转授权第三方，陈超保证对该音乐作品享有充分、完整、有效的知识产权，并保证龙行银路使用作品不侵犯任何第三方权益，授权期限为自 2006 年 4 月 8 日至 2009 年 4 月 7 日等。

2006 年 7 月 8 日，龙行银路向龙马宽出具授权书，称其系音乐作品《香水有毒》合法版权人，授权龙马宽使用该音乐作品，授权使用内容包括歌曲音频文件、歌曲 MV 等以及上述内容的转授权，授权使用范围为全球范围内的复制权、发行权、表演权、信息网络传播权、无线增值业务及相关邻接权等，并允许龙马宽转授权第三方，龙行银路保证对该音乐作品享有充分、完整、有效的知识产权，并保证龙马宽使用作品不侵犯任何第三方权益，授权期限为自 2006 年 7 月 8 日至 2007 年 7 月 7 日等。2006 年 7 月 5 日，龙马宽向新浪公司出具授权书，称其系音乐作品《香水有毒》合法版权的使用权人，其授权新浪公司使用该音乐作品，授权使用内容包括歌曲音频文件、歌曲 MV 等，授权使用范围为新浪网以及为推广合作服务而用于其他媒体或渠道上对作品的相关业务推广，包括试听和下载等，龙马宽保证对该音乐作品享有充分、完整、有效的知识产权，并保证新浪公司使用作品不侵犯任何第三方权益，授权期限为自 2006 年 7 月 5 日至 2007 年 7 月 4 日等。

新浪公司在其经营的新浪网向移动通信用户提供陈超演唱的歌曲《香水有毒》录

---

① 北京太格印象网络技术有限公司诉北京新浪互联信息服务有限公司著作权转让协议纠纷案 [EB/OL]. [2023-02-01]. http://www.110.com/panli/panli_88761.html.

音制品彩铃下载服务，有《香水有毒》开篇版、《香水有毒》男生版、《香水有毒》清新版等版本可供选择，同时新浪网并未注明每个版本的下载单价和下载次数。新浪公司另将陈超演唱的歌曲《香水有毒》录音制品提供给中国移动、中国网通等电信运营商作为网站彩铃供移动通信用户有偿下载，范围包括天津移动、河南移动、江苏移动、安徽移动、青海移动、湖北移动、河北网通等电信运营商网站，上述网站中有《香水有毒》开篇版、《香水有毒》男生版、《香水有毒》清新版、《香水有毒》等版本可供选择，每个版本价格分别为0.5元、2元或3元不等，按照网站页面标明的每首彩铃订购次数进行统计，新浪公司的营业额共计22647.5元。

法院审理后认为，王虎与歌曲《香水有毒》的词曲作者陈超于2004年11月9日所签版权转让协议系双方真实意思表示，内容未违反法律法规规定，应属合法有效，故法院认为著作权转让合同生效之时著作权即发生转移。胡杨林专辑《香水有毒》于2006年5月出版，该录音制品封套背面注明本歌曲未经授权人同意不得重新编曲演唱等，而新浪公司使用歌曲《香水有毒》词曲始于2006年7月，可见新浪公司对于龙马宽授权书与胡杨林专辑《香水有毒》之权利冲突并未予以审查。因此法院认为新浪公司并未尽其合理注意义务，其使用歌曲《香水有毒》词曲之行为已侵犯了太格印象所享有的著作财产权。最后法院判定新浪公司应立即停止在新浪网向移动通信用户提供陈超演唱的歌曲《香水有毒》录音制品彩铃下载，以及将该版本录音制品提供给中国移动、中国网通等电信运营商作为网站彩铃供移动通信用户有偿下载的行为，同时新浪公司应向太格印象赔偿合理的经济损失。

【分析】本案是一起典型的关于著作权转让合同的纠纷案，主要涉及的是著作权财产权的转让以及录音录像制品的传播权两个方面的问题。

（1）本案中陈超是否还享有作品的著作权？我国《著作权法》规定转让著作权的财产权，应当订立书面合同，著作权转让合同应包括：①作品的名称；②转让的权利种类、地域范围；③转让价金；④交付转让价金的日期和方式；⑤违约责任；⑥双方认为需要约定的其他内容。歌曲《香水有毒》的词曲作者陈超与王虎于2004年11月9日所签版权转让协议系双方真实意思表示，内容未违反法律法规规定，应属合法有效，故双方约定陈超向王虎转让歌曲《香水有毒》的永久独家的专有版权以及陈超享有永久的词曲作者署名权亦属合法有效。

由于著作人身权不能转让，所以此份协议中的"专有版权"应解释为著作财产权，即陈超在著作权转让协议签订之后仍然拥有作品的人身权，即发表权、署名权、修改权和保护作品完整权，但是不应再拥有《香水有毒》的财产权。所以，本案中，太格印象应为歌曲《香水有毒》词曲的著作财产权人，陈超的行为应属无权处分。故龙行银路无法据陈超的授权书得到该歌曲词曲的使用权，即龙行银路并非该歌曲词曲的合法使用权人，致使龙行银路给予龙马宽之授权以及龙马宽给予新浪公司之授权均产生权利瑕疵，故新浪公司对歌曲《香水有毒》词曲予以使用并无合法权利来源。

（2）录音录像制作者使用他人作品时应尽到法律规定的义务。我国《著作权法》第42条第三款规定："录音制作者使用他人已经合法录制为录音制品的音乐作品制作录音制品，可以不经著作权人许可，但应当按照规定支付报酬；著作权人声明不许使用的不得使用。"此条规定对录音制作者使用他人已经合法录制为录音制品的音乐作品制作录音制品的情形作了说明，一是要做到给著作权人支付报酬的义务，二是在著作权人声明不许使用的情况下要取得著作权人同意许可的义务。

胡杨林专辑《香水有毒》于 2006 年 5 月出版，该录音制品封套背面注明本歌曲未经授权人同意不得重新编曲演唱等，故歌曲《香水有毒》词曲的著作财产权人太格印象已在合法录制为录音制品的音乐作品之上声明不许使用，他人如使用音乐作品《香水有毒》词曲制作录音制品仍需取得太格印象之许可。新浪公司使用歌曲《香水有毒》词曲始于 2006 年 7 月，而胡杨林专辑《香水有毒》于 2006 年 5 月即已出版，该录音制品封套背面注明本歌曲未经授权人同意不得重新编曲演唱等，新浪公司对于龙马宽授权书与胡杨林专辑《香水有毒》之权利冲突并未予以审查，新浪公司并未尽其合理注意义务，其使用歌曲《香水有毒》词曲之行为已侵犯太格印象所享有的著作财产权。因此，本案中，新浪网应该立即依法停止对用户提供涉案作品的下载服务，并承担相应的赔偿责任。

【启示】著作权的转让纠纷在整个有关著作权的法律纠纷案中占有相当的比重，在 1990 年颁布的《著作权法》中，对此项权利没有提及，因此法院在遇到此类问题时往往处于无法可依的尴尬境地。再加上我国加入 WTO，涉外的版权贸易必不可少会遇到著作权转让的有关问题，因此修订后的《著作权法》对著作权的转让进行了明确而系统的规定。与著作权许可使用合同不同的是，涉外著作权转让合同的表述一般会出现"一次永久卖绝或者卖断版权"的字样。

当然著作权的转让也可以是各项财产权的分别转让，《著作权法》对著作权的转让涉及的各项权利进行了一一列举，规定了是复制权、发行权、出租权等一系列的财产权利。但是并没有规定这些权利必须一并进行转让，也就是说著作权人可以将出版权转让给出版社，将录制权转让给音像制品公司，将翻译权转让给翻译公司，等等。而且，即使是单独的一种财产权，也可以根据不同的情况签订著作权转让合同，如著作权人将俄文版的翻译权转让给某出版社，英文版的翻译权转让给另外一家出版社。

同时，值得关注的是著作权的转让也可以是分地域的。比如，同一部电影，可以将中文版在中国大陆地区的放映权给电影公司 A，中文版在美洲地区的放映权给电影公司 B，中文版在港台地区的放映权给电影公司 C，等等。

著作权的转让在不同的国家程序上有所差别，我国是要求签订书面的著作权转让合同才算有效，有的国家则需要履行著作权转让的登记手续。我国《著作权法实施条例》第 25 条规定："与著作权人订立专有许可使用合同、转让合同的，可以向著作权行政管理部门备案。"而并没有对备案作出强制性的规定。虽然有些学者提出在我国也要实行登记制以避免著作权的重复转让问题，但是就目前的实际情况看，这种做法未必具有可行性。

第四节　著作权的限制

《著作权法》是保护著作权人专有权利的法律，但《著作权法》也对著作权人的权利进行适当的限制，其目的就是为了平衡著作权人与公众之间的利益关系，使著作权人享有的某些专有权利不致成为公众获取知识的障碍，不致成为科学、教育、文化事业发展的障碍。一般来说，《著作权法》对作者人身权的保护是没有期限限制的，即作者的署名权、修改权、保护作品完整权的保护期不受任何限制，受《著作权法》永久保护。因此，对著作权人专有权利进行限制，主要是针对著作权人的财产权利。

对著作权人的财产权利进行限制，大体表现在三个方面：其一是时间上的限制，即对绝大多数受保护对象规定有限的保护期；其二是地域上的限制，即著作权仅在其授予的一国范围内有效；三是著作权权能的限制，即设立合理使用、法定许可制度等。

一、著作权的时间限制

著作权的时间限制，就是著作权的保护期限，它是指《著作权法》规定的作者对其作品享有专有权利的有效期限。

作者人身权利中的署名权、修改权、保护作品完整权的保护期不受限制，发表权由于是作者财产权产生的前提，因此有时间上的限制。自然人的作品，自作品创作完成之日起，其发表权的保护期为作者终生加上去世后50年，截至作者死亡后第50年的12月31日；法人或者非法人组织的作品、著作权（署名权除外）由法人或者非法人组织享有的职务作品，自作品创作完成之日起，其发表权的保护期为50年，截至作品创作完成后第50年的12月31日；视听作品，其发表权的保护期为50年，截至作品创作完成后第50年的12月31日。

对著作财产权的保护期限，我国《著作权法》参照了《伯尔尼公约》规定的最低保护标准，规定为作者有生之年加死亡后50年，具体如下：

根据我国《著作权法》第23条规定，自然人的作品，其财产权的保护期为作者终生及其死亡后50年，截至作者死亡后第50年的12月31日；如果是合作作品，截至最后死亡的作者死亡后第50年的12月31日。

法人或者非法人组织的作品、著作权（署名权除外）由法人或者非法人组织享有的职务作品，其财产权的保护期为50年，截至作品首次发表后第50年的12月31日，但作品自创作完成后50年内未发表的，《著作权法》不再保护。

视听作品，其财产权的保护期为50年，截至作品首次发表后第50年的12月31日，但作品自创作完成后50年内未发表的，《著作权法》不再保护。

二、著作权的合理使用

合理使用，是指在法律规定的条件下，可以不经著作权人许可，不向其支付报酬，基于正当的目的而使用他人有著作权作品的行为。合理使用是《伯尔尼公约》和各国《著作权法》对著作权人的权利进行普遍限制的一种制度。合理使用制度创设的本意，并不是为了"侵犯"创作者的权利，而是为了对这种权利加以适当的利用，以满足社会公众创造或者分享社会精神财富的要求，进而促进作品的传播，发展文化事业。

合理使用有以下几个原则：第一，合理使用必须有法律依据；第二，合理使用的作品必须是已经发表的作品；第三，合理使用必须出于正当目的，并非以营利为目的；第四，合理使用必须说明作者姓名或者名称、作品名称和作品的出处；第五，合理使用不得影响该作品的正常使用，也不得不合理地损害著作权人的合法权益，如不得对作品进行歪曲、篡改等。

我国《著作权法》第 24 条规定了合理使用的 13 种情况。

1. 为个人学习、研究或者欣赏，使用他人已经发表的作品

对于个人使用的目的，我国《著作权法》参照各国规定，在第 24 条第 1 款将其界定为"为个人学习、研究或欣赏而使用他人已经发表的作品"。个人使用必须具备三个条件：一是主体上限于使用者本人（包括家庭），排除单位或团体使用；二是使用目的是学习、研究或欣赏，而不是以营利为目的；三是使用的是他人已经发表的作品。具备这三个条件，就符合合理使用的要求。

个人出于学习、研究的目的可以合理使用他人作品，这在各国著作权法中都有规定。可以说，平衡作者利益和使用者利益、利于作品传播、促进科学技术发展和人类进步是各国著作权法作出此项规定的缘由，对此不用赘述。值得注意的是，我国《著作权法》规定"个人使用必须是对他人已经发表的作品的使用"，这就从尊重作者人身权利的角度提出了要求。从著作权的取得来看，《伯尔尼公约》对作者著作权的取得采用"自动保护"的原则，即作品自创作之日起，其著作权自动产生。我国《著作权法》也奉行这一原则。作品创作之后，有已经发表了的，也有还未曾发表的。也就是说，有著作权的作品，有的可能已经公之于众，有的则可能还没有公之于众。一般说来，合理使用限于已经发表的作品。对于未曾发表的作品，无论出于什么目的，都因可能侵害作者的人身权利，如发表权、隐私权等，而不允许擅自使用。如美国第二巡回上诉法院在"塞林格诉兰登出版公司"一案的判决中就明确指出：为评论、研究或其他目的而部分发表他人未曾发表的信件，均不属于合理使用。该判决还援引了美国最高法院过去对"哈伯诉《国家产业》杂志"一案的判决（下文将详述），该判决也早就指出："合理使用"原则上不适用于未发表的作品。①我国《著作权法》也明文规定，使用，即使是个人使用他人作品，其作品必须是他人已经发表的作品。

2. 为介绍、评论某一作品或说明某一问题，在作品中适当引用他人已经发表的作品

这种情况的依据源自我国《著作权法》第 24 条第 2 款规定："为介绍、评论某一作品或者说明某一问题，在作品中适当引用他人已经发表的作品。"这里应该注意两点：一是引用要适当；二是引用的是他人已经发表的作品。后一点上文已述，这里主要分析一下什么是"适当"。

适当引用，是就引用的"度"而言的。一般情况下，引用不能超过一定的"度"，否则会侵犯著作权人的正当权益。对于判断怎样引用算适当，即合理把握引用的"度"，可以从定量和定性两个方面来分析。

首先，从定量的角度分析使用部分占被使用作品总量的比例，是判断使用是否合理的量化标准。一般来说，使用得越多，侵权的可能性越大。但具体到多少才算适当，各国著作权法都有不同的规定。

如对于引用的数量，英国出版协会和著作家协会就一般使用时所容许的范围达成了一般性的协议，其内容如下："散文，单一的引用文限于 400 单词以内；一系列引用（在插有解说的情况下）总数限于 800 单词以内，但各引用文不得超过 300 单词。韵文，单次或

---

① 郑成思. 著名版权案例评析 [M]. 北京：专利文献出版社，1990：145-149.

重复引用，总数限于 40 行以内，但不得超过一首诗的四分之一。"① 我国文化部 1985 年 1 月 1 日颁布的《图书、期刊版权保护试行条例实施细则》中，第 15 条第（一）项曾对"适当引用"有一个十分详细的规定：引用非诗词类作品不得超过 2500 字或是被引用作品的 1/10，如果多次引用同一部长篇非诗词类作品，总字数不得超过 1 万字；引用诗词类作品不超过 40 行或全诗的 1/4，古体诗除外；凡引用一人或数人的作品，所引用的总量不得超过本人创作作品总量的 1/10，专题评论文章除外等。这种量化标准，很容易操作，因此只要把握引用的量，在适当的范围内，就不会侵权。

其次，从定性的角度来分析引用部分是否构成被引用作品的实质部分，这是判断使用是否合理的质的标准。1991 年我国国家版权局发布的《著作权法实施条例》曾规定："所引用的部分不能构成引用人作品的主要部分或实质部分。"这对引用提出了更高的要求。因为作品的实质部分，一般是作者的创造性之所在，是整个作品的精华和灵魂之所在，也是整个作品的核心和价值之所在。对作品的这部分内容的使用，特别是引用，即使只占很小的比例，也可能构成侵权。

◎ **案例**

【案情】② 1977 年，美国刚离任的前总统福特与美国"哈伯出版公司"签订了一份出版合同。通过这份合同，福特把他尚未动笔写的回忆录的未来出版权，全部转让给该出版公司。此外，合同还规定福特将回忆录全文出版之前的首次连载权、摘编出版权，也全部转让给了该公司。

1979 年，《福特回忆录》接近完稿时，哈伯出版公司以 25000 美元的许可证使用费，许可美国《时代》周刊从尚未出版的《福特回忆录》中摘登 7500 字。这 7500 字主要涉及回忆录中这样一段叙述：福特认为自己做了某些对不住尼克松的事情（尼克松任总统期间，福特任副总统；尼克松因非法窃听民主党机密的"水门事件"下台后，福特接任总统），这一段叙述被认为是《福特回忆录》的精华部分。

《时代》周刊在与哈伯出版公司签订许可证合同时，预付 12500 美元；另 12500 美元将在该期刊正式登出这 7500 字时再付。不料《时代》期刊正准备登载这段文字，一位原先参加"福特回忆录"编写工作，后又到《国家产业》期刊任编辑的人，在《国家产业》期刊上抢先发表了一篇 2250 字的文章。这篇文章中，有 300~400 字取自《时代》期刊即将刊登的那 7500 字。该编辑引用这段文字未经任何人许可。

《时代》期刊认为《国家产业》期刊这篇文章中的 300~400 字基本把那 7500 字要讲的问题点明了，等于抢了《时代》独家新闻，所以《时代》已无必要再登那 7500 字。于是取消了原刊登计划，并拒绝向哈伯出版公司支付剩下未付的 12500 美元。

哈伯出版公司向《国家产业》期刊所在地纽约南区的联邦法院起诉，告《国家产业》期刊侵犯该公司拥有的版权（出版权和摘编权），要求《国家产业》期刊赔偿其实际经济损失 12500 美元。联邦区法院认定《国家产业》期刊的行为属于侵权。该

---

① 斯坦利·安文. 出版概论 [M]. 王纪卿，译. 太原：书海出版社，1988：216.

② 郑成思. 版权法 [M]. 修订本. 北京：中国人民大学出版社，1997：517-519.

期刊不服，向第二巡回上诉法院上诉。上诉法院认为该期刊引用 7500 字中的 300~400 字，数量很小，而且标明了引自《福特回忆录》，故应属于合理使用，因而改变了联邦区法院的原判决。哈伯出版公司不服，向美国最高法院上诉。

1985 年 5 月，美国最高法院作出判决：《国家产业》期刊引用《福特回忆录》7500 字特写中的 300~400 字，已构成侵权，不属于合理使用；《国家产业》期刊应向哈伯出版公司支付 12500 美元赔偿费，并支付该出版公司全部诉讼费用。最高法院在判决中写道：判决该期刊侵权有两个关键因素：第一，《福特回忆录》是一部尚未发表的作品，摘录其任何一部分（不论量的大小）发表，均侵犯了哈伯出版公司的首次出版权及首次摘编权，均不可能以"合理使用"对待。第二，哈伯公司许可《时代》期刊刊登的 7500 字是全书的精华，《国家产业》期刊引用的 300~400 字又是这 7500 字中的精华；而且，从《国家产业》期刊编辑的那篇文章整体来看，这 300~400 字也是该文章最引人注目的部分，没有这几百字，这篇文章可以说丝毫不能吸引人；仅凭这一点（而不顾及前一点），也应判该期刊侵权。况且，从美国《版权法》第 107 条所提出的合理使用的四项标准之一来看，《国家产业》期刊登出这几百字，显然对哈伯出版公司的市场收入产生了直接的不利影响（使之直接减少收入 12500 美元）。

【启示】从以上实际案例可以看出，判定是否适当引用，既要看引用的"量"的多少，也要看引用的"质"的情况。也就是说，把他人作品的实质部分引来作为自己作品的实质部分，尽管引用的量可能不到他人作品的 1/10，也不属于适当引用，而属于侵权。

3. 为新闻传播而使用

我国《著作权法》第 24 条第 3 款规定，"为报道新闻，在报纸、期刊、广播电台、电视台等媒体中不可避免地再现或者引用已经发表的作品"属于合理使用。这里的所谓"不可避免"，是指在新闻报道中必然和必须出现的内容，如广播报道音乐会播出一段音乐旋律，电视报道画展出现某些画面，等等。

《伯尔尼公约》第 10 条之二第 2 项有关新闻报道对他人作品合理使用的说明，将合理使用限定于"在事件过程中看到或听到的文学或艺术作品，且符合报道目的正常需要的范围内"，可以看作对"不可避免"的具体表述。如果不属于不可避免，如报道某画家生平时整幅刊登他的作品，就不能看作合理使用。

我国《著作权法》第 24 条第 4 款规定，"报纸、期刊、广播电台、电视台等媒体刊登或者播放其他报纸、期刊、广播电台、电视台等媒体已经发表的关于政治、经济、宗教问题的时事性文章"，属于合理使用；著作权人声明不许刊登、播放的除外。这项规定与伯尔尼规定相衔接。《伯尔尼公约》第 10 条之二的第 1 项规定："本同盟各成员国的法律得允许通过报刊、广播或对公众有线传播，复制发表在报纸、期刊上的讨论经济、政治或宗教的时事性文章，或具有同样性质的已经广播的作品，但以对这种复制、广播或有线传播并未明确予以保留的为限。然而，均应明确说明出处；对违反这一义务的法律责任由被要求给予保护的国家的法律确定。"

这项合理使用的范围限于在新闻媒介上已经发表的关于政治、经济、宗教问题的时事性文章。这条表述是穷尽式列举，限于政治、经济、宗教三个方面的内容，这三类以外的内容，如理论的、历史的、艺术的等类文章都不属合理使用的范围。合理使用的方式是其他新闻媒介予以刊登或播放。如果不是新闻媒介，不能对这些时事性文章作合理使用。这里应注意，时事性文章是为了宣传、贯彻国家在政治、经济、宗教三个方面的重要问题或者重大事件的方针、政策而创作的。这类文章时事性强、政策性强、目的性强，通常需要多种媒体同时宣传，使之更广泛深入地传播。如果报纸、期刊、广播电台、电视台等媒体刊登或播放其他报纸、期刊、广播电台、电视台等媒体已经发表的这种时事性文章还要征得著作权人同意，并向其支付报酬，就有可能达不到时事报道的目的。

这里还要注意时事性文章与时事新闻的区别。时事新闻不适用《著作权法》保护；时事性文章不是时事新闻，它是享有著作权的作品，可以得到《著作权法》的保护，只是为了便于新闻信息的传播，把它们归于合理使用的范围。因此，在合理使用时，要注意保护著作权人的权利，著作权人声明不许刊登、播放的，则不得刊登、播放。

我国《著作权法》第 24 条第 5 款规定："报纸、期刊、广播电台、电视台等媒体刊登或者播放在公众集会上发表的讲话，属于合理使用。但作者声明不许刊登、播放的除外。"公众集会一般是指在公众可以自由出入的场所的集会，包括政治性集会或庆典活动性集会，不包括学术活动和学术演讲。新闻媒体刊登或播放公众集会上的讲话，不需要征得讲话者的同意，但如演讲者事先有不许刊登或播放的声明，则不能刊登或播放。

4. 为学校课堂教学或科学研究目的而翻译或少量复制作品

教学或科学研究水平直接关系到一国国民文化素质的高低和国家科技水平的高低。对于为教学或科学研究目的而翻译或少量复制作品，各国都将其作为著作权限制的主要内容来予以规定。如英国版权法在第 32 条至第 36 条，专门规定了教学活动中的"复制""汇编""表演""录制""影印复制"等情形；美国版权法第 107 条和第 110 条也规定了教学和学术研究中的复制使用和演出或展出使用；我国《著作权法》第 24 条第 6 款规定："为学校课堂教学或科学研究，翻译、改编、汇编、播放或者少量复制已经发表的作品，供教学或者科研人员使用，但不得出版发行。"

这里，使用的目的，是为了学校课堂教学或科学研究的需要，如果出于营利目的，就属于侵权行为。如我国的版权管理机构在《著作权法》还没有颁布，也没有类似规定的情形下，曾以是否商业性质的使用为标准判定一起非合理使用的案例就很能说明问题。1988年北京市星火技术研究所在事先没有征得作者和出版社同意的情况下，擅自将作者所著的、科技文献出版社出版的《高档营养食品鹅肥肝》一书分三部分翻印，并删除了作者姓名、出版社名等，以高价对外出售。作者向北京版权处申诉。北京星火技术研究所辩称，作为全国最大的一家科技情报经营机构，负有对外推广、普及、传播情报资料、应用技术、专利技术的责任，并有收集、整理、汇编科技情报的权利，翻印该书是为了满足用户的需要，属于合理使用范畴。然而，北京版权处根据是否以营利为目的，裁定星火技术研究所侵权，应承担法律责任。① 这一案例说明，"非营利的目的"，是衡量是否可以合理使用的标准之一。

但并非只要出于"非营利目的"就属合理使用，也并非所有的为了教学或科研目的而使用有著作权的作品的行为都属合理使用。对于出于教学或科研目的，在使用有著作权的

---

① 黄晓斌. 文献复制的法律问题［J］. 图书情报工作，1992（5）：54-57.

作品时，还有一个使用的数量的问题。也就是说，有的虽然是为了"课堂教学"，但是如果大量复制或者附带经营性，就超出了合理使用的范围。如某省电视大学开办了高等教育自学考试班。在开学之前，由于订不到教材，该大学为应急而翻印了《会计学基础》900余册、《简明中国古代史》900余册和《高等代数讲义》100余册，并将这些翻印的图书发到该校的所属分校和直属班。后来，某省版权局查处了上述侵权行为，责令侵权人立即停止侵权行为，并赔偿出版社及作者的经济损失。① 这一案例说明，"为了课堂教学"不能扩大到系统，也不能以"为课堂教学"为借口而大量复制，甚至影响作品的正常发行，更不能附带营利性。上述案例中，为课堂教学而扩大到整个学校，复制多达数百册，并等同于正常购进的教材，发至已经缴纳教材费用的电大学员手中，显然已经"影响了正规教材的发行量"，是一种"变相的出版发行行为"，不在合理使用之列了。

对于少量复制作品属于合理使用，这在很多国家都有规定。但具体到多少算合理，各国著作权法规定不一。有的规定复制 1 份为合理，如巴西、墨西哥等；有的规定，可复制至多 3 份，如冰岛；有的规定不允许完整的复制，只能复制其中的选段，如英国。我国《著作权法》虽然对"量"没有作具体的规定，但规定应该以"是否影响作品的正常发行为界限"②。

5. 其他公益使用

其他公益使用包括公务使用、图书馆使用、公开陈列使用等。

我国《著作权法》第 24 条第 7 款规定了出于公务目的的合理使用："国家机关为执行公务在合理范围内使用已经发表的作品……"第 8 款规定了图书馆的合理使用："图书馆、档案馆、纪念馆、博物馆、美术馆、文化馆等为陈列或者保存版本的需要，复制本馆收藏的作品……"第 10 款规定了公开陈列的合理使用："对设置或者陈列在公共场所的艺术作品进行临摹、绘画、摄影、录像……"

"为执行公务而使用"是指国家机关，主要是国家立法、司法和行政机关为执行公务的需要而使用有著作权的作品供参考的行为。对于公务使用，即以完成国家机关的立法、司法、执法等功能为目的的使用，因其涉及公共管理事务，国际著作权组织和各国著作权法都有明确规定。如欧洲议会和欧盟理事会在《关于数据库法律保护的指令》（96/9/EC）第 6 条"限制行为的例外"第二款之三中规定："使用是为了公共安全或者出于行政或司法程序所要求的情况。"德国《著作权法》第 45 条专门规定了司法与公安的使用，包括："为法院、仲裁法院或公安机关诉讼程序的使用而允许制造或让人制造著作的单个复制件。""法院和公安机关为司法和公安目的可复制或让人复制肖像。"我国《著作权法》也规定"国家机关为执行公务可以在合理范围内使用已经发表的作品"。

图书馆作为文献信息资料的收藏中心、传递中心，在保存文献、传播文化、传递信息方面发挥了重要作用，多数国家的著作权法都对图书馆为保存与替代而复制文献作了规定，有的甚至允许图书馆向读者提供有限制的复制品。如英国版权法第 37 条至第 44 条专门就"图书馆与档案馆"作了规定，其第 38 条至第 43 条着重规定了图书馆与档案馆的复制。美国版权法第 108 条也专门规定了图书馆和档案馆的复制。我国《著作权法》也在第

① 田胜立. 中国著作权疑难问题精析［M］. 武汉：华中理工大学出版社，1998：168.

② 田胜立. 中国著作权疑难问题精析［M］. 武汉：华中理工大学出版社，1998：169.

24条规定"图书馆、档案馆、纪念馆、博物馆、美术馆、文化馆等为陈列或保存版本的需要，复制本馆收藏的作品"属合理使用。这里应注意的是，图书馆、档案馆等为陈列或者保存版本的需要，在复制本馆收藏的作品时，应该注意两点：一是使用的目的是为了"陈列或者保存版本的需要"；二是复制的对象应该是"本馆收藏的作品"。如果复制其他图书馆馆藏的作品，或者将复制品用来流通、借阅，甚至出租、出售，就会造成侵权行为的发生。

对设置或者陈列在室外公共场所的艺术作品进行临摹、绘画、摄影、录像，因不是出于商业目的，也属于合理使用。

6. 免费表演

我国《著作权法》第24条第9款规定："免费表演已经发表的作品，该表演未向公众收取费用，也未向表演者支付报酬，且不以营利为目的……"这里规定了对免费表演的合理使用的限制：一是不向公众收取任何费用，包括直接的和间接的；二是不给表演者任何报酬；三是不以营利为目的。

7. 特定群体的使用

特定群体的使用主要包括将以国家通用语言文字创作的作品翻译成少数民族语言文字作品在国内出版发行和以阅读障碍者能够感知的无障碍方式向其提供已经发表的作品。这是为了特定群体的利益而规定的合理使用。

我国《著作权法》第24条第11款规定的"将中国自然人、法人或者非法人组织已经发表的以国家通用语言文字创作的作品翻译成少数民族语言文字作品在国内出版发行"，第12款规定的"以阅读障碍者能够感知的无障碍方式向其提供已经发表的作品"，都属于合理使用。

8. 法律、行政法规规定的其他情形

我国《著作权法》第24条第13款规定属于合理使用的还包括"法律、行政法规规定的其他情形"。

《著作权法实施条例》第21条规定："依照著作权法有关规定，使用可以不经著作权人许可的已经发表的作品的，不得影响该作品的正常使用，也不得不合理地损害著作权人的合法利益。"这一规定明确了判断属于合理使用的两个条件：一是不得影响该作品的正常使用；二是不得不合理地损害著作权人的合法利益。

我国《著作权法》规定的这些非著作权人合理使用享有著作权的作品的范围、条件和方式，也适用于对与著作权有关的权利的限制。

三、著作权的法定许可使用

法定许可，是指使用者依照法律的明确规定，不经著作权人同意而使用享有著作权的作品，但必须向著作权人支付报酬的制度。法定许可制度设立的目的与合理使用制度基本相同，主要是为了教育与科研或者是为了公众利益。但法定许可与合理使用有一点不同：合理使用是不经许可、不付报酬，而法定许可是不经许可但必须支付报酬。

很多国家对法定许可都有规定。法定许可在立法上之所以能够成立，主要是因为允许不经许可而先行使用，使用后再支付报酬。这对于使用者和著作权人来说是双赢的事：一方面，不经许可而使用，能使作品迅速而广泛地传播，满足了社会共享的需要；另一方面，虽然作者许可他人使用自己作品的权利受到了一定限制，却增加了自己作品被使用的机会从而可以获得更多的收益，这就为法定许可奠定了立法基础。

在规定法定许可制度的国家，法定许可所涉及的权利项目有些差异，有的国家法定许可仅涉及表演权、录制权，有的国家则将广播权、汇编权也包括在内。我国《著作权法》第 25 条、第 35 条、第 42 条、第 46 条对法定许可作了规定，具体如下。

1. 教科书出版法定许可

我国《著作权法》第 25 条规定："为实施义务教育和国家教育规划而编写出版教科书，可以不经著作权人许可，在教科书中汇编已经发表的作品片段或者短小的文字作品、音乐作品或者单幅的美术作品、摄影作品、图形作品，但应当按照规定向著作权人支付报酬，指明作者姓名或者名称、作品名称，并且不得侵犯著作权人依照本法享有的其他权利。"

这里主要是强调为了实施义务教育和国家教育规划，在编写出版教科书时适用法定许可。除教科书以外，编写出版其他类别的图书不适用法定许可。

2. 报刊相互转载法定许可

我国《著作权法》第 35 条第 2 款规定："作品刊登后，除著作权人声明不得转载、摘编的外，其他报刊可以转载或者作为文摘、资料刊登，但应当按照规定向著作权人支付报酬。"

这里的"作品刊登"，主要是指作品在报刊上发表。只有在报刊上刊登的作品才适用法定许可，转载、摘编出版社出版的图书作品或者把报刊上的作品摘编以图书形式出版，都不适用法定许可，而应事先征得专有出版权人的同意或者征得著作权人的同意。包括报刊社将本报刊发表的文章汇编成书交出版社出版，也必须一一征得原作品著作权人的同意。如果未经作者同意而擅自转交出版社以图书形式出版，就超出了"法定许可"使用的范围，应承担侵权责任。

另外，应注意作品的转载、摘编权属于作者而不属于报刊社，只有著作权人的声明才有效。根据《著作权法实施条例》第 30 条的规定，著作权人声明不得转载、摘编其作品的，应当在报纸、期刊刊登该作品时附带声明。

3. 录音制作者法定许可

我国《著作权法》第 42 条第 2 款规定："录音制作者使用他人已经合法录制为录音制品的音乐作品制作录音制品，可以不经著作权人许可，但应当按照规定支付报酬；著作权人声明不许使用的不得使用。"这一规定仅限于录音制作者在制作录音制品时使用他人已经合法录制的录音制品中的音乐作品。至于在制作录音制品时使用非录音制品或者录音制品中的非音乐作品，都不适用法定许可，而应事先征得著作权人的同意。根据《著作权法实施条例》的规定，"录音制作者"，是指录音制品的首次制作人。"录音制品"，是指任何对表演的声音和其他声音的录制品。另外，著作权人声明不得对其作品制作录音制品的，应当在该作品合法录制为录音制品时声明。

根据《著作权法实施条例》第 32 条的规定，以上关于教科书出版、报刊相互转载以及录音制作者的法定许可使用，应当自使用该作品之日起 2 个月内向著作权人支付报酬。

4. 广播电台、电视台播放已经出版的录音制品法定许可

我国《著作权法》第 46 条第 2 款规定："广播电台、电视台播放他人已发表的作品，

可以不经著作权人许可，但应当按照规定支付报酬。"这里的"播放"，包括单独完整地播放他人已经发表的作品，也包括在另一个完整的节目或者作品中播放他人已经发表的作品的全部或部分。

从《著作权法》的规定来看，我国的法定许可制度具有以下特点：第一，法定许可的使用者是由法律规定的，图书出版者因享有专有出版权而不适用，使用者包括报刊出版者、表演者、录音制作者、广播电台、电视台；第二，使用的目的都是营利性的，非营利性的使用属于合理使用；第三，使用的对象是已经发表的作品，未发表的作品由作者决定是否公之于众，不属法定许可范围；第四，使用者必须向著作权人支付报酬，支付方式可以是直接支付给著作权人，也可以通过著作权集体管理组织来支付；第五，法定许可允许著作权人以声明的方式加以排斥，即如果作者事先声明不许使用，不能实行法定许可；第六，法定许可不得损害著作权人的其他权益，比如必须注明作者姓名、作品名称和原载报刊名称等，并且不得歪曲、篡改作品的原意。

第五节　传播者权

作者创作的作品要公之于众，进入社会，必须经过传播者的传播。《著作权法》意义上的传播者，有自然人（如表演者），但多数是媒介，主要是各种大众传播媒介，包括出版者、录音录像制作者、广播电台、电视台等。这些传播者在传播作者作品的过程中，既投入了大量的人力、物力和财力，也投入了自己创造性的智力劳动，赋予了作品新的表现形式，因此，应受到法律的保护。我国《著作权法》在第4章"与著作权有关的权利"中对传播者的权利作出了详细的规定。

一、传播者权概述

传播者权，是指作品的传播者在传播作品的过程中，对其付出的创造性劳动所享有的特定的专有权利的总称。其本义是指与著作权有关的权利，即虽然不是著作权，但是与著作权相关、相近、相邻或者相类似的权利，故又称邻接权（Neighboring Rights），也称有关权（Related Rights），也就是我国《著作权法》所说的"与著作权有关的权利"。

国际上通常把表演者对其表演的权利、录音录像制作者对其录音录像制品的权利，以及广播组织对其广播电视节目的权利称作邻接权。我国《著作权法》虽然没有直接使用"邻接权"的概念，但从该法第4章"与著作权有关的权利"的规定可知，它包含了邻接权的基本内容，这就是《著作权法实施条例》第26条所规定的"与著作权有关的权益，是指出版者对其出版的图书和期刊的版式设计享有的权利，表演者对其表演享有的权利，录音录像制作者对其制作的录音录像制品享有的权利，广播电台、电视台对其播放的广播、电视节目享有的权利"。将出版者权纳入邻接权的范畴为我国《著作权法》所特有。我国《著作权法》之所以对出版者加以保护，是因为出版是作品赖以传播的第一媒介，出版者在传播作品过程中也付出了自己的智力劳动，这种劳动成果需要法律的保护。

传播者权，即邻接权，与著作权一样，同属知识产权范畴，具有知识产权的无形性、专有性、地域性和时间性等共同特征。因此，邻接权与著作权关系密切，它们都与作品相联系，都是法律规定的权利。而邻接权是由著作权衍变转化而来的，是从属于著作权的一种权利，因为如果没有作者创作的作品，传播活动就失去了赖以存在的基础。可以说，著作权是邻接权产生的前提。但是，没有邻接权的保护，著作权的保护又是不完全的。

邻接权与著作权的主要区别在于以下几个方面。

1. 主体不同

著作权保护的主体是作品的创作者或依法享有著作权的人。邻接权保护的主体是传播者，包括出版者、表演者、录音录像制作者和广播组织者。这些传播者在向公众传播作品时，加入了自己的创造性劳动或者付出了大量的投资，改变了原作品的表现形式，具有新的创造性。

2. 客体不同

著作权保护的客体是作品。邻接权保护的客体是经过传播者艺术加工后的作品，如出版者权的客体是其出版的书刊；表演者权的客体是表演活动；录音录像制作者权的客体是其制作的录音录像制品；广播组织者权的客体是其制作的广播、电视节目。前者体现的是作者的创造性劳动，后者体现的是传播者的创造性劳动。

3. 权利内容不同

著作权的内容主要包括著作权人享有的发表权、署名权、修改权、保护作品完整权、使用权和获得报酬权。邻接权的内容主要是出版者对其出版的书刊享有的权利；表演者对其表演活动享有的权利；录音录像制作者对其制作的录音录像制品享有的权利；广播组织者对其制作的广播、电视节目享有的权利等。

4. 保护期限不同

作者的署名权、修改权、保护作品完整权的保护期不受限制。自然人的作品，其发表权、使用权和获得报酬权的保护期为作者终生加去世后 50 年，截至作者去世后第 50 年的 12 月 31 日。法人或者非法人组织的作品、著作权由法人或者非法人组织享有的职务作品，其发表权、使用权和获得报酬权的保护期为 50 年。视听作品的发表权、使用权和获得报酬权的保护期为 50 年。邻接权的保护期从表演时起、录音录像制品出版时起或者节目首次播放时起计算，享受 50 年的保护。

5. 受保护的前提不同

作品只要符合法定条件，一经创作出来就自动获得著作权保护；邻接权的取得必须以著作权人的授权及对作品的再利用为前提。

二、出版者权

出版者权，是指出版者与著作权人通过合同约定或者经著作权人许可，在一定期限内，对其出版的图书、报纸、期刊的版式、装帧设计所享有的专有权利。

出版者权的主体一般包括图书、报纸、期刊等出版单位。出版者权的客体是书报刊出版物。在我国，图书、报纸、期刊必须由出版单位出版。设立出版单位实行审批制，按《出版管理条例》规定，出版单位包括报社、期刊社、图书出版社、音像出版社和电子出版物出版社等。法人出版报纸、期刊，不设立报社、期刊社的，其设立的报纸编辑部、期刊编辑部视为出版单位。显然，在我国，自然人和非出版单位都不能成为出版者权的主体。

(一) 出版者的权利

1. 专有出版权

专有出版权，是指出版者通过与著作权人签订出版某一作品的合同而享有的专有使用权。这一权利与出版权不同。出版权是作者对其作品所享有的财产权之一，专有出版权则是经著作权人授权后出版者取得的一种专有使用权。我国《著作权法》第33条规定："图书出版者对著作权人交付出版的作品，按照合同约定享有的专有出版权受法律保护，他人不得出版该作品。"

《著作权法实施条例》第28条规定："图书出版合同中约定图书出版者享有专有出版权但没有明确其具体内容的，视为图书出版者享有在合同有效期限内和在合同约定的地域范围内以同种文字的原版、修订版出版图书的专有权利。"

◎ 案例一

【案情】① 钱锺书的著名小说《围城》被改编为同名电视剧播出后，各种盗版的《围城》图书大量出现。为了维护自己的版权，钱锺书将该书的出版权以书面形式授予人民文学出版社。1991年6月1日，我国《著作权法》实施后，钱锺书又与人民文学出版社签订了10年的图书出版合同。同时，四川文艺出版社出版了由胥智芬编的《围城》汇校本。钱锺书认为此书侵犯了他的版权，便委托人民文学出版社处理此事。在近半年的时间里，人民文学出版社与四川文艺出版社交涉，未果。

1993年6月，钱锺书和人民文学出版社向上海市中级人民法院提起诉讼。在审理过程中，两被告承认在客观上侵犯了钱锺书的版权，愿意向钱锺书赔礼道歉并赔偿损失，但不承认侵犯了人民文学出版社的专有出版权。1994年12月，上海市中级人民法院作出判决，认为两被告侵犯了钱锺书的版权和人民文学出版社的专有出版权。被告不服，向上海市高级人民法院上诉。1997年1月，上海市高级人民法院作出终审判决，认定胥智芬和四川文艺出版社分别侵犯了钱锺书的版权和人民文学出版社的专有出版权，判决两被告分别在《光明日报》上向钱锺书和人民文学出版社赔礼道歉，并赔偿钱锺书87840元，赔偿人民文学出版社109800元。

◎ 案例二

【案情】② 2004年4月，陈梦家先生作品著作权继承人赵某等三人与A出版社签署图书出版合同，约定A出版社享有陈梦家先生全部作品的专有出版权，期限为20年（自出书之日起），其中包括将20世纪40年代在美国出版的英文版 *Chinese Bronzes from the Buckingham Collection* 一书译成中文版图书专有出版的权利。2015年1月，B出版社经赵某授权出版了陈梦家著《白金汉所藏中国铜器图录》一书，该书系对 *Chinese Bronzes from the Buckingham Collection* 的中文翻译，而此时，A出版社已完成该书全部文字、图片资料的订正及整理工作，即将付梓出版。

---

① 蔡纪万. 10大版权保护案 [J]. 出版广角——新中国出版五十年特辑，1999（10）：115.
② 本案例来自北京市高级人民法院民事裁定书（2020）京民申5457号。

为维护自身权益，A 出版社于 2017 年向北京市东城区人民法院提起诉讼，一审判决以 A 出版社未出版相关图书、无法使之与被诉侵权图书进行比对进而否定侵权成立，驳回了 A 出版社的全部诉讼请求。A 出版社不服，向北京知识产权法院上诉。北京知识产权法院重新审理案件，认为虽然截至二审审理期间 A 出版社并未出版相关图书，但是，他人在授权期限内以相同方式出版该部分作品即构成侵权，于是撤销了北京市东城区人民法院作出的民事判决；认定 B 出版社侵害了 A 出版社的专有出版权，判决 B 出版社赔偿 A 出版社经济损失 50000 元及合理开支 10398 元。判决作出后，B 出版社不服，向北京市高级人民法院要求再审，北京市高级人民法院驳回了 B 出版社的再审申请。

2. 版式设计权

版式设计权，是指出版者对其出版的图书享有版式设计的权利，未经出版者许可，他人不得以相同版本形式出版同一作品。我国《著作权法》第 37 条规定："出版者有权许可或者禁止他人使用其出版的图书、期刊的版式设计。这一权利的保护期为十年，截止于使用该版式设计的图书、期刊首次出版后第十年的 12 月 31 日。"

3. 文字修改权

根据我国《著作权法》第 36 条的规定，图书出版者经作者许可，可以对作品修改、删节。报社、期刊社可以对作品作文字性修改、删节。对内容的修改，应当经作者许可。

(二) 出版者的义务

依照我国《著作权法》第 4 章第 1 节的规定，出版者应履行下列义务。

1. 和著作权人签订出版合同的义务

我国《著作权法》第 32 条规定："图书出版者出版图书应当和著作权人订立出版合同，并支付报酬。"

我国《著作权法》第 35 条规定："著作权人向报社、期刊社投稿的，自稿件发出之日起 15 日内未收到报社通知决定刊登的，或者自稿件发出之日起 30 日内未收到期刊社通知决定刊登的，可以将同一作品向其他报社、期刊社投稿。双方另有约定的除外。"

2. 按质、按期出版作品和重印、再版作品的义务

我国《著作权法》第 34 条规定："著作权人应当按照合同约定期限交付作品。图书出版者应当按照合同约定的出版质量、期限出版图书。图书出版者不按照合同约定期限出版，应当依法承担民事责任。图书出版者重印、再版作品的，应当通知著作权人，并支付报酬。图书脱销后，图书出版者拒绝重印、再版的，著作权人有权终止合同。"

这里的"脱销"，按照我国《著作权法实施条例》第 29 条的规定，是指著作权人寄给图书出版者的两份订单在 6 个月内未能得到履行。

3. 向著作权人支付报酬的义务

根据我国《著作权法》第 32 条、第 35 条的规定，作品出版后，出版者应当按照法律规定或者合同约定，向著作权人支付报酬。作品在报纸、期刊刊登后，除著作权人声明不得转载、摘编的外，其他报刊可以转载或者将其作为文摘、资料刊登，但应当按照规定向著作权人支付报酬。

三、表演者权

表演者权，是指表演者对其表演所享有的权利。首先，我们有必要弄清"表演者"的含义。根据我国《著作权法实施条例》第 5 条的规定，"表演者"是指演员、演出单位或者其他表演文学、艺术作品的人。虽然演出单位不能登台演出，但它在培训演员、组织演出方面投入了大量的人力、物力和财力，如果只赋予演员权利而不赋予演出单位以权利，显然有失公平。所以，表演者包括演员、演出单位或者其他表演文学、艺术作品的人。其次，要明确表演者权与表演权的区别。表演者权是指表演者对其表演所享有的权利，而表演权是著作权人享有的表演或者许可他人表演其作品并获得报酬的权利。表演者权是邻接权的一种，具有财产权和人身权双重属性，而表演权只是著作权中的一项权利，属于著作财产权范畴。

表演者权的主体即表演者，包括自然人、法人或者非法人组织。表演者权的客体是表演活动本身，它是演员形象、动作、声音的组合。表演者权的内容包括表演者的人身权和财产权两个方面。

（一）表演者的权利

我国《著作权法》从人身权和财产权两个方面对表演者的权利作了规定。

1. 表演者对其表演享有的人身权利

根据我国《著作权法》第 39 条的规定，表演者对其表演享有的人身权利包括以下几点：

（1）表明表演者身份的权利。这是指表演者在表演活动中及其音像载体上有表明其身份的权利。无论是在现场表演，还是在录音录像制品上或者广播、电视节目中，表演者都有权要求确认其身份。

（2）保护表演形象不受歪曲的权利。表演形象是表演者在现场演出时表现出来的，表演者有权对其创作的形象加以保护，有权禁止他人丑化其表演形象，禁止他人未经许可而把表演形象挪作他用。如擅自对表演者的表演内容进行删节、修改、补充，或者进行技术剪接加以丑化，或者在不适当的场合播放表演形象等，都是对表演形象的歪曲。

2. 表演者对其表演享有的财产权利

根据我国《著作权法》第 39 条的规定，表演者对其表演享有的财产权利包括以下几点：

（1）许可他人从现场直播和公开传送其现场表演，并获得报酬的权利。所谓现场直播，是指表演者在进行现场表演时，运用现代通信设备，通过广播电台、电视台将其表演实况同时播出。由于对表演进行现场直播后，会影响演出的上座率，直接影响表演者的收入，因此，法律规定由表演者来决定是否允许他人现场直播其演出。如果未经表演者许可而现场直播其表演，属侵权行为，应承担侵权责任。

（2）许可他人录音录像，并获得报酬的权利。由于对表演进行录音录像，制作成音像制品能使人们长期地、广泛地欣赏表演，这一方面会促进表演的传播，表演者一般愿意将代表自己表演水平的表演加以录制，但另一方面也会减少直接观看演出的观众，影响其收入，如果录制者水平低下，还可能会影响到表演者的声誉。因此，法律规定只有表演者才有权许可他人为营利目的而录音录像，并有获得报酬的权利。

（3）许可他人复制、发行、出租录有其表演的录音录像制品，并获得报酬的权利。

（4）许可他人通过信息网络向公众传播其表演，并获得报酬的权利。

（二）表演者的义务

表演者在享有一定权利的同时，也应承担一定的义务。我国《著作权法》第38条、第39条对表演者的义务作了明确规定。

（1）使用他人作品演出，表演者（演员、演出单位）应当取得著作权人许可，并支付报酬。演出组织者组织演出，由该组织者取得著作权人许可，并支付报酬。

（2）从现场直播和公开传送表演者的现场表演，或对表演者的表演进行录音录像，或复制、发行、出租录有表演者表演的录音录像制品，或通过信息网络向公众传播表演者的表演，均应当取得著作权人的许可，并支付报酬。

四、录音录像制作者权

录音录像制作者权，是指录音录像制作者对录音录像制品享有的专有权利。录音录像制作者，包括录音制作者和录像制作者，合称音像制作者。录音制作者，是指录音制品的首次制作人；录像制作者，是指录像制品的首次制作人。大多数国家都承认自然人和法人均可成为音像制作者。在我国，音像制作者主要是指音像出版单位。

音像制作者权的主体是音像制品的首次制作人，其客体为录音制品和录像制品，包括唱片、激光唱盘、录音带、录像带等。

（一）音像制作者的权利

我国《著作权法》第44条规定，录音录像制作者对其制作的录音录像制品，享有许可他人复制、发行、出租、通过信息网络向公众传播并获得报酬的权利。

（1）复制权，是指对已制成的音像制品进行翻录。复制权是指录音录像制作者可以自己复制或许可他人复制自己制作的录音录像制品并获得报酬的权利。

（2）发行权，是指以出售、散发等方式使音像制品进入市场，向公众提供音像制品并获得经济利益。录音录像制作者可以自己发行其制作的音像制品，也可以委托或允许他人发行其制作的音像制品。未经许可而发行他人制作的录音录像制品就是侵权。

（3）出租权，是指有偿许可他人临时使用音像制品的权利。

（4）信息网络传播权，是指音像制作者自己通过信息网络向公众公开传播音像制品并获得报酬的权利，以及许可其他网络服务者在网上传播其音像制品并获得报酬的权利。

由于录音录像制作者在制作母带时付出了一定的创造性劳动，所以，为了保护其合法权益，防止他人任意翻录母带，必须授予其对音像制品的控制权。因此，法律规定他人要复制、发行、出租、通过信息网络向公众传播音像制作者所制作的音像制品，应取得其许可并支付报酬。被许可人复制、发行、通过信息网络向公众传播录音录像制品，应当同时取得著作权人、表演者许可，并支付报酬；被许可人出租录音录像制品，还应当取得表演者许可，并支付报酬。将录音制品用于有线或者无线公开传播，或者通过传送声音的技术设备向公众公开播送的，应当向录音制作者支付报酬。

关于音像制作者权利的保护期,我国《著作权法》规定为50年,截至该制品首次制作完成后的第50年的12月31日。

（二）音像制作者的义务

根据我国《著作权法》第42条、第43条的规定,音像制作者的义务如下。

（1）录音录像制作者使用他人作品制作录音录像制品,应当取得著作权人许可,并支付报酬。这里,录音录像制作者制作录音录像制品时使用他人作品,不论是否发表,都应取得著作权人许可,并支付报酬。唯一例外的是,录音制作者使用他人已经合法录制为录音制品的音乐作品制作录音制品,可以适用法定许可,即可以不经著作权人许可,但应当按照规定支付报酬,当然,著作权人声明不许使用的不得使用。

（2）录音录像制作者制作录音录像制品,应当同表演者订立合同,并支付报酬。

五、广播电台、电视台的播放权

广播电台、电视台的播放权,是指广播电台、电视台依法对其播放所享有的专有权利。广播电台、电视台,国际上统称为广播组织（Broadcasting Organization）,并把这项权利称为广播组织权。在我国,广播组织是指广播电台和电视台,我国《著作权法》第46条至第48条对广播组织的权利和义务作了明确规定。

（一）广播组织的权利

广播组织的权利主要是广播电台、电视台的播放权。播放权是一项邻接权,是指广播组织对自己通过无线或有线等方式向公众播放内容的一种控制权。广播电台、电视台的播放内容,有的是自己对事件、人物、景物进行现场直播或者录音、拍摄后的播放,有的是通过合法程序对他人的各类作品、录音录像制品和其他信息资料进行的完整播放或者经过剪辑、加工、编排后的播放,还有的是综合两者进行的播放。这些播放都必须付出一定的创造性劳动并投入一定的资金。而随着技术的发展,对广播电视的翻录复制已变得非常容易。因此,对广播电台、电视台的有关权利必须予以切实保护。①

根据我国《著作权法》第47条的规定,我国的广播组织,即广播电台、电视台有权禁止未经其许可的下列行为:①将其播放的广播、电视以有线或者无线方式转播;②将其播放的广播、电视录制以及复制;③将其播放的广播、电视通过信息网络向公众传播。广播电台、电视台行使这些权利时,不得影响、限制或者侵害他人行使著作权或者与著作权有关的权利。这些权利的保护期为50年,截至该广播、电视首次播放后第50年的12月31日。这一规定表明,无论是对广播电台、电视台的播放进行转播,还是对播放进行录制,或者是录制后进行复制,这些行为都必须征得广播电台、电视台的许可,并支付报酬。

（二）广播组织的义务

广播组织对其播放享有专有权利的同时,也应承担相应的义务。根据我国《著作权

---

①　魏永征.新闻传播法教程 [M].北京:中国人民大学出版社,2012:291.

法》第 46 条、第 48 条的规定，广播组织应承担的义务如下：

（1）广播电台、电视台播放他人未发表的作品，应当取得著作权人的许可，并支付报酬。这里，因为著作权人享有发表权，有权决定其作品是否发表、在何时何地以何种方式发表，而广播电台、电视台播放一般是公开的，因此，如果著作权人的作品尚未发表，而广播电台、电视台要使用尚未发表的作品，就应当取得著作权人的许可，征求其是否同意公开播放。在取得许可进行公开播放后，应向著作权人支付报酬。

（2）广播电台、电视台播放他人已发表的作品，适用法定许可，即可以不经著作权人许可，但应当按照规定支付报酬。

我国《著作权法实施条例》第 21 条规定："依照著作权法有关规定，使用可以不经著作权人许可的已经发表的作品的，不得影响该作品的正常使用，也不得不合理地损害著作权人的合法利益。"我国《著作权法实施条例》第 27 条规定："出版者、表演者、录音录像制作者、广播电台、电视台行使权利，不得损害被使用作品和原作品著作权人的权利。"

（3）电视台播放他人的视听作品、录像制品，应当取得视听作品著作权人或者录像制作者许可，并支付报酬；播放他人的录像制品，还应当取得著作权人许可，并支付报酬。

◎ 案例

【案情】① 原告阎某某与被告某广播音像出版社著作权侵权纠纷案，向中级人民法院提起诉讼。

原告阎某某诉称：原告 1986 年完成文字作品《活碌碡趣事》，该作品于 1988 年发表于内蒙古《人口通讯》期刊。原告发现市场上销售有被告出版发行的《活碌碡趣事·乌兰察布篇》（简称《活》）、《红红火火二人台精品荟萃》（第 4 辑）（简称《红》）音像制品。其中《活》以原告文字作品名称为名且以原告作品内容为主，《红》亦包含有原告作品内容。被告出版发行上述音像制品未经原告许可，侵犯了原告的著作权。故请求法院判令：①被告立即停止侵害原告著作权的行为并消除影响；②被告赔偿原告损失 10 万元；③被告赔偿原告律师代理费 5000 元及其他诉讼支出 500 元。

被告某广播音像出版社辩称：①被告是经包头市华之声音像制品有限责任公司（简称华之声公司）授权出版发行《活》《红》，原告起诉被告主体不适格。②《活》《红》属"蒙、陕、晋、冀"四省二人台大赛录像制品，其中参赛作品《活碌碡趣事》是贺有和关爱玲演出的，其版权归属内蒙古电视台，华之声公司经协议获得其市场销售权，销售利润全部作为二人台艺术发展基金，本身是一种公益性行为。③二人台是传统的地方戏，原告不享有其著作权。因此法院应当驳回原告的诉讼请求。

中级人民法院经审理查明：由内蒙古计生委、内蒙古人口学会出版的 1988 年第 1 期《人口通讯》上登载了二人台剧本《活碌碡趣事》，署名阎某某。《活碌碡趣事》

---

① 阎某某因《活碌碡趣事》诉某广播音像出版社著作权侵权纠纷案［EB/OL］.［2023-02-01］. http：//www. 110. com/panli/panli_119750. html.

的人物角色有四个：爹、妈、儿、护士，主要情节为：爹劝其妻代替儿媳做结扎手术，其妻由反对到同意，其妻化装扮儿媳，二人上医院，护士怀疑、询问并办理登记手续，爹碰见其儿狗盛，知晓狗盛媳妇已提前做结扎手术。

由某广播音像出版社出版的《活》光盘封面标注"内蒙古二人台电视大赛精选系列"，内含有二人台现代戏《活碌碡趣事》、二人台牌子曲《农家乐》、二人台传统戏《挂红灯》等9曲目。其中二人台现代戏《活碌碡趣事》署名表演者为贺有、关爱玲。

由某广播音像出版社出版的《红》封面标注"内蒙古首届二人台艺术大奖赛精品荟萃第4辑"，内含有光盘两张，包括二人台小戏《活碌碡趣事》、二人台传统戏《秀姑劝夫》、二人台对唱《苦单身》等20曲目。其中二人台小戏《活碌碡趣事》署名表演者为贺有、关爱玲。

经核对，《活》和《红》内所包含的二人台《活碌碡趣事》是同一的，其人物角色仅有爹、妈两人，主要情节为：爹劝其妻代替儿媳做结扎手术，其妻由反对到同意，其妻化装扮儿媳，二人上医院，知晓儿媳已提前做结扎手术。与剧本《活碌碡趣事》相比，二人台《活碌碡趣事》删除了原剧本中与儿狗盛、护士相关的情节、唱词、台词，但两者的故事情节总体相同，其中劝妻替儿媳做结扎手术、妻化装、背妻上楼等具体情节基本相同，台词、唱词也有相同之处。

2004年6月15日，华之声公司（甲方）与内蒙古电视台（乙方）签订《关于〈红红火火二人台——内蒙古二人台节目精选〉市场销售权转让的合同书》，约定乙方将《红红火火二人台——内蒙古二人台节目精选》的市场销售权转让给甲方，甲方第一次发行VCD数量不得超过10000套，DVD不得超过2000套，甲方给乙方付首次市场销售权转让费15万元整（其中现金10万元，DVD、VCD产品折合5万元），节目版权属乙方，乙方所得利润全部作为二人台艺术电视发展基金，用于二人台艺术电视事业的发展，全部演职人员不得收劳务等稿酬。2004年6月25日，华之声公司出具授权委托书，授权某广播音像出版社出版《内蒙古二人台电视大赛》实况录像。

阎某某在内蒙古自治区呼和浩特市多次购买《活》和《红》光盘，其中《活》的价格为5~6元，《红》的价格为10~12元。阎某某为本案诉讼支付北京市开创律师事务所代理费5000元。

在庭审中，阎某某表示某广播音像出版社出版发行《活》、《红》的行为侵犯了其署名权、修改权、保护作品完整权、获得报酬权并对其造成了精神损害，其中精神损害请求数额为1万元，其余9万元为应当获得的报酬。

上述事实有《人口通讯》1988年第1期、《活》光盘、《红》光盘、收据、（2006）呼新证字第4921号公证书、代理费发票、《授权委托书》、《合同书》等证据以及双方当事人陈述在案作证。

中级人民法院依照《中华人民共和国著作权法》第10条第一款第（二）项、第（三）项、第二款，第47条第（一）项之规定于2006年12月8日做出判决如下：一是，被告某广播音像出版社自本判决生效之日起，停止侵犯原告阎某某《活碌碡趣事》作品著作权的行为；二是，被告某广播音像出版社自本判决生效之日起三十日内，就其侵权行为在《中国电视报》上刊登声明，消除对原告造成的不良影响（其内容须经本院审核，逾期不执行，本院将公布本判决书的主要内容，所需费用由被告某广播音像出版社承担）；三是，被告某广播音像出版社自本判决生效之日起十日内赔偿原告阎某某经济损失及诉讼合理支出共计人民币 2 万元；四是，驳回原告阎某某其他诉讼请求。

第一审判决宣判后，被告某广播音像出版社不服，向某高级人民法院提出上诉。

该高级人民法院认为：阎某某在本案中主张某广播音像出版社出版的《活碌磙趣事》和《红红火火二人台》光盘中的二人台《活碌磙趣事》侵犯其创作的《活碌磙趣事》剧本的著作权，某广播音像出版社在 2006 年 7 月 4 日收到阎某某起诉状后，于 2006 年 7 月 31 日提出管辖权异议申请，原审法院以其申请超出答辩期限为由不予受理的做法并无不当，因此某广播音像出版社关于其并非本案适格主体、原审法院违反法定程序的上诉主张缺乏依据，本院不予支持。

阎某某系刊载于 1988 年第 1 期《人口通讯》上的二人台剧本《活碌磙趣事》的署名作者，某广播音像出版社并未提供证据证明阎某某对上述剧本不享有著作权，也并未提供证据证明阎某某将其剧本《活碌磙趣事》刊载于《人口通讯》上的行为并非著作权法规定的发表行为，因此某广播音像出版社关于原审判决对此认定事实不清的主张于法无据，本院不予支持。

阎某某系剧本《活碌磙趣事》的作者且该剧已发表，某广播音像出版社出版的《活碌磙趣事》和《红红火火二人台》两种光盘中的二人台《活碌磙趣事》与阎某某的作品构成实质相似，某广播音像出版社仅提供华之声公司授权其出版上述两种光盘的证据和内蒙古电视台授权华之声公司出版发行上述光盘的证据，并不能证明其出版行为取得阎某某的许可，因此原审判决关于某广播音像出版社出版上述光盘构成侵犯阎某某著作权的认定事实清楚，适用法律正确，本院予以维持。

根据上述认定，2007 年 4 月 23 日，高级人民法院依照《中华人民共和国民事诉讼法》第 153 条第一款第（一）项之规定，判决如下：

驳回上诉，维持原判。

上诉人某广播音像出版社如未按本判决指定的期间履行金钱给付义务，应当依照《中华人民共和国民事诉讼法》第 232 条之规定，加倍支付迟延履行期间的债务利息。

一审案件受理费 3670 元，由阎某某负担 1000 元（已交纳），由上诉人某广播音像出版社负担 2670 元（于本判决生效之日起 7 日内交纳）；二审案件受理费 3670 元，由某广播音像出版社负担（已交纳）。

【分析】本案争论的焦点有两个：一是涉案作品作为参赛作品其著作权是否仍然属于原作者；二是出版单位应该如何行使出版者权。

（1）根据我国《著作权法》的规定，如无相反证明，在作品上署名的自然人、法人或者非法人组织为作者。著作权属于作者，体现了著作权归属的一般原则，这一原则的理论依据是，著作权基于智力创作而产生，唯一能够进行智力创作的是自然人，即作者，作者通过自己的创作行为完成了作品，从而产生了著作权。我国《著作权法》第 10 条规定，著作权人享有人身权和财产权，包括：发表权、署名权、修改权、保护作品完整权、复制权、发行权、出租权、展览权、表演权、放映权、广播权、信息网络传播权、摄制权、改编权、翻译权、汇编权，以及应当由著作权人享有的其他权利。

本案中，原告阎某某认为被告某广播音像出版社侵犯了其署名权、修改权、保护作品完整权和获得报酬权。《人口通讯》上发表的剧本《活碌碡趣事》署名作者为阎某某，应当认定原告是剧本《活碌碡趣事》的著作权人，其享有的作品著作权受法律保护。二人台虽是一种传统的地方戏曲，但剧本《活碌碡趣事》是作者独立创作的作品，作者依法享有该作品相应的著作权，被告关于原告不享有著作权的抗辩不能成立。

我国《著作权法》第42条规定：录音录像制作者使用改编、翻译、注释、整理已有作品而产生的作品，应当取得改编、翻译、注释、整理作品的著作权人和原作品著作权人许可，并支付报酬。本案中，被告出版发行的《活》《红》光盘中所包含的二人台戏曲《活碌碡趣事》与原告作品《活碌碡趣事》主要情节和人物关系相同，台词、唱词存在相同之处，二者构成实质性相同，且未给原告署名，因此被告出版发行《活》《红》的行为侵犯了原告作品《活碌碡趣事》的署名权、修改权和获得报酬权。被告虽主张出版发行上述光盘有华之声公司的授权，但未能提交华之声公司以及内蒙古电视台已经经过原告许可的证据，其在该录音录像制品的制作者未取得原告许可的情况下，就出版发行上述光盘，其未尽到相应的审查义务，主观过错明显，应当承担停止侵权、消除影响、赔偿损失等民事责任。

保护作品完整权是指保护作品不受歪曲、篡改的权利。本案中，被告出版发行的二人台戏曲《活碌碡趣事》虽然删改了原告作品的一些内容，但对于原告在作品中表达的思想、观点或情感没有曲解和丑化。因此原告关于被告的行为侵犯其保护作品完整权的主张，缺乏事实和法律依据。

（2）本案中，某广播音像出版社应该如何行使出版者权？出版者权，是指出版者与著作权人通过合同约定或者经著作权人许可，在一定期限内，对其出版的图书、报纸、期刊的版式、装帧设计所享有的专有权利。在我国，出版者是经有关部门批准，享有专有出版权的正式出版单位。本案中，某广播音像出版社就是出版者。我国《著作权法》第30条规定，图书出版者出版图书，应当和著作权人订立出版合同。《著作权法实施条例》第23条规定，使用他人作品应当同著作权人订立许可使用合同，许可使用的权利是专有使用权的，应当采取书面形式，但是报社、期刊社刊登作品除外。

所谓出版，是指将作品编辑加工后，经过复制向公众发行。① 出版社与作者建立关系主要通过两种途径：一种是约稿，即出版社预约作者创作某方面的作品，作者按照出版社的要求进行创作；一种是作者的自投稿，即作者主动投给图书出版者的稿件。我国《著作权法》第33条规定："图书出版者对著作权人交付出版的作品，按照合同约定享有的专有出版权受法律保护，他人不得出版该作品。"因此，出版社应该主动与著作权人签订合同，取得专有出版权。

本案中，被告某广播音像出版社之所以走上法庭当被告，不是因为使用了他人的作品未经许可，而是因为不尊重著作权，没有意识到作品的著作权属于作者，作者依法享有该作品相应的著作权。其发表的作品未署上作者的姓名，也没有向原告支付报酬，并侵犯了作者的修改权。本案给作品的传播者、演绎者一个警示，在使用他人作品进行演绎或者传

---

① 罗紫初，吴赟，王秋林．出版学基础［M］．太原：山西人民出版社，2005：2.

播时，一定要尊重原作品作者的著作权，否则就有可能被起诉侵权。

【启示】目前世界上很多国家和组织有关知识产权的法律对邻接权都有所涉及，TRIPs协议对表演者、唱片制作者和广播组织分别作了规定。表演者可以禁止下列未经其授权的行为：录制其未曾录制的表演并且翻录这些录制品；以无线方式广播和向公众播出其现场表演；唱片制作者有权授权或者禁止他人复制发行并且获得报酬的权利；广播组织有权禁止未经其授权的下列行为：录制其广播、复制其广播作品、通过无线方式重播或者广播，原样向公众播送电视广播；唱片制作者享有出租权。

图书出版者在出版图书时，首先应确定作品著作权的归属问题，避免引起不必要的纠纷，之后还应和著作权人订立出版合同，并支付报酬，合同期满，如双方愿意，还可续订合同。同时，应注意出版者还享有两种非专有权利：一是编辑加工，即编辑人员对作者的稿件进行审读、加工，最后达到"齐""清""定"的要求；二是修改和删节，即编辑人员经过许可，有权对稿件进行修改和删节，以达到出版的要求。如果作者要求修改已经发排定型的稿件，由此造成的损失出版者有权要求赔偿。

另外，有关专有出版权的期限问题，一般而言，专有出版权期限以合同为准，国际上通用的专有出版权的期限算法有两种：①从图书出版者决定出版该作品之日起算；②从作品出版之日起算。

第六节　侵犯著作权的行为及其法律责任

根据我国《著作权法》的规定，侵犯著作权的行为主要包括侵犯著作权的行为和侵犯邻接权的行为两个方面，其相应的法律责任包括民事责任、行政责任和刑事责任。

一、侵犯著作权行为的表现

（一）侵犯著作权行为的概念及特征

所谓侵犯著作权，是指未经作者或其他著作权人的许可，又无法律上的根据，擅自使用了著作权人受著作法权保护的作品，因而对著作权人的人身权和财产权造成损害的行为。

侵犯著作权的行为，表现出如下特征：

①受侵害的主体是对作品依法享有著作权的著作权人，包括作品的作者和其他著作权人。

②侵权行为所涉及的对象是受《著作权法》保护的作品，包括文学、艺术和科学领域内具有独创性并能以一定形式表现的智力成果。

③侵权行为表现为非法使用了他人的作品，这里"非法使用"，是指既没有得到著作权人的授权，也没有法律上的根据。

（二）侵犯著作权行为的主要表现

我国《著作权法》第52条、第53条以及《著作权法实施条例》规定的违法行为主要有两类，一是侵犯著作权的行为，二是侵犯邻接权的行为。

1. 侵犯著作权行为的主要表现

侵犯著作权的行为主要包括以下几种：

（1）未经著作权人许可，发表其作品的。

（2）未经合作作者许可，将与他人合作创作的作品当作自己单独创作的作品发表的。

（3）没有参加创作，为谋取个人名利，在他人作品上署名的。

（4）歪曲、篡改他人作品的。

（5）剽窃他人作品的。

（6）未经著作权人许可，以展览、摄制视听作品的方法使用作品，或者以改编、翻译、注释等方式使用作品的（《著作权法》另有规定的除外）。

（7）使用他人作品，应当支付报酬而未支付的。

（8）未经视听作品、计算机软件、录音录像制品的著作权人、表演者或者录音录像制作者许可，出租其作品或者录音录像制品的原件或者复制件的（《著作权法》另有规定的除外）。

（9）未经著作权人许可，复制、发行、表演、放映、广播、汇编、通过信息网络向公众传播其作品的（《著作权法》另有规定的除外）。

（10）制作、出售假冒他人署名的作品的。

2. 侵犯邻接权的行为

侵犯邻接权的行为主要有以下几种：

（1）未经出版者许可，使用其出版的图书、期刊的版式设计的。

（2）未经表演者许可，从现场直播或者公开传送其现场表演，或者录制其表演的。

（3）其他侵犯著作权以及与著作权有关的权利的行为。

（4）出版他人享有专有出版权的图书的。

（5）未经表演者许可，复制、发行录有其表演的录音录像制品，或者通过信息网络向公众传播其表演的（《著作权法》另有规定的除外）。

（6）未经录音录像制作者许可，复制、发行、通过信息网络向公众传播其制作的录音录像制品的（《著作权法》另有规定的除外）。

（7）未经许可，播放、复制或者通过信息网络向公众传播广播、电视（《著作权法》另有规定的除外）。

（8）未经著作权人或者与著作权有关的权利人许可，故意避开或者破坏技术措施的，故意制造、进口或者向公众提供主要用于避开、破坏技术措施的装置或者部件的，或者故意为他人避开或者破坏技术措施提供技术服务的（法律、行政法规另有规定的除外）。

（9）未经著作权人或者与著作权有关的权利人许可，故意删除或者改变作品、版式设计、表演、录音录像制品或者广播、电视上的权利管理信息的，知道或者应当知道作品、版式设计、表演、录音录像制品或者广播、电视上的权利管理信息未经许可被删除或者改变，仍然向公众提供的（法律、行政法规另有规定的除外）。

二、侵犯著作权行为的法律责任

根据我国《著作权法》及相关法律法规的规定，侵权著作权行为的法律责任主要有民事责任、行政责任和刑事责任。

（一）民事责任

民事责任是指行为人违反《著作权法》的规定而应承担的民法上的责任。依据违法行为的性质和表现形式的不同，违反《著作权法》的民事责任可以分为违约责任和侵权责任。前者是合同当事人对自己违反合同规定的义务所应承担的法律后果；后者是指侵权人对其侵犯著作权的行为依法应承担的民事责任。

1. 违约责任

违约责任，即违反著作权合同应承担的法律责任。根据我国《著作权法》的规定，使用他人作品应当同著作权人订立合同。合同应对使用作品的方式、范围、期限、付酬标准和办法、违约责任以及是否专有使用等作出规定。违反合同的行为就是违约行为。违约行为应该依照法律规定和合同约定承担违约责任。

根据《民法典》的规定，承担违约责任的方式主要有以下三种：

（1）支付违约金。违约金，是指在履行合同中发生违约行为时，违约方按照合同的约定或者法律的规定，向对方支付一定数额违约金的责任方式。违约金的支付以一方出现违约行为为依据，而不考虑违约方主观上是否有过错以及违约是否给对方造成损失。

（2）赔偿损失。赔偿损失，是指一方当事人违约，给另一方当事人造成损失时，依法或根据合同规定向对方当事人支付一定数额的金钱，以弥补对方的损失的责任方式。这种责任方式不仅以违约行为的发生为前提，而且以违约行为给对方造成的实际损失为条件。

（3）强制对方继续履行。强制对方继续履行，是指合同一方当事人不履行、不完全履行或不适当履行合同义务时，另一方当事人有权要求违约方全面履行合同规定的义务。

我国《著作权法》第61条规定："当事人因不履行合同义务或者履行合同义务不符合约定而承担民事责任，以及当事人行使诉讼权利、申请保全等，适用有关法律的规定。"当事人违反著作权合同或者邻接权合同应当依照有关法律的规定承担违约责任。著作权合同或者邻接权合同的一方当事人不履行合同义务或者履行合同义务不符合约定条件的，另一方当事人有权要求其履行合同，或者要求其采取补救措施以使合同得以履行。一方当事人违约给对方造成损失的，应当赔偿损失。赔偿的损失通常包括直接损失和间接损失。当事人违约，还应当支付违约金。违约金的数额，由当事人之间约定。双方当事人都违约的，各自承担相应的民事责任。

著作权合同主要有许可使用合同、合作创作作品合同、委托创作作品合同三类。违反合同规定的责任，根据当事人违约的事实，依照《民法典》第3编第1分编第8章"违约责任"和第7编"侵权责任"相关条款进行处理。

2. 侵权责任

至于侵犯著作权的责任方式，根据我国《著作权法》第52条规定，主要有以下三种：

（1）停止侵害。

停止侵害是指责令侵权人立即停止正在实施的侵犯他人著作权的行为。采用这一责任形式，不论侵权人主观上是否有侵权动机，只要在客观上有侵权行为即可。责令停止侵害，对于及时制止侵权行为的继续进行、挽回损失和防止损害的扩大有重要意义。停止侵害的具体做法可以是停止出版、发行，封存处理，中止正在传播的侵权作品的扩散，等等。

（2）消除影响和赔礼道歉。

这主要是对侵犯著作权的行为给权利人造成人身权利的侵害而适用的非财产性的责任方式，以弥补侵权行为给著作权人造成的人身权利的损害。消除影响，是指消除对权利人造成的不利影响，其中主要是恢复名誉。侵权人在多大范围内对受害人的名誉造成了损害，就要在同样大的范围内消除损害带来的影响。例如，剽窃了他人作品，应作公开声明，让社会知道真正的作者和事实真相。赔礼道歉，是抚慰受害人精神创伤的一种方式。赔礼道歉可以单独使用，也可以与消除影响同时使用。

（3）赔偿损失。

赔偿损失是侵权人用自己的财产补偿著作权人因遭受侵权而造成的损失。适用这一责任形式的前提条件是有损失存在。

世界贸易组织《与贸易有关的知识产权协议》第 45 条规定了损害赔偿："（1）对已知或有充分理由应知自己从事之活动系侵权的侵权人，司法当局应有权责令其向权利人支付足以弥补因侵犯知识产权而给权利持有人造成之损失的损害赔偿费。（2）司法当局还应有权责令侵权人向权利持有人支付其他开支，其中可包括适当的律师费。在适当场合即使侵权人不知、或无充分理由应知自己从事之活动系侵权，成员仍可以授权司法当局责令其返还所得利润或令其支付法定赔偿额，或二者并处。"第 48 条规定了对被告的赔偿："（1）如果一方当事人所要求的措施已经采取，但该方滥用了知识产权的执法程序，司法当局应有权责令该当事人向误受禁止或限制的另一方当事人对因滥用而造成的损害提供适当赔偿。司法当局还应有权责令原告为被告支付开支，其中包括适当的律师费。（2）在对涉及知识产权的保护或行使的任何法律进行行政执法的场合，只有政府当局及官员们在这种执法的过程中，系善意采取或试图采取特定的救济措施时，成员才应免除他们为采取措施而应负的过失责任。"[1]

我国《著作权法》第 54 条规定："侵犯著作权或者与著作权有关的权利的，侵权人应当按照权利人因此受到的实际损失或者侵权人的违法所得给予赔偿；权利人的实际损失或者侵权人的违法所得难以计算的，可以参照该权利使用费给予赔偿。对故意侵犯著作权或者与著作权有关的权利，情节严重的，可以在按照上述方法确定数额的一倍以上五倍以下给予赔偿。权利人的实际损失、侵权人的违法所得、权利使用费难以计算的，由人民法院根据侵权行为的情节，判决给予五百元以上五百万元以下的赔偿。赔偿数额还应当包括权利人为制止侵权行为所支付的合理开支。人民法院为确定赔偿数额，在权利人已经尽了必要举证责任，而与侵权行为相关的账簿、资料等主要由侵权人掌握的，可以责令侵权人提供与侵权行为相关的账簿、资料等；侵权人不提供，或者提供虚假的账簿、资料等的，人民法院可以参考权利人的主张和提供的证据确定赔偿数额。人民法院审理著作权纠纷案件，应权利人请求，对侵权复制品，除特殊情况外，责令销毁；对主要用于制造侵权复制品的材料、工具、设备等，责令销毁，且不予补偿；或者在特殊情况下，责令禁止前述材料、工具、设备等进入商业渠道，且不予补偿。"

---

[1]　陶然. 中华人民共和国著作权法实务问答［M］. 北京：法律出版社，2002：176-177.

（二）行政责任

行政责任是国家著作权主管部门对于某些侵犯他人著作权的行为所给予的行政处罚。《著作权法》赋予了著作权主管部门对侵犯著作权的侵权人有权行使行政处罚权。行政处罚是著作权主管部门为实现其管理职能实施的具体行政行为。所以，对侵权行为进行处罚，是著作权主管部门的主动行为。自己发现、受害人要求、他人举报都是进行行政处罚的行为依据。

1. 著作权主管部门

根据我国《著作权法》第 7 条和我国《著作权法实施条例》第 37 条的规定，有权对侵犯著作权行为作出行政处罚决定的仅限于著作权主管部门，包括国家著作权主管部门和县级以上地方主管著作权的部门。

2. 著作权主管部门对侵权行为行政处罚的范围

著作权主管部门并非对所有的侵权行为都有行政处罚权，其行使行政处罚权的范围只是我国《著作权法》第 53 条所规定的八种侵权行为同时损害公共利益的，可以由著作权主管部门责令停止侵权行为，予以警告，没收违法所得，没收、无害化销毁处理侵权复制品，以及主要用于制作侵权复制品的材料、工具、设备等，并可以处以罚款。①未经著作权人许可，复制、发行、表演、放映、广播、汇编、通过信息网络向公众传播其作品的，本法另有规定的除外；②出版他人享有专有出版权的图书的；③未经表演者许可，复制、发行录有其表演的录音录像制品，或者通过信息网络向公众传播其表演的，本法另有规定的除外；④未经录音录像制作者许可，复制、发行、通过信息网络向公众传播其制作的录音录像制品的，本法另有规定的除外；⑤未经许可，播放、复制或者通过信息网络向公众传播广播、电视的，本法另有规定的除外；⑥未经著作权人或者与著作权有关的权利人许可，故意避开或者破坏技术措施的，故意制造、进口或者向他人提供主要用于避开、破坏技术措施的装置或者部件的，或者故意为他人避开或者破坏技术措施提供技术服务的，法律、行政法规另有规定的除外；⑦未经著作权人或者与著作权有关的权利人许可，故意删除或者改变作品、版式设计、表演、录音录像制品或者广播、电视上的权利管理信息的，知道或者应当知道作品、版式设计、表演、录音录像制品或者广播、电视上的权利管理信息未经许可被删除或者改变，仍然向公众提供的，法律、行政法规另有规定的除外；⑧制作、出售假冒他人署名的作品的。

《著作权法》之所以这样规定，是因为这八种行为不仅侵犯了著作权人的权利，而且损害了公共利益。因此，除在责令侵权人承担民事责任以外，还可以由著作权主管部门责令其承担行政责任，即由著作权主管部门给予行政处罚。

3. 行政处罚的种类和罚款数额

我国《著作权法》规定，有《著作权法》第 53 条所列侵权行为的，应当根据情况，承担《著作权法》第 52 条规定的民事责任；侵权行为同时损害公共利益的，由主管著作权的部门责令停止侵权行为，予以警告，没收违法所得，没收、无害化销毁处理侵权复制品以及主要用于制作侵权复制品的材料、工具、设备等，违法经营额五万元以上的，可以并处违法经营额一倍以上五倍以下的罚款；没有违法经营额、违法经营额难以计算或者不足五万元的，可以并处二十五万元以下的罚款；构成犯罪的，依法追究刑事责任。

由此可见，著作权主管部门进行的行政处罚包括以下几点：

（1）责令停止侵权行为。

（2）予以警告。警告是指行政机关或者法律法规授权的组织对违反行政法律规范的自然人、法人或者非法人组织所实施的一种书面形式的谴责和告诫。

（3）没收违法所得。由于侵权行为的目的一般是为了营利，对其侵权行为所带来的经济收益予以没收，可以起到阻止侵权人达到其侵权的目的。

（4）没收、无害化销毁处理侵权复制品，以及主要用于制作侵权复制品的材料、工具、设备等。没收、无害化销毁处理侵权复制品是为了防止侵权人利用这些复制品继续营利。没收其主要用于制作侵权复制品的材料、工具、设备等，则是对侵权人投资的没收，断绝其继续实施侵权行为的物质基础和条件。

（5）罚款。是对侵权人经济上的处罚。我国《著作权法》规定，有《著作权法》第53条所列侵权行为，同时损害社会公共利益的，违法经营额五万元以上的，可以并处违法经营额一倍以上五倍以下的罚款；没有违法经营额、违法经营额难以计算或者不足五万元的，可以并处二十五万元以下的罚款。

著作权的行政保护除了对严重的侵权行为处以行政处罚以外，还有海关扣押等行政制裁措施。中华人民共和国海关总署从1994年9月15日开始，在进出口环节实施对知识产权的保护措施。"口岸保护"内容主要是：侵犯知识产权的货物不准进口或出口；海关发现被举报涉嫌侵权的货物和其他有侵犯知识产权嫌疑的货物进出口时，有权要求进出口货物的收发货人提供有关知识产权的合法证明及对其货物的知识产权状况向海关作出补充申报；对没有提供合法证明的货物，有权予以退运；进出口激光唱盘、激光视盘和以加工贸易方式进口激光唱盘、激光视盘的模板及料件，收发货人应按国家有关规定，凭音像归口管理部门出具的批准证明办理海关手续；进出口货物的收发人对货物的知识产权状况申报不实及逃避海关监管、走私侵权货物的，由海关依照有关规定处理。

（三）刑事责任

对于侵犯著作权、邻接权的行为，许多国家和地区在刑法或者著作权法中规定，侵犯著作权、邻接权的行为情节严重、构成犯罪的，还要受到刑事制裁。

我国1990年制定《著作权法》时，考虑到从一个长期没有有效的著作权保护的状态发展到建立完整的著作权保护制度需要一个过程，而如果一开始就对有些侵权行为追究刑事责任，恐怕难以被接受。因此，立法时留有余地。到《著作权法》实施几年后，随着人们法律意识的逐步增强，我国在1994年7月由第八届全国人大常务委员会第八次会议通过了《关于惩治侵犯著作权犯罪的决定》，明确规定了侵犯著作权的刑事责任。1997年，我国修订《刑法》时，将侵犯著作权的犯罪写进了刑法，在《刑法》中增加了"侵犯他人知识产权，构成犯罪的，应承担刑事责任"的规定。具体表现为：《刑法》第三章第七节规定了"侵犯知识产权罪"，其中，第217条和第218条具体规定了"侵犯著作权罪"和"销售侵权复制品罪"。1998年12月11日，为依法惩治非法出版物犯罪活动，根据《刑法》的有关规定，最高人民法院出台了《关于审理非法出版物刑事案件具体应用法律若干问题的解释》。2004年11月2日，最高人民法院、最高人民检察院颁布并实施了

《关于办理侵犯知识产权刑事案件具体应用法律若干问题的解释》。2007 年 4 月 5 日，最高人民法院、最高人民检察院发布的《关于办理侵犯知识产权刑事案件具体应用法律若干问题的解释（二）》开始实施。这些法律法规为追究侵犯著作权行为的刑事责任提供了法律依据。

　　1. 侵犯著作权罪

　　侵犯著作权罪，是指以营利为目的，侵犯他人著作权，违法所得数额较大或者有其他严重情节的行为。其犯罪主体可以是个人，也可以是单位；犯罪客体是他人的著作权及其与著作权有关的权益。客观方面表现为实施了侵犯著作权的行为，且违法行为的数额较大或有其他严重情节。

　　我国《刑法》第 217 条规定，以营利为目的，有下列侵犯著作权或者与著作权有关的权利的情形之一，违法所得数额较大或者有其他严重情节的，处 3 年以下有期徒刑或者拘役，并处或者单处罚金；违法所得数额巨大或者有其他特别严重情节的，处 3 年以上 10 年以下有期徒刑，并处罚金：①未经著作权人许可，复制发行、通过信息网络向公众传播其文字作品、音乐、美术、视听作品、计算机软件及法律、行政法规规定的其他作品的；②出版他人享有专有出版权的图书的；③未经录音录像制作者许可，复制发行、通过信息网络向公众传播其制作的录音录像的；④未经表演者许可，复制发行录有其表演的录音录像制品，或者通过信息网络向公众传播其表演的；⑤制作、出售假冒他人署名的美术作品的；⑥未经著作权人或者与著作权有关的权利人许可，故意避开或者破坏权利人为其作品、录音录像制品等采取的保护著作权或者与著作权有关的权利的技术措施的。

　　这里，根据最高人民法院、最高人民检察院 2004 年发布的《关于办理侵犯知识产权刑事案件具体应用法律若干问题的解释》第 5 条及 2007 年发布的《关于办理侵犯知识产权刑事案件具体应用法律若干问题的解释（二）》第 1 条的规定，"违法所得数额较大"，是指违法所得数额在 3 万元以上；"有其他严重情节"，是指具有下列情形之一（应当以侵犯著作权罪判处 3 年以下有期徒刑或者拘役，并处或者单处罚金）：①非法经营数额在 5 万元以上的；②未经著作权人许可，复制发行其文字作品、音乐、电影、电视、录像作品、计算机软件及其他作品，复制品数量合计在 500 张（份）以上的；③其他严重情节的情形。"违法所得数额巨大"是指违法所得数额在 15 万元以上；"有其他特别严重情节"，是指具有下列情形之一（应当以侵犯著作权罪判处 3 年以上 7 年以下有期徒刑，并处罚金）：①非法经营数额在 25 万元以上的；②未经著作权人许可，复制发行其文字作品、音乐、电影、电视、录像作品、计算机软件及其他作品，复制品数量合计在 2500 张（份）以上的；③其他特别严重情节的情形。根据最高人民法院、最高人民检察院 2020 年发布的《关于办理侵犯知识产权刑事案件具体应用法律若干问题的解释（三）》第 10 条的规定，对于侵犯知识产权犯罪的，应当综合考虑犯罪违法所得数额、非法经营数额、给权利人造成的损失数额、侵权假冒物品数量及社会危害性等情节，依法判处罚金。罚金数额一般在违法所得数额的一倍以上五倍以下确定。违法所得数额无法查清的，罚金数额一般按照非法经营数额的 50% 以上一倍以下确定。违法所得数额和非法经营数额均无法查清，判处 3 年以下有期徒刑、拘役、管制或者单处罚金的，一般在 3 万元以上 100 万元以下确定罚金数额；判处 3 年以上有期徒刑的，一般在 15 万元以上 500 万元以下确定罚金数额。

根据《关于办理侵犯知识产权刑事案件具体应用法律若干问题的解释（三）》第 2 条的规定，在涉案作品、录音制品种类众多且权利人分散的案件中，有证据证明涉案复制品系非法出版、复制发行，且出版者、复制发行者不能提供获得著作权人、录音制作者许可的相关证据材料的，可以认定为刑法第 217 条规定的"未经著作权人许可""未经录音制作者许可"。但是，有证据证明权利人放弃权利、涉案作品的著作权或者录音制品的有关权利不受我国著作权法保护、权利保护期限已经届满的除外。根据《关于办理侵犯知识产权刑事案件具体应用法律若干问题的解释（二）》第 2 条可知，《刑法》第 217 条规定的侵犯著作权罪中的"复制发行"包括复制、发行或者既复制又发行的行为。侵权产品的持有人通过广告、征订等方式推销侵权产品的，属于《刑法》第 217 条规定的"发行"。非法出版、复制、发行他人作品，侵犯著作权构成犯罪的，按照侵犯著作权罪定罪处罚。《关于办理侵犯知识产权刑事案件具体应用法律若干问题的解释（三）》第 8 条列举了不适用缓刑的情况，第 9 条列举了可酌情从轻处罚的情况。

2. 销售侵权复制品罪

销售侵权复制品罪，是指以营利为目的，销售明知是侵权复制品，违法所得数额巨大的行为。犯罪主体可以是个人，也可以是单位；犯罪客体是侵权复制品，客观表现为销售了侵权复制品。主观表现为故意，即明知是侵权复制品，还故意去销售。

我国《刑法》第 218 条规定："以营利为目的，销售明知是本法第 217 条规定的侵权复制品，违法所得数额巨大的或者有其他严重情节的，处 5 年以下有期徒刑，并处或者单处罚金。"

最高人民法院、最高人民检察院发布的《关于办理侵犯知识产权刑事案件具体应用法律若干问题的解释》第 6 条规定，以营利为目的，实施《刑法》第 218 条规定的行为，违法所得数额在 10 万元以上的，属于"违法所得数额巨大"，应当以销售侵权复制品罪判处 3 年以下有期徒刑或者拘役，并处或者单处罚金。第 14 条规定，实施《刑法》第 217 条规定的侵犯著作权犯罪，又销售该侵权复制品，构成犯罪的，应当依照《刑法》第 217 条的规定，以侵犯著作权罪定罪处罚。实施《刑法》第 217 条规定的侵犯著作权犯罪，又销售明知是他人的侵权复制品，构成犯罪的，应当实行数罪并罚。第 15 条规定，单位实施《刑法》第 213 条至第 219 条规定的行为，按照本解释规定的相应个人犯罪的定罪量刑标准的三倍定罪量刑。第 16 条规定，明知他人实施侵犯知识产权犯罪，而为其提供贷款、资金、账号、发票、证明、许可证件，或者提供生产、经营场所或运输、储存、代理进出口等便利条件、帮助的，以侵犯知识产权犯罪的共犯论处。

由此可见，侵犯著作权犯罪并不是剽窃、抄袭、歪曲、篡改他人作品之类仅限于侵犯某个著作权人权益的行为，而是利用侵权复制品进行一定规模的非法出版发行和传播活动，具有较大的社会危害性。因此，最高人民法院、最高人民检察院发布的《关于办理侵犯知识产权刑事案件具体应用法律若干问题的解释》，降低了定罪门槛，加大了对知识产权刑事犯罪的打击力度，有利于保护知识产权权利人的合法利益，维护公平竞争的市场经济秩序。

◎ **案例《邓小平文选》第三卷被盗版案**

【案情】① 1993 年 10 月，《邓小平文选》第三卷由人民出版社出版发行，成为畅销书。1993 年 12 月初，伍某得知武汉某书店急需《邓小平文选》第三卷普及本 1.6 万册，遂于同年 12 月 7 日与该书店签订合同，商定由伍某在 1993 年 12 月 25 日前将该书 5000 册送至该书店，1994 年 1 月 20 日前再向该书店提供另 1.1 万册。

合同签订后，伍某找到某印刷厂厂长邓某、照排部负责人张某，要求其承印《邓小平文选》第三卷普及本的封面和制版等。该印刷厂在无任何手续的情况下，完成了印封面和制版等工作，收取加工费 3500 余元。随后，伍某将已制好的 PS 版拿到武汉某包装装潢厂，由副厂长蔡某负责印刷内芯 1.6 万册。在印刷内芯过程中，由于出版管理部门检查，蔡某要求伍某提供一个印刷的手续，伍某又找到某印刷厂厂长邓某，出具了一份委托印刷《邓小平文选》第三卷学习资料的假证明。武汉某包装装潢厂印完内芯后收取了加工费 7000 元。事后，伍某将 1.6 万册文选分别在武汉市某小学校办工厂、武昌某装订厂装订成册，共付加工费 1000 元。装订成书后，伍某分 4 次将 1.5 万余册送往某书店，获款 5.9 万元。伍某除用于购买原材料、付出加工费和运输费等费用外，共获利 2 万余元。

1994 年 4 月，刘某在阅读由伍某印制的《邓小平文选》第三卷时，发现该书中错、漏达 125 处，有的句子漏字后使得文意变反，向人民出版社反映了此事。经有关部门鉴定，认为该书系盗版所为，属非法出版物。后经公安机关侦查破案，将伍某抓获归案。

武汉市某区人民检察院以伍某犯投机倒把罪向武汉市某区人民法院提起公诉。

武汉市某区人民法院经公开审理认为，被告人伍某以营利为目的，未经出版人许可，采取盗版等手段，非法出版《邓小平文选》第三卷普及本 1 万余册，并公开发行，共获利 2 万余元，其行为已构成侵犯著作权罪，且因质量等问题，造成较坏的政治影响，属情节特别严重。据此，该院依照全国人民代表大会常务委员会《关于惩治侵犯著作权的犯罪的决定》的相关规定，判处伍某有期徒刑 7 年，并处罚金 5000 元，并没收随案移送的赃款及赃物。

【分析】本案是全国人大常委会公布施行《关于惩治侵犯著作权的犯罪的决定》后，第一例作出该罪最高刑罚的判决。本案的关键在于伍某的行为是否符合侵犯著作权罪的构成要件。

侵犯著作权罪的客体是他人的著作权及与著作权有关的权益。本案的客体是《邓小平文选》第三卷普及本。

侵犯著作权罪的犯罪主体可以是个人，也可以是单位。本案中，所有的侵权行为基本属伍某个人的行为，犯罪主体为伍某本人。

侵犯著作权罪的客观表现为实施了侵犯著作权的行为，且违法行为的数额较大或有其

---

① 伍望生盗印《邓小平文选》第三卷侵犯著作权案［EB/OL］．［2023-02-01］．http：//www. 110. com/ziliao/article-55940. html.

他严重情节。本案中，伍某未经出版人许可，采用非法手段出版《邓小平文选》第三卷普及本，并进行了大量传播，数额巨大。

侵犯著作权罪的主观表现为以营利为目的。本案中，伍某未经许可擅自复制发行，企图在非法途径下牟取暴利，侵犯他人的著作权的事实是明知的，可以确认主观上的故意。

伍某的行为已经构成侵犯著作权罪的要件，且危害较大，属情节特别严重，因此法院对他处以了非常严厉的处罚。

【启示】我国有关著作权的刑事立法起步较晚，与西方国家差距较大，加入世界贸易组织之后，完善我国著作权刑法保护体系，并逐步同国际接轨显得尤为重要。TRIPs 协议第 61 条规定："全体成员均应提供刑事程序及刑事惩罚，至少对于有意以商业规模假冒商标或对版权盗版的情况是如此。"这是世界贸易组织对惩处侵犯知识产权犯罪的最低要求，我国《刑法》的规定与该协议的精神是一致的。

著作权的保护已经进入全方位的保护阶段，民事、行政和刑事"三位一体"的防护网是对著作权强有力的保护，因此任何个人和组织对著作权的侵犯都是不允许的。

第六章　有关不正当竞争行为的法律规定

竞争是市场经济条件下，商品生产者、销售者以及相互之间为谋求有利的产销条件和经济利益而进行的斗争。它是市场经济发展的必然现象，是价值规律得以贯彻和实现的条件，也是市场经济推动生产力发展的基本动力。竞争就是为了给经营者以动力和压力，促使其优胜劣汰。在激烈的市场竞争中，经营者只有积极主动地改善经营管理，提高服务质量，才能占领市场、拓展市场。如果采取与商业道德相违背的不正当竞争手段，不仅会破坏公平竞争的秩序，而且会影响市场经济的健康发展。为了保护正常的竞争秩序，禁止不正当竞争，增强竞争对市场经济发展的促进作用，世界上凡是实行市场经济的国家，无论其社会制度、政治制度如何，都颁布、施行了反不正当竞争法，目的就是要以国家强制力来排除危害正当竞争的行为。

在我国的现实经济生活中，不正当竞争行为已不是个别偶发现象，有些不正当竞争行为，如我国出版行业存在的非法出版活动、盗版盗印现象等，与我国合法的出版单位抢夺出版资源、出版市场，已严重影响出版业的发展。因此，通过强有力的法律手段，对各种不正当竞争行为予以制止和制裁，对于建立我国社会主义市场经济体制，保障社会主义市场经济的健康发展，鼓励和保护公平竞争，不仅是必要的，而且是十分迫切的。随着我国社会主义市场经济体制的初步确立，1993 年我国适时颁布出台了《反不正当竞争法》。为了适应市场经济发展的需要，我国《反不正当竞争法》经历两次修改，2022 年 11 月 22 日国家市场监督管理总局发布《中华人民共和国反不正当竞争法（修订草案征求意见稿）》，以此规范市场竞争行为，制止不正当竞争，保护经营者和消费者的合法权益。

根据我国《反不正当竞争法（修订草案征求意见稿）》的规定，所谓"不正当竞争行为"，是指经营者在生产经营活动中，违反了《反不正当竞争法》的规定，扰乱市场竞争秩序，损害其他经营者、消费者的合法权益或者社会公共利益的行为。我国《反不正当竞争法（修订草案征求意见稿）》还列举了 9 种不正当竞争行为，成为判断经营者在市场交易中的行为是否属不正当竞争行为的法律依据。根据各类不正当竞争行为的性质、程度，其他相关法律法规也规定了相关责任。

出版行业学习、运用《反不正当竞争法》，对于维护出版业的健康发展具有特别重要的意义。首先，有利于推动出版企业开展公平竞争。出版企业通过学习《反不正当竞争法》中的禁止性规范，可以知道自己在市场竞争中能做什么、不能做什么，可以规范自己的市场竞争行为，开展公平竞争。其次，有利于引导出版业的健康发展。我国《反不正当竞争法》中列举的 9 种不正当竞争行为涉及出版全过程，经营者、消费者或其他利益受损方可依据我国《反不正当竞争法》及相关法律法规来打击违法者，跟风出版、伪书、高定价低折扣、商业贿赂等不正当竞争行为能够得到有效制止，对于出版业的健康发展无疑具有促进作用。最后，有利于净化出版环境，加强对出版业创意的保护。出版业是一个创意行业，在著作权法、商标法只能对权利人提供保护的情况下，反不正当竞争法可以对不具备著作权法、商标法保护条件但同样具有重要价值的产品提供保护，这对于促进原创作品的产生、加强对出版品牌的保护，推动出版业"走出去"具有重要意义。

本章主要结合出版实践，分析在我国出版行业存在的 9 种不正当竞争行为。

第一节　混淆行为

一、我国《反不正当竞争法》相关条款解读

我国《反不正当竞争法》第 7 条规定："经营者不得实施下列混淆行为，引人误认为是他人的商品或者与他人存在特定联系：（1）擅自使用与他人有一定影响的商品名称、包装、装潢等相同或者近似的标识或者包装、装潢；（2）擅自使用与他人有一定影响的市场主体名称（包括简称、字号等）、社会组织名称（包括简称等）、姓名（包括笔名、艺名、译名等）等相同或者近似的标识；（3）擅自使用与他人有一定影响的域名主体部分、网站名称、页面设计、自媒体名称、应用软件名称或者图标等相同或者近似的标识或者页面；（4）擅自将他人有一定影响的商业标识设置为搜索关键词，误导相关公众；（5）其他足以引人误认为是他人商品或者与他人存在特定联系的混淆行为。经营者不得销售构成本条第一款规定的混淆商品，不得为实施混淆行为提供仓储、运输、邮寄、印制、隐匿、经营场所等便利条件。"

关于禁止混淆行为的规定，需要把握以下要点：

①实施混淆行为的主体是经营者，包括从事商品生产、经营或者提供服务的自然人、法人和非法人组织。

②被混淆对象是有一定影响的标识，主要包括三类。

第一类是商品标识，即他人有一定影响的商品名称、包装、装潢等标识。商品的名称、包装、装潢是商品的外表特征，是和其他商品相区别的重要标志，同时也在一定程度上反映商品经营者的商业信誉和商品声誉。尤其是知名商品的名称、包装、装潢更是如此。所谓"知名商品"，据国家工商行政管理局 1995 年 7 月 6 日发布的《关于禁止仿冒知名商品特有的名称、包装、装潢的不正当竞争行为的若干规定》，是指"在市场上具有一定知名度，为相关公众所知悉的商品"。一般来讲，如果某一商品能够在较长时期内广泛地销售、使用，在其相关领域广为所知并有较好的信誉，则可认定这一商品为知名商品。所谓"特有的名称、包装、装潢"，是指经营者为自己的商品独创的有显著特点的名称、包装、装潢，是该商品与其他商品相区别的标志。如饮料行业的"可口可乐""雪碧""健力宝"；出版行业的《读者》《特别关注》等。目前，我国出版业中，许多非法出版物采取模仿、暗示知名图书、期刊的行为，就构成不正当竞争。如某出版社出版的《读者精华本》、某出版社出版的《读者精华文摘》直接盗用国内知名期刊《读者》的刊名，《读者精华本》除盗用甘肃《读者》期刊的刊名外，封面设计照搬《读者》期刊，正文目录及栏目设计也照搬《读者文摘》精华本，蒙骗读者，在读者中产生恶劣的影响，就是不正

当竞争行为。

第二类是主体标识，包括市场主体名称及其简称、字号等，社会组织名称及其简称等，自然人姓名、笔名、艺名、译名等。企业名称是一个企业区别于其他企业或者组织的标志，是反映经营者的营业或服务活动的外在特征，在经营活动中具有重要的作用。根据《企业名称登记管理规定》，企业对其名称享有专用权，企业名称受法律保护。这里，企业的名称是一个广义的概念，它所指的是参与市场交易的经营者的名称，既包括各种所有制形式、各种组织形式的企业的名称，也包括个体工商户和从事生产经营活动的事业单位的名称。

在出版行业，这一类的不正当竞争主要表现为擅自使用出版单位的名称，或将其他人的作品署上名家的名字出版，或仿冒名家的姓名。由于我国出版社的良好声誉，一些单位或个人在经营上擅自使用出版社名称，骗取他人的信任，牟取不当利益。如"当代中国杰出人才丛书编委会"盗用当代中国出版社的名义，编写《工运之光——当代中国工会主席风采》，并向被收录者收取费用，就是不正当竞争行为。又如20世纪80年代以来，国内出现了经久不衰的武侠小说热，武侠小说大师金庸的作品被介绍到内地，金庸的所有武侠小说只有15部，而市场上一方面有大肆翻印或盗印的金庸先生的作品，另一方面有近400部署名"全庸""金唐""金康"的作品。同样，梁羽生、古龙、琼瑶等人的作品也难逃厄运，也是一方面被翻印或盗印，另一方面被仿冒。一时间，"梁诩生""梁羽飞""梁羽杰"，"占龙""吉龙""古尤"，"崇瑶""琼遥"等名字满天飞，书籍遍"地"（地摊）是。还有些不法分子更狡猾，他们在只有两个字的著名作者的姓名后加上"原""新""巨"等字，使"金庸原""金庸新""金庸巨""琼瑶原""琼瑶新"等成为姓名，与表示作品著作方式的"著"字连在一起，让读者产生这些作品是金庸、琼瑶的"原著""新著""巨著"等错觉，这样的做法都是不折不扣的不正当竞争行为。

第三类是网络活动中的一些特殊标识，如他人有一定影响的域名主体部分、网站名称、网页等。需要特别强调的是，第7条规范的是经营者的不正当竞争行为，经营者用于实施混淆行为的标识应当是用于生产经营活动的商业标识，但是并未要求被混淆对象一定是商业标识，即经营者既不能仿冒他人用于生产经营活动的有一定影响的标识，也不能仿冒他人虽未用于生产经营活动但也有一定影响的标识（如公益网站名称）。

③明确"擅自将他人有一定影响的商业标识设置为搜索关键词"属于商业混淆行为，同时为规范今后可能出现的其他混淆行为，还规定了兜底条款，即"其他足以引人误认为是他人商品或者与他人存在特定联系的混淆行为"。

④从事混淆行为的方式是"擅自使用"。首先，"擅自使用"是指未经权利人同意的使用。如果经权利人同意后使用，则不构成混淆行为。例如，通过签订协议取得商业标识使用权，通过赞助取得社会组织的冠名授权，请明星代言等。其次，"擅自使用"不限于以相同或者近似的方式使用。例如，不仅将他人有一定影响的商品名称用作自己的商品名称可能构成混淆行为，将他人有一定影响的商品名称用作自己的字号也可能构成混淆行为。

⑤混淆结果是引人误认为是他人的商品或者与他人存在特定联系。是否混淆，最终要从结果上进行判断。混淆的结果包括两种：一种是商品来源混淆，即将经营者的商品误认

为是他人商品；另一种是特定联系混淆，即误认为该经营者或者其商品与被混淆对象存在商业联合、许可使用、商业冠名、广告代言等特定关系。

二、其他法律法规的相关规定

我国除《反不正当竞争法》之外，对此类不正当竞争行为进行规范的法律法规还有《中华人民共和国商标法》和《中华人民共和国产品质量法》等。

2019 年第四次修正的《中华人民共和国商标法》第六章"商标使用的管理"第 52 条规定，将未注册商标冒充注册商标使用的，或者使用未注册商标违反该法第十条规定的，由地方工商行政管理部门予以制止，限期改正，并可以予以通报，违法经营额 5 万元以上的，可以处违法经营额 20% 以下的罚款，没有违法经营额或者违法经营额不足 5 万元的，可以处 1 万元以下的罚款。第七章"注册商标专用权的保护"第 57 条规定，有下列行为之一的，均属侵犯注册商标专用权：①未经商标注册人的许可，在同一种商品上使用与其注册商标相同的商标的；②未经商标注册人的许可，在同一种商品上使用与其注册商标近似的商标，或者在类似商品上使用与其注册商标相同或者近似的商标，容易导致混淆的；③销售侵犯注册商标专用权的商品的；④伪造、擅自制造他人注册商标标识或者销售伪造、擅自制造的注册商标标识的；⑤未经商标注册人同意，更换其注册商标并将该更换商标的商品又投入市场的；⑥故意为侵犯他人商标专用权行为提供便利条件，帮助他人实施侵犯商标专用权行为的；⑦给他人的注册商标专用权造成其他损害的。

2018 年 12 月 29 日第十三届全国人民代表大会常务委员会第七次会议修正的《中华人民共和国产品质量法》第 30 条规定："生产者不得伪造产地，不得伪造或者冒用他人的厂名、厂址。"第 37 条："销售者不得伪造产地，不得伪造或者冒用他人的厂名、厂址。"第 53 条："伪造产品产地的，伪造或者冒用他人厂名、厂址的，伪造或者冒用认证标志等质量标志的，责令改正，没收违法生产、销售的产品，并处违法生产、销售产品货值金额等值以下的罚款；有违法所得的，并处没收违法所得；情节严重的，吊销营业执照。"

三、出版领域存在的混淆行为分析

出版领域典型的混淆行为表现为使用与他人作品相同或类似的名称、装帧，造成与他人作品相混淆，使购买者误以为是他人作品的行为；擅自使用或冒用"××获奖图书""××唯一指定教材""××入选图书""全国优秀畅销书"等从事出版活动；擅自使用出版单位的名称或将其他人的作品署上名家的名字出版，引人误认为是他人的作品。

市场经济条件下，包括出版业在内的许多行业都不可避免地出现了浮躁、急功近利的情绪，封面仿冒猖獗，这不仅是一些出版者缺乏创造性、想象力的表现，更是对他人知识产权的掠夺，从而误导消费者，损害市场公平竞争的行为，应当加强知识产权保护意识，提倡创新，抵制仿冒，依法维权。国内著名装帧设计师提出相应建议，图书设计师可以在作品上署名，提高维权意识。出版社也要更新观念，善于宣传自己，运用醒目的标志、先进的技术，提高防止仿冒的能力等。对出版界出现的不正当竞争行为，有的可以通过加强行业管理解决，有的则必须通过完善法律法规来遏制，从而维持社会的公平和谐。

第二节　商业贿赂行为

一、我国《反不正当竞争法》相关条款解读

我国《反不正当竞争法》第8条规定："经营者不得自行或者指使他人采用财物或者其他手段贿赂下列单位或者个人，以谋取交易机会或者竞争优势：（1）交易相对方或者其工作人员；（2）受交易相对方委托办理相关事务的单位或者个人；（3）利用职权或者影响力影响交易的单位或者个人。""经营者在交易活动中，可以以明示方式向交易相对方支付折扣，或者向中间人支付佣金。经营者向交易相对方支付折扣、向中间人支付佣金的，应当如实入账。接受折扣、佣金的经营者也应当如实入账。""经营者的工作人员进行贿赂的，应当认定为经营者的行为；但是，经营者有证据证明该工作人员的行为与为经营者谋取交易机会或者竞争优势无关的除外。""任何单位和个人不得在交易活动中收受贿赂。"

商业贿赂，是指经营者在市场交易活动中，为了争取交易机会，特别是为了争取相对于竞争对手而言更大的市场优势，通过秘密给付财物或者其他报偿等不正当手段收买客户的负责人、雇员、合伙人、代理人和政府有关部门工作人员，影响市场交易竞争公平性的行为。我国出版市场上出现的高定价、高回扣现象就属这类违法行为。

商业贿赂具有以下特征：第一，进行商业贿赂的主体是经营者，并且经营者通过其工作人员进行的商业贿赂行为，也应当认定为经营者的行为。第二，进行商业贿赂的目的是谋取交易机会或者竞争优势。只有以谋取交易机会或者竞争优势为目的进行的贿赂行为，才可能构成《反不正当竞争法》调整的商业贿赂行为，这是商业贿赂区别于一般贿赂的本质特征。第三，商业贿赂在客观上表现为违反了国家有关财务、会计及廉政等方面的法律、法规的规定，秘密给付财物或其他报偿，具有很大的隐蔽性，与合法的折扣、佣金有所区别。为防止以折扣、佣金为名，行商业贿赂之实，我国《反不正当竞争法（修订草案征求意见稿）》第8条第二款对合法的折扣、佣金设置了两个条件：第一，要以明示方式进行；第二，要如实入账，不但经营者向交易相对方支付折扣、向中间人支付佣金应当如实入账，而且接受折扣、佣金的经营者也应当如实入账。如果经营者账外、暗中给予交易相对方、中间人财物或者其他利益，就不属于合法的折扣、佣金；如果交易相对方、中间人收到折扣、佣金后，没有入账，或者虽然入账但没有按照会计制度的规定记入相应收入科目，而是记入其他收入科目，也不属于合法的折扣、佣金。第四，商业贿赂的手段既包括财物，也包括其他手段，如提供免费度假、旅游、高档宴席，赠送昂贵物品，提供房屋装修以及解决子女、亲属入学、就业，甚至提供色情服务等。无论是财物，还是其他手段，只要对受贿人有价值，都可能被用于进行商业贿赂。商业贿赂的具体行贿方式也是花样繁多，既有实际给予，也有许诺给予；既有事前给予，也有事后给予；既有为实现特定目的而相应给予，也有为谋求长期勾结、远期利益而多次、反复给予；既有行贿人亲自给予，也有通过第三人给予，等等。

二、其他法律法规的相关规定

商业贿赂是市场竞争过程中经常出现的一种消极现象，它不仅阻碍市场机能的正常发

挥，影响社会资源的合理配置和物质、技术的进步，而且是滋生腐败的温床。所以我国《反不正当竞争法》明确禁止商业贿赂行为。我国其他相关法律法规也对商业贿赂行为有规定。如我国 2020 年修正后的《刑法》第 163 条规定了"非国家工作人员受贿罪"："公司、企业或者其他单位的工作人员，利用职务上的便利，索取他人财物或者非法收受他人财物，为他人谋取利益，数额较大的，处三年以下有期徒刑或者拘役，并处罚金；数额巨大或者有其他严重情节的，处三年以上十年以下有期徒刑，并处罚金；数额特别巨大或者有其他特别严重情节的，处十年以上有期徒刑或者无期徒刑，并处罚金。公司、企业或者其他单位的工作人员在经济往来中，利用职务上的便利，违反国家规定，收受各种名义的回扣、手续费，归个人所有的，依照前款的规定处罚。国有公司、企业或者其他国有单位中从事公务的人员和国有公司、企业或者其他国有单位委派到非国有公司、企业以及其他单位从事公务的人员有前两款行为的，依照本法第 385 条、第 386 条的规定定罪处罚。"第 385 条规定了"受贿罪"："国家工作人员利用职务上的便利，索取他人财物的，或者非法收受他人财物，为他人谋取利益的，是受贿罪。国家工作人员在经济往来中，违反国家规定，收受各种名义的回扣、手续费，归个人所有的，以受贿论处。"第 389 条规定了"行贿罪"："为谋取不正当利益，给予国家工作人员以财物的，是行贿罪。在经济往来中，违反国家规定，给予国家工作人员以财物，数额较大的，或者违反国家规定，给予国家工作人员以各种名义的回扣、手续费的，以行贿论处。因被勒索给予国家工作人员以财物，没有获得不正当利益的，不是行贿。"并在相关条款规定了贿赂数额以及相应的处罚。

三、出版领域存在的商业贿赂行为分析

我国图书市场上，一些不法书商为了推销非法出版物，大肆行贿，以高折扣推销非法出版物。一些图书经销商为争夺市场，采取不断压低批发折扣或给购买者高额回扣的方式，进行商业贿赂。其中，高校一直是诸多图书采购回扣案中的"重灾区"。由于中小学教材、辅导材料基本被新华书店垄断，高校教材、相关图书以及图书馆用书，是具有一定规模和实力的民营书店主攻的经营项目。

出版业市场竞争激烈、出现商业贿赂的原因主要有：一是图书市场还不健全，很多方面都还存在"后遗症"。20 世纪 90 年代中后期，正是图书市场刚刚开放，民营资本刚刚涉足图书发行业的时期。原先占有绝对垄断地位的新华书店系统，由于受到民营公司的挑战，开始提高折扣率，而在竞争中处于弱势地位的民营公司，在管理上并不规范，也竞相使用各种"盘外招"，正是此种计划经济与市场经济犬牙交错的行业状况，决定了中国图书出版业必然是腐败高发的行业，并决定了中国图书出版业的腐败必然会呈现出制度性腐败的特点。二是图书内容的雷同、品种单一。内容雷同的图书，通过各自的渠道，被重复推向市场的时候，就出现了明里竞相压价、暗里图书回扣等问题。

要想从根本上改变这种现象，得从体制上改变，教育行政部门、市场监督管理部门、新闻出版管理部门、行业协会等有关部门作出相关制度性规定，才能从根本上解决回扣问题。出版业界有关人士曾呼吁建立相关反商业贿赂联盟，新闻出版总署也发布了《关于在新闻出版领域开展治理商业贿赂专项工作的通知》。有的地方行业协会也非常重视反商业贿赂工作，如广东省出版业协会高度重视开展治理商业贿赂专项工作，根据新闻出版总署

和广东省委省政府相关文件精神，结合出版行业的实际情况，制定了《广东省出版业协会反商业贿赂准则》。只有建立制度性的规范，才能遏制商业贿赂这股风。

第三节　虚假宣传行为

一、我国《反不正当竞争法》相关条款解读

我国《反不正当竞争法》第9条规定："经营者不得对商品或者商品经营者的性能、功能、质量、类别、来源、销售状况、用户评价、曾获荣誉、交易信息、经营数据、资格资质等相关信息作虚假或者引人误解的商业宣传，欺骗、误导相关公众。前款所称商业宣传主要包括通过经营场所、展览活动、网站、自媒体、电话、宣传单等方式对商品进行展示、演示、说明、解释、推介或者文字标注等不构成广告的商业宣传活动。经营者不得通过组织虚假交易、虚构评价等方式，帮助其他经营者进行虚假或者引人误解的商业宣传，不得为虚假宣传提供策划、制作、发布等服务。"同时在第24条具体规定了违法的法律责任，即"经营者违反本法第九条规定对其商品以及商品生产经营主体作虚假或者引人误解的商业宣传，或者通过组织虚假交易、虚构评价等方式帮助其他经营者进行虚假或者引人误解的商业宣传的，由监督检查部门责令停止违法行为，没收用于违法行为的物品和违法所得，处十万元以上一百万元以下的罚款；情节严重的，处一百万元以上二百万元以下的罚款，可以吊销营业执照。经营者知道或者应当知道为虚假宣传行为，仍提供策划、制作、发布等服务的，依照前款规定处罚。经营者违反本法第九条规定，属于发布虚假广告的，依照《中华人民共和国广告法》的规定处罚"。

根据以上规定，我们知道，虚假宣传包括内容虚假的宣传和引人误解的宣传两种类型。就宣传的内容而言，包括商品的质量、制作成分、性能、用途、生产者、有效期限、产地等任何一项或几项的虚假或引人误解。所谓"虚假宣传"，是指商品宣传的内容与商品的实际情况不相符合，如将国产商品宣传为进口商品等。所谓"引人误解的宣传"，是指就社会公众的一般、合理判断而言，宣传的内容会使接受宣传的人或受宣传影响的人对被宣传的商品产生错误的认识，从而作出错误的购买决定的商品宣传。一般对虚假宣传的认定较为容易，但对引人误解的宣传在认定上就并不容易，因为对其认定的标准具有很大的主观性。比如广告"意大利聚酯漆家具"，实际是意大利进口漆涂的家具，但容易让消费者理解为意大利进口家具，因此，应认定为一则引人误解的广告。

二、其他法律法规的相关规定

我国除《反不正当竞争法》明确指出经营者虚假宣传为非法行为外，还有一系列法律法规也对经营者虚假宣传行为作出了规定。具体如下：

我国2020年修订后的《出版管理条例》第27条规定："出版物的内容不真实或者不公正，致使公民、法人或者其他组织的合法权益受到侵害的，其出版单位应当公开更正，消除影响，并依法承担其他民事责任。"

2013年修订后的《中华人民共和国消费者权益保护法》第45条规定："消费者因经

营者利用虚假广告或者其他虚假宣传方式提供商品或者服务，其合法权益受到损害的，可以向经营者要求赔偿。广告经营者、发布者发布虚假广告的，消费者可以请求行政主管部门予以惩处。广告经营者、发布者不能提供经营者的真实名称、地址和有效联系方式的，应当承担赔偿责任。"

我国《民法典》第1024条规定："民事主体享有名誉权。任何组织或者个人不得以侮辱、诽谤等方式侵害他人的名誉权。"如某出版社出版的《执行力》系列图书，其作者号称是美国哈佛大学教授，但经查证并无此人。这一行为就很可能构成对哈佛大学的名誉侵害。

我国《刑法》第222条对"虚假广告罪"作了规定："广告主、广告经营者、广告发布者违反国家规定，利用广告对商品或者服务作虚假宣传，情节严重的，处二年以下有期徒刑或者拘役，并处或者单处罚金。"

我国《广告法》第3条规定，"广告应当真实、合法，以健康的表现形式表达广告内容，符合社会主义精神文明建设和弘扬中华民族优秀传统文化的要求"，第4条规定，"广告不得含有虚假或者引人误解的内容，不得欺骗、误导消费者。广告主应当对广告内容的真实性负责"。还有我国《著作权法》中关于作者人身权，如发表权和署名权，或是财产权中的发行权的保护规定，等等。

三、出版领域存在的虚假宣传行为分析

在图书市场上，图书宣传是提高图书知名度，增加图书销路的最有效途径。但一些不法书商却在图书广告中故意夸大其辞，以达到误导读者的目的。图书市场上的虚假宣传一般包括：制作虚假广告，在图书的封面、封底、内容简介、编者说明等处作不符合实际情况的说明等。其中最常用的技法，就是将质量平平甚至低劣的著作，标榜为"佳作""权威""最全面""空前绝后"等；或是标有虚假的吹捧信息，如"西点军校人手一本""时代杂志最佳评选"等；或是对作者加以吹捧，如将一位水平一般的青年诗人称为"中国的莎士比亚"，把刚发表过几篇小说的作者称为"国际知名作家"等，以迷惑引导不明真相的读者做出购买行为等。"伪书"的出现严重破坏了出版市场秩序，损害了中国出版界的声誉。根据我国《反不正当竞争法》《出版管理条例》《消费者权益保护法》等法律法规，如果查实确定为伪书，有关出版单位除依法应受法律处罚和行政处罚外，有责任赔偿读者损失。依具有法律效力的证据，读者可直接向出版社提出索赔要求。如果出版社不予理赔，读者可向各级出版管理部门和消费者权益保护协会投诉，也可向法院提起诉讼。

在虚假宣传行为的治理上，应当注意完善广告立法，健全广告法律责任制度；严格执法、加大查处力度；提高广告活动主体的自律水准；不断提高消费者对虚假广告的鉴别能力、增强消费者的自我保护意识；建立健全对虚假广告的监督机制。

第四节 侵犯商业秘密的行为

一、我国《反不正当竞争法》相关条款解读

根据我国《反不正当竞争法》第10条规定，商业秘密是指"不为公众所知悉、具有

商业价值并经权利人采取相应保密措施的技术信息、经营信息等商业信息"。由此，我们知道，商业秘密包括技术信息和经营信息，但技术信息和经营信息要成为商业秘密，必须具备三个条件：第一，秘密性，这是商业秘密的本质特征，即技术信息和经营信息不为公众所知悉。第二，商业价值，这是商业秘密的价值所在，即技术信息和经营信息能给权利人带来实际的或潜在的经济利益及竞争优势。第三，保密性，即权利人对技术信息和经营信息采取了保密措施。权利人是否采取了保密措施，既是技术信息和经营信息能否成为商业秘密的条件，也是寻求法律保护的前提。

我国《反不正当竞争法》第10条规定的侵犯商业秘密的不正当竞争行为主要有以下四种情形：①以盗窃、贿赂、欺诈、胁迫、电子侵入或者其他不正当手段获取权利人的商业秘密；②披露、使用或者允许他人使用以前项手段获取的权利人的商业秘密；③违反保密义务或者违反权利人有关保守商业秘密的要求，披露、使用或者允许他人使用其所掌握的商业秘密；④教唆、引诱、帮助他人违反保密义务或者违反权利人有关保守商业秘密的要求，获取、披露、使用或者允许他人使用权利人的商业秘密。此外，第三人明知或者应知商业秘密权利人的员工、前员工或者其他单位、个人实施以上违法行为，仍获取、披露、使用或者允许他人使用该商业秘密的，也视为侵犯商业秘密。

二、其他法律法规的相关规定

我国对商业利益进行保护的法律法规还有《刑法》。

我国《刑法》第219条规定："有下列侵犯商业秘密行为之一，情节严重的，处三年以下有期徒刑，并处或者单处罚金；情节特别严重的，处三年以上十年以下有期徒刑，并处罚金：（1）以盗窃、贿赂、欺诈、胁迫、电子侵入或者其他不正当手段获取权利人的商业秘密的；（2）披露、使用或者允许他人使用以前项手段获取的权利人的商业秘密的；（3）违反保密义务或者违反权利人有关保守商业秘密的要求，披露、使用或者允许他人使用其所掌握的商业秘密的。明知前款所列行为，获取、披露、使用或者允许他人使用该商业秘密的，以侵犯商业秘密论。"

国家工商行政管理局《关于禁止侵犯商业秘密行为的若干规定》第5条第三项规定："权利人能证明被申请人所使用的信息与自己的商业秘密具有一致性或相同性，同时能证明被申请人有获取其商业秘密的条件，而被申请人不能提供或拒不提供其所使用的信息是合法获得或者使用的证据的，工商行政管理机关可以根据有关证据，认定被申请人有侵权行为。"

第五节　不正当有奖销售行为

一、我国《反不正当竞争法》相关条款解读

有奖销售是指经营者以销售商品或者获取竞争优势为目的，向消费者提供奖金、物品或者其他利益的行为。主要包括附赠式有奖销售和抽奖式有奖销售两种形式，附赠式有奖销售是指经营者向满足一定条件的消费者提供奖金、物品或者其他利益的有奖销售行为；抽奖式有奖销售是指经营者以抽签、摇号、游戏等带有偶然性或者不确定性的方法，决定

消费者是否中奖的有奖销售行为。对于附赠式有奖销售，许多国家均予认可，但一般从所赠物品价值的大小方面予以限制。对于抽奖式有奖销售，有的国家明令禁止，有的国家则有条件地认可。我国《反不正当竞争法》没有简单地肯定或否定有奖销售，而是通过禁止以下三种有奖销售形式来规范这种促销手段：

①所设奖的种类、兑奖条件、奖金金额或者奖品等有奖销售信息不明确，影响兑奖。有奖销售活动开始后，经营者不得变更这一项规定的有奖销售信息，有利于消费者的除外。

②采用谎称有奖、虚假设置奖项内容或者故意让内定人员中奖的欺骗方式进行有奖销售。其中，谎称有奖，是指根本上无奖而谎称有奖；故意让内定人员中奖，是指实际上有奖，但故意让内定人员中奖，此"奖"对于广大消费者而言，形同虚设。其中"内定人员"可能是经营者自身，也可能是其亲友或者其他特定的购买者。

③抽奖式的有奖销售，最高奖的金额超过5万元。这是一种有条件的禁止，即一般情况下，经营者可以开展抽奖式的有奖销售，但其最高奖的金额不得超过5万元，超过即被禁止。因为巨奖销售会引发消费者的暴利心理，传递错误的市场信息，破坏正常的市场竞争秩序。

二、其他法律法规的相关规定

对这一不正当竞争行为进行规范的相关法律法规还有《消费者权益保护法》《产品质量法》以及国家市场监督管理总局发布的《规范促销行为暂行规定》等。具体如下：

我国《消费者权益保护法》第23条规定："经营者应当保证在正常使用商品或者接受服务的情况下其提供的商品或者服务应当具有的质量、性能、用途和有效期限。"

我国《产品质量法》第40条规定："售出的产品有下列情形之一的，销售者应当负责修理、更换、退货；给购买产品的消费者造成损失的，销售者应当赔偿损失：（1）不具备产品应当具备的使用性能而事先未作说明的；（2）不符合在产品或者其包装上注明采用的产品标准的；（3）不符合以产品说明、实物样品等方式表明的质量状况的。《消费者权益保护法》第54条规定，依法经有关行政部门认定为不合格的商品，消费者要求退货的，经营者应当负责退货。"销售附赠行为实质就是买卖行为，赠品的实质就是商品，因此适用于商品的条款同样适用于有奖销售中的附赠品，并且适用"三包"条款。

2020年国家市场监督管理总局发布《规范促销行为暂行规定》，原国家工商行政管理局令第19号发布的《关于禁止有奖销售活动中不正当竞争行为的若干规定》失效，由此有奖销售行为以《规范促销行为暂行规定》为依据。

《规范促销行为暂行规定》第13条规定："经营者在有奖销售前，应当明确公布奖项种类、参与条件、参与方式、开奖时间、开奖方式、奖金金额或者奖品价格、奖品品名、奖品种类、奖品数量或者中奖概率、兑奖时间、兑奖条件、兑奖方式、奖品交付方式、弃奖条件、主办方及其联系方式等信息，不得变更，不得附加条件，不得影响兑奖，但有利于消费者的除外。在现场即时开奖的有奖销售活动中，对超过五百元奖项的兑奖情况，应当随时公示。"第14条规定："奖品为积分、礼券、兑换券、代金券等形式的，应当公布兑换规则、使用范围、有效期限以及其他限制性条件等详细内容；需要向其他经营者兑换的，应当公布其他经营者的名称、兑换地点或者兑换途径。"第15条规定经营者进行有奖销售，不得采用以下谎称有奖的方式："（1）虚构奖项、奖品、奖金金额等；（2）仅在活动范围中的特定区域投放奖品；（3）在活动期间将带有中奖标志的商品、奖券不投放、未全部投放市场；（4）将带有不同奖金金额或者奖品标志的商品、奖券按不同时间投放市场；（5）未按照向消费者明示的信息兑奖；（6）其他谎称有奖的方式。"第16条规定："经营者进行有奖销售，不得采用让内部员工、指定单位或者个人中奖等故意让内定人员中奖的欺骗方式。"第17条规定："抽奖式有奖销售最高奖的金额不得超过5万元。有下列情形之一的，认定为最高奖的金额超过5万元：（1）最高奖设置多个中奖者的，其中任意一个中奖者的最高奖金额超过5万元；（2）同一奖券或者购买一次商品具有两次或者两次以上获奖机会的，累计金额超过5万元；（3）以物品使用权、服务等形式作为奖品的，该物品使用权、服务等的市场价格超过5万元；（4）以游戏装备、账户等网络虚拟物品作为奖品的，该物品市场价格超过5万元；（5）以降价、优惠、打折等方式作为奖品的，降价、优惠、打折等利益折算价格超过5万元；（6）以彩票、抽奖券等作为奖品的，该彩票、抽奖券可能的最高奖金额超过5万元；（7）以提供就业机会、聘为顾问等名义，并以给付薪金等方式设置奖励，最高奖的金额超过5万元；（8）以其他形式进行抽奖式有奖销售，最高奖金额超过5万元。"

第六节　商业诋毁行为

一、我国《反不正当竞争法》相关条款解读

我国《反不正当竞争法》第12条规定："经营者不得编造、传播或者指使他人编造、传播虚假信息或者误导性信息，损害竞争对手或者其他经营者的商业信誉、商品声誉。"经营者捏造、散布或者指使他人捏造、散布虚伪事实，损害竞争对手或者其他经营者的商业信誉、商品声誉，是侵害公民或法人名誉权和荣誉权的一种商业诽谤行为，这是一种典型的不正当竞争行为，世界上很多国家的《反不正当竞争法》都对这种行为予以禁止。

商业信誉、商品声誉，正如公民的名誉一样，是立身之本。对经营者来说，商业信誉、商品声誉是从商业角度对其能力、品德或对其商品品质的一种积极的社会评价。因此，我国《反不正当竞争法》对这种行为也予以禁止。

认定商业诋毁，需要把握以下要点：

①商业诋毁行为只能在经营者之间产生，而不能在经营者和消费者之间产生，但是消费者的行为可以被经营者一方利用，以诋毁竞争者或其他经营者的商业信誉、商品声誉。

②商业诋毁的对象是竞争对手或者其他经营者。一般情况下，仅将生产、销售相同、相似商品或者提供相同、相似服务的经营者认定为竞争对手，对此类竞争对手进行商业诋毁的现象最为普遍。随着实践的发展，有必要对竞争对手作更加广义的理解：第一，经营者生产、销售的商品或者服务虽然不相同、不相似，但具备相似功能、可以相互替代的，也可能构成竞争对手。第二，经营者之间存在争夺消费者注意力、购买力等商业利益冲突的，也可能成为竞争对手。

③商业诋毁的行为表现是编造、传播虚假信息或者误导性信息。"虚假信息"，即内容不真实，与实际情况不符的信息。"误导性信息"，一般是指信息虽然真实，但是仅陈述了

部分事实，容易引发错误联想的信息。虚假信息或者误导性信息要对竞争产生影响，还必须经过"传播"。需要说明的是，经营者既编造又传播虚假信息或者误导性信息的，可能构成商业诋毁；经营者传播别人编造的虚假信息的，也可能构成商业诋毁。但经营者仅编造虚假信息未传播的，一般不会对市场竞争造成影响，不构成商业诋毁。

④商业诋毁的后果是损害竞争对手或其他经营者的商业信誉、商品声誉。商业信誉、商品声誉反映的是人们对经营者本身及其提供的商品或者服务的社会评价。其中，商品声誉主要是建立在某种商品或服务质量基础上的信誉。商业信誉的含义则更为广泛，它不但包含商品声誉，而且还包含与商业活动有关的其他因素，如社会关系、公益形象、企业文化等。经营者要树立良好的商业信誉和商品声誉，一般要经过大量的市场调查、市场研究、技术开发、广告宣传、公关活动和一系列优质服务活动才能形成。如果良好的商业信誉和商品声誉被竞争对手诋毁，将在市场竞争中处于不利的地位。这里的"损害"，既包括损害个体经营者的商业信誉、个别商品或者服务的声誉，也包括损害某种类型、某个行业经营者的商业信誉；既包括造成实际损害，也包括造成损害的可能性；既包括造成直接利益损失，也包括造成潜在利益损失，如丧失交易机会、降低议价能力等。

二、其他法律法规的相关规定

我国对这种行为予以禁止的相关法律法规还有《刑法》《广告法》等。

我国《刑法》第 221 条规定了损害商业信誉、商品声誉罪："捏造并散布虚伪事实，损害他人的商业信誉、商品声誉，给他人造成重大损失或者有其他严重情节的，处 2 年以下有期徒刑或者拘役，并处或者单处罚金。"

我国《广告法》第 13 条规定："广告不得贬低其他生产经营者的商品或者服务。"

三、出版领域存在的商业诋毁行为分析

商业诋毁行为在经济生活中比较多见，但在出版领域并不常见。我国《反不正当竞争法》和其他相关法律为企业经营者维护商业信誉提供法律依据，但同时在借助法律进行维权的过程中，经营者应注意法律的适用性。我国出版市场主体在进行市场竞争活动时，应依据该行业和有关部门制定的法规来指导自身的经营。若有些法律条款不适用保护自身的经营行为，或与所处行业的现阶段文件和行规相抵触，不应贸然行事，最好咨询法律部门或请示主管部门。

第七节　对交易相对方的经营活动进行不合理限制或附加不合理条件

我国《反不正当竞争法》第 13 条规定："具有相对优势地位的经营者无正当理由不得实施下列行为，对交易相对方的经营活动进行不合理限制或者附加不合理条件，影响公平交易，扰乱市场公平竞争秩序：（1）强迫交易相对方签订排他性协议；（2）不合理限定交易相对方的交易对象或者交易条件；（3）提供商品时强制搭配其他商品；（4）不合理限定商品的价格、销售对象、销售区域、销售时间或者参与促销推广活动；（5）不合理设定扣取保证金，削减补贴、优惠和流量资源等限制；（6）通过影响用户选择、限流、屏

蔽、搜索降权、商品下架等方式，干扰正常交易；（7）其他进行不合理限制或者附加不合理条件，影响公平交易的行为。"

相对优势地位，包括经营者在技术、资本、用户数量、行业影响力等方面的优势，以及其他经营者对该经营者在交易上的依赖等。很多学者认为不具有市场支配地位而具有"相对优势地位"的经营者的行为，市场本身是有能力进行调节和纠正的，但是滥用"相对优势地位"某些情况下确实会发生严重扰乱市场公平竞争秩序的危害后果，由此需要国家干预。

对交易相对方的经营活动进行不合理限制和附加不合理条件在本质上属于发生在交易上下游之间的一种滥用市场力量的行为，由《反不正当竞争法》而非《反垄断法》来进行规制值得商榷。修订后的《反垄断法》正式实施不久——于2022年8月1日实施，其中并不含有对于滥用"相对优势地位"的条款，可能出于前述原因，《反不正当竞争法》新增"具有相对优势地位的经营者"的"对交易相对方的经营活动进行不合理限制或者附加不合理条件"作为不正当竞争行为的类型。

第八节　恶意交易行为

我国《反不正当竞争法》第14条规定："经营者不得为了牟取不正当利益，实施下列恶意交易行为，妨碍、破坏其他经营者的正常经营：（1）故意通过短期内与其他经营者进行大规模、高频次交易、给予好评等，引发相关惩戒，使其他经营者受到搜索降权、降低信用等级、商品下架、断开链接、停止服务等处置；（2）恶意在短期内拍下大量商品不付款；（3）恶意批量购买后退货或者拒绝收货；（4）其他利用规则实施恶意交易，不当妨碍、破坏其他经营者正常经营的行为。"第35条规定经营者实施恶意交易，妨碍、破坏其他经营者正常经营的法律责任，"由监督检查部门责令停止违法行为，没收违法所得，处十万元以上一百万元以下的罚款；情节严重的，处一百万元以上五百万元以下的罚款"。

我国《反不正当竞争法》新增"恶意交易"作为不正当竞争行为的类型，对故意实施恶意交易行为妨碍、迫害其他经营者正常经营行为予以明确禁止，但还需要解决举证难这一问题。

第九节　网络不正当竞争行为

一、我国《反不正当竞争法》相关条款解读

为了加强对市场主体、消费者反映强烈的重点行业和领域，尤其是平台经济、共享经济等新业态领域不正当竞争的规制，我国《反不正当竞争法》高度关注网络不正当行为，第15条、第16条、第17条、第18条、第19条、第20条对网络不正当竞争行为进行专门规定。

我国《反不正当竞争法》第15条规定："经营者利用网络从事生产经营活动，应当遵守本法的各项规定。经营者不得利用数据和算法、技术以及平台规则等，通过影响用户选择或者其他方式，扰乱市场公平竞争秩序。"网络不是法外之地，经营者利用网络从事生

产经营活动，参与市场竞争，同样要受到《反不正当竞争法》的调整和规范，应当适用《反不正当竞争法》的各项规定。我国《反不正当竞争法》则对经营者利用数据和算法、技术以及平台规则等，通过违背用户意愿和选择权、增加操作复杂性、破坏使用连贯性或其他方式实施的不正当竞争行为进行规制。

我国《反不正当竞争法》第 16 条、第 17 条、第 18 条、第 19 条细化网络不正当竞争的具体行为模式，明确流量劫持、不当排除其他经营者合法提供的商品接入和交易、不正当获取或使用其他经营者的商业数据、利用算法对交易相对方进行不合理限制等行为属于网络不正当竞争行为。

其中，第 16 条规定："经营者不得利用技术手段，实施下列流量劫持、不当干扰、恶意不兼容等行为，影响用户选择，妨碍、破坏其他经营者合法提供的网络产品或者服务正常运行：（1）未经其他经营者同意，在其合法提供的网络产品或者服务中，插入链接、强制进行目标跳转、嵌入自己或者他人的产品或者服务；（2）利用关键词联想、设置虚假操作选项等方式，设置指向自身产品或者服务的链接，欺骗或者误导用户点击；（3）误导、欺骗、强迫用户修改、关闭、卸载其他经营者合法提供的网络产品或者服务；（4）恶意对其他经营者合法提供的网络产品或者服务实施不兼容；（5）无正当理由，对其他经营者合法提供的产品或者服务的内容、页面实施拦截、屏蔽等；（6）其他妨碍、破坏其他经营者合法提供的网络产品或者服务正常运行的行为。"

第 17 条规定："经营者不得利用技术手段、平台规则等，违反行业惯例或者技术规范，不当排斥、妨碍其他经营者合法提供的产品或者服务的接入和交易等，扰乱市场公平竞争秩序。"

第 18 条规定："经营者不得实施下列行为，不正当获取或者使用其他经营者的商业数据，损害其他经营者和消费者的合法权益，扰乱市场公平竞争秩序：（1）以盗窃、胁迫、欺诈、电子侵入等方式，破坏技术管理措施，不正当获取其他经营者的商业数据，不合理地增加其他经营者的运营成本、影响其他经营者的正常经营；（2）违反约定或者合理、正当的数据抓取协议，获取和使用他人商业数据，并足以实质性替代其他经营者提供的相关产品或者服务；（3）披露、转让或者使用以不正当手段获取的其他经营者的商业数据，并足以实质性替代其他经营者提供的相关产品或者服务；（4）以违反诚实信用和商业道德的其他方式不正当获取和使用他人商业数据，严重损害其他经营者和消费者的合法权益，扰乱市场公平竞争秩序。"

第 19 条规定："经营者不得利用算法，通过分析用户偏好、交易习惯等特征，在交易条件上对交易相对方实施不合理的差别待遇或者进行不合理限制，损害消费者、其他经营者的合法权益和社会公共利益，扰乱市场公平竞争秩序。"

我国《反不正当竞争法》第 20 条明确《反不正当竞争法》的保护对象，并对新业态中可能出现的其他网络不正当竞争行为进行兜底规定，规定"经营者不得违反本法规定，实施其他网络不正当竞争行为，扰乱市场竞争秩序，影响市场公平交易，损害其他经营者或者消费者合法权益和社会公共利益"。我国《反不正当竞争法》的保护对象不仅包括经营者、消费者的合法权益，而且包括社会公共利益，意味着不侵犯经营者、消费者合法权益的行为，如果其损害了社会公共利益，同样可能构成不正当竞争行为。

二、其他法律法规的相关规定

对这种行为予以禁止的相关法律法规还有工业和信息化部 2011 年 12 月 29 日公布的《规范互联网信息服务市场秩序若干规定》。

《规范互联网信息服务市场秩序若干规定》第 5 条对互联网信息服务提供者不得实施的侵犯其他互联网信息服务提供者合法权益的行为进行列举：①恶意干扰用户终端上其他互联网信息服务提供者的服务，或者恶意干扰与互联网信息服务相关的软件等产品（"与互联网信息服务相关的软件等产品"以下简称"产品"）的下载、安装、运行和升级；②捏造、散布虚假事实损害其他互联网信息服务提供者的合法权益，或者诋毁其他互联网信息服务提供者的服务或者产品；③恶意对其他互联网信息服务提供者的服务或者产品实施不兼容；④欺骗、误导或者强迫用户使用或者不使用其他互联网信息服务提供者的服务或者产品；⑤恶意修改或者欺骗、误导、强迫用户修改其他互联网信息服务提供者的服务或者产品参数；⑥其他违反国家法律规定，侵犯其他互联网信息服务提供者合法权益的行为。

第 7 条对互联网信息服务提供者不得实施的侵犯用户合法权益的行为进行列举：①无正当理由拒绝、拖延或者中止向用户提供互联网信息服务或者产品；②无正当理由限定用户使用或者不使用其指定的互联网信息服务或者产品；③以欺骗、误导或者强迫等方式向用户提供互联网信息服务或者产品；④提供的互联网信息服务或者产品与其向用户所作的宣传或者承诺不符；⑤擅自改变服务协议或者业务规程，降低服务质量或者加重用户责任；⑥与其他互联网信息服务提供者的服务或者产品不兼容时，未主动向用户提示和说明；⑦未经提示并由用户主动选择同意，修改用户浏览器配置或者其他设置；⑧其他违反国家法律规定，侵犯用户合法权益的行为。

第 8 条规定："互联网信息服务提供者在用户终端上进行软件下载、安装、运行、升级、卸载等操作的，应当提供明确、完整的软件功能等信息，并事先征得用户同意。互联网信息服务提供者不得实施下列行为：（1）欺骗、误导或者强迫用户下载、安装、运行、升级、卸载软件；（2）未提供与软件安装方式同等或者更便捷的卸载方式；（3）在未受其他软件影响和人为破坏的情况下，未经用户主动选择同意，软件卸载后有可执行代码或者其他不必要的文件驻留在用户终端。"

第七章　有关广告与出版广告的法律规定

　　广告，是指商品经营者或者服务提供者通过一定的媒介和形式向公众传播商品信息和其他信息，以达到某种特定目的（如推销商品、介绍所提供的服务等）的宣传方式。广告是商品经济发展的产物，在商品交换活动中发挥着宣传商品和服务、影响消费者购买决策、传递文化信息、促进市场发育等方面的积极作用。随着经济的发展，广告的地位日益增强，成为促进市场经济发展的一项重要手段。

　　依据不同的标准，广告可以进行不同的分类。比如，按照广告的性质，可以将广告分为商业广告和社会广告两大类。商业广告以众多消费者为宣传对象，为实现商业目的，经营者通过广告诱导、说服广大消费者进行商品消费和服务消费；社会广告则不具有营利性质，由政府公告、企事业单位启事和个人广告构成。按照发布广告所采用的媒体不同，可以将广告分为报纸广告、广播广告、电视广告、书刊广告、路牌广告、印刷广告、橱窗广告、网络广告等。

　　出版发行企业发布的广告大多是商业广告。按照发布目的的不同可以分为整体形象广告和商品或服务广告两类。整体形象广告是为了提升企业的整体形象和塑造品牌，广告中不涉及特定的商品或者服务；商品或服务广告是为了促销特定的商品或服务，是最常见的广告形式。

　　总之，随着经济的不断发展，广告已成为促进市场经济发展的一项重要手段。然而市场经济也是法治经济，任何与市场有关的活动，都需要法律、法规来进行规范，才能保证经济的有序运行。广告作为市场经济中的一项重要活动，也是如此。因此，世界上大多数国家制定了与广告相关的法律法规来规范这项经济活动。《中华人民共和国广告法》是国家对广告市场和广告活动实施管理的基本法律依据，还有由国务院和相关部委制定的专门针对广告活动的法规。此外，《中华人民共和国商标法》《中华人民共和国食品卫生法》《中华人民共和国药品管理法》《中华人民共和国文物保护法》《中华人民共和国专利法》《中华人民共和国反不正当竞争法》等法律法规也含有不少有关广告发布与管理的规定。

　　随着我国出版产业的不断发展，以及读者消费对出版物消费需求的多样性，出版企业已经认识到出版广告的重要性，越来越多的出版企业参与出版广告的活动，这就需要对这些广告活动进行有效的规范与管理，以促进出版物市场的健康发展，同时也有利于出版企业经营活动的顺利开展。

第一节　有关广告的法律规定

　　有关广告的法律规定，主要涉及广告准则，广告活动的管理，广告的违法行为及其法律责任。

一、广告准则

广告准则是指广告活动主体在确定广告的内容与形式时所必须遵循的基本原则，是广告法对广告人的基本要求，我国《广告法》第二章明确规定了广告内容准则。

广告准则对广告内容与形式的一般要求有：①广告中对商品的性能、功能、产地、用途、质量、成分、价格、生产者、有效期限、允诺等或者对服务的内容、提供者、形式、质量、价格、允诺等有表示的，应当准确、清楚、明白；②广告中表明推销的商品或者服务附带赠送的，应当明示所附带赠送商品或者服务的品种、规格、数量、期限和方式；③法律、行政法规规定广告中应当明示的内容，应当显著、清晰表示。

二、广告活动管理

广告活动管理主要包括广告发布管理和广告审查管理两方面内容。

（一）广告活动管理

广告活动管理一方面是对广告的设计、制作、发布所进行的管理。广告主自行或者委托他人设计、制作、发布广告，所推销的商品或者提供的服务应当符合广告主的经营范围。广告的经营范围是经市场监督管理部门核准登记的允许经营的商品和服务范围，广告主只有在自己的经营范围内从事生产经营活动，才是合法经营，其经营活动才受法律保护；另一方面是对户外广告设置所进行的管理。户外广告是在法人、其他经济组织和公民住所之外的公共场所或者公共活动区域所设置的广告，包括利用街道、广场、机场、车站、码头等建筑物空间设置的广告，利用影剧院、体育场（馆）、文化馆、展览馆、宾馆、饭店、游乐场、商店等公共场所内外设置、张贴的广告，利用车、船、飞机等公共交通工具设置、绘制、张贴的广告等。我国《广告法》规定，县级以上地方人民政府应当组织有关部门加强对利用户外场所、空间、设施等发布户外广告的监督管理，制定户外广告设置规划和安全要求。户外广告的管理办法，由地方性法规、地方政府规章规定。

（二）广告审查管理

广告审查的目的在于保证广告内容的真实性、合法性，预防虚假广告和违法广告，维护消费者权益和社会公共利益，促进广告业的健康发展。我国只对部分特殊商品的广告实施广告审查机关的审查管理，其他广告的审查由广告经营者负责。我国《广告法》规定，发布医疗、药品、医疗器械、农药、兽药和保健食品广告，以及法律、行政法规规定应当进行审查的其他广告，应当在发布前由有关部门（以下称广告审查机关）对广告内容进行审查；未经审查，不得发布。

三、广告违法行为及其法律责任

广告违法行为，是指广告主、广告经营者、广告发布者违反广告法规定，设计、制作、发布广告的行为，主要包括违反广告准则的行为，违反广告活动管理的行为和广告侵权行为。

对广告违法行为，由广告监督管理机关和其他有关主管机关依照广告法规定，分别给予责令停止发布广告、公开更正、罚款、没收广告费用或违法所得等行政处罚，并对侵犯他人合法权益者追究民事责任。广告违法行为情节严重构成犯罪的，应依法追究刑事责任。

（一）广告违法行为的行政责任

广告违法行为的行政责任，包括责令停止发布广告、责令消除影响、没收广告费用、罚款、吊销营业执照或广告经营许可证等行政处罚类型。我国《广告法》规定了对广告违法行为进行行政处罚的具体标准，具体如下。

1. 对发布虚假广告的

我国《广告法》第55条规定："违反本法规定，发布虚假广告的，由市场监督管理部门责令停止发布广告，责令广告主在相应范围内消除影响，处广告费用三倍以上五倍以下的罚款，广告费用无法计算或者明显偏低的，处二十万元以上一百万元以下的罚款；两年内有三次以上违法行为或者有其他严重情节的，处广告费用五倍以上十倍以下的罚款，广告费用无法计算或者明显偏低的，处一百万元以上二百万元以下的罚款，可以吊销营业执照，并由广告审查机关撤销广告审查批准文件、一年内不受理其广告审查申请。

医疗机构有前款规定违法行为，情节严重的，除由市场监督管理部门依照本法处罚外，卫生行政部门可以吊销诊疗科目或者吊销医疗机构执业许可证。

广告经营者、广告发布者明知或者应知广告虚假仍设计、制作、代理、发布的，由市场监督管理部门没收广告费用，并处广告费用三倍以上五倍以下的罚款，广告费用无法计算或者明显偏低的，处二十万元以上一百万元以下的罚款；两年内有三次以上违法行为或者有其他严重情节的，处广告费用五倍以上十倍以下的罚款，广告费用无法计算或者明显偏低的，处一百万元以上二百万元以下的罚款，并可以由有关部门暂停广告发布业务、吊销营业执照。"

2. 对发布禁止情形的广告的

《广告法》第57条规定："有下列行为之一的，由市场监督管理部门责令停止发布广告，对广告主处二十万元以上一百万元以下的罚款，情节严重的，并可以吊销营业执照，由广告审查机关撤销广告审查批准文件、一年内不受理其广告审查申请；对广告经营者、广告发布者，由市场监督管理部门没收广告费用，处二十万元以上一百万元以下的罚款，情节严重的，并可以吊销营业执照：（1）发布有本法第9条、第10条规定的禁止情形的广告的；（2）违反本法第15条规定发布处方药广告、药品类易制毒化学品广告、戒毒治疗的医疗器械和治疗方法广告的；（3）违反本法第20条规定，发布声称全部或者部分替代母乳的婴儿乳制品、饮料和其他食品广告的；（4）违反本法第22条规定发布烟草广告的；（5）违反本法第37条规定，利用广告推销禁止生产、销售的产品或者提供的服务，或者禁止发布广告的商品或者服务的；（6）违反本法第40条第一款规定，在针对未成年人的大众传播媒介上发布医疗、药品、保健食品、医疗器械、化妆品、酒类、美容广告，以及不利于未成年人身心健康的网络游戏广告的。"

3. 对发布医疗、药品、医疗器械广告的

《广告法》第58条规定："有下列行为之一的，由市场监督管理部门责令停止发布广告，责令广告主在相应范围内消除影响，处广告费用一倍以上三倍以下的罚款，广告费用无法计算或者明显偏低的，处十万元以上二十万元以下的罚款；情节严重的，处广告费用三倍以上五倍以下的罚款，广告费用无法计算或者明显偏低的，处二十万元以上一百万元以下的罚款，可以吊销营业执照，并由广告审查机关撤销广告审查批准文件、一年内不受理其广告审查申请：（1）违反本法第 16 条规定发布医疗、药品、医疗器械广告的；（2）违反本法第 17 条规定，在广告中涉及疾病治疗功能，以及使用医疗用语或者易使推销的商品与药品、医疗器械相混淆的用语的；（3）违反本法第 18 条规定发布保健食品广告的；（4）违反本法第 21 条规定发布农药、兽药、饲料和饲料添加剂广告的；（5）违反本法第 23 条规定发布酒类广告的；（6）违反本法第 24 条规定发布教育、培训广告的；（7）违反本法第 25 条规定发布招商等有投资回报预期的商品或者服务广告的；（8）违反本法第 26 条规定发布房地产广告的；（9）违反本法第 27 条规定发布农作物种子、林木种子、草种子、种畜禽、水产苗种和种养殖广告的；（10）违反本法第 38 条第二款规定，利用不满十周岁的未成年人作为广告代言人的；（11）违反本法第 38 条第三款规定，利用自然人、法人或者其他组织作为广告代言人的；（12）违反本法第 39 条规定，在中小学校、幼儿园内或者利用与中小学生、幼儿有关的物品发布广告的；（13）违反本法第 40 条第二款规定，发布针对不满十四周岁的未成年人的商品或者服务的广告的；（14）违反本法第 46 条规定，未经审查发布广告的。

医疗机构有前款规定违法行为，情节严重的，除由市场监督管理部门依照本法处罚外，卫生行政部门可以吊销诊疗科目或者吊销医疗机构执业许可证。

广告经营者、广告发布者明知或者应知有本条第一款规定违法行为仍设计、制作、代理、发布的，由市场监督管理部门没收广告费用，并处广告费用一倍以上三倍以下的罚款，广告费用无法计算或者明显偏低的，处十万元以上二十万元以下的罚款；情节严重的，处广告费用三倍以上五倍以下的罚款，广告费用无法计算或者明显偏低的，处二十万元以上一百万元以下的罚款，并可以由有关部门暂停广告发布业务、吊销营业执照。"

4. 对违法广告

《广告法》第 59 条规定："有下列行为之一的，由市场监督管理部门责令停止发布广告，对广告主处十万元以下的罚款：（1）广告内容违反本法第 8 条规定的；（2）广告引证内容违反本法第 11 条规定的；（3）涉及专利的广告违反本法第 12 条规定的；（4）违反本法第 13 条规定，广告贬低其他生产经营者的商品或者服务的。广告经营者、广告发布者明知或者应知有前款规定违法行为仍设计、制作、代理、发布的，由市场监督管理部门处十万元以下的罚款。

广告违反本法第 14 条规定，不具有可识别性的，或者违反本法第 19 条规定，变相发布医疗、药品、医疗器械、保健食品广告的，由市场监督管理部门责令改正，对广告发布者处十万元以下的罚款。"

5. 对广告业务管理制度不健全的

《广告法》第 60 条规定："违反本法第 34 条规定，广告经营者、广告发布者未按照国家有关规定建立、健全广告业务管理制度的，或者未对广告内容进行核对的，由市场监督管理部门责令改正，可以处五万元以下的罚款。

违反本法第 35 条规定，广告经营者、广告发布者未公布其收费标准和收费办法的，由价格主管部门责令改正，可以处五万元以下的罚款。"

6. 对广告代言人

《广告法》第61条规定："广告代言人有下列情形之一的，由市场监督管理部门没收违法所得，并处违法所得一倍以上二倍以下的罚款：（1）违反本法第16条第一款第四项规定，在医疗、药品、医疗器械广告中作推荐、证明的；（2）违反本法第18条第一款第五项规定，在保健食品广告中作推荐、证明的；（3）违反本法第38条第一款规定，为其未使用过的商品或者未接受过的服务作推荐、证明的；（4）明知或者应知广告虚假仍在广告中对商品、服务作推荐、证明的。"

7. 对利用互联网发布广告

《广告法》第62条规定："违反本法第43条规定发送广告的，由有关部门责令停止违法行为，对广告主处五千元以上三万元以下的罚款。

违反本法第44条第二款规定，利用互联网发布广告，未显著标明关闭标志，确保一键关闭的，由市场监督管理部门责令改正，对广告主处五千元以上三万元以下的罚款。"

8. 对明知或者应知广告活动违法不予制止的

《广告法》第63条规定："违反本法第45条规定，公共场所的管理者和电信业务经营者、互联网信息服务提供者，明知或者应知广告活动违法不予制止的，由市场监督管理部门没收违法所得，违法所得五万元以上的，并处违法所得一倍以上三倍以下的罚款，违法所得不足五万元的，并处一万元以上五万元以下的罚款；情节严重的，由有关部门依法停止相关业务。"

9. 对隐瞒真实情况或者提供虚假材料申请广告审查的

《广告法》第64条规定："违反本法规定，隐瞒真实情况或者提供虚假材料申请广告审查的，广告审查机关不予受理或者不予批准，予以警告，一年内不受理该申请人的广告审查申请；以欺骗、贿赂等不正当手段取得广告审查批准的，广告审查机关予以撤销，处十万元以上二十万元以下的罚款，三年内不受理该申请人的广告审查申请。"

10. 对伪造、变造或者转让广告审查批准文件的

《广告法》第65条规定："违反本法规定，伪造、变造或者转让广告审查批准文件的，由市场监督管理部门没收违法所得，并处一万元以上十万元以下的罚款。"

《广告法》第66条规定："有本法规定的违法行为的，由市场监督管理部门记入信用档案，并依照有关法律、行政法规规定予以公示。"

11. 对广播电台、电视台、报刊音像出版单位发布违法广告

《广告法》第67条规定："广播电台、电视台、报刊音像出版单位发布违法广告，或者以新闻报道形式变相发布广告，或者以介绍健康、养生知识等形式变相发布医疗、药品、医疗器械、保健食品广告，市场监督管理部门依照本法给予处罚的，应当通报新闻出版、广播电视主管部门以及其他有关部门。新闻出版、广播电视主管部门以及其他有关部门应当依法对负有责任的主管人员和直接责任人员给予处分；情节严重的，并可以暂停媒体的广告发布业务。新闻出版、广播电视主管部门以及其他有关部门未依照前款规定对广播电台、电视台、报刊音像出版单位进行处理的，对负有责任的主管人员和直接责任人员，依法给予处分。"

(二) 广告违法行为的民事责任

广告违法行为的民事责任，是指广告活动主体从事广告违法行为致使用户或消费者遭受损失或者有其他侵权行为应当承担的赔偿责任。广告违法行为的民事责任的承担者，有时是一个行为人，有时也可以是一个以上的行为人。数个行为人的广告违法行为适用连带赔偿责任。

我国《广告法》第56条规定："违反本法规定，发布虚假广告，欺骗、误导消费者，使购买商品或者接受服务的消费者的合法权益受到损害的，由广告主依法承担民事责任。广告经营者、广告发布者不能提供广告主的真实名称、地址和有效联系方式的，消费者可以要求广告经营者、广告发布者先行赔偿。

关系消费者生命健康的商品或者服务的虚假广告，造成消费者损害的，其广告经营者、广告发布者、广告代言人应当与广告主承担连带责任。

前款规定以外的商品或者服务的虚假广告，造成消费者损害的，其广告经营者、广告发布者、广告代言人，明知或者应知广告虚假仍设计、制作、代理、发布或者作推荐、证明的，应当与广告主承担连带责任。"

我国《广告法》第68条规定："广告主、广告经营者、广告发布者违反本法规定，有下列侵权行为之一的，依法承担民事责任：(1) 在广告中损害未成年人或残疾人的身心健康的；(2) 假冒他人专利的；(3) 贬低其他生产经营者的商品或服务的；(4) 广告中未经同意使用他人名义、形象的；(5) 其他侵犯他人合法民事权益的。

根据广告管理法规，无论是一个还是数个广告违法行为的主体，只要造成他人损害的，当事人即可向人民法院起诉，请求人民法院处理、裁决，以赔偿损失。"

(三) 广告违法行为的刑事责任

广告违法行为的刑事责任，是指广告活动主体从事的违法行为性质恶劣、后果严重、非法所得款项数额较大，已经构成了犯罪所应承担的责任。对于构成犯罪的，广告管理机关应及时移交司法部门追究其刑事责任。被追究刑事法律责任的主体只能是自然人。

我国《广告法》对广告违法行为的刑事责任进行了明确规定，具体如下。

《广告法》第55条规定，广告主、广告经营者、广告发布者发布虚假广告的；广告经营者、广告发布者明知或者应知广告虚假仍设计、制作、代理、发布的；构成犯罪的，依法追究刑事责任。

《广告法》第70条规定，违反本法规定，拒绝、阻挠市场监督管理部门监督检查，或者有其他构成违反治安管理行为的，依法给予治安管理处罚；构成犯罪的，依法追究刑事责任。

《广告法》第71条规定，广告审查机关对违法的广告内容作出审查批准决定的，对负有责任的主管人员和直接责任人员，由任免机关或者监察机关依法给予处分；构成犯罪的，依法追究刑事责任。

《广告法》第72条规定，市场监督管理部门对在履行广告监测职责中发现的违法广告行为或者对经投诉、举报的违法广告行为，不依法予以查处的，对负有责任的主管人员和直接责任人员，依法给予处分。市场监督管理部门和负责广告管理相关工作的有关部门的工作人员玩忽职守、滥用职权、徇私舞弊的，依法给予处分。有前两款行为，构成犯罪的，依法追究刑事责任。

第二节　有关出版广告的法律规定

有关出版广告的法律规定，主要涉及出版广告的发布及其行为准则，出版广告活动的管理，出版广告的违法行为及其法律责任。

一、出版广告的发布及其行为准则

(一) 广告发布的基本原则

第一，广告必须真实。这是广告发布的首要原则，这就要求出版企业发布的广告必须是客观真实的，而不能提供虚假的广告来欺骗和误导发行商、零售商或是读者，因为广告的真实性是提高出版企业或出版服务提供者的商业信誉，树立其良好形象的客观要求。

第二，广告必须合法。合法性是指出版广告不论是内容还是形式都必须在法律允许的范围内，必须符合法律规定的要求，不得违背社会秩序和社会公共利益。

第三，广告必须符合社会主义精神文明建设和弘扬中华民族优秀传统文化的要求。出版是文化产业的重要组成部分，是社会主义精神文明建设的中坚力量，它以科学的理论武装人、以正确的舆论引导人、以高尚的精神塑造人、以优秀的作品鼓舞人，所以，对于出版广告来说，不仅要符合社会主义精神文明建设和弘扬中华民族优秀传统文化的要求，更要起到良好的带头作用。

(二) 出版广告发布的具体行为准则

有关出版广告发布的具体行为准则，可参照《广告法》规定的对在各种广告中必须禁止的行为规定。具体而言，《广告法》第二章详细规定了广告内容准则。广告不得有下列情形：(1) 使用或者变相使用中华人民共和国的国旗、国歌、国徽，军旗、军歌、军徽；(2) 使用或者变相使用国家机关、国家机关工作人员的名义或者形象；(3) 使用"国家级""最高级""最佳"等用语；(4) 损害国家的尊严或者利益，泄露国家秘密；(5) 妨碍社会安定，损害社会公共利益；(6) 危害人身、财产安全，泄露个人隐私；(7) 妨碍社会公共秩序或者违背社会良好风尚；(8) 含有淫秽、色情、赌博、迷信、恐怖、暴力的内容；(9) 含有民族、种族、宗教、性别歧视的内容；(10) 妨碍环境、自然资源或者文化遗产保护；(11) 法律、行政法规规定禁止的其他情形。

根据《广告法》的规定，在广告活动中必须遵守的规则主要有以下几项：

(1) 广告中对商品的性能、功能、产地、用途、质量、成分、价格、生产者、有效期限、允诺等或者对服务的内容、提供者、形式、质量、价格、允诺等有表示的，应当准确、清楚、明白。广告中表明推销的商品或者服务附带赠送的，应当明示所附带赠送商品或者服务的品种、规格、数量、期限和方式。法律、行政法规规定广告中应当明示的内容，应当显著、清晰表示。

(2) 广告不得损害未成年人和残疾人的身心健康。

（3）广告内容涉及的事项需要取得行政许可的，应当与许可的内容相符合。广告使用数据、统计资料、调查结果、文摘、引用语等引证内容的，应当真实、准确，并标明出处。引证内容有适用范围和有效期限的，应当明确表示。

（4）广告中涉及专利产品或者专利方法的，应当标明专利号和专利种类。未取得专利权的，不得在广告中谎称取得专利权。禁止使用未授予专利权的专利申请和已经终止、撤销、无效的专利做广告。

（5）广告不得贬低其他生产经营者的商品或者服务。

（6）广告应当具有可识别性，能够使消费者辨明其为广告。大众传播媒介不得以新闻报道形式变相发布广告。通过大众传播媒介发布的广告应当显著标明"广告"，与其他非广告信息相区别，不得使消费者产生误解。广播电台、电视台发布广告，应当遵守国务院有关部门关于时长、方式的规定，并应当对广告时长作出明显提示。

二、出版广告活动的管理

（一）出版广告活动的主体

《广告法》将广告活动的主体分为四类：广告主、广告经营者、广告发布者、广告代言人，并对四者的法律地位和之间的关系作了界定。

广告主，是指为推销商品或者服务，自行或者委托他人设计、制作、发布广告的自然人、法人或者其他组织。对于出版业来说，包括各类出版单位，如出版社、报社、期刊社，不设报社、期刊社的编辑部，以及各类出版物的批发商、零售商。

广告经营者，是指接受委托提供广告设计、制作、代理服务的自然人、法人或者其他组织，一般指各类广告公司或者出版企业的广告部。

广告发布者，是指为广告主或者广告主委托的广告经营者发布广告的自然人、法人或者其他组织。广告发布者，也就是利用自身媒介手段发布广告的单位，主要包括电视、广播、报纸、期刊等大众传播媒介组织。大众传播媒介组织只是兼营广告发布业务，故《广告法》第29条规定："广播电台、电视台、报刊出版单位从事广告发布业务的，应当设有专门从事广告业务的机构，配备必要的人员，具有与发布广告相适应的场所、设备。"

广告代言人，是指广告主以外的，在广告中以自己的名义或者形象对商品、服务作推荐、证明的自然人、法人或者其他组织。

（二）出版广告主的市场经营活动规范

出版广告主的市场经营活动规范是指出版广告主在从事广告宣传时，根据《广告法》和有关法律、法规的规定应该遵守的行为规范和职业道德。

一般来说，与出版广告主有关的市场经营活动规范主要包括两个方面，一是提供广告证明材料，以证明自己有做特定广告的资格和能力；二是保证广告活动遵守法律规定的义务。具体包括以下几个方面：

（1）出版广告所推销的出版物或出版服务应当符合自身经营范围，出版广告主的广告经营活动是否在国家核准的经营范围内进行，是区分出版广告市场经营活动合法与非法的基本法律界限；

（2）出版广告主必须委托经市场监督管理部门核准登记具有广告经营业务权的广告经营者和广告发布者提供广告服务；

（3）出版广告主委托广告经营者和广告发布者承办或者代理广告业务，应当与广告经营者签订书面合同，明确各方责任；

（4）出版广告主应当对其发布的广告内容提供证明文件资料加以证实，务必保证广告内容真实、客观、合法。

三、出版广告违法行为及其法律责任

广告违法行为的表现形式多种多样。根据我国《广告法》的规定，出版业中广告违法行为主要包括以下两类。

（一）虚假广告

虚假广告是指内容不实的、造成欺骗和误导后果的违法的广告。《广告法》规定，广告不得含有虚假或者引人误解的内容，不得欺骗、误导消费者。广告主应当对广告内容的真实性负责。

我国《广告法》第28条规定，广告以虚假或者引人误解的内容欺骗、误导消费者的，构成虚假广告。广告有下列情形之一的，为虚假广告：

（1）商品或者服务不存在的；

（2）商品的性能、功能、产地、用途、质量、规格、成分、价格、生产者、有效期限、销售状况、曾获荣誉等信息，或者服务的内容、提供者、形式、质量、价格、销售状况、曾获荣誉等信息，以及与商品或者服务有关的允诺等信息与实际情况不符，对购买行为有实质性影响的；

（3）使用虚构、伪造或者无法验证的科研成果、统计资料、调查结果、文摘、引用语等信息作证明材料的；

（4）虚构使用商品或者接受服务的效果的；

（5）以虚假或者引人误解的内容欺骗、误导消费者的其他情形。

对违反《广告法》规定，发布虚假广告的，由市场监督管理部门责令停止发布广告，责令广告主在相应范围内消除影响，处广告费用三倍以上五倍以下的罚款，广告费用无法计算或者明显偏低的，处二十万元以上一百万元以下的罚款；两年内有三次以上违法行为或者有其他严重情节的，处广告费用五倍以上十倍以下的罚款，广告费用无法计算或者明显偏低的，处一百万元以上二百万元以下的罚款，可以吊销营业执照，并由广告审查机关撤销广告审查批准文件、一年内不受理其广告审查申请。医疗机构有前款规定违法行为，情节严重的，除由市场监督管理部门依照本法处罚外，卫生行政部门可以吊销诊疗科目或者吊销医疗机构执业许可证。广告经营者、广告发布者明知或者应知广告虚假仍设计、制作、代理、发布的，由市场监督管理部门没收广告费用，并处广告费用三倍以上五倍以下的罚款，广告费用无法计算或者明显偏低的，处二十万元以上一百万元以下的罚款；两年内有三次以上违法行为或者有其他严重情节的，处广告费用五倍以上十倍以下的罚款，广告费用无法计算或者明显偏低的，处一百万元以上二百万元以下的罚款，并可以由有关部门暂停广告发布业务、吊销营业执照。

对违反《广告法》规定，发布虚假广告，欺骗、误导消费者，使购买商品或者接受服务的消费者的合法权益受到损害的，由广告主依法承担民事责任。广告经营者、广告发布者不能提供广告主的真实名称、地址和有效联系方式的，消费者可以要求广告经营者、广告发布者先行赔偿。关系消费者生命健康的商品或者服务的虚假广告，造成消费者损害的，其广告经营者、广告发布者、广告代言人应当与广告主承担连带责任。前款规定以外的商品或者服务的虚假广告，造成消费者损害的，其广告经营者、广告发布者、广告代言人，明知或者应知广告虚假仍设计、制作、代理、发布或者作推荐、证明的，应当与广告主承担连带责任。

（二）损害未成年人和残疾人的身心健康

未成年人是无行为能力或者限制行为能力人，是法律给予特殊保护的一个群体。残疾人由于生理上的缺陷，在社会中处于弱势地位，也是法律特殊保护的对象。

我国《广告法》第10条规定，广告不得损害未成年人和残疾人的身心健康。第40条规定，在针对未成年人的大众传播媒介上不得发布医疗、药品、保健食品、医疗器械、化妆品、酒类、美容广告，以及不利于未成年人身心健康的网络游戏广告。针对不满十四周岁的未成年人的商品或者服务的广告不得含有下列内容：（1）劝诱其要求家长购买广告商品或者服务；（2）可能引发其模仿不安全行为。

因广告使未成年人、残疾人身心受到伤害的，应当予以赔偿或者采取其他补救措施。广告主、广告经营者、广告发布者在广告中损害未成年人或残疾人的身心健康的，应依法承担民事责任，同时依据情节轻重，由市场监督管理部门处以停止发布广告、罚款、吊销营业执照、撤销广告审查批准文件、没收广告费用的处罚。

第三节　相关案例

一、出版物上的广告及案例

出版物上的广告最常见的就是在报纸上和期刊上刊登的各式各样的广告，在这里报纸和期刊担当了广告发布载体的角色。

随着我国出版业的发展，特别是图书市场的不断扩大，在图书上刊登广告也已悄然出现，并不断得到发展，因此有的学者将其称为书媒广告。具体来说，书媒广告是我国图书出版业的一种新的营销业务，是指在图书上刊载的一种营利性广告形式。现有的图书广告通常出现在书的封面、封底、护封、腰封、书后加页上，甚至有一些还以图书的附属物的形式——如书签——实现向消费者的投放。其广告的内容可以分为两种，一种是有关图书信息的非有偿性广告，主要包括本书推广，套书、丛书介绍及出版社形象广告；另一种是有偿性的非图书广告。由于后一种广告的刊载使得图书与报纸、期刊、广播、电视这些媒体具有投放广告的相似性，可以直接实现营利的目的。

书媒广告中有关有偿性的广告内容在我国是否具有政策上的许可，在相关管理部门以及业界尚存在争议。根据1985年4月17日，由国家工商行政管理局、广播电影电视部和文化部联合发布的《关于报纸、书刊、电台、电视台经营、刊播广告有关问题的通知》指出："正式出版单位出版的内部发行和限国内发行的书刊，不得公开做广告。"1990 年 3 月 15 日，由国家工商行政管理局和新闻出版署联合发布的《关于报社、期刊社和出版社刊登、经营广告的几项规定》中规定："经新闻出版署批准成立的出版社出版的公开或内部发行的图书为正式出版物的，经工商行政管理机关批准，出版社可以利用公开发行的年鉴类工具书经营各类广告，其他公开发行的图书只准用来经营书刊的出版、发行广告。"通过该规定，可以看到出版社在自己公开发行的年鉴类工具书上是可以经营有偿性广告的，而其他公开发行的图书只准用来经营书刊的出版、发行广告，即非有偿性的广告，而有偿性的广告则是不允许的。此外，2004 年 6 月 1 日，中共中央宣传部、新闻出版总署发出《关于进一步加强和改进未成年人出版物出版工作的意见》，在该意见中鼓励和倡导图书、报刊、网络等出版物刊载有益于未成年人身心健康的公益性广告，即非有偿性的广告。2021 年修订的《广告法》规定，广播电台、电视台、报刊出版单位从事广告发布业务的，应当设有专门从事广告业务的机构，配备必要的人员，具有与发布广告相适应的场所、设备。

在现实的出版活动中，已有部分出版社在其出版的图书上刊登有偿性广告，如在一些生活类、科技类、体育类图书、画册上就刊载有非书刊方面的广告。比如，中国旅游出版社出版的《北京美食地理》一书，在书后几页中附有"百崴鱼"的四张面值 50 元优惠券外加 320 元餐券，地质出版社《活色生香——北京美食圈地图》则附赠"V 卡"，读者到指定的餐厅就餐后可获得抵扣现金的积分消费。

◎ 案例

【案情】① 2016 年 1 月 25 日，滨海县市场监管局接到举报，反映一书店销售的某出版社出版的《名师点拨课时作业本》系列丛书封面上违反国家法律规定发布广告，要求滨海县市场监管局调查处理。滨海市场监管局随即到书店进行检查，发现该系列丛书封面上发布有"自主学习网专注中小学生教育——家长和老师放心的网站"等广告内容。根据《广告法》第三十九条的规定"不得利用中小学生和幼儿的教材、教辅材料、练习册、文具、教具、校服、校车等发布或者变相发布广告"，滨海市场监管局立案调查，最终根据案件事实，作出滨市监案字〔2016〕第 00082 号行政处罚决定，责令该出版社停止发布广告，并在相应范围内消除影响，处罚款 12 万元。

【分析】在出版物上发布广告，一定要遵循广告的原则以及广告发布的相关准则，保证广告的真实、合法、有效。特别是对于书媒广告来说，它虽然能在出版经营中作出相当大的贡献，但是，无论如何它还只是出版经营中的一项副业。所以，出版社绝对不能单纯为了营利，将书媒广告做到每一本书上、做到每一本书的每个地方。它适不适合做，什么情况下适合做，至少有以下几条标准：①是不是在政策许可的范围内；②有没有与作者达成协议；③图书是否畅销，只有相对畅销的图书才值得做；④一本书上不宜有过多广告客户，两三家足矣。并且，对图书出版业来说，它的文化属性大于商业属性，书媒广告在利用时一定要谨慎，最好保证广告与图书主题的接近性及诉求的委婉性。书媒广告可以做、

---

① 江苏省盐城市中级人民法院行政判决书（2018）苏 09 行终 6 号。

值得做，但绝不可以滥做。像有的出版社就在少儿图书中刊登皮具的广告，这样的书媒广告与图书主题风马牛不相及，不但难以收到好的广告效果，而且会让读者认为出版机构过于利欲熏心，这样，就会降低出版社在读者心目中的地位。

二、出版企业品牌广告及案例

当前，品牌越来越成为出版物市场竞争的重要因素，出版企业普遍注重整体形象的宣传，以展示企业文化、推广企业品牌为内容的广告越来越多。此外，为了营造阅读氛围、挖掘消费者的潜在需求，以提倡阅读、崇尚文化为内容的公益广告也为一些出版企业所采用。

◎ 案例

【案情】① 目前流行于网上常被国内大公司采用的多媒体 FLASH 动漫形式，日前被以出版物经典、文化积淀深厚、在高端读者群中拥有广泛品牌拥护者的百年老店商务印书馆相中，用于即将在中央电视台播出的广告片中。为了制作此片，商务印书馆请漫画家为工具书设计了卡通的人物形象，与商务印书馆 LOGO 结合，形成一个针对工具书这一图书品牌的产品层面的新的广告标识。据商务印书馆张稷介绍，这一标识以商务标准绿色为基调，有三个不同年龄的笑态可掬的卡通小人（小学生、博士和老学究）站在商务印书馆的 LOGO 之上，表示选择商务印书馆图书的读者，是站在一个巨人的肩膀上，面前一本打开的含有"商"字的巨大的图书图案，为商务印书馆的馆标，意指商务印书馆的出版物。这则广告描写了商务印书馆工具书的广泛受众以及商务印书馆的图书在读者成长过程中的重要的作用，寓意商务印书馆的工具书将会为读者带来的一种成功的境遇。据张稷介绍，制作这一广告，主要是为了提高商务印书馆的社会知名度，目标是让知道《新华字典》的人都知道商务印书馆，同时也是为了强化商务印书馆工具书的市场第一占有率和在学术上的权威科学地位。

【分析】出版企业在此是作为广告主的身份出现在市场上的，因此作为广告主的出版企业必须遵守相关的市场经营活动规范，即出版广告主在从事广告宣传时，根据《广告法》和有关法律法规的规定应该遵守相关的行为规范和职业道德。

三、图书广告宣传及案例

改革开放以来，随着出版业的繁荣，现代意义上的图书广告从无到有、从少到多、从单一到多样，迅速进入了出版领域，成为出版流程的一部分，特别是这几年随着出版业竞争的不断加剧，图书广告在图书促销中的地位日益凸显。各家出版社纷纷摩拳擦掌、竭智尽力，"倾情"推出一部部走红全国的畅销读物，着实让图书"火"了一把。但由于一些出版人法律意识、公平竞争意识的淡薄，加之经济利益的驱使，使得在图书广告宣传中出现了诸多不合乎法律要求的现象。

---

① 书业界第一个 FLASH 动漫广告将在央视播出［EB/OL］．［2023-02-01］．http：//www.xici.net/b216198/d12563106.html.

最常见的现象就是虚假的图书广告。这些虚假图书广告的宣传语一般可以分为两类：一类是"虚"广告语，即夸大性质的图书广告；另一类是"假"广告语，即广告语完全是非真信息。前者较多存在于教辅图书中，当然这一现象的存在也有其内在原因。教辅书的目标读者主要是学生，他们购书的目的是提高学习成绩或通过资格考试。教辅出版商正是抓住了目标读者"急功近利"的心理，极力迎合消费者，通过极具诱惑的广告词，绝对化地夸大广告宣传诱导消费者，明显的如"绝对有效""绝对超值"，隐蔽的如"本书让你轻轻松松考进重点（名牌）大学""使用本书门门功课第一""明智的人都选择它""让你一个月提高 200 分"等，给消费者形成心理暗示和用书期待。后者的典型表现是一些较恶劣的假的宣传方式，如贬损竞争对手或其他同行的广告方式，如"其他同类读物都无法同本书相比""所向披靡，一往无敌"等。侮辱或威胁消费者的宣传口号，比如，"不……的都是傻瓜"，"少了本书您将寸步难行"，等等。但是，长此以往，也容易造成消费者因广告词的夸大而产生对图书内容的怀疑。相比于"虚"广告语，"假"广告语对于图书出版的危害更大，多为一些不正规的书商出版的造"噱头"的图书。一些小出版社出版的图书的广告让读者不知所云，更有甚者，图书的封面和内容竟没有一点关联，有"挂羊头卖狗肉"之嫌。如用"一个女人和七个男人的故事"来形容白雪公主和七个小矮人，令读者啼笑皆非。

◎ 案例

【案情】① 2021 年 6 月 25 日、2021 年 7 月 22 日、2021 年 9 月 22 日，重庆市九龙坡区市场监督管理局三次接到举报，反映一网络书店存在虚假广告现象，经查该网络书店发布的图书产品信息中宣称的"新课标语文教材指定课外阅读""新课标必读""教育部新版'语文课程标准'重点推荐""全国众多名校联名推荐""新课标学校指定阅读推荐""强者必备素质与技巧""从小读《资治通鉴》，才能培养出有智慧爱思考的孩子"内容，当事人未能提供上述宣传内容的证明材料。此外，其发布的图书产品信息中宣称"曾国藩称其为最好的谋略书籍"的内容，上述宣传内容中使用了"最好"这一绝对化用语。

当事人上述行为涉嫌违反了《中华人民共和国广告法》第二十八条第二款第（五）项、第九条第一款第（三）项的规定。重庆市九龙坡区市场监督管理局执法人员于 2021 年 6 月 25 日、2021 年 7 月 22 日、2021 年 9 月 22 日分别向当事人下达了《责令改正通知书》，责令当事人停止违法行为。

【分析】本案中，当事人在天猫网络平台注册并运营的网络书店内发布的图书产品信息中，宣称的"新课标语文教材指定课外阅读""新课标必读""教育部新版'语文课程标准'重点推荐""全国众多名校联名推荐""新课标 学校指定阅读推荐""强者必备素质与技巧""从小读《资治通鉴》，才能培养出有智慧爱思考的孩子"，情况不属实，宣传内容存在虚假或引人误解的欺骗行为。当事人上述行为，违反了《中华人民共和国广告法》第二十八条第二款第（五）项"广告有下列情形之一的，为虚假广告：……（五）

---

① 重庆市九龙坡区市场监督管理局行政处罚决定书渝九龙坡市监处字〔2021〕162 号。

以虚假或者引人误解的内容欺骗、误导消费者的其他情形"的规定。当事人在天猫网络平台注册并运营的网络书店内发布的图书产品信息中，宣称"曾国藩称其为最好的谋略书籍"内容，上述宣传内容中使用了"最好"这一绝对化用语。当事人上述行为，违反了《中华人民共和国广告法》第九条第一款第（三）项"广告不得有下列情形：……（三）使用'国家级''最高级''最佳'等用语"的规定。

我国《广告法》规定，发布虚假广告的，由市场监督管理部门责令停止发布广告，责令广告主在相应范围内消除影响，处广告费用三倍以上五倍以下的罚款，广告费用无法计算或者明显偏低的，处二十万元以上一百万元以下的罚款；两年内有三次以上违法行为或者有其他严重情节的，处广告费用五倍以上十倍以下的罚款，广告费用无法计算或者明显偏低的，处一百万元以上二百万元以下的罚款，可以吊销营业执照，并由广告审查机关撤销广告审查批准文件、一年内不受理其广告审查申请。我国《反不正当竞争法》也规定："经营者对其商品作虚假或者引人误解的商业宣传，或者通过组织虚假交易等方式帮助其他经营者进行虚假或者引人误解的商业宣传的，由监督检查部门责令停止违法行为，处二十万元以上一百万元以下的罚款；情节严重的，处一百万元以上二百万元以下的罚款，可以吊销营业执照。"对违反《广告法》规定，发布虚假广告，欺骗和误导消费者，使购买商品或者接受服务的消费者的合法权益受到损害的，由广告主依法承担民事责任。

【启示】在现实的商业广告宣传中，制作者还是千方百计地追求广告的独特性、煽动性，力求给人造成强烈的视觉冲击或其他感官刺激，从而使顾客一见钟情，不买不快。这样一来，广告就少不了夸赞语。如喜欢使用国家级、最高级、最佳等夸赞用语，由于国家级、最高级夸赞用语多带有一定的片面性或虚假性，会使消费者受到误导或者欺骗，并使同行竞争者间接地受到贬低和损害（如其发展受到限制），所以此类广告既属违反《广告法》的宣传行为，又属不正当竞争行为。因此，出版广告在平时的商业宣传中一定要注意把握好夸赞语的"度"，即必须遵循广告发布的基本原则——真实、合法、符合社会主义精神文明建设和弘扬中华民族优秀传统文化的要求。

第八章　有关出版业纠纷解决办法的法律规定

在市场经济活动中，出版企业难免会发生纠纷。在纠纷发生以后，一般要选择一种办法来解决双方之间的争议。通常情况下，纠纷的解决有协商、调解、仲裁与诉讼等办法。

第一节　协　　商

协商，也称为和解，是指出版企业间纠纷发生以后，由纠纷双方当事人在自愿、平等的基础上，在互谅互让的气氛中就争议的问题进行磋商，在彼此都认为可以接受的基础上达成和解协议的方式。在多数情况下，这种私了的办法是有效的。

协商具有以下特点：第一，协商是在自愿的基础上进行的，因此，对于达成的协议，当事人都能自觉遵守；第二，协商不需要经过严格的法律程序，也没有外界的参与，可以节省大量的交易费用，并节省大量的时间，因而协商的成本比较低；第三，协商不需要严格按照实体法的规定作出决定，解决纠纷具有一定的灵活性，即当事人可以在不违背法律的前提下，根据实际情况灵活地解决纠纷；第四，协商是在互谅互让的基础上进行的，气氛一般比较好，既能解决问题，又不伤两家和气，还能增进彼此的了解和友谊，为今后的合作创造条件。

正因为协商具有这些特点，才使得协商成为企业遇到纠纷时首先考虑选用的解决办法，而且在实际中，很多纠纷是当事人通过协商解决的。但应注意的是，协商并不是灵丹妙药，在有些情况下，协商并不能解决问题，相反，会给当事人利益带来损害。比如，当争议双方分歧严重时，协商、和解很难达成一致；另外，当争议双方力量悬殊时，通过讨价还价来达成协议往往于弱者不利。

◎ 案例一

【案情】① 郑某是一家单位的普通职工，2007 年 4 月某日在逛新华书店时给儿子购买了一本小学生辅导书，书定价为 6.98 元。郑某付款时，支付 7 元整，但新华书店工作人员拒不找零，声称该店使用的是四舍五入法，并给郑某出具金额为 7 元的发票一张。郑某为维护自己的合法权益，又多次向该书店讨要，但该书店仍拒不找零。随后，郑某便以新华书店多收其 2 分钱，侵犯了自己的合法权益为由向法院提起诉

---

① 案例来源：http://www.hnsc.com.cn/news/2007/10/19/228707.html。

讼，要求新华书店退还多收的 2 分钱，赔偿其因此事往返的交通费、误工费，并向所有消费者赔礼道歉，取消不找零行为。

2007 年 5 月，新密市人民法院经审查认为，该案是一起涉及公众利益的诉讼，案情并不复杂，后经法官多方协调，双方同意自行协商解决，原告撤回起诉，最终双方和解，新华书店向消费者赔礼道歉并赔偿了郑某因此事往返的交通费、误工费。

◎ 案例二

【案情】[1] 北京海淀法院受理原告李某诉被告北京空中信使信息技术有限公司侵犯著作权纠纷一案。7 月 24 日，经承办法官主持，并由中国音乐著作权协会法律部负责人到场见证，最终双方握手言和，协商解决纠纷。

资深音乐人李某是歌曲《我不想说》的词曲作者（歌词的合作者为陈某）。2005 年年底，署名 "K 铃制造"（"K 铃制造" 系北京空中信使信息技术有限公司旗下的无线影音制作团队）的 FLASH 音乐动画《我不想说我是鸡》通过互联网发表，该音乐动画使用了《我不想说》的曲调，在原歌词的基础上进行了部分修改，以一只小鸡的拟人化演唱，表达了禽类动物因发生禽流感被人类绞杀的无奈心情。该音乐动画通过互联网、无线增值服务等多种方式传播，形成较大影响，并获取利益。该音乐动画侵犯了李某对于上述歌曲的著作权，给李某造成精神上的困扰。李某起诉空中信使公司，要求该公司停止侵权、赔礼道歉、赔偿损失。

在案件诉讼过程中，空中信使公司认识到其下属 "K 铃制造" 的侵权行为对李某造成的不利影响，表示了诚恳的歉意，并支付了经济补偿。李某认为其基本上实现了自己维护版权人权益，推动国内音乐版权市场改善的初衷，并同意空中信使公司继续使用上述作品。

调解结束后，双方表示将开展深入广泛的合作，共同打击这首歌曲的第三方盗版侵权行为，并希望通过双方合作，为进一步规范我国音乐版权市场，建立保护知识产权的大环境，为无线互联网络产业的规范发展创造良好的条件。

当纠纷发生后，双方可以在自愿的基础上，通过协商来达成一致的协议以解决纠纷。多数情况下，这种私了的办法是有效的，而且成本是最低的，出版企业不仅可以节省大量的人力、物力、财力，省去不少麻烦，而且通过协商，还可以与争议人保持好的关系，有助于以后出版业务的进一步开展。

第二节　调　　解

调解，是指纠纷当事人自愿将纠纷提交给一个双方都可以接受的第三者，在第三者的主持下进行协商以解决合同争议的方式。一般情况下，作为调解人的第三者，可以是民间

---

[1]　王宏丞.《我不想说》案和解 双方携手打击盗版侵权［EB/OL］.［2023-02-01］. 中国保护知识产权网，http：//www.cnictc.com/cases/2007/0725/cases_339.html.

的个人或者组织，也可以是仲裁机构或者法庭。但是调解必须以自愿为前提，而且不论是哪一种调解人，都必须为双方当事人所认可、接受；不论是哪一种调解人，在进行调解时，都应秉公办事，不能偏袒任何一方。

一、民间调解人

民间调解人调解，是指由双方均可以接受的除仲裁机构、法院或者国家专门机关指定的调解机构之外的第三者充当调解人的情况。民间调解人可以是一个人，也可以是几个人甚至是某个组织。一般情况下，充当民间调解人的多是双方共同的主管部门。在双方当事人有共同的主管部门的情况下，合同纠纷多由主管部门调解解决。因为双方共同的主管部门与双方都有较密切的关系，与双方的亲密程度相当，了解双方的经营情况，对双方都有较强的影响，因此由主管部门充当调解人，有利于解决合同的争议。

经民间调解人调解，如果争议双方达成协议，则应该制作调解协议书，并由双方当事人签字。调解协议书与一般协议一样具有法律效力。但调解不是解决出版企业间纠纷的必经程序。在调解协议达成之前一方拒绝继续调解或者协议达成后一方拒绝在调解协议书上签字的，调解无效。

二、仲裁机构调解

目前世界上的仲裁机构一般都受理调解案件，但在具体做法上各不相同。大致有两种情况：一种是把调解程序和仲裁程序分开，分别进行处理，调解由调解委员会根据规则进行，而仲裁则由仲裁法庭根据仲裁规则进行；另一种是把调解纳入仲裁程序，由仲裁机构或仲裁法庭主持，先进行调解，调解不成然后进行仲裁。我国采用的是后一种做法。

一般情况下，仲裁机关在查明事实，分清责任的基础上，先进行调解，目的是促使双方当事人互相谅解，达成调解协议。调解达成协议，应制作调解协议书。调解协议书送达双方当事人后即生效，双方当事人必须自动履行。

三、法庭调解

法庭调解与仲裁调解的程序大致相同，只不过调解人是法庭而已。法庭调解达成的调解协议书与判决书一样具有同等的法律效力。

总之，无论是哪一种调解方式，它都可以解决争议双方无法私了的问题，而又比仲裁或诉讼方法解决纠纷具有更多的优势。如调解程序灵活，费用较低；气氛友好，不伤和气等。但它也有一定的局限性，如双方分歧或者争议涉及的利益太大时，调解往往难以奏效，而一旦调解失败，双方还得提请仲裁或者诉讼以解决纠纷，这样双方花费更大。

◎ 案例

【案情】陈某因某出版社对其著作权的侵权行为于 2012 年 8 月向上海市黄浦区人民法院提起诉讼，在该案审理过程中，经法院主持调解，原告放弃追究 26 部文字较少的儿童文学作品的经济损失，就其中的 16 部作品要求被告出版社一次性赔偿自 2006 年至今的经济损失人民币 15 万元。另要求与被告出版社就上述 16 本图书作品签订五年期限的著作权许可使用合同。被告出版社基本同意原告的调解方案。2013 年 12 月 27 日，原、被告在黄浦法院主持下订立《和解协议》，协议约定双方就《大盗霍琛布鲁茨》（共三册）、《人鸦》《本爱安娜》《德国，一群老鼠的童话》《火鞋与风鞋》《跑猪噜噜》《纹身狗》《兰心的秘密》《我和小姐姐克拉拉》《妈妈走了》《香草女巫》《出走的泰奥》《火车老鼠》《弗朗兹的故事》《汪汪先生》《鬼磨坊》等 16 本原告享有著作权的作品重新签订图书出版合同，约定原告许可被告自 2014 年 1 月 1 日起至 2018 年 12 月 31 日期间依约享有该等图书的复制权和发行权，被告对许可作品采用基本稿酬加印数稿酬的方式向原告支付相应报酬，其中基本稿酬按照每千字 100 元计算，每千册的年度印数稿酬按照"基本稿酬×3%"计算，印数稿酬的支付不晚于其所在自然年结束后的三个月。

上述协议，符合有关法律规定，法院予以确认。

调解书经双方当事人签收后，即具有法律效力。

第三节　仲　　裁

仲裁，也称为公断，是指纠纷当事人根据仲裁协议将争议提交仲裁机构并由仲裁机构作出裁决的方式。仲裁协议有两种类型：一种是双方当事人在争议发生前订立的，表示愿意将将来发生的争议提交仲裁机构解决的协议，这种协议一般包括在合同条款中，作为合同的一项条款，被称为仲裁条款；另一种是当事人在争议发生后订立的表示愿意将合同争议提交仲裁机构解决的协议。仲裁协议的内容一般包括仲裁的内容、仲裁地点、仲裁机构等。

仲裁和调解相比，虽然都是双方一致选定的，但两者仍具有较大的不同。比如调解人只能提供建议，并劝说双方接受他的建议，而争议双方均可以不接受他的建议；而作为仲裁者，只要争议双方一致请他仲裁，它就可以自作主张，无须征得任何一方的同意，而它作出的裁决对双方都具有法律约束力。在我国，《中华人民共和国仲裁法》的适用范围是"平等主体的公民、法人和其他组织之间发生的合同纠纷和其他财产权纠纷"。仲裁依法独立进行，不受行政机关、社会团体和个人的干涉。仲裁委员会不属于任何行政机关，与行政机关没有任何隶属关系。仲裁权属于司法权范畴，因此，仲裁委员会属于司法机构。

如果双方当事人愿意选择仲裁作为解决他们之间纠纷的方法，那么，他们首先应该达成仲裁协议，然后依仲裁程序作出裁决并执行裁决。

◎ 案例

【案情】① 2004 年 11 月 2 日，万鸿集团股份有限公司收到北京市仲裁委员会裁决书，申请人新华书店总店与公司担保质押合同纠纷一案，仲裁委员会作出裁决。仲裁委员会以万鸿集团股份有限公司没有证明备案印痕系唯一使用印章印痕为由，驳回万

---

① 案例来源：http：//data.cnstock.com/securities/warrantAndSuit.action？exg id＝600681。

鸿集团股份有限公司关于申请鉴定的申请；同时仲裁委员会虽认定《反担保协议》和《股权质押合同》是为万鸿集团股份有限公司的股东海南诚成企业集团有限公司的子公司北京东方诚成实业有限公司提供的担保，也承认这种担保是非法的，却以不属于《合同法》规定的无效合同为由，认为上述担保有效。并据此裁决：万鸿集团股份有限公司承担反担保责任，拍卖、变卖或采取其他方式转让给申请人其所持有北京新华音像发行租赁有限公司注册资本额的63.5%的股权；并以所得款项向申请人新华书店总店支付17208000元及利息774190.63元；驳回申请人新华书店总店的其他仲裁请求；案件仲裁费共计136452.05元，由申请人承担6452.05元，公司承担130000元。

第四节　诉　　讼

诉讼，是指争议双方当事人为了解决纠纷向人民法院提出请求，由人民法院依法作出判决，以解决纠纷的方式。主动提出该请求的当事人称为原告，受原告控告的当事人称为被告。

诉讼和仲裁一样，都是由当事人以外的第三方以公正权威的身份出现，依照一定的法定程序对当事人进行公正的裁判，作出的判决均具有相同的法律效力。但诉讼与仲裁毕竟不同，其区别主要表现在以下几点。

1. 受理案件机构的性质不同

受理仲裁的仲裁委员会是民间性质的机构，不具有国家意志的属性；而诉讼是由国家司法机关——人民法院行使审判权，具有明显的国家意志性。

2. 管辖权的依据和受理案件的条件不同

诉讼应按民事诉讼法规定的级别管辖、地域管辖执行，仲裁则不实行级别管辖和地域管辖。双方当事人发生争议后，只要一方当事人向有管辖权的法院起诉，法院就该受理，另一方必须应诉；而仲裁的条件是，必须有双方当事人发生争议前或者发生争议后订立的仲裁协议，否则就不能申请仲裁。而仲裁和诉讼之间是或裁或审的关系，两者只能选择其一。即当事人一旦达成仲裁协议，人民法院就失去了对该案件的管辖权；同样，当事人没有仲裁协议，人民法院受理后，仲裁机构也无权仲裁。

3. 审理的具体程序和原则不同

仲裁程序是由当事人选择某一仲裁机构的仲裁规则或者双方当事人约定具体仲裁程序；而诉讼只能按照法律规定的程序进行，当事人不能选择，也不能约定。诉讼开庭的原则是公开审理，而仲裁一般不公开进行，当事人协议公开的可以公开，但涉及国家秘密的除外。

4. 审理和审理时间不同

仲裁实行一裁终局的制度，裁决书自作出之日起，就发生法律效力，当事人不能就同一纠纷再申请仲裁或向人民法院起诉。诉讼则实行两审终审制，即一审法院作出判决后，当事人如不服可以提出上诉，待二审法院审理后作出的判决才是终审判决，才发生法律效力。法律规定，一审法院审理的时间一般为 6 个月，二审为 3 个月。仲裁则没有具体的时间规定，但一般比诉讼时间短。

当出版企业向人民法院提起诉讼时，必须遵循一定的诉讼程序：

1. 起诉和受理

起诉必须符合下列条件：①原告是与本案有直接利害关系的公民、法人和其他组织；②有明确的被告；③有具体的诉讼请求和事实、理由；④属于人民法院受理民事诉讼的范围和受诉人民法院管辖。

起诉应向人民法院递交起诉状，并按照被告人数提交副本。人民法院收到起诉状后，经审查认为符合起诉条件的，应当在 7 日内立案，并通知当事人。认为不符合起诉条件的，应当在 7 日内裁定不予受理。

人民法院应当在 5 日内将起诉状副本发送被告，被告自收到之日起 15 日内提出答辩状。

人民法院对决定受理的案件，应当在受理案件通知书和应诉通知书中向当事人告知有关的诉讼权利义务，或口头告知。

2. 开庭审理和判决

人民法院审理民事案件，除涉及国家秘密、个人隐私或者法律另有规定的以外，应当公开进行，人民法院审理案件，应当在开庭 3 日前通知当事人和其他诉讼参与人。

开庭审理时，由审判长核对当事人，宣布案由和审判人员、书记员名单，告知当事人有关的诉讼权利和义务，询问当事人是否提出回避申请。然后进行法庭调查，当事人在法庭上提供有关证据并相互质证。调查结束后，开始法庭辩论。辩论终结，法庭可主持调解，调解不成时，应当及时判决。根据民事诉讼法，一般民事案件应当在立案之日起 6 个月内审结。

当事人不服人民法院第一审判决的，可以在接到判决书之日起 15 日内向上一级人民法院提起上诉。未提起上诉的，一审判决发生法律效力。最高人民法院作出的第一审判决，以及依法不准上诉的判决，是发生法律效力的判决。

3. 执行

发生法律效力的民事判决、裁定，由第一审人民法院或者被执行人住所地或者被执行人的财产所在地人民法院执行。

发生法律效力的民事判决和裁定，当事人必须履行。一方拒绝履行的，对方当事人可以向人民法院申请执行，也可以由审判员移送执行员执行。

执行员接到申请执行书或者移交执行书，应当向被执行人发出执行通知书，责令其在指定的期间履行，不履行的，强制执行。

诉讼是出版企业解决纠纷较常见的一种方式，案例较多，在此就不再举例说明。

出版企业解决纠纷到底选择哪一种方式较为合适？通常来说，由出版企业根据争议标的的大小、争议金额的多少或双方力量来选择。一般情况下，可选择协商，如当争议双方分歧严重时，协商很难达成一致意见，并且当发生争议的双方力量悬殊时，协商往往于弱者不利。这时，双方可以求助于双方都能接受且认可的第三者居中调解以解决纠纷。如果当事人不愿协商、调解或者协商、调解不成的，可以根据仲裁协议向仲裁机构申请仲裁。

如果没有订立仲裁协议或者仲裁协议无效的，可以向人民法院提起诉讼。

总之，以上几种解决出版企业间纠纷的方式，各有优缺点。在发生纠纷后，到底采用哪一种方式来解决双方的争议，出版企业应当权衡各种方式的优缺点，选择最有效的、最有利于自己的方式来解决纠纷。

参 考 文 献

一、著作和论文

[1] 魏玉山，杨贵山．西方六国出版管理研究［M］．北京：中国书籍出版社，1995．

[2] 全国出版专业职业资格考试办公室．出版专业理论与实务（初级）［M］．武汉：崇文书局，2004．

[3] 张志强．现代出版学［M］．苏州：苏州大学出版社，2003．

[4] 宋原放．中国出版史料［M］．济南：山东教育出版社，武汉：湖北教育出版社，2001．

[5] 魏永征．新闻传播法教程［M］．北京：中国人民大学出版社，2003．

[6] 习近平．论坚持全面深化改革［M］．北京：中央文献出版社，2018．

[7] 习近平．习近平谈治国理政（第二卷）［M］．北京：外文出版社，2017．

[8] 马克思恩格斯全集：第17卷［M］．北京：人民出版社，1956．

[9] 孟德斯鸠．论法的精神（上）［M］．北京：商务印书馆，1992．

[10] 田士永．合同法案例教程［M］．北京：知识产权出版社，2007．

[11] 《党的十九大报告辅导读本》编写组．党的十九大报告辅导读本［M］．北京：人民出版社，2017．

[12] 唐德华，孙秀君．合同法（总则）及司法解释案例分析［M］．北京：人民法院出版社，2004．

[13] 郭明瑞，王轶．合同法新论·分则［M］．北京：中国政法大学出版社，1998．

[14] 莱内特·欧文．中国版权经理人实务指南［M］．袁方，译．北京：法律出版社，2003．

[15] 郑成思．版权公约、版权保护与版权贸易［M］．北京：中国人民大学出版社，1992．

[16] 郑成思．著名版权案例评析［M］．北京：专利文献出版社，1990．

[17] 斯坦利·安文．出版概论［M］．王纪卿，译．北京：书海出版社，1988．

[18] 黄先蓉．书业法律基础［M］．太原：山西经济出版社，2001．

[19] 黄先蓉．出版法规及其应用［M］．苏州：苏州大学出版社，2013．

[20] 黄先蓉．出版法教程［M］．长沙：湖南大学出版社，2008．

[21] 黄先蓉．出版法律基础［M］．武汉：武汉大学出版社，2013．

[22] 陶然．中华人民共和国著作权法实务问答［M］．北京：法律出版社，2002．

[23] 全国出版专业职业资格考试办公室．有关出版的法律法规选编［M］．郑州：大象出版社，2012．

[24] 杨贵山，等．海外版权贸易指南 [M]．北京：中国水利水电出版社，2005.

[25] 徐建华．版权贸易新论 [M]．苏州：苏州大学出版社，2005.

[26] 辛广伟．版权贸易与华文出版 [M]．重庆：重庆出版社，2003.

[27] 方卿，姚永春．图书营销学 [M]．太原：山西经济出版社，2004.

[28] 罗紫初，吴赟，王秋林．出版学基础 [M]．太原：山西人民出版社，2005.

[29] 刘稚．著作权法实务与案例分析 [M]．北京：中国工商出版社，2003.

[30] 陈传夫．高新技术与知识产权法 [M]．武汉：武汉大学出版社，2000.

[31] 陶然．中华人民共和国著作权法实务问答 [M]．北京：法律出版社，2002.

[32] 余敏．国外出版业宏观管理体系研究 [M]．北京：中国书籍出版社，2004.

[33] 申卫星．民法学 [M]．北京：北京大学出版社，2003.

[34] 刘建一．市场主体登记管理 [M]．北京：北京工业大学出版社，1998.

[35] 周源．发达国家出版管理制度 [M]．北京：时事出版社，2001.

[36] 彭国华．新闻出版版权法制理论与实务 [M]．长沙：湖南人民出版社，2002.

[37] 中国社会科学院语言研究所编辑室．现代汉语词典（修订本）[M]．北京：商务印书馆，2000.

[38] 杨贵山，等．世界出版观潮 [M]．沈阳：辽宁出版集团辽宁人民出版社，2002.

[39] 于永湛．印刷业管理条例释义 [M]．北京：中国法制出版社，2001.

[40] 黄先蓉．出版物市场管理概论 [M]．武汉：武汉大学出版社，2015.

[41] 孟勤国，屈茂辉．网络知识产权法 [M]．长沙：湖南大学出版社，2001.

[42] 白光．版权纠纷管理法律实案50例 [M]．北京：经济管理出版社，2005.

[43] 曹世华．后 Trips 时代知识产权前沿问题研究 [M]．合肥：中国科学技术大学出版社，2006.

[44] 史梦熊，牛慧兰，等．出版产业与著作权法 [M]．北京：科学出版社，2000.

[45] 来小鹏．企业对外贸易中的知识产权理论与实务研究：前沿·实例·对策 [M]．北京：人民法院出版社，2007.

[46] 孟祥娟．版权侵权认定 [M]．北京：法律出版社，2001.

[47] 郑成思．知识产权法 [M]．北京：法律出版社，2003.

[48] 郑成思．版权法 [M]．修订本．北京：中国人民大学出版社，1997.

[49] 田胜立．中国著作权疑难问题精析 [M]．武汉：华中理工大学出版社，1998.

[50] 董涛．重视图书出版合同的签订 [J]．出版科学，2001（2）：59-60.

[51] 王葆柯．在签订出版合同时如何把好著作权关 [J]．编辑之友，2007（2）：93-96.

[52] 宋庆伟．签订图书出版合同应注意的几个问题 [J]．科技与出版，2001（4）：42.

[53] 朱寒冬．订立和履行出版合同应注意的问题 [J]．大学出版，2002（2）：54-55.

[54] 王凌．出版合同纵横解读（之一）[N]．中国新闻出版报，2005-6-30（008）.

[55] 王凌．出版合同纵横解读（之二）[N]．中国新闻出版报，2005-7-14（008）.

[56] 王凌．出版合同纵横解读（之三）[N]．中国新闻出版报，2005-7-28（008）.

[57] 汤腊冬．出版合同如何未雨绸缪避纠纷 [N]．中国知识产权报，2007-8-17（010）.

[58] 徐继升．出版合同履行二三事 [J]．科技与出版，2007（2）：50-51.

[59] 赵文义，孙守增．图书出版合同的法律适用 [J]．科技与出版，2004（2）：25-26.

［60］徐德欢．图书出版合同的若干法律问题［J］．出版科学，2002（1）：40-43．

［61］陈传夫．高新技术对著作权基本原则的影响［J］．著作权，1997（4）．

［62］赵从旻，白古山．当前我国出版法制的现状、问题及其他［J］．出版发行研究，1996（4）．

［63］夏雷．著作权侵权纠纷中出版单位的归责原则［J］．人民司法，2000（8）．

［64］马建刚，李东明．论我国精神损害赔偿制度在著作权纠纷中的适用［J］．江西理工大学学报，2006（5）．

［65］《世界版权公约》简介［J］．出版工作，1979（8）．

［66］韩成军．著作权侵权行为的界定与损害赔偿的构成要件［J］．学术交流，2007（8）．

二、主要网站

［1］http：//bjgy．chinacourt．org．

［2］http：//www．lawyee．net．

［3］http：//www．gapp．gov．cn．

［4］http：//www．chinaxwcb．com．

［5］http：//www．110．com．

［6］http：//www．fengxiaoqingip．com．

［7］http：//www．cbbr．com．cn．

［8］http：//www．lawbase．com．cn．

［9］http：//www．chinalawinfo．com．

［10］http：//www．lawbook．com．cn．

［11］http：//www．baidu．com．

［12］http：//www．ncac．gov．cn．

［13］http：//www．chinalaw．gov．cn．